Wilhelm Busch

Eva Weissweiler

Wilhelm Busch

Der lachende Pessimist

Eine Biographie

Kiepenheuer & Witsch

1. Auflage 2007

Umschlaggestaltung: Rudi Linn, Köln
Umschlagmotiv: © Umschlagmotiv vorne: Selbstporträt Wilhelm Busch von 1894; Umschlagmotiv hinten: *Wilhelm Busch, um 1858,* mit freundlicher Genehmigung des Wilhelm-Busch-Museums, Hannover
Autorenfoto: © Brigitte Bettscheider
Gesetzt aus der Helvetica und der Stempel Garamond
Satz: Fotosatz Reinhard Amann, Aichstetten
Druck und Bindung: GGP Media GmbH, Pößneck
ISBN: 978-3-462-03930-6

Meinem Vater, Wilhelm Jakob Weissweiler (1909–2000), der mich schon früh an das Werk Wilhelm Buschs herangeführt hat.

INHALT

KINDHEIT IM WELFENSTAAT

1

Als Wilhelm Buschs Mutter Henriette am 2. April 1803 geboren wurde, herrschte in Wiedensahl bittere Not. Napoleonische Truppen waren unter General Mortier einmarschiert und brachten Krieg in das kleine, entlegene Dorf zwischen Weser und Steinhuder Meer auf dem Gebiet des Kurfürstentums Hannover. Als Leibeigene des nahe gelegenen Klosters Loccum, das nach der Reformation evangelisch geworden war, standen seine knapp 800 Einwohner seit Jahrhunderten unter der Last hoher Abgaben. Alles, was sie auf ihren Höfen erwirtschafteten – Korn, Holz und Flachs, Fleisch, Butter, Eier und Milch –, musste zu zehn Prozent an die Geistlichkeit abgeführt werden, ohne deren Erlaubnis kein Haus verkauft, keine Ehe geschlossen werden durfte. Wer sich weigerte, kam ins Gefängnis. Denn auch die Gerichtsbarkeit lag in den Händen des Klosters. Bis 1660 waren hier die letzten Hexen verbrannt worden, viele davon Witwen und junge Mädchen aus Wiedensahl. Und noch immer zeigte das schwere Halseisen am Friedhofstor, dass Pastor und Dorfvogt streng über das Leben des Einzelnen wachten und den Sünder vor das Scharfgericht in Loccum bringen konnten, was ihnen erst 1832, im Jahr der Geburt Wilhelm Buschs, durch die Regierung von Hannover untersagt werden sollte.[1]

Die meisten Einwohner Wiedensahls waren Bauern. Aber es gab auch Kornwind- und Grützenmüller, Ölschläger, Schlachter, Braumeister, Branntweinbrenner, Leineweber, Schneider, Schuhmacher und Grobschmiede in dem kleinen Ort, der eigentlich nur aus einer einzigen, von breitgiebligen Fachwerkhäusern gesäumten Straße bestand. Und es gab einen Wundarzt, Johann Georg Kleine. Dieser Wundarzt war der Vater von Wilhelm Buschs Mutter Henriette.

Er war knapp sechsundzwanzig, als er sich in Wiedensahl niederließ, ein tüchtiger Militärchirurg aus dem nahe gelegenen

Hameln. Die Patienten, bisher nur notdürftig vom Bader versorgt, strömten ihm zu. Denn der Pfarrer, Johann Christoph Nöldeke, stand auf seiner Seite und pries die moderne Heilkunst von der Kanzel herab. Viele Menschen waren in den letzten Jahrzehnten gestorben, 1785 waren es vierundvierzig, die meisten an Pocken, Tuberkulose und der »roten Ruhr«. Der Friedhof neben der Kirche St. Nikolai aus dem 13. Jahrhundert hatte für die vielen Toten keinen Platz mehr. Sie mussten auf einem Feld außerhalb des Ortes begraben werden. Da war ein Arzt, der Impfungen einführte, hochwillkommen.

Doch mit dem Franzoseneinmarsch geriet auch Doktor Kleine in Not. Hohe Kriegssteuern waren zu zahlen. Die Bauern entrichteten sie in Form von Roggen, Hafer, Kartoffeln und Rüben, die nach Loccum geschickt und von dort ans französische Militär weitergeleitet wurden. Fast der ganze Wald um den Ort wurde abgeholzt, Birken, Kopfweiden, uralte Eichen. Aus Wiedensahl wurde die »Commune Wiedensahl«, aus der Bürgermeisterei eine »Mairie«. Soldaten zogen lärmend über die breite Dorfstraße und bezogen Quartier, bis zu 300 Mann mit 400 Pferden, dazu noch spanische Kriegsgefangene mit ihren Bewachern, das Fußvolk in einfachen Bauernhäusern, die Offiziere beim Wundarzt oder beim Pfarrer. Man musste sie fürstlich bewirten. Sie verlangten Braten, Schnaps, Wein und Kaffee, gaben Gesellschaften, gingen auf Jagd, immer unzufrieden mit der einfachen niedersächsischen Lebensweise, die, so Henry Beyle alias Stendhal in seinen »Eindrücke(n) aus Norddeutschland«, »den heftigsten Menschen phlegmatisch« mache.[2] Zehn Jahre lang wurde von morgens bis abends für die Fremden gewaschen, gebacken, gebraten, geputzt und gekocht. Zehn Jahre lang war die Ordnung des Dorfes aus den Fugen geraten. Dann machte der Frieden von Paris der französischen Besatzung ein Ende.

1815 wurde Hannover selbstständiges Königreich. Wundarzt Kleine und seine Familie konnten aufatmen. Sofort begann er sich nach einem neuen Haus umzusehen. 1817 erwarb er einen unverputzten Ziegelbau mit tief herabgezogenem Dach an der Dorfstraße, der für Kinder, Patienten und Gesinde Platz bot.

Abb. 1: Elternhaus von Wilhelm Busch

Unter dem Türsturz liest man noch heute: »Georg Kleine, Amalie Kleine, gebohrene Wiederhold, 1818.«

Doch mit dem Frieden war die drückende Not nicht zu Ende. Der kleine Ort war völlig verarmt, die Zahl der Pferde um die Hälfte gesunken. Nur noch wenige Kühe standen in den Ställen. Viele junge Männer hatten sich von den Franzosen anwerben lassen, um der Misere des Landlebens zu entfliehen. Andere waren nach Holland ausgewandert und arbeiteten dort als Planken- und Dielenschreiner in Reedereien oder heuerten auf großen Frachtschiffen an, die sie nach Amerika, Asien und bis in die Südsee brachten. So blieben hauptsächlich Alte, Frauen und Kinder im Dorf, immer noch stöhnend unter der Last der Abgaben, die Kloster Loccum von ihnen verlangte. Die Franzosen hatten sie davon befreien wollen. Aber die frommen Wiedensahler hatten das abgelehnt. Vielleicht fühlten sie sich durch die Geistlichen beschützt, die wie strenge, aber treue Väter über sie wachten und den Pfarrer zu halbjährlichen Rechenschaftsberichten nötigten: über das Betragen der Schulkinder, die hygienischen Zustände, den religiösen Eifer der Konfirmanden, die Toten, die Kranken und die Ehebrecher. Besonders Letztere hatten in Wiedensahl nichts zu lachen. Wer beim Seitensprung ertappt wurde, musste vor dem Prior von Loccum Abbitte leisten. Dabei hörte die ganze Gemeinde neugierig zu.

Dem Großvater Wilhelm Buschs war so viel Fanatismus sicher zuwider. Er war ein gebildeter Mann, ein Naturwissenschaftler. Das öffentliche Verhören der Ehebrecher und Ehebrecherinnen hatte doch manches vom Hexenwahn, der im Dorf so furchtbar gewütet hatte. Aber was half es? Er musste sich arrangieren. Seine Söhne sollten studieren, Medizin oder vielleicht sogar Theologie. Nicht ohne Stolz blickte er darauf zurück, dass einer seiner Vorfahren ein großer Reformator gewesen war, Antonius Corvinus, Zögling des damals noch zisterziensischen Klosters Loccum, das ihn als »lutherischen Buben« hinausgeworfen hatte. Corvinus war ein enger Freund von Melanchthon und Luther, geistlicher Berater der Herzogin von Braunschweig-Calenberg, Verfasser von revolutionären »Sendbriefen an den Adel«.[3] Jahrelang hatte er unter dem katholischen Kaiser Karl V. im Kerker gesessen, weil er seinem Glauben, seiner Überzeugung nicht abschwören wollte. Diese Herkunft verpflichtete. Als Nachfahre eines Corvinus *musste* man einfach gläubiger Protestant sein.

Wundarzt Kleine hatte, wie es scheint, keinen Standesdünkel. Sonst hätte er seiner Frau Amalie sicher nicht erlaubt, einen Kramladen in Wiedensahl aufzumachen, in dem es von Tassen und Tellern über Sensen und Stricke bis zu Tabak, Pfeifen, Kattun und Rips alles gab, was man sonst nur beim jüdischen Hausierer kaufen konnte oder wofür man mit dem Pferdewagen nach Stadthagen fahren musste, bei den damaligen Straßenverhältnissen eine Tagesreise durch tiefen Morast.

Henriette, die Mutter Wilhelm Buschs, half im Kramladen mit, wahrscheinlich schon während ihrer Schulzeit, die im 14. Lebensjahr mit der Konfirmation endete. Ihre Brüder, drei und sechs Jahre jünger als sie, gingen aufs Gymnasium, vermutlich in Bückeburg oder Stadthagen, den nächsten größeren Ortschaften. Denn in Wiedensahl gab es nur eine einklassige Grundschule, die damals um die hundert Schüler hatte und von einem einzigen Dorflehrer notdürftig betreut wurde, demselben, der später auch Wilhelm Busch unterrichten würde. Er hieß Bohnhorst und hatte, wie im Stiftsbezirk Loccum üblich, keinerlei Ausbildung. Der Lehrplan umfasste Heimat- und Feuerschutz, das Singen von Volksliedern, biblische Geschichte, Katechismus, Gesangbuch-Verse, ein bisschen Schreiben und Rechnen, viel Auswendiglernen – und an letzter Stelle deutsche Sprache und Geographie. Es lag auf der Hand, dass niemand, der etwas auf sich hielt, ein Interesse an diesem Amt hatte. Denn für einen Hungerlohn von sechzehn Groschen Schulgeld pro Kind und ein paar Eiern und einigen Pfunden Fleisch zu den hohen Festtagen mussten die Dorflehrer auch »treu und gehorsam« gegenüber dem Kloster sein, »des Sonn- und Festtages die Orgel schlagen und dadurch den Gesang in guter Harmonie … erhalten«, mit den Schülern auf Beerdigungen singen, den Altar sauber halten, den Wein für das Abendmahl kaufen, mit dem Pfarrer die Kranken besuchen, die Glocken warten und läuten und »sich eines mäßigen, sittsamen Lebens befleißigen«.[4]

Jungen lernten in diesem Schulsystem wenig und Mädchen fast gar nichts. In Wiedensahl gab es zwar offiziell etwas wie »Schulpflicht«, aber niemand fand etwas dabei, wenn die Mädchen nur ein- bis zweimal in der Woche erschienen, weil sie ihren Müttern im Haushalt und in der Landwirtschaft helfen mussten. So ähnlich muss es auch Henriette, der Mutter von Busch, ergangen sein. Immer zuständig für zwei kleinere Brüder, die etwas lernen sollten, Helferin im Kramladen, vielleicht auch noch in der Arztpraxis. Kaum anzunehmen, dass sie sich abends mit einem »guten Buch« zurückziehen durfte, um es im Schein einer rauchenden Kienleuchte zu lesen. Denn nach dem Abendbrot, zu dem sich Familie und Gesinde um einen riesigen Tisch versammelten und Pellkartoffeln in eine Pfanne mit Zwiebeln und Speck tunkten, hatten die Frauen zu nähen, zu flicken und zu spinnen, wobei sie sangen oder sich Geschichten von Hexen und Teufeln erzählten, die in Buschs Sammlung »Ut oler Welt«[5] wieder auftauchen.

Das Haus an der Wiedensahler Dorfstraße war kaum bezogen, als Wundarzt Kleine mit erst fünfundvierzig Jahren starb. Seine Frau, vier Jahre älter als er, war nun mit drei Kindern allein. Ein Glück, dass die Älteste, Henriette, bald einen Mann fand: Doktor Stümke, den Nachfolger ihres Vaters, mit dem sie schnell hintereinander drei Kinder bekam, die alle das Säuglingsalter nicht überlebten. Sie war erst sechsundzwanzig, als auch ihr Mann starb. Woran, weiß man nicht. Die Cholera sollte erst zwei Jahre später ausbrechen.

1830 bekam Hannover einen neuen König, nachdem der alte an Herzverfettung gestorben war. Dieser Herzog Wilhelm von Clarence war ein liberaler Mann, der in England gegen die Diskriminierung der Katholiken gekämpft hatte und sich – anders als sein Vorgänger – für sein neues Land engagierte. Als Erstes untersagte er den Klöstern das Recht, Todesurteile zu fällen. Dann verkündete er ein Grundgesetz und eine Ständeordnung. Er begann, über eine Abschaffung der Leibeigenschaft nachzudenken und die Klöster und Grundherren schrittweise zu entmachten.[6]

Es war um diese Zeit, als ein junger Mann in das Dorf kam, Friedrich Wilhelm Busch, Sohn bäuerlicher Vorfahren aus der Gegend um Minden in Westfalen, der eine Kaufmannslehre im benachbarten Loccum absolviert hatte. Er war nicht so gelehrt wie Henriettes verstorbener Mann, Doktor Stümke, kein Nachfahre berühmter Reformatoren wie ihr Vater. Aber er war gewissenhaft, fleißig und diszipliniert, erlaubte sich nur spätabends, seine lange Meerschaumpfeife zu rauchen und in Schönschrift Gedichte in seine Geschäftsbücher zu schreiben, bittere Spottverse über den Papst, die Liebe und die Ehe wie dieses:

> Im Brautstand heißt es nur juchhe!
> Da schwimmt man stets im Wonnesee,
> Da tanzt man immer lust'ge Reigen,
> Da hängt der Himmel voller Geigen.

Allein im Stand der heil'gen Eh'
Ertönet manches Ach und Weh!
Da ist die Freude bald verflogen,
Da ist die Stirne stets bezogen,
Da wendet sich zum Schmerz das Blatt...
Doch Punktum. Sapienti sat![7]

Bald übernahm er den Kramladen, den er von Grund auf modernisierte. Außer den notwendigsten Grundnahrungsmitteln und Haushaltsgeräten gab es nun auch Gelierzucker und Pfefferminzdragees, Schuhbänder, Mausefallen und Schießpulver dort zu kaufen. Und bald ehelichte er Henriette Stümke, geborene Kleine, die so allein und traurig hinter dem Ladentisch stand, weil sie ihren Mann und ihre drei Kinder verloren hatte. War es Liebe oder Vernunft? Vielleicht eine müßige Frage, obwohl es die Blütezeit der deutschen Romantik war, in der die Geschwister Mendelssohn ihre ersten Liebeslieder schrieben und Heine, Lenau und Brentano das Verhältnis der Geschlechter besangen, das allerdings häufiger in Tragödien als in glückliche Ehen mündete. Immerhin: Eine schlechte Partie machte er nicht. Denn durch die Heirat kam er in den Besitz des Hauses, des Kramladens und sämtlicher Wiesen, Äcker und Waldstücke, die die Wundärzte Kleine und Stümke im Lauf der Jahre erworben hatten, ein beträchtlicher Besitz also.[8] Am 19. Mai 1831 fand in der Dorfkirche von Wiedensahl die Hochzeit statt. Wahrscheinlich in Schwarz. Denn die Braut war ja keine Jungfrau mehr. Und am 15. April 1832, einem Sonntag vor Ostern, gut drei Wochen nach dem Tod Goethes, der kurz vorher seinen »Faust II« vollendet hatte, wurde um sechs Uhr morgens der erste Sohn dieses jungen Paares geboren, Heinrich Christian Wilhelm Busch, der Schöpfer von »Max und Moritz«,

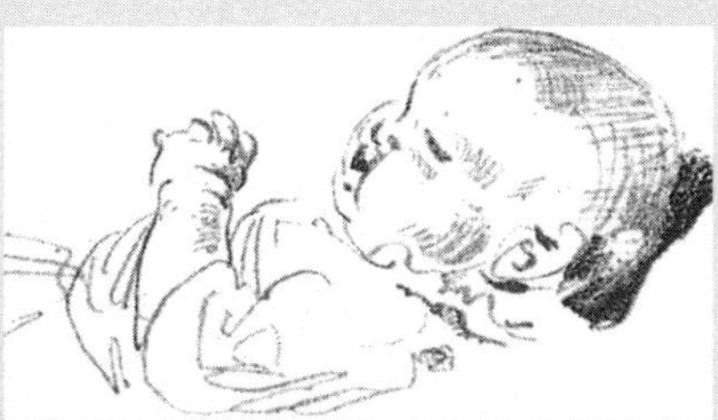

Abb. 2: Baby-Skizze von Wilhelm Busch

»Plisch und Plum« und der »Frommen Helene«, der geniale Urvater der Bildergeschichte, dessen Bücher bis heute in der ganzen Welt populär sind, eine der größten Doppelbegabungen des deutschen Sprachraums.

Das Wochenbettzimmer lag im Erdgeschoss des unverputzten Dorfhauses, das Großvater Kleine für die Familie gekauft hatte, nicht zur breiten, unbefestigten Straße hinaus, sondern mit Blick auf den kleinen Obst- und Gemüsegarten, hinter dem sich endloses Acker- und Weideland ausdehnte, das am Horizont in die sanften Hügel des Schaumburger Waldes überging. Vielleicht wurde es jetzt auch in Wiedensahl langsam Frühling. Der ließ sich hier immer viel Zeit und fuhr einem oft »mit der kalten Hand« übers Gesicht, wenn man ihn schon dicht vor der Tür glaubte.[9] Der erwachsene Busch wartete jedes Jahr sehnsüchtig auf ihn und hat ihn oft in seinen Briefen beschrieben.

In Henriette Buschs Mutterglück mischte sich sicher auch Angst. Denn eben hatte im Dorf noch die Cholera gewütet. Wieder waren Dutzende von Wiedensahlern gestorben. Wieder läuteten beinahe täglich die Totenglocken. Im Pfarrwitwenhaus hatte man ein Notlazarett einrichten müssen.[10] Auch dem Bauern Meyer, der als Altenteiler im Haus der Buschs wohnte, ging es nicht gut. Er lag in seiner kleinen, dunklen Schlafkammer im Sterben, wahrscheinlich gepflegt von der jungen Wöchnerin. Vierzehn Tage nach Wilhelm Buschs Geburt war er tot. Vater Busch musste seine Beerdigung ausrichten.[11] Dann kam endlich der Frühling. Es war viel auf dem Feld und im Garten zu tun. Henriette Busch musste aus dem Haus hinaus an die Arbeit, während das Kind ihrer Mutter, Amalie Kleine, übergeben wurde, die mit den Buschs unter einem Dach lebte – ganz normal für die ländliche Großfamilie dieser Zeit, in der die Mütter arbeiteten und die Großmütter die Kinder hüteten und in der es exklusive Mutter-Kind-Beziehungen noch nicht gab.

Zwei Jahre später war das nächste Kind da, Fanny Busch, eine kleine Exotin mit schwarzem Haar, der die Herzen wahrscheinlich nur so zuflogen. Wilhelm Busch hat in seiner Autobiographie offen zugegeben, dass er rasend eifersüchtig gewesen sei.

Denn jetzt war er nicht mehr der Einzige, nicht mehr der König. In seinem Gedichtzyklus »Kritik des Herzens« schreibt er vierzig Jahre später:

> Die Tante winkt, die Tante lacht;
> He, Fritz, komm mal herein!
> Sieh, welch ein hübsches Brüderlein
> Der gute Storch in letzter Nacht
> Ganz heimlich der Mama gebracht.
> Ei ja, das wird dich freun!
> Der Fritz, der sagte kurz und grob:
> Ich hol'n dicken Stein
> Und schmeiß ihn an den Kopp![12]

Fanny musste weg. Sie sollte ihn nicht mehr stören. War es ein Unfall oder ein Mordversuch? Jenes furchtbare Kindheitsdrama, das sich kurze Zeit später ereignete – und über das er noch 1886 tief betroffen schreiben wird:

> »Was weiß ich denn noch aus meinem dritten Jahr? Knecht Heinrich macht schöne Flöten für mich und spielt selbst auf der Maultrommel, und im Garten ist das Gras so hoch und die Erbsen sind noch höher; und hinter dem strohgedeckten Hause, neben dem Brunnen, stand ein Kübel voll Wasser, und ich sah mein Schwesterchen drin liegen, wie ein Bild unter Glas und Rahmen, und als die Mutter kam, war sie kaum noch ins Leben zu bringen.«[13]

Die Reaktion der Eltern und Nachbarn kann man sich vorstellen. Entsetzen, Prügel, Geschrei, Stubenarrest und Verweis auf die Strafen, die den Sünder erwarten. Du sollst nicht töten. Fast hätte er das heiligste aller Gebote gebrochen. Vielleicht war er krank. Man musste vorsichtig mit ihm sein. Man musste ihn von dem Schwesterchen fernhalten.

Seine Mutter bekam noch fünf weitere Kinder, Gustav (1836), Adolf (1838), Otto (1841), Anna (1843) und Hermann (1845), die alle wie durch ein Wunder gesund waren und überlebten. Rechnet man die drei früh verstorbenen Säuglinge hinzu, so war sie fast ihr ganzes fruchtbares Leben lang schwanger.

Manchmal beobachtete Wilhelm mit Neid, wie die Kleinen

gewickelt, liebkost und gestillt wurden, ein Bild, das sich lebenslang in ihm eingebrannt hat als Sinnbild für Liebe, Nähe und Zärtlichkeit, vielleicht sogar für Erotik. Als Dreiundvierzigjähriger schwärmte er einer Freundin von einem jungen, hübschen, ledigen »Frauenzimmer« vor, das nach einem Marsch durch die kalte Winternacht am Ofen eines ländlichen Gasthauses saß und das »dunkle Mieder« über dem »roten, wollenen Rock mit gestickter Kante« öffnete, um ihrem Kind eine »frische, stramme Brust« zu reichen, die sie ungeniert den Blicken der Betrachter darbot.[14] Mit fast sechzig griff er das Bild noch einmal auf und schrieb in seiner Novelle »Eduards Traum«:

»Die hübsche stramme Bäuerin hatte ihr hübsches strammes Bübchen auf dem Schoße liegen, sein Gesichtchen nach unten gekehrt. Sie lüftet ihm das Hemdchen, sie reibt ihm den Rücken, er strampelt mit den Beinen vor lauter Behagen. ›Oh, tu tu tu mit tein ticken tinketen Popösichen!‹ so ruft sie in mütterlich-kindischem Stoppeldeutsch, und während sie dies tut, gibt sie dem Herzensbengel bei jedem Worte einen klatschenden Schmatz auf die rosigen Hinterbäckchen. – Ach, meine Freunde! Wie viel Liebes und Gutes passiert uns doch in der Jugend, worauf wir im Alter nicht mehr mit Sicherheit rechnen dürfen!«[15]

Er selbst war kein »hübsches, strammes Bübchen«, sondern eher mädchenhaft zart, groß gewachsen, aber empfindlich und feingliedrig, hatte weder die Sommersprossen noch die flachsblonden Haarstoppeln der Jungen von Wiedensahl, sondern ein vornehm blasses Gesicht unter seidigen Locken, die je nach Lichteinfall braun oder blond wirkten. Für die üblichen Arbeiten auf dem Land war er so wenig zu gebrauchen wie die Hauptfigur Peter aus seiner autobiographisch gefärbten Erzählung »Der Schmetterling«, den die Eltern resigniert zu einem »gelehrten Magister« in die Stadt schicken, von wo er voller Heimweh die Flucht ergreift, um dem »Schmetterling«, dem Phantom des Unerreichbaren, nachzujagen.[16]

Er beneidete andere, die vor künftiger Männlichkeit strotzten, Harmschlüters Hinnerk zum Beispiel, einen hellblonden, wohlgenährten Jungen aus der Nachbarschaft. Im Frühherbst führte er zwei Kühe am Strick, eine schwarze und eine braune, die er mit einer Wurfkeule über den Grasweg trieb, bis sie die Wiese hinter dem elterlichen Grundstück erreicht hatten, wo sie bis zum Einbruch der Dunkelheit weiden sollten. Dieser Hinnerk war nur ein einfacher Bauernjunge, kaum des Lesens und Schreibens mächtig und von schlichtem Gemüt. Beim Hüten musste er sich lauthals Verse aus dem Katechismus vorsagen, weil er Angst vor dem strengen Lehrer Bohnhorst hatte, der ihn am nächsten Tag vielleicht schlagen würde, mit dem Rohrstock auf das Gesäß, präzisiert Wilhelm Busch. Und trotzdem schien Hinnerk irgendwie glücklich zu sein in seiner Beschränktheit und mit seinen kindischen Streichen, dem heimlichen Anzünden des Feuers, in dem er außer Kartoffeln auch junge Mäuse briet, der Pfeife, die er sich aus einer Dolde geschnitzt hatte und mit trockenem Haselnusslaub füllte, dem kleinen Gretlieschen, das sich von hinten an ihn heranschlich und seinen Kopf liebevoll nach Läusen absuchte.[17]

Hinnerk, Kord, Krischan und Dierk oder wie die Jungen von Wiedensahl alle hießen: Sie waren wild, bewarfen sich mit Kuhmist, spritzten sich Milch aus dem Kuheuter ins Maul, schossen mit selbst gemachten Flinten um sich und ritzten das Bild des verhassten Lehrers in einen Stock, um es jubelnd im Feuer zu verbrennen. Und trotzdem wurden sie niemals bestraft, jedenfalls nicht von den Eltern, die sie im Gegenteil noch dafür liebten, dass sie so wild waren, und die schon sehnsüchtig in der heimischen Küche auf sie warteten. So jedenfalls schien es Busch:

> »In der Döntze baumelte bereits der brennende Trankrüsel an dem verstellbaren Haken. Auf der Tischplatte lag ein Haufen dampfender Kartoffeln; daneben, auf rundem Brett, stand das köstliche Pannenstippsele, bereitet aus geglühtem Rüböl und gebratenen Zwiebeln. Vater und Mutter tunkten schon ein. Hinnerk nahm dicht bei der Großmutter Platz. Sie pellte ihm sauber die schönsten Kartoffeln ab.«[18]

Hinnerk war fünf Jahre älter als Busch, ein großer Kerl, dem die ausgebleichte Leinenhose schon zu eng und zu kurz wurde.

Manchmal durfte Wilhelm ihn auf die Weide begleiten. Ihm allein eine Kuh anzuvertrauen, hätte wohl niemand gewagt. Aber es war grauslich da draußen auf der endlosen Ebene – wenn das Dorf so weit weg war, dass man nicht einmal mehr die Hähne krähen hörte, wenn die Wolken sich zum Gewitter zusammenballten oder gar das böse Polarlicht erschien, das den Himmel rot, grün und violett färbte, ein gespenstisches Lichtermeer, wie eine Feuersbrunst in immer wieder neuen Strahlen und Formen auflodernd. Busch musste weinen.[19] Er war ungefähr fünf. Niemand konnte ihm das Phänomen des Polarlichts erklären, von dem die Alten und Frommen sagten, dass es ein Warnzeichen kommenden Unheils sei, gegen das nur Beten und Büßen helfe. Damals, in seinen Kinderjahren, habe er »Bangigkeit gründlich studiert«, schrieb Busch noch im Alter an eine junge Verwandte.[20] »Er war sehr ängstlich«, ergänzte eine seiner Kusinen. »Auch später noch, mit 25 Jahren, graute er sich. Als kleiner Junge lag er oft quer über dem Bett der Großmutter.«[21]

Nur einmal, gesteht er in einer seiner autobiographischen Skizzen, zog er mit Harmschlüters Hinnerk zu einem richtigen Streich aus. »Er hatte in einen rostigen Kirchenschlüssel, so groß wie dem Petrus seiner, ein Zündloch gefeilt, und gehacktes Fensterblei hatte er auch schon genug; bloß das Pulver fehlte ihm noch zu Blitz und Donner.« Buschs Vater besaß das begehrte Schießpulver, da es in seinem Kramladen verkauft wurde. Er verwahrte es auf dem Speicher in einer »steinernen Kruke«, aus der Busch, um dem großen Hinnerk zu imponieren, etwas stahl, in der Hoffnung, niemand werde dieses kleine Vergehen bemerken. »Nachmittags zogen wir mit den Kühen auf die einsame Waldwiese. Großartig war der Widerhall des Geschützes. Und so beiläufig ging auch ein altes Bäuerlein vorbei, in der Richtung des Dorfes.« – Er war wohl stolz, *einmal* dabei gewesen zu sein, sich *einmal* als richtiger Junge fühlen zu dürfen und ein Geheimnis mit dem großen, starken Hinnerk zu teilen. Vielleicht würden sie ihm zu Hause ansehen, dass sich etwas verändert hatte, und ihn mit neuer Liebe und Achtung empfangen? Aber es kam alles ganz anders. Es wurde eine furchtbare Blamage:

»Der Vater empfing mich an der Tür und lud mich ein, ihm auf den Speicher zu folgen. Hier ergriff er mich am linken Flügel und trieb mich vermittels eines Rohrstockes im Kreise umher, immer um die Kruke herum, wo das Pulver drin war. Wie peinlich mir das war, ließ ich weithin verlautbaren! Und sonderbar! Ich bin weder Jäger noch Soldat geworden.«[22]

Nein, von den Hütejungen hielt er sich künftig lieber fern und zog sich zur Großmutter oder den Spinnerinnen zurück. Dort war es schaurig-schön, weil so viel erzählt und gesungen wurde, von der schwarzen Prinzessin, den Zwergen, dem Glasberg, der bösen Stiefmutter oder dem verwunschenen Prinzen. Was sie von den Hexen erzählten, sollte wirklich stimmen. Die Älteren kannten sogar noch die Namen der Frauen, die man im Kloster Loccum verbrannt hatte: Elisabeth Nolten, Margaretha Brinckmanns, Aleke Stromeyer, Metteke Fischers und viele mehr.

Was sollten diese Frauen eigentlich Böses getan haben? Mit dem Teufel Unzucht getrieben, behaupteten die Spinnerinnen, der meistens als Ritter oder Knappe dahergekommen sei, elegant gekleidet, mit einem wehenden schwarzen Federbusch auf dem Helm. Viele im Dorf schworen, es persönlich gesehen zu haben, vor allem ein gewisser Bauer Johann Bolte, der sich immer wieder in Loccum über die Hexen beschwerte, mit der Bitte, man möge das Dorf doch von solchen »bösen Leuten« befreien und die »liebe unschuldige Jugend« nicht in Gefahr bringen. Er wolle sich auch persönlich an den Kosten der Hinrichtung beteiligen.[23]

Die Schlimmste soll Gese Köllars gewesen sein, eine noch junge Witwe, die das Vieh ihres Nachbarn krank gemacht haben sollte. Und als Bolte ihr deshalb Vorhaltungen machte und drohte, sie nach Loccum vors Gericht zu bringen, habe sie ihm »Eydechsen« und anderes »scheußliches Ungeziefer« ins Bett gelegt, sodass er nächtelang nicht ruhig darin schlafen konnte, denn die »Eydechsen« hätten laut gepfiffen und geschrien.[24] Auch habe sie die teuflische Kunst beherrscht, Eierkuchen ohne Feuer zu backen, wofür es allerdings keine Zeugen gab, sondern nur die Aussage eines mittlerweile Verstorbenen. Aber dass sie dem Pfarrer eine Hostie gestohlen habe, um sie anschließend ihrem Liebhaber, dem Teufel, in den Mund zu stecken, bestätigte der Pfarrer selbst vor Gericht.

Waren die Hexen geständig, verbrannte man sie gleich. Bestanden sie aber auf ihrer Unschuld, wurden sie einer besonderen Probe unterzogen. Man warf sie vor Zeugen in ein tiefes Wasser, meistens in die Weser. Gingen sie unter, wurden sie freigesprochen. Schwammen sie aber wie Gänse oder Enten obenauf, galt es als sicher, dass sie Hexen waren. Man band ihnen die Arme auf den Rücken, zog sie an einem Strick in die Höhe, setzte ihnen Beinschrauben an, die ganz langsam ihre Knochen zermalmten. Dann begannen sie, wunderliche Dinge zu gestehen, zum Beispiel, dass sie das Hexen schon von ihrer Mutter gelernt hätten, sich in alle möglichen Tiere verwandeln könnten und mit Vorliebe ungeborene Kinder äßen.[25]

Die letzte Hinrichtung hatte 1832 – das Geburtsjahr Wilhelm Buschs – stattgefunden. Auch die Kirchenbuße gab es nicht mehr. Ehebrecher wurden nicht mehr verhört, jedenfalls nicht öffentlich. Aber es gab immer noch eine dunkle, verschwiegene »Beichtkammer«, in der Pfarrer Georg Eberhard Krop seine Schäflein persönlich ins Gebet nahm, bis sie wütend, weinend oder geläutert wieder hinausgingen.[26]

Krop war sein Leben lang unverheiratet und lebte mit seiner Schwester zusammen, »ein großer Kinderfreund«, wie ein Chronist vielsagend schrieb.[27] Und zu dieser »Kinderliebe« gehörte auch die tägliche Züchtigung seiner Zöglinge, denn es heißt im dreizehnten Kapitel der »Sprüche Salomons«: »Wer seine Rute schont, der haßt seinen Sohn; wer ihn aber liebhat, der züchtigt ihn bald.« Immer wieder wurde der Lehrer Bohnhorst vom Pfarrer dazu angehalten, den Rohrstock nur ja häufig genug sausen zu lassen, auf das bekleidete oder halb entblößte Gesäß, das ihm die Kinder, über den Tisch gebeugt, zuwenden mussten. Auch Wilhelm Busch, der drei Jahre lang auf die Wiedensahler Dorfschule ging, muss auf diese Weise gezüchtigt worden sein. Er hat es oft in seinen Bildergeschichten beschrieben. »Meister Druff« in den »Abenteuern eines Junggesellen« und »Lehrer Bokelmann« in »Plisch und Plum« schlagen mit sichtbarer Lust auf die Rückseiten ihrer männlichen Zöglinge,

Abb. 3: Meister Bokelmann mit Peter und Paul

als wollten sie sich für entgangene Geschlechtsfreuden entschädigen.[28]

Aber es war doch eine Zeit des Aufbruchs, in der das Mittelalter endgültig abgeschafft wurde, der zögernde Beginn der Moderne in Literatur, Politik, Technik, Naturwissenschaften und Gesellschaftsordnung? Charles Babbage hatte in England eine »Analytische Maschine« entwickelt, die Urform des späteren Computers. Auf Schloss Hambach demonstrierten Tausende für die Einheit und Freiheit Deutschlands, die Aufhebung des Versammlungsverbots und der Zensur. In England war die Sklaverei abgeschafft worden, in Spanien sogar die Inquisition. Mit dem »Herald Tribune« gab es eine erste große amerikanische Massenzeitung. Charles Dickens veröffentlichte seinen »Oliver Twist«, ein Fanal gegen Kindesmisshandlung und -unterdrückung. In Frankreich schlug die Geburtsstunde der Fotografie, und zwischen Nürnberg und Fürth fuhr die erste deutsche Eisenbahn.

Doch das alles drang nicht nach Wiedensahl, nicht in Buschs Geburtsort.

Hier lebte man fern jeder Zivilisation. Zwischen den Dörfern gab es keine Chausseen, nur verschlammte Landwege. Wer nach Raderhorst, Rosenhagen oder Loccum wollte, musste durch den Wald oder übers Feld gehen. Die erste gepflasterte Straße wurde 1847 gebaut. Es gab nicht einmal eine Poststation, die das Dorf mit den Großstädten verbunden hätte. Ein bisschen »Welt« kam eigentlich nur zum Martini-Markt in das kleine Dorf, der jährlich am 10. November, Luthers Geburtstag, abgehalten wurde und Tausende von Besuchern aus den Nachbarländern Preußen, Westfalen und Schaumburg-Lippe anzog. Dann war viel los auf dem großen Platz vor dem Gasthaus. Händler und Handwerker hatten ihre Buden aufgebaut, darunter auch Juden, die den Ort ausnahmsweise betreten durften. Verkauft wurden Hausrat und Werkzeuge, Stoffe, Farben und billiger Schmuck, einfaches Spielzeug und vor allem Vieh, das für seine ausgezeichnete Qualität berühmt war. Für die Kinder war es ein Fest. Vielleicht auch für Busch. Denn zwischen den Buden hatten Schausteller ihre Karussells aufgebaut und sangen mit schauriger Stimme ihre Moritaten. Nach dem Markttag gingen die Männer ins Wirtshaus und tranken Bier oder Lauenhager Korn. Dazu gab es Meyersche Sülze. Spät am Abend kam es meistens zu Streit. Die Schaumburger schlugen auf die Hannoveraner ein, die Preußen fühlten sich als politische Sieger, die Juden wurden als Betrüger beschimpft, und die Wirtin machte das Geschäft ihres Lebens wie »Mutter Köhm« im »Geburtstag oder die Partikularisten«. Es gab keine Toten, aber es floss reichlich Schnaps und Blut. Nach dem Martini-Markt bereitete man sich auf den Winter vor, der bis in den nächsten März oder April dauern würde.

Nach Sankt Martin wurde in Wiedensahl wie in allen ländlichen Gegenden Deutschlands geschlachtet, ein Ereignis, das Wilhelm Busch jedes Jahr tief beeindruckt und verstört hat. Seine Eltern hielten ein paar Gänse, die zufrieden im Garten schnatterten oder auf dem »Sahl«, dem kleinen Dorfweiher, schwammen. Er hatte – so scheint es – eine fast persönliche Beziehung zu ihnen, gab ihnen Namen und beobachtete ihr Verhalten genau. »Ich bin geboren anno dazumal, als man die Fräuleins noch Mamsellchen nannte und die Gänse noch Adelheid hießen, auf einem einsamen Bauerngehöft, gleich links von der Welt und dann rechts um die Ecke«, heißt es zu Anfang seiner Novelle »Der Schmetterling«.

Aber das Schlachten war jedes Mal schrecklich. »Dann kommt der Winter«, schreibt Busch in einer undatierten Geschichte. »Die Köchin schleift ihr langes, spitzes Messer, ergreift die Gänse, schlachtet sie vielleicht in derselbigten Stunde und kocht sie in Gallert ein. Da ruhen dann, in ein und demselben Topfe, durch den Tod vereinigt, die treuen Gänsebrüste nebeneinander – und wenn sie dereinst verzehrt werden, möchte ich auch mit dabei sein.«[29]

Noch blutiger und qualvoller war das Schlachten der Schweine, das zu Hause auf dem Stechstuhl besorgt wurde, irgendwann zwischen Sankt Martin und Weihnachten, wenn die Tiere ein Jahr lang fleißig gefüttert worden waren und ordentlich Fett angesetzt hatten, sodass man sie zu Schinken, Wurst, Sülze und allerlei Braten verarbeiten konnte. Busch empfand für Schweine eine ähnliche Sympathie wie für Gänse. Er sah sie als aufgeweckte, gesellige Tiere, denen er in seinen Bildergeschichten menschliche Züge verlieh. Im »Geburtstag oder die Partikularisten« lässt er sie ein lustiges Schweinsballett aufführen, nachdem sie zuvor aus einem mit Kräuterlikör getränkten Teich getrunken haben. Sie umarmen und necken einander und tanzen mit seligem Gesichtsausdruck eine Art Charade.[30] Auch als Maler hat er das Thema immer wieder aufgegriffen. Allerdings zeigt er hier eher das leidende, blutende, vom Menschen misshandelte Schwein, den abgehackten Kopf oder den an den Hinterbeinen aufgehängten Körper, eine schonungslos realistische Allegorie auf die Hexenverbrennung oder die Kreuzigung Christi, ein Rückgriff auf die Motivwelt der alten Niederländer.[31]

Alle diese Bilder können nur andeutungsweise ausdrücken,

Abb. 4: Schlachtung aus »Der Bauer und sein Schwein«

was Wilhelm Busch als Kind empfunden haben muss, wenn er Zeuge einer solchen Hausschlachtung wurde. Der ganze Prozess dauerte stundenlang und war begleitet von enormem Lärm. Frühmorgens, wenn es noch dunkel war, kam einer der dicken Metzger, um seines Amtes zu walten. »Jetzt wird's herausgezerrt aus dem lieben … Stalle«, schrieb Busch später an den Malerfreund Franz von Lenbach. »Jetzt liegt's geknebelt; jetzt der Stich; Notwehr geboten und heftig ausgeübt; Blutverlust fast beruhigend …; dann aber … dicht vor der Todesgewißheit, der höchste, gräßlichste Unmut; dann röchelnde Entsagung; zuletzt Stille mit Nachdruck. Die Metamorphose in Wurst kann beginnen. Wahrlich! Gewisse Dinge sieht man am deutlichsten mit den Ohren.«[32]

Das Messer blitzt, die Schweine schrein,
Man muß sie halt benutzen,
Denn jeder denkt: Wozu das Schwein,
Wenn wir es nicht verputzen?

Und jeder schmunzelt, jeder nagt
Nach Art der Kannibalen,
Bis man dereinst »Pfui Teufel« sagt
Zum Schinken aus Westfalen.[33]

Busch wird sich zeitlebens vor Schweinefleisch ekeln und sogar das Essen von Schinken als »indirektes Schweineschlachten« betrachten.[34] Doch es war nicht nur Mitleid und Ekel, was das Kind Wilhelm Busch aus dem Bett trieb, wenn das furchtbare Schweineschlachten anstand. Es mischte sich auch etwas anderes in diese Gefühle, eine Ahnung von etwas Gefährlichem: etwas, das ihm Angst vor sich selbst und den Abgründen seiner eigenen Seele machte. In einem Brief an die holländische Schriftstellerin Marie Anderson schrieb er:

»Das Leiden, die Marter, hat … etwas schauderhaft Anziehendes, es bewirkt Grauen und Ergötzen zugleich. – Haben Sie jemals den Ausdruck von Kindern bemerkt, wenn sie dem Schlachten eines Schweines zusehen? … Tod, Grausamkeit, Wollust – hier sind sie beisammen.«[35]

So bildete sich allmählich seine Überzeugung heraus, dass Kinder – auch das Kind Wilhelm Busch – grundsätzlich schlecht waren. Kinder wünschten kleinen Schwestern den Tod und versuchten, sie in Kübeln hinter dem Haus zu ertränken. Kinder warfen Mäuse ins Feuer und brieten sie. Kinder freuten sich über die grausamen Geschichten von der Folter und Verbrennung der Hexen. Sie fanden das Schlachten von Schweinen aufregend. Sie waren nicht traurig, wenn jemand starb. Sie taten, wenn auch unwissentlich, so viel Böses, dass man sie unentwegt mit dem Rohrstock schlagen musste, um sie zu bessern.

»Der gute und der böse Dämon empfangen uns bei unserer Geburt, um uns zu begleiten«, schrieb Wilhelm Busch weiter an Marie Anderson. »Der böse … ist meist der stärkere und gesündere; er ist der heftigere Lebensdrang … Gute Kinder sterben früh, ihnen sind die Engelsflügel nicht abgeschnitten. … Der natürliche, unverdorbene Mensch, also besonders das Kind, muß überwiegend böse sein, sonst ist seines Bleibens nicht in dieser Welt.«[36]

Wilhelm Busch sollte noch lange in dieser Welt bleiben. Aber seine Tage in Wiedensahl waren gezählt. Im Herbst 1841 – er war neun und das älteste von inzwischen vier Geschwistern – beschlossen die Eltern, ihn dem Bruder seiner Mutter, Georg

Kleine, zu übergeben, der in der Nähe von Göttingen Pfarrer war. »Ich freute mich darauf; nicht ohne Wehmut«, wird er sich später erinnern. »Am Abend vor der Abreise plätscherte ich mit der Hand in der Regentonne, über die ein Strauch von weißen Rosen hing, und sang Christine! Christine! … für mich hin. Früh vor Tag wurde das dicke Pommerchen in die Scherdeichsel des Leiterwagens gedrängt. Das Gepäck ist aufgeladen … Die Reisenden steigen auf; Großmutter, Mutter, vier Kinder und ein Kindermädchen; Knecht Heinrich zuletzt. Fort rumpelts durch den Schaumburger Wald. Ein Rudel Hirsche springt über den Weg; oben ziehen die Sterne … Nach zweimaligem Übernachten bei Verwandten wurde das Ebergötzener Pfarrhaus erreicht.«[37]

DIE VERSCHICKUNG

2

Vater Busch, der verhinderte Dichter aus bäuerlichen Verhältnissen, hatte trotz seiner musischen Neigungen nie die Chance, etwas anderes als Krämer oder Bauer zu werden. Doch seine Kinder – besonders die Söhne – sollten es einmal besser haben. Dazu mussten sie fort aus Wiedensahl, diesem hoffnungslos rückständigen Ort »gleich links von der Welt und dann rechts um die Ecke«[38], in dem ein hochbegabtes Kind nichts hätte lernen können. Das nächste Gymnasium war in Bückeburg. Aber dort hätten sie »in Pension« gehen müssen, zu wildfremden Leuten, denen es vielleicht nur um das Kostgeld ging. »Liebe« hätten sie dort bestimmt nicht bekommen, genauso wenig wie auf einem Internat, das außerdem unbezahlbar gewesen wäre. Blieb also nur der Onkel, Pastor Georg Kleine, einer der beiden Brüder von Wilhelm Buschs Mutter, der zu dieser Zeit fünfunddreißig Jahre alt war und gerade eine Pfarrstelle in Ebergötzen angenommen hatte.

Er war kein Junggeselle, wie die meisten Busch-Biographen unrichtig annehmen, sondern frisch verheiratet mit einer Pfarrerstochter namens Fanny Petri, die gerade ihr erstes Kind, Karl Friedrich Konrad, zur Welt gebracht hatte, ungefähr zur selben Zeit, als der neunjährige Busch in ihr Haus kam. Die Verhältnisse dort waren denkbar günstig: ein geräumiges, beinahe herrschaftliches Pfarrhaus, ein Garten mit prächtigem altem Baumbestand, ein eigenes Zimmer, allerdings mit Ausblick auf den Kirchhof, eine kleine Landwirtschaft mit Knechten und Mägden, Ersatzeltern, die genügend Zeit für ihn hatten und nicht schon morgens um fünf in den Stall mussten.

Natürlich hatte er zunächst heftiges Heimweh. »Heimweh – das sind solch eigentümliche Halsschmerzen«, sagte er einmal. »Ich hab sie in Ebergötzen gehabt, als ich in frühsten Kinderjahren von zu Hause fortkam.«[39]

Abb. 5: Das Pfarrhaus von Ebergötzen (Zeichnung von Wilhelm Busch)

Georg Kleine war kein sehr fröhlicher Mann, der ihm diese finsteren Gedanken vertreiben konnte. Auf Zeichnungen, die Busch von ihm gemacht hat, wirkt er ernst und klug und asketisch, fast immer im Talar, seiner Amtstracht, immer fleißig, immer im Dienst von Kirche und Wissenschaft, nie entspannt oder ausgelassen. Jedenfalls sah Busch ihn wohl so. Als ein Vorbild an Disziplin. Dazu gehörte auch, dass er sich niemals hinreißen ließ, mit dem Rohrstock zu schlagen.

»Der Onkel… war ein stattlicher Mann, ein ruhiger Naturbeobachter und äußerst milde; nur ein einziges Mal, wenn schon öfters verdient, gab's Hiebe; mit einem trockenen Georginenstengel; weil ich den Dorftrottel geneckt.«[40] Busch hatte ihm die Pfeife mit Kuhhaaren gestopft und heimlich angezündet, woraus aber weiter kein Schaden entstand, denn der »Dorftrottel« rauchte die seltsame Füllung mit Genuss zu Ende, ohne etwas zu merken. Aber: Trottel ärgert man eben nicht. Darum die symbolische Strafe. Fast war er ein bisschen enttäuscht, dass die Sache so glimpflich ausgegangen war, für den Trottel wie für ihn selbst. Es war eben schwer, den Onkel aus der Reserve zu locken.

Eigentlich war es in Ebergötzen fast paradiesisch schön – viel freundlicher als in Wiedensahl, diesem Flachland der Sinne, wo es keinen Berg, nicht einmal einen plätschernden Bach gab, nur den Sahl, einen abgestandenen Dorfteich, und wo das Auge höchstens zum Kirchturm oder zum wolkigen Himmel aufblicken konnte. Ebergötzen dagegen lag am Südrand des Harzes, nicht weit von Göttingen, jener legendären Universitätsstadt, in der die berühmtesten Deutschen studiert hatten oder noch studieren würden – Brentano, Heine, der Mathematiker Gauß, die Brüder von Humboldt, Schlegel und sogar Schopenhauer. Von engen Schluchten und Tälern umgeben, zog es sich an den Ufern eines kleinen Flusses namens Aue hin, kein Straßendorf, sondern bunt zwischen Äcker und Gärten zerstreut, mit prächtigen Fachwerkhäusern, einer alten Wasserburg, drei Mühlen, zwei Gasthäusern und der Kirche Sankt Cosmas und Damian, einem schlichten Saalbau aus dem 18. Jahrhundert, in dem der Onkel jeden Sonntag seine Predigt hielt.

Die Nähe der Universitätsstadt machte das Dorf lebhaft und wohlhabend. Es gab ein Gericht, einen Rechtsanwalt, mehrere Ärzte und viele Bauern und Handwerker, die sich ein beträchtliches Zubrot verdienten, indem sie als Maurer oder Torfstecher für einen Baumeister in Göttingen arbeiteten. Das brachte Geld und ein bisschen Luxus in den kleinen Ort, eine Entwicklung, die Kleine mit großem Missfallen ansah. In einem Bericht an die hannoversche Regierung beklagt er, dass die Bauern von Ebergötzen im Schlitten führen, die Frauen seidene Kleider und blumengeschmückte Hüte trügen, nach Alkohol röchen und sich sogar künstliche Zähne einsetzen ließen, anstatt zu den Lücken, die das Alter ihrem Gebiss schlüge, zu stehen.[41] Die Frau des Anwalts habe einmal so viel getrunken, dass sie ihren Mann im Vollrausch erschlagen hätte.[42] Man erzählte es dem kleinen Busch immer wieder und schürte damit seine Angst vor der Bosheit der Frauen.

Was lernte Wilhelm Busch bei seinem Onkel Kleine? Er umreißt es in seiner Selbstbiographie relativ ungenau: »Meine Studien teilten sich naturgemäß in beliebte und unbeliebte. Zu den erstern rechne ich Märchenlesen ... In den Stundenplan schlich sich … auch die Metrik ein. Die großen heimatlichen Dichter wurden gelesen; ferner Shakespeare. Zugleich fiel mir ›Die Kritik der reinen Vernunft‹ in die Hände, die, wenn auch noch nicht ganz verstanden, doch eine Neigung erweckte, in den Laubengängen des intimeren Gehirns zu lustwandeln, wo's bekanntlich schön schattig ist.«[43]

Moderne Sprachen lernte er nicht, denn Kleine, der Theologe, war natürlich Altsprachler. In Mathematik kam Wilhelm über die »vier Grundrechnungsarten« nicht weit hinaus.[44] Biologie und die übrigen Naturwissenschaften müssen den Onkel aber sehr interessiert haben, denn er war mit Leidenschaft Bienenforscher und Imker. Oft sah man ihn in seinem Garten an den Bienenstöcken hantieren oder mit dem Mikroskop Waben und Bienen untersuchen, während Busch ihm interessiert über die Schulter blickte. Seine Aufsätze und Fachbücher sind klar und systematisch geschrieben, lassen Sinn für Witz und Ironie erkennen und handeln auch heikle Fragen wie das Thema der Fortpflanzung nüchtern und vorurteilslos ab:

> »Die weiblichen Geschlechtswerkzeuge sind nur bei der Königin vollkommen ausgebildet. Sie bestehen aus den Eierstöcken, den Eileitern, der Scheide und der Samentasche mit ihren Anhangdrüsen. … Die Scheide ist verhältnismäßig sehr groß und entspricht der Größe der Drohnenrute vollkommen. Zwischen ihr und dem After liegt der nach oben gekrümmte Stachel. … Für die Drohne ist die Begattung verhängnisvoll; im Augenblicke der Ausstülpung der Rute und Ausstoßung des Samens verfällt sie dem Tode. Die Begattung ist aber eine so innige, daß die Königin sich nur gewaltsam durch Abreißen, Abdrehen oder Abbeißen der Rute von der Drohnenleiche trennen kann und sie gewöhnlich einen in der Scheide zurückgebliebenen Rutenteil von ihrem Befruchtungsausfluge zurückbringt …«[45]

Gibt es ein drastischeres Bild für den Triumph des Weiblichen über das Männliche, für das Männermordende und Kastrierende im Wesen der Frau, die männliche Leidenschaft mit dem Tode bestraft oder mit endgültiger Vertreibung aus der Heimat? Im Bienenstaat gilt der Mann nichts. Er wird nur geboren, um zu zeugen, gedemütigt zu werden und zu sterben. Busch war wohl tief beeindruckt von diesem Bild. Es würde ihn nie mehr loslassen.

Pfarrer Kleine hatte es sicher nicht immer leicht mit seinem Pflegekind, denn schon am Tag seiner Ankunft stand jemand vor der Tür, der ihn zu den tollkühnsten Streichen verführen würde: Erich Bachmann, Sohn des reichsten Müllers von Ebergötzen, selbst künftiger Mühlenbesitzer, im gleichen Alter wie Busch, aber viel frecher, praktischer, selbstbewusster, kurz: »der« Freund, den sich Wilhelm immer gewünscht hatte. Diese Freundschaft, schreibt Busch in seiner Autobiographie, sei »von Dauer gewesen«, die längste und unverbrüchlichste seines ganzen Lebens. »Alljährlich besuch ich ihn und schlafe noch immer sehr gut beim Rumpumpeln des Mühlwerks und dem Rauschen des Wassers.«[46]

Bachmann und Busch, die sich manchmal auch Peter und Paul nannten, hatten sich gegenseitig viel zu geben. Bachmann zeigte Busch, wie man ein richtiger Junge wird, und Busch ließ ihn an seinen »gelehrten Studien« beim Pastor teilhaben. So blieb ihnen beiden die Schule erspart, die sie hassten. Denn obwohl sich Kleine intensiv um das Schulwesen in Ebergötzen bemühte, das hier wie in Wiedensahl kirchlicher Aufsicht unterstand, war der Lehrer der örtlichen Dorfschule ein übler Schläger und Sadist, der den Kindern Angst machte. »Solange er lebte«, fügt Busch lakonisch hinzu. »Aber er hing sich auf, fiel herunter, schnitt sich den Hals ab und wurde auf dem Kirchhof dicht unter meinem Kammerfenster begraben.«[47] Busch verkroch sich nun Nacht für Nacht tief unter seiner Bettdecke, weil er fürchtete, der Geist des Lehrers würde ihm in seinem Zimmer erscheinen. So sei er immer mehr zu »ein(em) Geisterseher« geworden, fährt er fort, allerdings »nur« in seinen einsamen Nächten.

Bachmann und Busch liefen so unbeaufsichtigt im Dorf herum, wie es Max und Moritz, ihre literarischen Nachfahren, tun werden, frei von jeder elterlichen Autorität, wenn sie nur brav ihr Pensum gelernt hatten. Bei schönem Wetter gingen sie ans Ufer der Aue, zogen sich aus, gruben Mulden aus Erde und

Wasser, überkleisterten sich von oben bis unten mit Schlamm und ließen sich gemächlich in der Sonne trocknen, bis sie sich in Brote oder Pasteten verwandelt hatten wie Max und Moritz im sechsten Streich der berühmten Bildergeschichte. Sie bastelten sich Leimruten, um Vögel zu fangen. Oder sie schlichen weiß bemehlt in der Mühle herum und sahen zu, wie die Müllerburschen mit den Mägden schäkerten. Aus der Aue fingen sie mit der Hand Forellen: »... die zappelten und wären gern wieder ins Wasser gesprungen, aber da hieß es: Federmesser raus! Durch den Schwanz gestochen, daß das Blut herauslief, und abends lagen sie in der Pfanne und brieten und brodelten.«[48]

Zwei kleine Bleistiftporträts, die der vierzehnjährige Wilhelm Busch auf die Rückseite von Unterrichtsnotizen gezeichnet hat, zeigen deutlich, wie die beiden damals ausgesehen haben: Busch eher zierlich und schmächtig, das Vorbild des Moritz, Bachmann pausbackig und von derber Statur wie sein Kompagnon Max, der bei allen Streichen mutig vorangeht, während Moritz meistens der Sekundant bleibt.[49] Bachmann trägt auf diesem Porträt eine bestickte Kappe, Buschs blondes Haar ist unbedeckt und biegt sich an den Spitzen nach außen. Auf dem Oberkopf ahnt man bereits den verdächtigen Wirbel, der sich bei Moritz zur kessen Tolle aufschwingen und ihm selbst im Tod – »fein geschroten und in Stücken« – nicht abhandenkommen wird.

Beide Porträts sind extrem verknappt. Man kann die Striche fast zählen. Die Tendenz, sich auf das Wesentliche zu beschränken, ist schon beim vierzehnjährigen Busch zu erkennen. Ein Auge sieht den Betrachter sinnend an. Das andere ist halb geschlossen oder zugekniffen. Fast genauso wird Busch später immer noch aussehen, wenn er seinem Malerfreund Lenbach in München Modell sitzt – ein Mensch mit zwei unterschiedlichen Augen, die auf unterschiedliche Weise in die Welt sehen, ein ewiger Widerspruch, dem Maler wie dem Betrachter ein Rätsel.

Vielleicht wurde die Geschichte von »Max und Moritz« auch durch den Umstand angeregt, dass in Wilhelm Buschs Ebergötzener Kindheit Tausende jüdischer Kinder durchs Land zogen, bettelnd, stehlend und vollständig »unerzogen«, von ihren Eltern schon im frühsten Alter ausgesetzt, »mit einem ärmlichen

Abb. 6: Doppelporträt Busch und Bachmann

Abschiedstaler auf ewig verbannt aus dem Kreise der Ihrigen«.[50] Es waren die Kinder von Juden, die keine Schutzbriefe hatten, sich nirgendwo niederlassen, keinen Beruf ausüben durften und nicht einmal irgendwo registriert waren. Einige Gemeinden hatten Herbergen für diese Rechtlosen. In Harburg in der Nähe von Göttingen gab es ein solches Quartier, das in nur vier Monaten 700 jüdische Bettler aufnahm. In der Gegend von Wolfenbüttel schliefen sie einfach im Freien. Etwa zehn Minuten von der Stadt entfernt »lagen gegen zwanzig arme jüdische Familien, zigeunerartig wandernd, mit schmutzigen Betten, alten Kleidern, Kisten und Kasten, sie selbst in zerrissenen Gewändern«, heißt es in einem Bericht von 1790, »Männer, Frauen und Kinder, zum Teil krank und abgezehrt..., wartend auf den Glockenschlag neun, bei welchem der Vorsänger ankommen sollte, um ihnen im Namen des einzigen reichen Mannes, der in Wolfenbüttel wohnte, Almosen zu verabreichen«.[51] Vergeblich appellierten die Vorsteher der israelitischen Gemeinden an den König, diesen Juden doch endlich Bürgerrechte zu geben und ihnen die Niederlassung in seinem Land zu erlauben. 1836 wurde diese Eingabe mit dem Grund abgelehnt, es sei »ausgemacht«, »daß die Juden ein verderbtes Geschlecht seien«.[52]

In Ebergötzen tauchten besonders viele dieser jüdischen Kinder auf, denn das Dorf war ein Zentrum ländlichen Judentums, in dem sie sich Schutz und Hilfe erhofften.[53] Es lebten hier mehrere alteingesessene jüdische Familien, die meistens als Pferde- und Stoffhändler tätig waren. Sie waren gut integriert, zahlten Kirchensteuer an die evangelische Gemeinde und halfen bereitwillig beim Bau einer neuen Dorfschule, die ihre Kinder sich mit den christlichen teilten. Sie hatten einen eigenen Friedhof auf dem Kampenberg und eine kleine Synagoge mitten im Ort. Den Religionsunterricht gab ein Rabbiner aus Göttingen. Mit dem Pfarrer, Wilhelm Buschs Onkel, standen sie sich gut. Wenn der Rabbiner nicht da war, durften sie ihn um geistlichen Rat bitten. Wahrscheinlich versuchte man gemeinsam zu helfen, wenn wieder einmal elternlose Kinder ins Dorf kamen, die fast überall sonst als »Gesindel« verjagt wurden, zum Beispiel in Wiedensahl, wo es keinen einzigen jüdischen Einwohner gab, weil kein Jude einen Schutzbrief bekommen hätte. Es war erlaubt, den Kindern Essen, Trinken und Medizin zu geben. Sie dauerhaft aufzunehmen, war verboten. Nach ein paar Tagen musste man sie wieder fortschicken. Ihre Spuren verloren sich. Wenn sie unterwegs getötet oder misshandelt wurden, weil sie gestohlen hatten, um zu überleben, blieben die Täter meistens straffrei.

Die Geschichte dieser jüdischen Kinder ist nie geschrieben worden. Wilhelm Busch hat sie hautnah miterlebt. In seiner Autobiographie schweigt er darüber. Erst Jahrzehnte später würde er sich als Maler zu dem Thema äußern.[54]

Es war Herbst, als er 1841 nach Ebergötzen kam. Die Zwetschgen seien gerade reif geworden, erinnert er sich. Doch erst nach Weihnachten schaffte er es, seinen Eltern zu schreiben, in makelloser Schönschrift, ganz ohne Fehler, unter Aufsicht des Onkels, wie er offen zugab.

> »Teure Eltern! Ihr habt gewiß schon lange nach einem Briefe von mir ausgesehen, und ich habe auch oft im Stillen daran gedacht, wie lieb Euch eine kleine Nachricht von mir sein würde. Aber da ich noch nicht ganz ohne Onkels Hilfe an Euch schreiben kann, Onkel aber seit einiger Zeit so viel zu tun hatte, … so habe ich meinen Brief bis nach dem Feste verschoben … Es geht mir immer noch gut, und es hat mir, so lang ich hier bin, noch kein Finger wehgetan. Die Fest-

tage habe ich ziemlich still hingebracht... Ich habe jetzt in einem Teile meiner Stunden... noch einen Gefährten bekommen, wodurch es sich um so besser lernen läßt, weil der eine es immer noch besser machen will als der andere... Ich möchte Euch gern eine kleine Freude zum Feste gemacht haben, aber meine Kräfte sind dies Jahr noch zu gering, um irgend etwas hervorzubringen... Um Euch aber doch einen kleinen Beweis zu geben, daß ich in Ebergötzen nicht so dumm geblieben, als ich hingekommen, schicke ich Euch diejenigen Bücher, die ich bisher vollgeschrieben habe. Aller Anfang ist schwer, das werdet Ihr auch an meinen schriftlichen Arbeiten erkennen. Aber ich tröste mich mit dem Sprichwort: Mit der Zeit bricht man Rosen, und verliere darum die Geduld nicht... Meine lieben Geschwister sind jetzt gewiß immer auf dem Eise und lassen sich die Hände blau frieren. Wie geht es denn Großmutter, sie ist gewiß mit dem schönen Wetter sehr zufrieden gewesen... Ich grüße sie, meine liebe Schwester und meine lieben Brüder... und Euch recht herzlich und bleibe Euer Euch liebender Sohn Wilhelm Busch.«[55]

Die Eltern hatten ihm zu Weihnachten eine neue Hose geschickt. Außerdem ein schönes Buch mit einem hübschen Einband. Zweimal in diesen Jahren kam der Vater zu Besuch. Die Mutter, immer mit dem nächsten Kind schwanger, konnte nicht mitkommen. Im Februar 1841 war Bruder Otto geboren worden. Im Mai 1843 folgte Schwester Anna, im Juli 1845 noch ein letztes Kind, Hermann. Henriette Busch war bei seiner Geburt dreiundvierzig. – Einmal – Busch war zwölf Jahre alt – wurde ihm erlaubt, nach Hause zu fahren. Es muss eine tagelange beschwerliche Reise gewesen sein, bei der zahlreiche Grenzen zu passieren waren, für einen Jungen von zwölf die reinste Strapaze.

»Noch in späteren Jahren«, erinnert sich einer seiner Neffen, »konnte mein Onkel sich erregen, wenn er an die Zollschikaniererei bei diesen Fahrten dachte; jedesmal an den Grenzen im Bückeburgischen, Hessischen, Hannoverschen und Braunschweigischen gab es neue... Scherereien. Weil es keine vornehmen Reisenden waren, weil sie keine Trinkgelder gaben, mußten sie an den Zollschranken endlos warten.«[56]

Das letzte Stück dieser langen Reise ging er zu Fuß. Da war wieder das alte Dorf Wiedensahl, klein und vertraut in der endlosen Ebene liegend. Gleich hinter den Gärten fing das Ackerland an. Auf den Weiden grasten die Kühe. Von ferne sah er, wie eine Frau ins Feld ging, um den Knechten Kaffee zu bringen. Es war seine Mutter, Henriette Busch. Und obwohl sie durch die vielen Schwangerschaften gebeugt und gealtert war, erkannte er sie gleich und wollte erfreut auf sie zulaufen. »Aber sie kannte mich nicht«, schreibt er in seiner Autobiographie, »so hatte ich mich verändert.«[57] Kein Wunder, denn die Mutter hatte wohl noch das Bild des Neunjährigen im Kopf, der sich bei Gewitter zur Großmutter geflüchtet hatte und lieber bei den Spinnerinnen als bei den Nachbarsjungen saß. Und nun war er fast schon ein junger Mann, forscher und selbstbewusster geworden, sonnengebräunt von der langen Wanderung und vom Herumtoben mit Erich Bachmann.

In seinem Elternhaus war es lauter und lebhafter denn je. Vier Kinder tobten in der großen Essdiele, Fanny, Gustav, Adolf und Otto. Ein fünftes war gerade geboren worden, die kleine Anna, genauso exotisch und schwarzhaarig wie Fanny, aber zarter, zerbrechlicher, fast unirdisch wirkend, ein Kind, dem »die Engelsflügel« noch nicht abgeschnitten waren.[58] Busch hatte diese jüngste Schwester sofort gern.

Es war Hochsommer. Es war Erntezeit, vielleicht nicht die beste für einen Besuch. Denn alle hatten jetzt viel zu tun, besonders die Mutter, die sich neben der Feldarbeit auch noch um das Baby zu kümmern hatte.

Und der Vater? Er schaffte unermüdlich im Kramladen. Busch hat später eine kleine Skizze davon gemacht: Da war ein Betrieb wie in einem Bienenstock, Mägde, die Einkäufe für ihre Hausherrin machten, feilschende Bäuerinnen in Bückeburger Tracht, alte Männer, die um Kredit baten, Kisten und Schränke, mit Waren vollgestopft, dazwischen Fässer, Holzschuhe, Krüge und Kannen.

Abends, wenn die letzten Kunden gegangen waren, musste er wohl manchmal energisch um Ruhe bitten, um seine Journale und Rechnungen schreiben zu können. »Klein, kraus, rührig,

Abb. 7: Pastor Kleine (Porträt von Wilhelm Busch, 1869)

mäßig und gewissenhaft«, beschreibt ihn Wilhelm Busch in seiner Autobiographie, »stets besorgt, nie zärtlich; zum Spaß geneigt, aber ernst gegen Dummheiten.«[59] Er wusste nicht oder konnte und wollte nicht wissen, dass auch in diesem Mann eigentlich ein Dichter steckte, der ihm selbst viel ähnlicher war, als er ahnte.

Wilhelm Busch stand nun am Beginn seiner Pubertät, einer Zeit, in der jeder junge Mensch anfängt, seine Eltern kritisch zu sehen und sich seine eigenen Vorbilder zu suchen. Zwischen dem Vater und ihm herrschte große Sprachlosigkeit. Sie hatten sich jahrelang nur bei flüchtigen Besuchen gesehen und in dieser Zeit kaum Gelegenheit gehabt, einander näherzukommen. Den Onkel kannte er besser. Er lebte mit ihm unter einem Dach, wurde sogar von ihm unterrichtet. Dabei wird ihm wohl kaum entgangen sein, dass auch er seine schwachen, unangenehmen Seiten hatte. Dass er dienstfertig nach Hannover berichtete, was die Leute im Dorf taten, sagten oder sogar *dachten*, dass er, um es salopp auszudrücken, ein Denunziant war, ein williger Spitzel seiner Regierung, der sich in großer Selbstgerechtigkeit anmaßte zu wissen, was »gut« und was »schlecht« sei.

Über einen im Dorf hatte er eine besonders abfällige Meinung: Das war Heinrich Brümmer, der Gastwirt, in dessen Schankräumen, wie Kleine schrieb, politisch »debattiert« wurde[60], was sie in seinen Augen zu einem Hort der Unordnung und Anarchie machte.

Es war sicher kein Zufall, dass der junge Busch sich ausgerechnet mit diesem Brümmer anfreundete, einer Erscheinung von animalischer Männlichkeit, »haarig bis an die Augen und hinein in die Halsbinde und wieder heraus unter den Rockärmeln bis an die Fingernägel«.[61] Er widmet ihm in seiner Autobiographie viel mehr Raum als dem Vater und dem Onkel zusammen, eine Hymne, fast eine Liebeserklärung, eigentlich ein klarer Affront gegen beide. Dabei wäre die Beschreibung in dieser Länge eigentlich entbehrlich gewesen. Was bedeutet es etwa für das Verständnis von Buschs künftigem Lebensweg, dass Brümmer eine zu kurze, »gelblichgrüne Juppe« über einer blauen Hose trug, unter der sich ein zu dem ausdrucksvollsten »Mienenspiel« fähiges Gesäß abzeichnete, in »ledernen Klapppantoffeln« herumschlurfte, nachlässig sprach, schöne Blumen züchtete, dreimal verheiratet war und viel Schnupftabak konsumierte?

Dass Brümmer ein richtiger Mann war, will Busch dem Leser wohl damit sagen, ein Frauenheld, Draufgänger und trotzdem ein Schöngeist, auf jeden Fall nicht so ein blutleerer Asket wie der Onkel.

Es war eine Zeit heftiger politischer Unruhen, wie sie im friedlichen Welfenstaat bisher unbekannt waren. Der neue König Ernst August, Duke of Cumberland, Onkel der jungen englischen Königin Viktoria, ein kahlköpfiger Mann mit weißem Schnäuzer und Hakennase, dessen Brust von militärischen Orden nur so strotzte, hatte gleich bei seinem Amtsantritt im Jahr 1837 das Staatsgrundgesetz außer Kraft gesetzt, was zum massiven Protest einiger Göttinger Professoren führte. Diese »Göttinger Sieben«, darunter die Brüder Grimm und der Historiker Dahlmann, fanden Anhänger in allen Bevölkerungsschichten, besonders, nachdem der König sie abgesetzt und des Landes verwiesen hatte. Ihre Porträts wurden überall aufgehängt, wo man liberal und demokratisch dachte, sicher auch in der Gaststube von Brümmer in Ebergötzen. Sogar Bierseidel und Pfeifenköpfe sollen mit ihren Gesichtern geschmückt worden sein.

Göttingen war nicht weit. Viele Ebergötzener fuhren im Sommer täglich zur Arbeit herüber. So kursierten – anders als in Wiedensahl – Zeitungen im Gasthaus, Flugschriften, neuste Nachrichten, neu erschienene Bücher. Im preußischen Köln hatte man gerade die Rheinische Zeitung verboten und ihren Redakteur, einen gewissen Karl Marx, aus dem Land gejagt. In Frankfurt am Main forderten die Turner ein einiges, freies Deutschland ohne Fürstenwillkür. In Schlesien protestierten die hungernden Weber gegen die Fabrikherren. Und in Hamburg war Heines »Deutschland, ein Wintermärchen« erschienen, in dem der hannoversche König in den höhnischsten Worten verspottet wurde:

> Ich seh ihn zuweilen, er klagt alsdann
> Wie gar langweilig das Amt sei,
> Das Königamt, wozu er jetzt
> Hier in Hannover verdammt sei.

An großbritannisches Leben gewöhnt
Sei es ihm hier zu enge
Ihn plage der Spleen, er fürchte schier,
Daß er sich mal erhänge.[62]

Das war Majestätsbeleidigung, Aufruf zur Revolution, die sich in vielen Kneipen und Vereinen vorbereitete und dem haarigen Brümmer schon aus der Halsbinde zu kriechen schien. In seinem Gastzimmer stand ein Klavier mit verschiedenen Liederbänden, die Wilhelm Busch mit zwei Fingern durchklimperte. Daneben lagen Schriften eines gewissen Leberecht Uhlich, Pfarrer aus Magdeburg, Gründer der erfolgreichen Bewegung der »Lichtfreunde«, die sich von der evangelischen Amtskirche abgespaltet hatte, weil sie ihr zu dogmatisch und realitätsfremd war.[63] Die Kirche habe für den Menschen da zu sein, nicht der Mensch für die Kirche, forderte Uhlich. Auch er war ein halber Revolutionär, kämpfte für Pressefreiheit, Volkserziehung und soziale Gerechtigkeit. Den Gedanken des »Gottesgnadentums« weltlicher Monarchen lehnte er ab, überhaupt jede Verbindung von Kirche und Staat, die zur »Vergötzung« des Königtums führe und die Freiheit des Individuums einschränke.

»Wir erkennen es für unser Recht und unsere Pflicht, alles, was sich uns als Religion darbietet, mit unserer Vernunft zu prüfen«, sagte Uhlich.[64] Folglich glaubte er auch weder an die Schöpfungsgeschichte noch an die Heilige Dreieinigkeit. Jesus war für ihn nur ein einfacher Mensch, nicht der Sohn Gottes. Die Kreuzigung hielt er für eine politische Intrige, die Erlösungsidee für schieren Unsinn. Das Wunder der Auferstehung erklärte er durch einen Scheintod, nach dem Jesus einfach aus seinem Grab aufgestanden und weggegangen sei.

Wilhelm Busch war von dieser Auffassung tief beeindruckt und würde es bleiben. Ein strenggläubiger Protestant und Anhänger der Amtskirche ist er trotz aller gegenteiligen Aussagen nie geworden.[65]

»Mit fünfzehn Jahren zweifelte ich am ganzen Katechismus«, schrieb er 1875 an die holländische Kollegin Marie Anderson. »Seit ich Kant in die Hände kriegte, scheint mir die Idealität von

Zeit und Raum ein unwiderstehliches Axiom. Ich sehe die Glieder der Kette in Eins: Kinder, Eltern, Völker, Tiere, Pflanzen und Steine. Und alle sehe ich sie von *einer* Kraft erfüllt. Sind Berge, Wellen, Lüfte nicht ein Stück von mir?«[66]

Im Herbst 1846 waren für den vierzehnjährigen Wilhelm Busch die Ebergötzener Jahre zu Ende. Der Onkel nahm eine Stelle in Lüthorst an, wo er vierzig Jahre lang tätig bleiben würde. Für Busch war es der Abschied von einem Ort, wo er »den letzten und schönsten Teil« seiner Kindheit verlebt hatte. Kein Ort auf der Welt, schrieb er später an Marie Anderson, sei ihm jemals so vertraut geworden wie Ebergötzen. »Noch immer erschüttert es mich, wenn das enge, felsige Tal mich umfängt, in dem die Quellen sich zum Bach vereinen, worin ich vor 30 Jahren Forellen mit der Hand gefangen.«[67]

Am 11. April 1847 wurde in Lüthorst Wilhelm Buschs Konfirmation ausgerichtet, natürlich durch den Onkel persönlich. Ob die Eltern von Wiedensahl herübergekommen sind, ist nicht bekannt. Wie seine Mitkonfirmanden trug er einen vornehmen schwarzen Schoßrock und einen Zylinder. Der Konfirmationsspruch aus dem Matthäus-Evangelium, den Kleine für ihn ausgesucht hatte, lautete: »Wer da hat, dem wird gegeben, daß er die Fülle habe.« Der Onkel meinte aber noch, warnend hinzufügen zu müssen: »So siehe denn zu, daß du nur erst einiges Gute dir fest aneignest. Dann wird dir täglich mehr gegeben. Wo aber sich das Gute mehrt im Menschen, da mehrt sich auch das Wohlgefallen Gottes an ihm und die Zuversicht zu dessen Gnade.«[68]

Aus diesem Konfirmationsspruch lässt sich einiges über die Beziehung zwischen Kleine und seinem Zögling ablesen. Busch war nicht »gut«. Oder zumindest nicht »gut« genug. Das wollte der Onkel mit seinen kommentierenden Worten wohl sagen. Nach der Konfirmation wurde das pädagogische Experiment abrupt abgebrochen. Der fünfzehnjährige Wilhelm Busch musste nach Hannover aufs Polytechnikum, um Maschinenbauer zu werden. Weil der autoritäre Vater darauf bestanden habe, sagen die Biographen, ohne dass es einen konkreten Anhaltspunkt dafür gäbe – denn hatte er ihn nicht nach Ebergötzen geschickt, weil er wollte, dass er später einmal ein Gymnasium besuchen und studieren sollte? Könnte es nicht eher eine Idee von Kleine gewesen sein, ihn zu »bestrafen«? Wegen seiner Streiche mit Bachmann? Weil er zugab, nicht jedes Wort aus der Bibel und dem Katechismus zu glauben, weil er Heinrich Brümmer, einen »Ketzer«, zum Freund hatte und die Diskussionen im Gasthaus dem Kirchgang vorzog? Fast alle Wilhelm-Busch-Biographen haben sich darauf geeinigt, den Vater zum herzlosen, prosaischen »Krämergeist« abzustempeln, der seinen begabten und sensiblen Sohn nicht verstanden und genügend geliebt habe. Aber wahrscheinlich hatte auch Kleine seinen Anteil an dieser Entscheidung, die wohl doch eine Art Strafversetzung und Verbannung war und die Busch seinen beiden »Vätern« nie mehr verzeihen würde.

POLYTECHNIKER UND KUNSTSTUDENT

3

Im September 1847 fuhr er nach Hannover. Er war fünfzehn. Seine Eltern hatte er seit drei Jahren nicht mehr gesehen. Sie wohnten jetzt in einem neuen, schöneren Haus mit größerem Laden, gleich neben dem alten, das nun als Lager diente. Wilhelm Busch kannte es nur aus Erzählungen. Auch seinen Bruder Hermann kannte er noch nicht, der 1845 geboren worden war, den Jüngsten und Letzten in der langen Geschwisterreihe.

Die Fahrt nach Hannover dauerte zehn Stunden. Erst spät am Abend kam er bei seinen Gasteltern an, entfernten Verwandten, die er nur dem Namen nach kannte: einer Kusine seiner Mutter und deren Mann, Rechtsanwalt Christian Hermann Ebhardt, Autor bekannter Fachbücher über Schul-, Kirchen- und Polizeirecht im Königreich Hannover.[69] Sie hatten ein ganzes Haus voller Kinder, Franz, Karl, Dora, Justus, Henriette und Minna, sodass Wilhelm Busch nun wieder Mitglied einer großen Familie war.

»Onkel Ebhardt«, wie Busch ihn bald nennen würde, war ein ganz anderer Typ als der Onkel aus Lüthorst: klein, korpulent und gemütlich, mit Neigung zum Plaudern, jemand, der gern, den Spazierstock schwingend, durch die Stadt ging und dabei einen großen breitrandigen Strohhut trug.[70] Sie verstanden sich gut. Denn Ebhardt dachte für seine Zeit durchaus modern und sympathisierte vorsichtig mit den Ideen des Vormärz.[71] Als künftiger Ingenieur, meinte er, müsse Busch Fremdsprachen können, und ließ ihm Englisch- und Französischunterricht geben, der allerdings keine allzu große Wirkung auf ihn hatte. Er schickte ihn auch in die Schwimmstunde, ebenfalls mit eher mäßigem Ergebnis. Zumindest hat Busch nie in seinen Briefen vermerkt, jemals in öffentlichen Gewässern geschwommen zu haben.

Abb. 8: Wilhelm Busch und Onkel Ebhardt (Zeichnung von Busch)

Die nüchterne Stadt an der Leine scheint Wilhelm Busch nicht besonders beeindruckt zu haben. Es gab auch nicht viel zu sehen außer sehr sauberen, rechtwinklig angelegten Straßen mit grauen Mietshäusern und ein paar Prachtbauten, darunter ein Opernhaus und ein neuer Bahnhof. Das Königsschloss wirkte inmitten endloser Parkanlagen geradezu gigantisch. Hier lebte Ernst August, der große englische Kavallerist, mit seiner Frau Friederike von Mecklenburg-Strelitz. Wilhelm Busch hat ihn wohl nie zu sehen bekommen. Nur über sein Reiterstandbild würde er später spotten.[72]

Das Polytechnikum war ein nüchterner, kasernenähnlicher Backsteinbau an einer langen Allee. 1831 als Höhere Gewerbeschule für Knaben gegründet, hatte es in den vierziger Jahren immer mehr Zulauf bekommen, weil das Land sich zögernd den technischen Neuerungen der Zeit öffnete. Seit 1842 gab es eine Eisenbahnverbindung zwischen Hannover und Braunschweig. Überall wurden neue Straßen gebaut, sogar in Wiedensahl, das nun endlich nicht mehr ganz von der Welt abgeschnitten war, sondern eine neue, gepflasterte Chaussee bekam, die nach Stadthagen und von dort weiter nach Minden führte, wo man einen Zug bis ins Rheinland oder nach Hannover nehmen konnte.

Bei der Aufnahmeprüfung wäre er am Fach Mathematik beinahe gescheitert. Denn Kleine hatte ihm nur die bürgerlichen

Grundrechenarten beigebracht, ein weiteres Indiz für das Absurde und Unüberlegte der Idee, ihn ausgerechnet auf ein Polytechnikum zu schicken. Der Lehrplan war aber dann doch interessanter, als er erwartet hatte. Neben Maschinenbau und den Naturwissenschaften wurden auch Naturgeschichte, Baukunst, Zeichnen und Buchhaltung unterrichtet. Verschiedene Künstler lehrten an der Schule, darunter zwei Porträtmaler und ein Bildhauer. Busch malte schon bald ein stolzes Selbstbildnis in schwarzer Kreide, auf dem er fast wie der junge Dürer aussieht.[73] Wenn ihm der Unterricht langweilig wurde, beugte er sich scheinbar hoch konzentriert über sein Heft und versah es mit winzigen Porträts seiner Lehrer und Mitschüler, die nicht immer sehr schmeichelhaft waren.[74] Niemandem fiel das auf. Es gab keinen Tadel. Auf einem der ersten Zeugnisse heißt es:

»Ich bescheinige hierdurch, daß Wilhelm Busch aus Wiedensahl … meine ordentlichen Lehrstunden an der polytechnischen Schule über Elementar-Mathematik regelmäßig und mit rühmlichem Fleiß besucht, sich tadellos betragen und rücksichtlich der gemachten Fortschritte die Erste Klasse mit Auszeichnung erworben hat.«[75]

Wenige Tage nach der dann doch noch so eben bestandenen Aufnahmeprüfung starb seine Großmutter, Amalie Kleine. Sie war 76 Jahre alt, der gute Geist seiner Wiedensahler Kindheit. Wie er ihren Tod aufgenommen hat, weiß man nicht. Aber die Eltern beschlossen wohl, künftig etwas großzügiger zu sein und ihm regelmäßige Heimfahrten zu erlauben. In den folgenden Jahren ist er wenigstens einmal im Spätsommer nach Hause gefahren.

Beim Ausbruch der großen Revolution von 1848 war er sechzehn, ein schmaler, dunkelblonder junger Mann mit gepflegten Händen und kleinem Schnäuzer,[76] immer förmlich mit Gehrock, Weste und weißem Kragen bekleidet, um den Hals eine seidene Künstlerkrawatte, der er sein Leben lang treu bleiben würde. Obwohl der Jurist Ebhardt doch bestimmt Zeitungen las und das politische Geschehen wachsam verfolgte, scheint Wilhelm Busch kaum registriert zu haben, was in der Welt vorging. In den verschiedenen Fassungen seiner Autobiographie verliert er kein Wort über den Sturz Metternichs in Wien, die Berliner Barrikadenkämpfe, die vielen Toten, die Forderung nach einem gesamtdeutschen Parlament, den russischen Anarchisten Bakunin, dessen Flugblätter auch in Hannover kursierten, die Hoffnungen auf Gewerbe-, Presse- und Glaubensfreiheit, Zivilehe, staatliche Schulen und auf einen demokratisch gewählten Kaiser. Dabei hätte er eigentlich nur auf die Straße gehen müssen, um zu sehen, dass die Revolution auch im Welfenland angekommen war und die Bürger aus ihrer friedlichen Ruhe aufschreckte.

Es war am 17. März 1848, als eine Delegation angesehener Hannoveraner vor dem königlichen Schloss aufmarschierte und verkündete:

> »Könnten wir Hannoveraner zurückbleiben in dem begeisterten Wettkampfe unserer deutschen Brüder … um die edelsten Güter eines Volkes, um seine Einheit, sein Recht, seine Ehre, seine Freiheit? Nein! Auch wir, die Bürger der Stadt Hannover, wollen, was das ganze deutsche Volk begehrt, wir wollen nicht die Letzten sein, für die Erringung unserer höchsten Güter alle uns zu Gebote stehenden … Mittel aufzubieten.«[77]

Der König selbst ließ sich nicht blicken, sondern schickte seinen Kabinettsrat von Münchhausen vor. Er sei unpässlich, ließ er ausrichten. Immerhin machte Münchhausen einige Zugeständnisse, unter anderem die Lockerung der Pressezensur. Die Redner zogen halb versöhnt wieder ab. Nicht so das Proletariat. Aufgewühlt durch das Kommunistische Manifest von Karl Marx, in dem es hieß, die Geschichte sei ein einziger großer Klassenkampf, ein Kampf zwischen Unterdrückern und Unterdrückten, baute es überall in der Stadt Barrikaden auf, warf Steine aus den Fenstern, wehrte sich gegen das Militär und machte seinem lang angestauten Zorn endlich Luft. Das dramatische Hungerjahr 1847 war gerade erst vorbei. Auch in Hannover hatte es infolge von Missernten Tote gegeben. Noch immer waren Butter, Fleisch und Brot nahezu unbezahlbar, ein Privileg für die Wohlhabenden, während die Armen sich von Kartoffeln und Rüben ernähren mussten. Allein der Anblick des königlichen Schlosses schürte den Hass, der allmählich auch auf die Landbevölkerung übergriff und sogar das verschlafene Wiedensahl erreichte.

Am 21. März 1848 rotteten sich Bauern aus Wiedensahl und den umliegenden Dörfern zusammen, tranken sich mit großen Mengen Branntwein Mut an und beschlossen, endlich gegen das Kloster Loccum aufzustehen. Mit Äxten und Hebebäumen, Stöcken und Steinen schlugen sie Fenster und Türen entzwei, besetzten die prachtvollen Säle, warfen Möbel, Bücher und Akten auf den Hof und stapelten sie jubelnd zu Scheiterhaufen, die sie mit ihren Frauen und Kindern umtanzten. Es war wie ein großer Befreiungsschlag. Das Ende der geistlichen Willkür. Das Kloster erholte sich zwar von den Verwüstungen, musste aber viele seiner alten Privilegien aufgeben.[78]

Nichts davon erwähnt Busch in seiner Autobiographie. Auch in seinen Briefen an die Eltern findet sich kein Wort des Interesses oder der Neugier an diesen Vorgängen. Es müssen doch Leute dabei gewesen sein, die er kannte, Harmschlüters Hinnerk vielleicht oder einige der anderen Nachbarsjungen. Und es war doch noch gar nicht so lange her, dass Heinrich Brümmer ihn für die Ideen des Vormärz und der Revolution begeistert hatte, für die Gedichte von Heine, die Schriften der »Ketzer« und den Kampf der »Göttinger Sieben« für das Staatsgrundgesetz.

Und nun waren diese Ideen in seiner eigenen Heimat, auf dem Dorf, angekommen – und es berührte ihn gar nicht? Hielt er sich vielleicht so ängstlich von alldem zurück, weil er damals so hart für sein politisches Engagement bestraft worden war, mit dem Wegzug aus Ebergötzen, der Trennung von Bachmann, dem unfreiwilligen Verzicht auf Gymnasium, Abitur und größere Zukunftspläne? Noch waren sie vage und ungewiss. Vielleicht Maler? Schriftsteller? Bienenforscher? Sogar Philosophie hätte ihn als Studienfach interessieren können. Nur dass er als extrem unpraktischer Mensch nicht zum Ingenieur taugte, das wusste er sicher. Und ausgerechnet dazu zwangen sie ihn jetzt.

König Ernst August erlaubte den Hannoveranern die Bildung einer Bürgerwehr, die er mit Stöcken, Bajonetten und dreitausend Gewehren ausrüstete. Zum Schutz des Vaterlands, wie es offiziell hieß. Dänemark hatte gerade einen Krieg gegen den Deutschen Bund begonnen. Doch die Bürgerwehr sollte in Wirklichkeit »zum Schutze des Eigentums und der Personen« dienen und die Behörden »bei sich ereignenden Unordnungen« unterstützen, deren Anstifter hauptsächlich in den »niedrigsten Volksklassen« zu suchen seien.[79]

In diese Bürgerwehr wurden auch die Studenten des Polytechnikums eingereiht, die ihre Aufgabe mit großem Eifer erfüllten. Auch Wilhelm Busch *musste* jetzt mitmachen. Es war vaterländische Pflicht. Ein Befehl. Er tat es, wie er sich später erinnern wird, gar nicht so ungern, denn eigentlich war es ja nur eine Art Kriegsspiel, eine zünftige Männersache, die noch dazu volle Unterstützung der Obrigkeit hatte.

> »Aus uns Polytechnikern wurden Kompanien gebildet unter Führung der Lehrer. Den Stock in der Hand, eine weiße Binde um den Arm, zogen wir durch die Straßen und riefen den Frauen ›Guten Abend, Bürgerin‹ zu. Nur waren wir, als Schergen der Ordnung, beim ›Volke‹ recht unbeliebt… Bald kriegten wir Waffen; alte Steinschloßflinten, die… die Gesichter mit Pulverdampf schwärzten, wenn wir draußen an der Schwedenschanze im Feuer exerzierten. Unsere Uniform war bloß angedeutet durch eine Mütze mit schwarzrotgoldenem Streif drumherum… Daß man uns keine scharfen Patronen anvertraute, war ärgerlich. Einstmals, während der Nacht, hatten wir an der Ecke der Ballhof- und Knochenhauerstraße eine leichte Barrikade zu nehmen. Oben aus der Herberge flogen Backsteine herunter, unten bewarf uns von weitem die verwegene Menge. Da sprang ein langer Kollege… aus dem Gliede voran und pickte einem Kerl das Bajonett durch die Hose, daß er blökte wie ein Ochse. Im Lindener Spital hat man ihn wieder kuriert. Und dies… ist unsererseits die einzige grausame Bluttat während der ganzen Revolution.«[80]

Nach dem Aufmarsch der Bürger am 17. März war die Pressezensur immerhin so weit gelockert worden, dass plötzlich Zeitungen in Hannover zu kaufen waren, von denen man vorher noch nie etwas gehört oder gesehen hatte, die »Fliegenden Blätter« aus München, der »Berliner Krakehler«, das »Berliner Großmaul«, der »Kladderadatsch« und der »Revolutionsteufel«. Die meisten davon waren gerade neu gegründet worden. Allein in Berlin erschienen in kurzer Zeit fünfunddreißig verschiedene satirische Blätter. Das Genre der Karikatur, in Frankreich durch Daumier und Grandville längst eingebürgert, in Deutschland aber durch Bildzensur unterdrückt, eroberte die Herzen des gehobenen Bürgertums wie im Flug und wurde zum legitimen künstlerischen Protestmittel. Dazu kamen Flug- und politische Witzblätter in Massen. Viele gingen nach kurzer Zeit wieder ein oder wurden von der Justiz aus dem Verkehr gezogen. Es überlebten die »Fliegenden Blätter« und der »Kladderadatsch«, der an jedem Wochenende ausgeliefert wurde und bald 22.000 Abonnenten in ganz Deutschland hatte[81], Professoren, Anwälte, Apotheker, Ärzte und Kaufleute, wahrscheinlich auch Wilhelm Buschs Onkel Christian Hermann Ebhardt.

Redakteur war ein Berliner Komödienautor, David Kalisch, 38 Jahre alt, Sohn eines jüdischen Kaufmanns. Sein Spott und seine Satire machten vor nichts und niemandem halt, vor den Revolutionären so wenig wie vor dem Militär, den Jesuiten und den Juden. »Der Herr lebt von des Bürgers Schweiß«, hieß es in der ersten Nummer.[82] »Ein Jardelieutnant isst gern Eis. / Zum Kaiser paßt nicht jedermann / Kartätschen richten Schaden an.« Die Figuren zweier Berliner Originale, Schultze und Müller, begleiteten den Leser durch die ersten Nummern. Anfangs waren sie beide für die Demokratie und debattierten heftig auf offener Straße, der dünne Müller immer mit seinem Regenschirm in der Hand, von dem er sich um nichts in der Welt trennen wollte. Später wurde Schultze Bourgeois und so dick, dass er »seiner Leibesbeschaffenheit wegen« nicht mehr in seine Equipage passte, sondern »neben derselben« spazieren gehen musste. Müller dagegen kam als Anarchist an den Galgen, wobei ihm sein »letzter Wunsch, nicht von seinem Regenschirm getrennt zu werden, allergnädigst bewilligt« wurde.[83]

Text und Bild waren oft ziemlich drastisch. Niemand fand etwas dabei, weder Verleger noch Publikum noch die Zensur. Karikatur lebt eben von Übertreibung und »Überzeichnung«. Unentwegt wurde da gehauen, gestochen, geschossen und gemordet. Auch mit den Juden ging man nicht zimperlich um, obwohl oder *weil* der Herausgeber Jude war. Ein Kaufmann Zwickauer referiert in gestelztem Jiddisch über das Kapital und dessen schnellstmögliche Vermehrung. Und ein hakennasiger Heimann Levy im Kaftan findet die Revolution ganz und gar überflüssig, da sie dem wohlhabenden Juden keine Vorteile bringt:

> Is doch egal, wir waren met zufrieden
> Wir hotten's Geld.
> Was fehlte uns Jüden?[84]

War das Antisemitismus – von Juden betrieben? Nein, eher beißende Selbstironie oder Kapitalismuskritik, die uns heute, nach 1945, antisemitisch vorkommt. Auch Karl Marx schlägt in seiner umstrittenen Schrift »Zur Judenfrage« ähnliche Töne an, wenn er sagt, dass der »weltliche Kultus« des Juden »der Schacher« und sein »weltlicher Gott ... das Geld« sei.[85]

Chefkarikaturist des »Kladderadatsch« war Wilhelm Scholz, nur acht Jahre älter als Busch, ein an der königlichen Akademie in Berlin ausgebildeter Künstler. Seine Holzstiche müssen Busch wegen ihrer Schärfe und Schlagfertigkeit sehr inspiriert haben. Manchmal verdichten sie sich schon zu ganzen »Bildergeschichten«. Die Sequenzen über Schultze und Müller haben fast den Charakter politischer Comics.

Im September 1848 erlaubte man Busch, wieder einmal nach Hause zu fahren. Er lernte nun endlich sein neues Elternhaus kennen, ein stattliches, gelb verputztes, »modernes« Gebäude, das nur noch wenig von einem niedersächsischen Bauernhaus hatte, sondern eher wie ein Landhaus am Rande der Stadt wirkte, das Haus eines wohlhabenden Arztes oder Justizrates. Zwar gab es noch die typische große Diele im Eingangsbereich, Herrschafts- und Leuteküche, angebaute Stallungen und einen Nutzgarten mit Obstbäumen und vielen Gemüsesorten. Aber unterm Dach warteten zwei ganz und gar städtische Zimmer auf Wilhelm Busch, *seine* Studierzimmer, die er sich nur noch nach seinem Geschmack einrichten musste.

Wieder in Hannover, bemühte er sich, doppelt fleißig zu sein,

Abb. 9: Juden-Karikatur aus dem Kladderadatsch

um den Eltern, besonders der Mutter, nicht zu missfallen. »Liebe Mama«, schreibt er am 30. September, »ehegestern habe ich mich wieder in die polytechnische Schule aufnehmen lassen und bin … eingeschrieben für Elementarmathematik, Chemie, Zeichnen und Bossieren.[86] Die Elementarmathematik hätte ich meinem Zeugnisse nach eigentlich nicht wieder mit zu nehmen brauchen, indeß ich weiß selbst am besten, wie es mit mir steht. Es ist für mich nicht allein nötig, daß ich den Vortrag *verstanden* habe, … ich muß ihn auch *durchweg und zu jeder Zeit* im Gedächtnisse bereit haben. … Viele Grüße von Allen an Alle, Wilhelm Busch.«

Aber nun folgt in ganz anderem Ton das »Nota bene«, eine Reihe von Forderungen, die für ein gut ausgeprägtes Selbstbewusstsein sprechen, das Selbstbewusstsein des Erstgeborenen und künftigen »Stars«:

> »Es würde mir sehr angenehm sein, wenn ihr mir etwas Taschengeld schicktet, um davon kleine Ausgaben zu bestreiten; Fanny hat meinen Geldbeutel noch … Wie weit ist es mit meinem Überzieher gediehen?«[87]

Das war eigentlich ziemlich frech. Denn er war ja nicht das einzige Kind seiner Eltern. Sieben Kinder angemessen auszustaffieren, kostete auch schon damals ein kleines Vermögen. Aber sie wollten doch nicht, dass er wie ein Bauernsohn aussah, über dessen Herkunft aus »Wiedensahl« man sich lustig machte? Seine Freunde stammten nämlich aus der besten Gesellschaft. Da war Berenberg, Sohn eines Druckereibesitzers, der ihn zu einer langen Wanderung an der Weser eingeladen hatte – Bornemann, der elegante Arztsohn, der wie er *eigentlich* wenig mit Maschinenbau im Sinn hatte und viel lieber Maler werden wollte. Mit ihm würde er übrigens bald eine gemeinsame Wohnung beziehen, ließ er die nicht wenig erstaunten Eltern wissen, auf der Langen Straße 18, gar nicht so teuer, selbst wenn sie sich eine »Aufwartung«, ein Klavier und sogar Klavier*stunden* leisteten, eine Kaffeemaschine, lange Weichselrohrpfeifen, gemütliche Schlafröcke und täglich ein warmes Essen in einem kleinen Lokal. In dieser Wohnung zeichneten und malten die beiden Neunzehnjährigen den ganzen Tag, porträtierten sich gegenseitig, fertigten Illustrationen zu Märchen an, ließen sich vom »Kladderadatsch« und von Ludwig Richter inspirieren und beschlossen insgeheim, bald nach Düsseldorf an die Akademie zu gehen, die damals Kunststudenten aus aller Welt anzog. Ein anderer Freund, August Klemme, war schon vorausgegangen und berichtete Großartiges aus dieser Stadt am Rhein, nicht nur von Lehrern wie Schadow und Schirmer, sondern auch vom Maiwein, von den fröhlichen Rheinländerinnen, den Konzerten des städtischen Musikdirektors Robert Schumann und seiner Frau Clara, von einem Künstlerverein namens »Malkasten«, in dem Hunde zugelassen waren, aber keine Frauen, dem rheinischen Karneval und von den herrlichen Festen im Geisler'schen Saal. Kaum auf der Langen Straße Nr. 18 eingezogen, gaben Busch und Bornemann also Wohnung und Klavier wieder auf und fuhren nach Hause, um die Sache ihren Eltern vorzutragen.

Vater Busch soll empört gewesen sein; überrascht war er sicher nicht. Denn er kannte ja die Launen seines Ältesten, die ihn schon so manchen Taler gekostet hatten. Fast vier Jahre hatte er nun in Hannover studiert. Nur noch ein paar Monate, und er wäre ein ausgebildeter Ingenieur gewesen. War es nicht ein Gebot der Vernunft, das noch durchzuhalten? Für die »Kunst« hätte er danach immer noch Zeit gehabt.

Aber Busch ließ nicht locker. Und der Vater gab nach, denn er war viel weicher und musischer, als er zugeben mochte. Allerdings zweifelte er daran, dass sein Sohn ein großes Talent war, denn man hatte bisher wenig Bilder und Zeichnungen von ihm gesehen außer einigen kindlichen Studien aus Ebergötzen. Und trotzdem. Busch hatte sich durchgesetzt. Im Juni 1851 fuhr er nach Düsseldorf, um sich in der Kunstakademie einschreiben zu lassen. Im »Rezeptbuch« des Vaters fand man später die Verse:

In unsern heutgen Christenzeiten
Will jeder Stümper Künstler sein,
Den Hang, aus seiner Spur zu schreiten,
Saugt jeder mit der Milch schon ein.

Ein Schreiner, der nach der Patrone
Die Zimmerwände nur bestreicht,
Spricht prahlend schon in keckem Tone,
Als hätt er den Van Dyck erreicht.[88]

Nach dem fehlgeschlagenen Experiment in Hannover hatte der Vater äußerste Sparsamkeit angeordnet. Keine Wohnung, kein Klavier, keinen Dienstboten, kein Zusammenleben mit dem eleganten, weltmännischen Bornemann, der ihn offenbar doch nur ablenkte, sondern ein winziges Zimmer auf der Citadellstraße in der Düsseldorfer Altstadt. Es hatte alles, was man unbedingt zum Leben brauchte: ein Bett, einen Arbeitstisch, einen Nachttopf und ein rundes Fenster, durch das spärliches Tageslicht fiel. Aber besonders gemütlich war es nun wirklich nicht und zum Malen absolut ungeeignet.

Wilhelm Busch glaubte wohl, in Hannover schon so weit fortgeschritten zu sein, dass er gleich in die »Malerschule der ausübenden Eleven« aufgenommen würde. Diese Schule hatte einen exzellenten Ruf und zog Studenten aus mehr als siebzehn Nationen an, darunter Russen, Amerikaner und Skandinavier. Es ging ihnen vor allem um die Landschaftsmalerei, die zur Zeit nirgendwo so gut gelehrt werden sollte wie in Düsseldorf. An allen anderen deutschen Akademien war sie verpönt, galt als »niedere« Kunstrichtung, weit unter der biblischen oder profanen Historienmalerei stehend, die allerdings von der Jugend zunehmend als pathetisch empfunden wurde.

Wer in die »Malerschule« aufgenommen wurde, bekam ein Atelier im Obergeschoss des alten kurfürstlichen Schlosses an der Akademiestraße nicht weit vom Rhein. Die hohen Räume waren weitläufig und imponierend. Kurfürst Jan Wellem, um den sich so viele Legenden rankten, hatte sie für seine große Rubens-Sammlung genutzt, die sich jetzt leider nicht mehr in Düsseldorf, sondern in München befand und den Kernbestand der Alten Pinakothek bildete. Aber noch immer war die Akademie reich an Kunstschätzen. Die kunsthistorische Sammlung umfasste 14.000 Originalzeichnungen und 23.000 Kupferstiche, die den Studenten zum freien Gebrauch zur Verfügung standen. Der »Nazarener« Friedrich Wilhelm von Schadow war zwar immer noch Direktor der Akademie, was von vielen kritisiert und beklagt wurde, aber er ließ sich nur noch selten blicken und delegierte den Unterricht an die Professoren Hildebrandt, Schirmer und Sohn, die alle zwei Tage ihre Rundgänge machten und den Studenten kritische Anweisungen gaben, unter voller Achtung ihrer Individualität, wie es hieß.

Es muss für Wilhelm Busch eine bittere Enttäuschung gewesen sein, als man ihn nicht in die »Malerschule«, sondern nur in die »Vorbereitungsklasse« aufnahm – andere Quellen sagen sogar: in die »Elementarklasse«.[89] Hier oder dort muss er sich mit seinen neunzehn Jahren fast schon alt vorgekommen sein. Die meisten seiner Mitschüler waren siebzehn, fünfzehn oder noch jünger. Sogar Schulkinder wurden bei großer Begabung aufgenommen. Andreas Achenbach war zwölf, als er auf die Akademie kam, sein Bruder Oswald sogar erst acht.

In beiden Klassen musste hart gearbeitet werden. Auf dem Lehrplan stand freies Handzeichnen nach »einfachen Naturgegenständen, Kopieren von Zeichnungen der Hauptteile des menschlichen Körpers … und endlich Nachbildung solcher Teile nach dem Runden … vermittelst schwarzer und weißer

Kreide auf Ton-Papier«[90], das Studium der menschlichen Figur nach antiken Modellen, außerdem Proportionslehre, Anatomie, Perspektive, architektonisches Zeichnen und Kunstgeschichte. In der Regel dauerten diese Kurse drei Jahre. Ausnahmen für besonders Begabte waren möglich.

Wilhelm Busch nahm sich vor, seine Enttäuschung zu unterdrücken. Vielleicht war ja alles nur halb so schlimm. Vielleicht würden sie ihn doch bald in der »Malerschule« befördern. In einer Studienordnung, die er sich selbst geschrieben hat, heißt es:

> »Besagtem WB wird aufgegeben, sich morgens 7 ½ Uhr aus den Federn zu erheben. Nota bene: früher, wenn's beliebt... Von halb neun bis zwölf Uhr mittags hat er möglichst fleißig auf der Akademie zu arbeiten... Von zwölf bis halb zwei ist Bummel – respektive Essenszeit, wie auch die Zeit für den Besuch der Bibliothek... von ½ 2 Uhr bis zum Dunkelwerden Arbeiten auf der Akademie... Das Aktzeichnen ist nie zu versäumen... Die übrig bleibende Abendzeit ist vorzüglich dem Studium der Geschichte und der Komposition zu widmen. Nota bene: zu Abend zu speisen und Pfeife zu schwelgen, ist nicht untersagt... Für den Sonntag gelten diese Paragraphen nicht... Für jede Widersetzlichkeit wird besagtes Subjekt-Objekt von einem moralischen Katzenjammer höchst malträtiert werden...«[91]

Der moralische »Katzenjammer« muss schon bald gekommen sein. Mitschüler berichten, er habe bei der Arbeit immer sehr unglücklich gewirkt, habe sich fleißig, aber verbissen akribisch an die Vorlagen gehalten[92], was man den Skizzen aus dieser Zeit auch ansieht. Besonders der Antikensaal war ihm geradezu verhasst. Nach ein paar Wochen ließ er gelegentlich ein paar Stunden ausfallen. Dann kam er immer seltener und schließlich gar nicht mehr. Sein Professor, Heinrich Mücke, notierte in seinem Besucherverzeichnis, Wilhelm Busch habe zwar »gute Anlagen« gehabt, aber »fast immer gefehlt« und den Elementarkurs erst gar nicht abgeschlossen.[93]

Seinen Eltern schrieb er davon natürlich nichts. Sie hatten die Studiengebühren für ein Jahr bezahlt, wahrscheinlich auch die

Miete für sein kleines Zimmer. Und nun diese Blamage. Dieses Gefühl, wieder einmal versagt zu haben. Seine Stimmung zeigt sich vor allem in seinem Schweigen: kein Brief nach Wiedensahl in all diesen Monaten, kein Wort über diese nette, kleine, gepflegte Residenzstadt, den Rhein und die großen Dampfer, die nach Holland fuhren, den weitläufigen Hofgarten, in dessen Gras schon Heine gelegen hatte, den modernen Köln-Mindener Bahnhof und die vielen Brauhäuser. Dabei hätte er sich nur etwas genauer in Künstlerkreisen umhören müssen, um zu erfahren, dass es anderen ähnlich gegangen war wie ihm und dass sie es trotzdem zu etwas gebracht hatten. Den berühmten Landschaftsmaler Andreas Achenbach hatte man aus der Elementarklasse hinausgeworfen, weil er nicht nur meistens geschwänzt, sondern auch noch den Professor karikiert hatte.[94] Und dem großen Genremaler Johann Peter Hasenclever, der inzwischen als »moderner Hogarth« und Begründer einer neuen sozialkritischen Richtung galt, hatte Schadow allen Ernstes erklärt, dass er völlig unbegabt und ein reiner Störfaktor sei. Er möge doch lieber Anstreicher werden.[95] Auch Böcklin und Feuerbach hatten die Akademie nach kurzer Zeit wieder verlassen. Eine gute Gesellschaft also, von der Busch leider nichts oder noch nichts wusste.

Ein Glück, dass es den »Malkasten« gab, eine noch junge Künstlervereinigung, eigentlich ein Kind der Revolution, die in Düsseldorf viel höhere Wogen geschlagen hatte als in Hannover. Denn in Düsseldorf lebte Ferdinand Lassalle, ein junger, jüdischer Anwalt, einer der Erwecker der deutschen Arbeiterbewegung, Vertrauensmann von Marx und Engels, Idol der Hafen- und Stahlarbeiter an Rhein und Ruhr. Viele der jüngeren Maler hatten damals mit ihm sympathisiert, auch Hasenclever, der ein großes Gemälde mit dem Titel »Arbeiter vor dem Magistrat« malte, auf dem eine Gruppe aufgebrachter Proletarier eine Ratssitzung in einem Düsseldorfer Schloss stürmt.

Inzwischen hatte der revolutionäre Elan etwas nachgelassen, auch im Malkasten. Dieser hatte damals noch kein festes Domizil, sondern tagte in wechselnden Gasthäusern und Biergärten. Jeder, auch der junge Student Wilhelm Busch, war willkommen, vorausgesetzt, dass er männlichen Geschlechts war.

Abb. 10: »Blume und Gärtner« (1851)

Busch wurde kein Mitglied. Aber offenbar Stammgast. Es war Juni, als er in Düsseldorf ankam. Im Malkasten gab es immer noch Maibowle, ein Gemisch aus Wein, Zucker und vielen Kräutern, das ihm ausgezeichnet schmeckte. Auf einer köstlichen Karikatur lässt er seine Freunde »Blume und Gärtner« maibowlenselig davonwanken, Arm in Arm, unter einem Regenschirm, der eine groß und dick, der andere klein und dünn, während ein runder Kinderbuchmond in milder Besorgnis auf sie herabsieht.

Die Malkastennächte dauerten lang, manchmal bis in die Morgenstunden, viel zu lang, um danach noch in den Elementarkurs zu gehen. Von den Straßenkämpfen im Mai 1849 wurde erzählt. Von Ludwik Milewsky, dem jungen Maler aus Polen, der dabei sein Leben gelassen hatte. Von dem Zwist mancher »Malkästner« mit dem großen Schadow, der angeblich nur Schüler förderte, die aus Berlin kamen. Von Schadows lautstarkem Streit mit Ferdinand Freiligrath, dem politischen Dichter, den er im Malkasten als »Berufsrevolutionär« beschimpft hatte. Ältere Mitglieder erinnerten sich noch an die Zeiten Mendelssohns, der hier einmal Musikdirektor gewesen war. Oder sogar an Heine, den Sohn eines jüdischen Schnittwarenhändlers. Sein Geburtshaus auf der Bolkerstraße war nicht weit von Wilhelm Buschs Wohnung entfernt.

Die Brüder Achenbach kamen regelmäßig, aber nicht immer

gemeinsam, denn sie verstanden sich nicht besonders gut. Oswald mit seinem wild gelockten Haar und Bart war der Schönere. Aber Andreas, der schon eine leichte Glatze hatte, viel erfolgreicher, finanziell völlig unabhängig, nur vom Verkauf seiner Bilder lebend, gewaltigen See-Panoramen, Szenen aus Rom, aber auch schlichten Ansichten vom Niederrhein und aus Westfalen, denen er fast schon impressionistische Lichter aufsetzte. Wilhelm Busch war beeindruckt. *So* würde er auch gerne Landschaften malen können, die Heide, das Moor und die Felder um Wiedensahl. Achenbach wurde sein Vorbild, sein Idol. Wenn er später »der Achenbach« sagte, meinte er immer nur Andreas, nicht Oswald.

Gern erzählten die Achenbachs von den großen Kunstreisen, die sie schon als Kinder mit ihrem Vater unternommen hatten, nach Russland, Skandinavien, England, Italien und vor allem in die Niederlande. Jeder künftige Landschaftsmaler *müsse* die alten niederländischen Meister studieren, sagten sie immer wieder, denn in Deutschland gebe es dafür keine Tradition, keine Vorbilder. So reifte in Busch langsam die Idee, nach Antwerpen zu gehen.

Manchmal tauchte auch Johann Peter Hasenclever auf, ein schmaler, schwarzhaariger Mann mit wildem Bartwuchs. Auch er hatte großen Erfolg, verkaufte nach Köln, München, Berlin und sogar nach Amerika. Denn die Bürger liebten seine Genrebilder, obwohl sie es doch eigentlich selbst waren, die er mit den Mitteln seiner realistischen Malerei verspottete: »Die Betschwester«, »Die Sentimentale«, die »Zecher im Weinkeller«, »Die Politiker«, die Herren im »Lesekabinett« ... Nie habe jemand den Philister so treffsicher dargestellt wie Hasenclever, jubelte der dichtende Düsseldorfer Arzt Wolfgang Müller von Königswinter, nie jemand seiner Seele so tief auf den Grund geschaut:

> »Und endlich du, ehrbarer Bürgerphilister, du wahrhaftiger Schrecken der Menschheit ... Die Trägheit ist deine glänzendste Eigenschaft. ... Nur deine eigene kleine Person hast du im Auge. Was geht dich das Wohl der Menschheit an, wenn du nur selbst mit heiler Haut in deinem warmen Schlafrock sitzest?«[96]

Seine Bilder waren in preiswerten Reproduktionen zu haben. Sie waren auch im »Kunstverein für die Rheinlande und Westfalen« zu sehen, der die Werke jüngerer Maler der Region ankaufte, um sie zu fördern.[97] So machte Busch sich mit dem Œuvre des »deutschen Hogarth« vertraut, sah seine Kinderbilder, seine Bilder vom fahrenden Volk, Szenen aus ländlichen Schulhäusern, in denen jähzornige Lehrer auf schreiende Kinder einschlugen. Am populärsten war die Bilderserie, die der Künstler zur sogenannten »Jobsiade« gemalt hatte, diesem holprigen Antiheldengedicht des Bochumer Arztes Kortum, der seinen Hieronymus Jobs vom Wunderkind und Studenten der Theologie bis zum Nachtwächter absteigen lässt, das alte Motiv des »verlorenen Sohnes«, das auch Busch zwanzig Jahre später aufgreifen wird.

Wilhelm Busch machte während dieser Düsseldorfer Zeit die Erfahrung, dass es kein Widerspruch sein muss, Künstler *und* Karikaturist zu sein, dass man ohne weiteres vom großen Ölbild zur Karikatur wechseln konnte und umgekehrt, ohne dabei Schaden zu nehmen. In der Akademie sah man das natürlich anders. Da wurde Karikatur *nicht* gelehrt, *nicht* als »Kunst« angesehen, allenfalls als Zeitvertreib oder Schmiererei. Hasenclever, die Achenbachs und die Genremaler Schrödter, Henry Ritter und Schwingen waren aber keine Akademie-Professoren.[98] Deshalb konnten sie es sich auch leisten, für eins der führenden deutschen Satireblätter zu arbeiten, das damals in Düsseldorf erschien und dem Berliner »Kladderadatsch« ernsthafte Konkurrenz machte: die »Düsseldorfer Monathefte«, herausgegeben von dem Schwiegervater Oswald Achenbachs und dem Maler und Malkästner Lorenz Clasen. Neben Witzen und illustrierten Erzählungen brachten sie ganze Bilderromane, satirische Fortsetzungsserien, Vorläufer des Comics, die von Adolf Schrödter gezeichneten »Thaten und Meinungen des Herrn Piepmeyer« zum Beispiel, eine Geschichte über einen fiktiven Abgeordneten der Frankfurter Nationalversammlung, der vom Demokraten zum üblen Spießer verkommt. Für die Maler, die an diesem Blatt mitwirkten, war es eine interessante Herausforderung, auf die berühmte »Farbigkeit« der »Düsseldorfer Malerschule« zu verzichten und sich in Holzstichen oder -schnitten extrem reduziert auszudrücken. Es machte ihnen Spaß, sich vom Zwang des realistischen Malens zu befreien, alles wie flüchtig skizziert wirken zu lassen und Gesichter und Körper extrem zu verzerren.[99] Den jungen Achenbach hatte man von der Akademie verwiesen, weil er unerlaubt Karikaturen gezeichnet hatte. Jetzt wurde er für genau diese Fähigkeit hochgelobt.

»Die besondere Ausrichtung der Achenbachschen Muse«, schrieb Müller von Königswinter, »hat manchen Leuten die Galle und noch mehreren das Zwerchfell in Bewegung gesetzt ... Seine Leichtigkeit ... läuft mit seinem Humor um die Wette.«[100]

Ein satirischer Geist, der vielleicht etwas mit dem Rheinland und dem rheinischen Humor zu tun hatte, schwang auch in den beliebten »Bummelstücken« mit, die an Samstagen von den Malkästnern aufgeführt wurden, Persiflagen auf Vorgänge an der Akademie, in der Politik und im Düsseldorfer Gesellschafts-

Abb. 11: Karikatur aus den Düsseldorfer Monatheften

leben, »ein Mittelding zwischen der Bühne und dem Puppentheater«, schrieb eine örtliche Zeitung. Dem Titel nach seien es Trauerspiele, »bloß mit dem Unterschiede, daß bei den rührenden Stellen nicht geweint, sondern gelacht wird … Die Kunst besteht darin, das Sprichwort ›vom Erhabenen zum Lächerlichen ist nur ein Schritt‹ recht anschaulich zu machen. Triviale Phrasen in stolzen Jamben, mit an den Haaren herangezogenen Reimen, sind die besten Hilfsmittel der Persiflage.«[101]

Kurz vor seiner Abreise muss Wilhelm Busch noch den Düsseldorfer Karneval miterlebt haben, dem man sich mitten in der Stadt kaum entziehen konnte. Alle Geschäfte ruhten an diesem Tag. Durch die Stadt schob sich ein seltsamer Umzug von Pferden, Wagen, Musikkapellen und Maskierten, der »Rosenmontagszug«, auf den die Einheimischen sich schon seit Monaten gefreut hatten. Auf dem Burgplatz wurde Puppentheater gespielt. Kasperle heiratete Fräulein Dorothea Weichbusen. Die Gasthäuser in der Altstadt waren überfüllt. Wildfremde Menschen umarmten sich und begrüßten sich mit dem eigenartigen Ausruf »Helau!«. Manches wirkte vielleicht abstoßend auf Busch: die Menschenmassen, der Lärm, die Pfeifen und Trommeln und der ekstatische Frohsinn der Frauen. Ein Erlebnis war es trotzdem. Denn war nicht jede dieser Masken eine »Karikatur«, eine Überzeichnung, die Karikatur eines Preußen, eines Polizisten, eines Militärs, mit einfachsten Mitteln hergestellt und doch oft so unglaublich komisch? Auch im Malkasten wurde natürlich gefeiert: »Aschenbrödels Hochzeit« im Geisler'schen Saal, den Andreas Achenbach in eine mittelalterliche Bankethalle verwandelt hatte. So schied Busch mit starken Eindrücken im Kopf aus dem Rheinland. Mit Eindrücken, die haftenblieben: Dazu gehörten die Bilder von Andreas Achenbach und Johann Peter Hasenclever, die Gespräche und Bekanntschaften im »Malkasten«, die Karikaturen der »Düsseldorfer Monathefte«, das Erlebnis der »Bummelstücke« und des rheinischen Karnevals. Diese Eindrücke lassen sich in seinem späteren Werk immer wieder nachweisen und machten »Düsseldorf« zu einer wichtigen Station in seinem Leben, deren Bedeutung in den meisten Biographien zu wenig gewürdigt wird.

Im Juni 1851 nach Düsseldorf aufgebrochen, war Wilhelm Busch schon im April 1852 wieder zu Hause. Mit welcher Erklärung, ist nicht bekannt. Vielleicht erzählte er seinen Eltern die gleiche Legende, die man auch in seiner Autobiographie lesen kann und die fast alle Biographen ungeprüft übernahmen: dass nämlich die Düsseldorfer Akademie ein einziger Antikensaal sei, in dem man »unter Anwendung von Gummi, Semmel und Kreide« nichts als »die damals beliebte Methode des Tupfens« erlernte, »mit der man das reizende lithographische Korn erzeugt«.[102] Jetzt wollte er möglichst sofort nach Antwerpen, in die Heimat von Rubens, an die Académie Royale des Beaux-Arts, wo ein ganz anderer Geist herrschen sollte als in Düsseldorf. Zwei seiner Freunde seien ihm schon vorausgereist. Die Eltern waren nicht sachkundig genug, um widersprechen zu können. Sie konnten nicht wissen, dass es auch an der Antwerpener Akademie sehr verschult zuging und dass er die Werke der alten Niederländer auch in Amsterdam oder Den Haag, ja sogar in Köln hätte sehen können, das von Düsseldorf nur eine gute Eisenbahnstunde entfernt war. Also ließen sie ihn ziehen. Zähneknirschend wahrscheinlich. In der schwachen Hoffnung, dass er sein Studium diesmal beenden würde.

Im Mai 1852 traf er in Antwerpen ein und fand dort ein Zimmer bei einem Ehepaar namens Jan und Mie Timmermanns an der pont au fromage Nr. 320. Der Mann war Barbier, klein, dünn, 25 Jahre jünger als seine Frau, vielleicht kaum älter als Busch, den er trotzdem wie einen Sohn an sein Herz nahm. Jan und Mie waren wie die meisten Antwerpener katholisch. Aber der Katholizismus war hier nicht so steif und feierlich wie im Rheinland, sondern bunter, sinnenfreudiger und profaner, fast wie Karneval. »Es mag wohl daher kommen«, schrieb er an seine Eltern, »daß die Konkurrenz des Protestantismus hier fast gar nicht hervortritt. Alles geht mehr so einen ruhigen, geschäftsmäßigen Gang. Während des Gottesdienstes sieht man alle Arten von Fremden und Neugierigen zwischen den Betenden auf- und abgehen, ohne daß das irgendeine Störung hervorbringt.«[103] Insgesamt herrsche in der Stadt »ein gewisser Sinn für Gemütlichkeit. Abends sieht man alle Welt vor den Häusern auf der

Straße sitzen, ja selbst mit Regenschirmen mitten im Regen. Ich selbst geselle mich wohl im Schlafrock und mit der Tonpfeife an schönen Abenden zu den Flamändern ..., um mit ihnen ein Wort zu *klappen* (d.h. gemütlich sprechen). Lustig ist es anzusehen, wenn abends der Zapfenstreich durch die Straßen zieht. Ein Heer von Straßenjungen verfolgt ihn, indem es die Melodie fürchterlich mitschreit, und voran tanzen Scharen von Mädchen den Ringelreihen in klappernden Holschen nach dem Takte der Musik. Am ausgelassensten ist aber das Volk hier bei der großen Kirmes, welche ... sechs Tage dauert. ... Auf einem der großen Plätze in der Stadt ist großer Volksball, wo jedermann frei tanzen kann. Abends sind große Feuerwerke, die über 100000 Francs kosten. Eine Art der Belustigung will ich noch anführen, die ... das flämische Volk recht eigentlich charakterisiert. Sie besteht nämlich darin, daß man von einem Abtritte die Brille abhebt und diese in einem Fenster nach der Straße hin befestigt. Durch das Loch derselben stecken nun alte Weiber ... den Kopf und schneiden die scheußlichsten Grimassen. Dasjenige alte Weib nun, welches die gräulichste Grimasse schneidet, erhält einen dazu eigens ausgesetzten Preis. So etwas würde doch in Deutschland nicht vorkommen dürfen.«[104]

Die alte Hafenstadt mit den vielen gotischen und barocken Prachtbauten hatte es ihm angetan – eine wahre Orgie aus Kathedralen, Plätzen, Palästen und Kanälen, in der es laut und bunt zuging, eine Stadt, die Maler wie Rubens, van Dyck, Brueghel, Frans Hals und viele andere hervorgebracht hatte. Die Kirchen waren voll von ihren Werken. Und im Museum der Schönen Künste konnte man sie zu Hunderten besichtigen: die kräftigen Bauernszenen von Brouwer, die feinen Porträts von Frans Hals, die winzig kleinen Genrebilder von Adriaen van Ostade mit ihren Rauchern, Trinkern, Spielern und Quacksalbern. Die Licht- und Farbenglut eines Rubens, die Schankstuben und Volksfeste seines Schülers Teniers, die weiten, leicht melancholischen Weiden- und Dünenlandschaften, die sie fast alle malten und in denen der Himmel oft mehr als den halben Bildraum einnahm.

»Ich befinde mich hier in Antwerpen sehr wohl und kann mich nicht genug freuen, daß ich hier mit meinen Malstudien den Anfang gemacht habe«, fasst Busch in einem Brief an die Eltern zusammen.[105]

Seine Lehrer, Wappers und Dyckmans, waren sicher nicht besser als die in Düsseldorf, allenfalls von einer gewissen regionalen Bedeutung. Wappers hielt sich selbst für einen modernen Rubens-Nachfolger. Bilder wie »Die Grablegung Christi« oder »Philipp der Schöne auf dem Sterbebett« hatten ihm zum Adelstitel und zum Rang eines königlichen Hofmalers verholfen. Dyckmans kam Buschs künstlerischer Mentalität deutlich näher. Er malte keine großen Historien- oder Sakralbilder, sondern kleine Genrebildchen, nicht größer als »ein Fuß Quadrat«.[106] Seine Motive stammten aus der bürgerlichen und bäuerlichen Privatsphäre: »Partie Dame«, »Klavierstunde«, »Die Haushaltsrechnungen«, »Die Spitzenklöpplerinnen« usw., ein stark verkleinerter Hasenclever also, dessen Malweise Busch schon aus Düsseldorf vertraut war. Busch bewunderte Dyckmans fast fotorealistische Detaildarstellung. Diese Bilder, schrieb er an seine Eltern, seien »so ausgeführt, daß man bei den Personen die Poren in der Haut und die einzelnen Haare auf dem Kopfe erkennen kann. Wenn man diese Bildchen durch ein Vergrößerungsglas betrachtet, so werden sie erst recht natürlich. Für ein solches Bild bekommt er in der Regel 10–12 000 Franken.«[107]

Der Unterricht war genauso schulmäßig wie in Düsseldorf, aber völlig anders strukturiert. Am Anfang stand das Zeichnen von Ganz- und Halbfiguren. Es folgte das Einzelstudium von Augen, Nase und Lippe und deren Kombination im Profil. Dann das der Hände und Füße. Dann das einzelner Haltungen und Stellungen, auch hier an antiken Vorbildern. Über Skelett- und Muskellehre ging man zur Darstellung der Gestik über, alles in Feder, Bleistift oder Kohle. Erst danach durfte »gemalt« werden. Kein beliebiges Motiv, das dem Schüler gerade in den Sinn kam, sondern Studienköpfe, die die Lehrer vorgaben. Erst am Schluss kamen größere Kompositionen an die Reihe, wobei das Historienbild wieder im Vordergrund stand.[108] Wilhelm

Busch musste sich also auch hier redlich abquälen und empfand den Unterricht zeitweise als lähmend und unfrei. An der Akademie kann es demnach nicht gelegen haben, wenn er am 26. Juni 1852 in sein Tagebuch schrieb:

»Von diesem Tag an datiere sich die bestimmtere Gestaltung meines Charakters als Mensch und Maler. Es sei mein zweiter Geburtstag.«[109]

Tatsächlich bewegte Antwerpen etwas in ihm. Er wurde poetischer, persönlicher und freier, hüllte sich nicht mehr wie in Düsseldorf in finsteres Schweigen, sondern schrieb lange, muntere Briefe an seine Eltern, die nicht mehr wie Rechenschaftsberichte eines Musterschülers klingen. Es sind kleine Erzählungen, Genrebilder in Briefen. Er fing an, sich Tagebuchnotizen zu machen, schrieb Gedichte, die wie Momentaufnahmen klingen, knappe, vom Ballast klassischer Ideale entschlackte Stimmungsbilder:

Sommer – Sonntag – Sonnenschein
Blühende Kirchhofslinde
Nickt durchs zerbrochene Fenster hinein
Der Kirche im Morgenwinde.
Vogel dort fliegt ein und aus
Friedlich am Sonntagmorgen
Oben im stillen Gotteshaus
Glaubt er sein Nest geborgen.
Kirche – Orgel und Choral
Warm ist's im Kirchenraume;
Dorfes Mütterchen allzumal
Nicken behaglich im Traume.[110]

Fast könnte man sagen, dass das Doppelgenie Wilhelm Busch jetzt geboren war, der künftige Meister der verknappten Zeichnung und der verknappten Sprache. »Pastor auf der Kanzel. Unter derselben spielen die Jungen Karten. Krankes Kind mit der Mutter am Fenster. Kinder spielen draußen auf dem Kirchenhofe.«[111] Solche telegrammartigen Tagebuchnotizen klingen schon ganz wie die Regieanweisungen, die er sich später zu seinen Bildergeschichten machen würde, ehe er die Komposition des Ganzen ausführte.

Vom Unterricht an der Akademie ist wenig in sein damaliges Werk eingeflossen: eine brave Ruinenzeichnung[112], ein eher ausdruckslos wirkender »Antwerpener Modellkopf«[113], das Brustbild eines Greises vor neutralem Grund[114], ein biederes flandrisches Mädchen in Halbfigur und Profil[115] – lauter vom Lehrer vorgegebene Aufgaben in unfreier Ausführung. Überzeugender ist da schon der »Pfeifenraucher auf einem Sofa«[116], die Bleistiftskizze eines jungen Mannes, die er für sich selbst machte. Alles ist nur mit wenigen Strichen angedeutet, das junge Gesicht, die provozierend lässige Körperhaltung, der genüssliche Vorgang des Rauchens und die teure Kleidung. Und trotzdem ist es ein vollständiges Charakterbild, das sich sofort erschließt. Man braucht kein Wort mehr hinzuzufügen.

Abb. 12: Pfeifenraucher auf einem Sofa

Busch schloss sich zwar eng an seine flämischen Wirtsleute an, die ihm das Gefühl häuslicher Geborgenheit gaben, mied aber den Kontakt zu den belgischen Künstlerkollegen. »Die flämischen Maler sind durchgehend ungebildete Leute, mit denen man nicht weiter umgehen kann«, schrieb er an seine Eltern.[117] So gewann er keinen einzigen belgischen oder französischen Freund. Eigentlich schade. Er lebte im Ausland und verkehrte doch nur mit Deutschen oder allenfalls Schweizern wie mit dem aus Basel stammenden Ernst Stückelberg. Als

Niederdeutscher verstand er zwar das Flämische recht gut, aber er sprach es nicht oder nur bruchstückweise. Das Französische blieb ihm völlig verschlossen.

Als seine deutschen Freunde die Stadt verlassen hatten, um auf Kunstreise oder an eine andere Akademie zu gehen, fühlte er sich einsam und bekam starkes Heimweh. Von einem Abschluss seiner Studien wollte er nichts mehr wissen. Er wollte nur noch nach Hause, nach Wiedensahl. »Ich denke jetzt zu dem Punkte gekommen zu sein, wo ich meine Vorstudien so ziemlich beendigt nennen kann«, schrieb er im Dezember 1852 an seine Eltern. »In Kurzem hoffe ich deshalb, wieder bei euch zu sein und dann verschiedene Studien nach der Natur zu malen und darauf ein Bild anzufangen.«[118]

Doch es dauerte Monate, bis er fahren konnte. Denn in der russischen Armee, die sich auf den Krimkrieg gegen England und die Türkei vorbereitete und mit riesigen Truppen in der Walachei stand, war der Typhus, jene entsetzliche Salmonellen-Infektion, ausgebrochen, der in wenigen Tagen mehr als 13.000 Soldaten und unzählige Pferde zum Opfer fielen. Sie griff auch nach Österreich, England, Holland, Deutschland und Belgien über. Der psychisch geschwächte Busch erkrankte im März 1853, hatte wochenlang hohes Fieber, halluzinierte und wäre vielleicht gestorben, wenn Jan und Mie ihn nicht so rührend gepflegt hätten. Im Mai 1853 war er endlich stark genug, um nach Hause zu fahren. Seine Wirtsleute gaben ihm drei Orangen und jene rote Jacke mit auf den Weg, die später so oft aus dem Dunkel seiner Landschaftsbilder hervorleuchten würde.

4

DER MÄRCHENSAMMLER ODER DAS ENDE EINER KRISE

Er sah schmal, blass und krank aus, als er wieder zu Hause ankam. Die lange, in Hannover gezüchtete Künstlermähne war gefallen und einem leicht ungepflegt wirkenden Pagenkopf gewichen. Den kessen Schnurrbart der ersten Studienjahre hatte er sich abrasiert. Nun sah man wieder, was für einen zarten, verletzlich wirkenden Mund er hatte, kleine, schön geschwungene Lippen, die auf einem Selbstbildnis aus jener Zeit nicht die Spur eines Lächelns erkennen lassen. [119] Das linke Auge blickt ins Leere, das rechte deutlich entschlossener geradeaus, als würden sie zu verschiedenen Personen gehören.

Auf der Rückfahrt, erzählte er, sei ihm beinahe ein Malheur passiert. Noch erschöpft vom Typhus und vom Fieber, sei er im offenen Eisenbahnwagen gefahren und in Preußisch-Minden von einem Polizisten kontrolliert worden, der seinen Pass verlangt habe. Aber er hatte ihn verloren oder vergessen. Der Beamte musterte skeptisch die rote Jacke, die lange Pfeife, die leicht wirre Frisur und drohte, ihn ins Gefängnis zu stecken. Mit letzter Kraft machte er sich los, sprang auf den Bahnsteig und flüchtete in einen anderen Zug, der nach Bückeburg fuhr.[120] Von nun an war ihm Eisenbahnfahren verhasst.

Abb. 13: Selbstbildnis aus Antwerpen

»Man wird rein zum Sklaven gemacht in diesen Wagen«, sagte er später zu seinen Neffen. »Das Hin- und Herlaufen ist mir höchst zuwider. ... Als Raucher wird man als Schweinigel angesehen, der keine Rücksicht verdient ... Sowie ich in einen solchen Kasten eingestiegen bin, komme ich mir wie gefangen vor.«[121]

Nein, man konnte ihm wirklich nicht böse sein, weil es auch diesmal mit dem Studium wieder nichts geworden war, so krank und erschöpft, wie er da vor der Tür stand. Alle Vorwürfe und aller Groll waren vergessen. Man musste ihn erst einmal gesund pflegen. Zum Glück hatte er jetzt sein eigenes Reich unterm Dach – Schlaf- und Arbeitszimmer in warmen Graugrüntönen, gemütlich eingerichtet mit Sekretär, Lehnstuhl und der langen Meerschaumpfeife. Das war sein Schneckenhaus, seine Höhle. Nach zwölf Jahren der Wanderschaft war er endlich wieder »zu Hause« angekommen.

Abb. 14: Stubenplatz in Wiedensahl (Ölgemälde von Wilhelm Busch)

Schwester Fanny war die Einzige, die ihn manchmal stören durfte. Dann machte er schnell ein paar Skizzen von ihr. Sie war jetzt eine junge Dame von neunzehn Jahren, schwarzhaarig, glutäugig, exotisch, blass – viel zu schön für das gottverlassene Wiedensahl, wo das Leben an ihr vorbeiging und wo sie wohl nie einen passenden Mann finden würde. Auf den Bildern, die Busch von ihr malte, sieht sie wie eine Tänzerin oder Schauspielerin aus, in weißen und schwarzen Kleidern, mit offenem und hochgestecktem Haar, mit lose um den Kopf geschlungenen Spitzenschals, in schlanker Halbfigur, im Profil und von vorne – eine Serie von Hymnen an die einst tödlich gehasste Rivalin, die er als Kind fast in einem Bottich ertränkt hätte.[122]

Er malte vorläufig nur noch für den Hausgebrauch, nur noch für die Familie: den dreizehnjährigen Vetter Kleine mit seinem blonden Haar und den riesengroßen melancholischen Augen[123], die Geschwister Adolf, Otto, Hermann – und Anna, die nicht im landläufigen Sinne »schön« war, sondern ernst und in sich gekehrt, schmal und für ein Kind schon fast zu erwachsen wirkend. Und er malte vor allem Otto, den künftigen Philosophen, vollständig auf seine Lektüre konzentriert, die langen Beine unter den Sekretär gestreckt, auf dem ein paar Manuskriptblätter liegen, schon ganz der künftige Schopenhauer-Exeget, der wie Wilhelm Busch immer unverheiratet bleiben würde, ein zurückgezogener Einzelgänger und Grübler.

An eine Ausstellung dieser Bilder dachte Busch keinen Moment. Er glaubte wohl selbst nicht an ihren Wert, hielt sie für eine belanglose Privatsache. Dabei waren ihm großartige Charakterstudien gelungen. Ein komplettes Panorama der Familie Busch, in dem allerdings Vater und Mutter fehlen. Das Porträt von Anna hat fast etwas Beängstigendes. Man ahnt, dass sie krank ist, ahnt ihren baldigen Tod. Vielleicht meinte er diese jüngste Schwester, als er 1875 an Marie Anderson schrieb: »Gute Kinder sterben früh, ihnen sind die Engelsflügel nicht abgeschnitten.«[124]

Manchmal sah man ihn seine Höhle unterm Dach verlassen und mit dem Notizbuch über die Dorfstraße wandern, nicht um sich Skizzen zu machen, sondern um Märchen zu sammeln, was

Abb. 15: Fanny Busch (Ölgemälde von Wilhelm Busch)

Abb. 16: Anna Busch (Ölgemälde von Wilhelm Busch)

die Brüder Grimm mit so großem Erfolg vorgemacht hatten. Ihre »Kinder- und Hausmärchen« standen seit 1824 in jeder bürgerlichen Wohnstube neben der Bibel und dem Konversationslexikon. Aber während sie in Salons und Schlössern gesammelt hatten, waren Buschs »Quellen« die Außenseiter und Armen: ein alter, hinkender Soldat, der in Wiedensahl untergeschlüpft war, der Schäfer und seine Frau oder ein Greis, dessen Mutter eine bekannte »Märchenmuhme« gewesen war. »Was damals«, schreibt er in seiner Autobiographie, »die Leute ut oler Welt erzählten, klang mir sonderbar ins Ohr. Ich horchte genauer hin und sucht' es mir fleißig zu merken.«[125]

Bald war eine beträchtliche Sammlung entstanden, lebendiger und authentischer als die der Brüder Grimm – eine Sammlung auf losen Blättern und in kleinen Heften bunt durcheinander notiert: Volksmärchen, Sagen, Lieder und Reime, Bruchstücke aus dem lokalen Aberglauben, auf Niederdeutsch und auf Hochdeutsch, stichwortartig und ausgeschrieben, das Ganze vermischt mit Soldatenliedern und geistlichen Volksballaden. Ein extrem heterogenes »Werk« von überquellender Fülle, das von der neueren Busch-Biographik meist verschämt ausgelassen wird, nachdem es ihm im NS-Staat den Ruf eines »völkischen Sehers« eingebracht hatte.[126]

Busch schreckte in dieser Sammlung vor nichts zurück und schrieb alles auf, was er schon als Kind von den Spinnerinnen gehört hatte:

Geschichten von Hexen, die mit dem Teufel auf der Diele Unzucht trieben, von abgeschlagenen Köpfen und eingemachtem Menschenfleisch, von Vätern, die ihre Töchter schwängerten und danach bestialisch umbrachten:

> »Es heiratete mal ein König seine eigene Tochter, und als sie schwanger ward, fürchtete er sich, daß es ruchbar werden möchte. Da brachte er seine Tochter um, schnitt das Kind aus ihrem Leibe und ließ es von einer Amme groß säugen ...«[127]

Hexengeschichten hatten es ihm besonders angetan. Immer wieder tauchen sie in dieser Sammlung auf, als sei er wie besessen davon gewesen. Besonders schlimm waren die Hexen, wenn sie gleichzeitig Mütter waren, Sadistinnen und Kannibalinnen unvorstellbaren Ausmaßes:

> »Da sagte das Weib, die Frau, die sie umgebracht, hätte ein ungeborenes Kind getragen, das hätte sie herausgeschnitten, geschlachtet und gegessen; ihr eigenes Kind, Herzlieb, hätte sie auch geschlachtet, das Fett herausgebraten und auf die Lampe gegossen.«[128]

Wollte Busch damit zeigen, wie tabulos er war, hundertmal tabuloser als die Brüder Grimm, die so eine Geschichte niemals gebracht hätten, da sie das Entsetzen ihrer bürgerlichen Leser fürchteten? Oder steckt vielleicht noch etwas anderes dahinter – das Gefühl, von der eigenen Mutter verraten und verlassen worden zu sein, die Angst vor der verschlingenden, vernichtenden, durch und durch lieblosen Frau, die von psychoanalytisch argumentierenden Busch-Forschern immer wieder bemüht wird, um seine Einsamkeit, seine Nikotinsucht, sein lebenslanges Junggesellentum und die Grausamkeit einiger Bildergeschichten zu erklären?[129]

Diese Argumentation krankt vor allem daran, dass sie die heutigen Zeitumstände zugrunde legt und nicht die von 1830 oder 1840. Henriette Busch hatte zehn Kinder geboren. Nicht jedes konnte auf exklusive Liebe Anspruch erheben. Sie führte den Haushalt, arbeitete auf dem Feld, bestellte den Garten, half im Kramladen. Ihre physische Kraft hatte ihre Grenzen. »Lieblos« war sie deshalb sicher nicht. Auch wenn sie es zuließ, dass man Busch zu ihrem Bruder »verschickte«. Was hätte die Dorfschule ihm auch bieten können? Den Katechismus? Die Prügel des Lehrers? Die erbitterte Unterdrückung jedes Anzeichens von freiem Willen und Individualität?

Und trotzdem: Es ist etwas Beängstigendes in Wilhelm Buschs Hexengeschichten, in diesen abgrundtief bösen Muttergestalten, dieser schneidenden Kälte der Darstellung, die bar jeden Mitgefühls und jeder Poesie ist. Da nützte es auch nichts, dass er ein Titelblatt ganz im Stil der »Gartenlaube« zeichnete: ein altes Mütterlein in Haube und Umhang, zu seinen Füßen drei Kinder, die inbrünstig lauschten. Doch das Buch *war* kein Kinderbuch. Selbst Erwachsene würden ihre Probleme damit haben. Dieser Ansicht war wohl auch der Verleger, ein gewisser Ehlers aus Einbeck, der Wilhelm Busch von seinem Onkel empfohlen worden war. Er lehnte den Druck des Manuskriptes und der Zeichnungen ab. Angeblich aus Kostengründen. Wahrscheinlich wird es ihn aber schon bei der ersten Lektüre geschüttelt haben.

Ungefähr fünf Monate blieb Busch in Wiedensahl. Dann fuhr er nach langer Zeit wieder einmal zum Onkel nach Lüthorst, denn die Stimmung zu Hause war unerträglich geworden. Die Eltern, beide schon über fünfzig, hatten sich noch nie einen freien Tag gegönnt und waren in mehr als zwanzig Ehejahren erst einmal zusammen ausgegangen. Und da saß nun dieser Einundzwanzigjährige nach drei abgebrochenen Studien in seinem gemütlichen Dachstübchen und schrieb Märchen, die niemand verlegen wollte. Im Kramladen war er nicht zu gebrauchen. In der Landwirtschaft noch viel weniger. Selbst die Malerei schien er aufgegeben zu haben. Haben sie ihm gesagt, dass er gehen sollte? Oder fuhr er freiwillig? Möglich ist beides. Jedenfalls fuhr er wohl sehr verstimmt und kam nicht einmal über die Weihnachtstage wieder nach Hause.

In seinen autobiographischen Skizzen umhüllt Busch diese Monate in Lüthorst mit einem Schleier von Unaufrichtigkeiten und Legenden. Einmal will er auf einer Liebhaberbühne Theater gespielt haben.[130] Aber das war nachweislich erst drei Jahre später.[131] Dann spricht er von intensiver Darwin- und Schopenhauer-Lektüre.[132] Aber auch das ist höchst zweifelhaft. Denn Darwins Hauptwerk »Über die Entstehung der Arten« war 1854 noch gar nicht erschienen, weder auf Englisch noch auf Deutsch. Arthur Schopenhauers »Welt als Wille und Vorstellung« lag zwar seit 1844 vor und stand vielleicht sogar in der Bibliothek seines Onkels. Aber dass der ein- oder zweiundzwanzigjährige Wilhelm Busch dieses Buch wirklich gelesen haben will, dieses über 2000 Seiten starke, von mathematischen Formeln und fremdsprachlichen Zitaten durchsetzte Werk, dessen Lektüre Vertrautheit mit Platon, Kant und brahmanischer

Philosophie voraussetzt, ist äußerst unglaubwürdig. Vielleicht hat er aber in dem berühmten Aufsatz »Über die Weiber« geblättert, in dem Schopenhauer deutlich unkomplizierter daherkommt, auch für einen Einundzwanzigjährigen ohne weiteres verständlich:

> »Je edler und vollkommener eine Sache ist, desto später … gelangt sie zur Reife. Der Mann erlangt die Reife seiner Vernunft … kaum vor dem 28. Jahre; das Weib mit dem achtzehnten. Aber es ist auch eine Vernunft danach: eine gar knapp bemessene. Daher bleiben die Weiber ihr Leben lang Kinder, sehen immer nur das Nächste, kleben an der Gegenwart, nehmen den Schein der Dinge für die Sache … Mit mehr Fug als das schöne könnte man das weibliche Geschlecht das unästhetische nennen. Weder für Musik, noch Poesie, noch bildende Künste haben sie wirklich … Sinn und Empfänglichkeit; sondern bloße Äfferei … ist es, wenn sie solche affektieren und vorgeben.«[133]

Wilhelm Busch muss sich in diesen Monaten bei seinem Onkel ziemlich merkwürdig aufgeführt haben. So empfanden es jedenfalls dessen Kinder. Einer seiner Kusinen kam er selbst wie ein launenhaftes Kind vor. Bei Gewitter habe er sich ängstlich auf sein Bett geworfen[134], im Übrigen aber den verwöhnten jungen Herrn gespielt, der immer unzufrieden war und sich naserümpfend »über alles mokierte«.[135] Ihre Eltern hätten ihm jede seiner Launen nachgesehen und alles für ihn getan, »was er wünschte«. Wahrscheinlich aus schlechtem Gewissen. Es tat ihnen wohl leid, dass sie den Vierzehnjährigen in einen Beruf gedrängt hatten, der nicht zu ihm passte. Nun versuchten sie doppelt nachgiebig zu sein. Er aber spielte den Märtyrer, dem *einmal* Unrecht geschehen war und der nun ständig eine Sonderbehandlung verlangte.

Aus der Zeit dieses Lüthorster Aufenthaltes stammt Wilhelm Buschs erster überlieferter Brief an eine Frau, seine Kusine Henriette Ebhardt aus Hannover. Sie war die Tochter von »Onkel Ebhardt«, dem Justizrat, zweiundzwanzig, also genauso alt wie er. Offenbar hatten sie ein gutes Verhältnis zueinander. Denn der Brief lässt auf große Vertrautheit schließen. Inhaltlich geht es um Justus, Henriettes jüngeren Bruder, der schon immer das »schwarze Schaf« der Familie gewesen war. Eigentlich hätte er Jurist werden sollen wie sein Vater. Aber er wollte lieber zur See fahren. Davon hielt man ihn ab und steckte ihn in eine Kaufmannslehre nach Antwerpen, die ihm ebenfalls nicht gefiel. Wilhelm Busch ist ihm dort öfter begegnet. Sie kamen sich näher. Auch Justus bekam Heimweh in der fremden Stadt und brach wie Busch abrupt alle Brücken hinter sich ab. Der Vater hat ihm das nicht verziehen. Es kam zum Bruch. Monatelang – Busch spricht von *Jahren* – wechselten sie kein Wort miteinander. Nun hatte er den Eltern einen Brief geschrieben. Aber man wies ihn zurück. Das empörte Busch tief. Er ergriff sofort Justus' Partei und schrieb an Henriette:

> »Ich setze voraus, daß Du seinen Kummer in seinem ganzen Umfange begreifen wirst. Nach Jahren des Kampfes mit sich selbst tritt er endlich mit vollem überfließendem Herzen zu Deinen Eltern und wird ironisch mit der Antwort eines Schreibers zurückgewiesen, ohne irgend ein einziges Begleitschreiben seiner Familie. – Ich will es Dir nicht zum Vorwurf machen, liebe Henriette, aber gekränkt hast auch Du Justus durch Dein Schweigen. Nur dadurch kannst Du es wieder gut machen, daß Du sofort an ihn schreibst... Dein treuer Vetter Wilhelm Busch.«[136]

Als er nach einem knappen halben Jahr wieder nach Wiedensahl kam, ging es ihm sichtbar besser. Die Ruhe in Lüthorst hatte ihm gutgetan. Seine Ängste und die Nachwehen des Typhus waren verflogen. Er hatte wieder zu zeichnen begonnen und verblüffte die Eltern mit der Idee eines neuen Studienplans: München. Er wolle jetzt an die Münchener Kunstakademie gehen, wohin ihm Freund Klemme aus Hannover schon vorausgeeilt sei. – Jetzt endlich verlor der Vater die Geduld und überhäufte Busch mit einem Schwall wütender Vorwürfe, die er jahrelang mühsam unterdrückt hatte. Der Wortlaut ist nicht überliefert. Aber man kann ihn sich ungefähr vorstellen. Dies sei nun der vierte Versuch in sechs Jahren. Ob er vielleicht den Verstand verloren habe? Er sei nicht das einzige Kind. Auch die anderen wollten später einmal studieren. Und als guter Kaufmann rechnete er ihm sicher auch vor, was das bisher alles gekostet habe: die Umzüge, die Miete, das Kostgeld, die Studiengebühren, die Bücher, die erlesene Garderobe …

Es war ein trüber Morgen im Spätherbst, als Busch sein Elternhaus in Richtung München verließ. Die Stimmung zwischen seinem Vater und ihm war eisig. Nach den erregten Disputen der letzten Tage hatten sie kein Wort mehr miteinander gewechselt. Busch war, so Schwester Fanny, kreidebleich und hatte Tränen in den Augen, als ihm der Vater eine Rolle Taler in die Hand drückte und dazu sagte, dies sei nun das letzte Geld, was er von ihm bekomme.[137]

Wussten sie denn nicht, dass in München wie in vielen europäischen Großstädten die asiatische Cholera ausgebrochen war? Auf dem Höhepunkt der sommerlichen Industrieausstellung von 1854, die vom Klavier über Spinnereimaschinen bis hin zu Dampflokomotiven alle Errungenschaften der modernen Technik zeigte und an manchen Tagen mehr als 5000 Besucher in den Glaspalast zog, den man am Rand des Botanischen Gartens für diese Ausstellung gebaut hatte? Die Seuche forderte in kurzer Zeit mehr als 2000 Todesopfer, darunter die Königinmutter Therese. Hauptübertragungsquelle war der Fischbach, der damals noch offen durch den Süden der Stadt floss und vor Unrat starrte. Gegen die Cholera gab es kein Heilmittel. Das Bakterium überlebte in Exkrementen, Trinkwasser, Obst und Gemüse, Milch, Kleidern und Bettlaken und ließ seine Opfer unter Erbrechen, Muskelkrämpfen und Durchfall qualvoll sterben. »Der Mob krepiert«, stellte Karl Marx lapidar fest.[138] »Auf der Ferne liegen blutig dunkel die Donnerwolken des Krieges, und über die Nähe haben Krankheit, Hunger und Not ihren unheimlichen Schleier gelegt«, ergänzte Wilhelm Raabe etwas poetischer.[139]

Als Busch im Herbst 1854 in München ankam, waren die Gassen wie leer gefegt und die Spitäler überfüllt. Das Oktoberfest hatte man für dieses Jahr abgesagt. Die meisten Studenten hatten die Stadt fluchtartig verlassen. Trotzdem lief der Unterricht an der Akademie notdürftig weiter. Am 6. November nahm Direktor Wilhelm von Kaulbach Wilhelm Busch in die »technische Malklasse« auf.

Wie zu erwarten, gefiel ihm das Studium auch in München nicht. Denn auch Kaulbach malte jene monumentalen historischen oder mythologischen Tableaus, die Busch seit seiner Düsseldorfer Zeit so sehr hasste. Seine Porträts seien »zu rhetorischen Masken« erstarrt gewesen, schreibt der junge Berliner Dichter Paul Heyse, der im gleichen Jahr wie Wilhelm Busch in München ankam. Und die »menschliche Gestalt« habe er steif, »naturlos« und schematisch behandelt.[140] Was also würde Wilhelm Busch bei von Kaulbach lernen können? Praktisch nichts, wie er später lapidar feststellt:

> »Wir gingen nach München, wo wir das Malen verlernten, das wir in Antwerpen gelernt hatten ... Die Malschule in München war nichts wert.«[141]

Wahrscheinlich war es der Onkel aus Lüthorst, der ihm ein Zimmer bei einer Pfarrerswitwe vermittelt hatte, damit er im katholischen Bayern nicht völlig verwaiste. Auf der Dachauer Straße in direkter Bahnhofsnähe gelegen, war es einfach, billig und laut. Tag und Nacht konnte er die Züge pfeifen hören, die von München nach Augsburg und weiter nach Norden fuhren. Eigentlich ein tröstliches Geräusch – die Verbindung zur Heimat. Aber er wollte oder konnte ja nicht mehr nach Hause. Jedenfalls vorerst nicht. Die Brücken nach Wiedensahl waren erst einmal abgebrochen. – In der Akademie sah man ihn kaum. Dafür umso öfter in der Alten Pinakothek, wo die Werke seiner geliebten Niederländer hingen: Stillleben mit Rebhühnern, Taschenkrebsen und Jagdgerät, Kanäle im Wald, alte Spinnerinnen, flache Landschaften mit Windmühlen, raufende und trinkende Bauern – die Lieblingsmotive der Niederländer von Jacques d'Artois bis Adriaen van Ostade ließen sich in München fast genauso gut studieren wie in Antwerpen und wurden hier wie dort vom Glanz eines Rembrandt oder Rubens überstrahlt, deren Bilder die kunstliebenden Wittelsbacher seit Generationen gesammelt hatten.

Draußen lag alles in herbstlichem Grau. Das Gewirr enger Gassen in der Altstadt, das Siegestor und die noch unvollendeten Propyläen, die Türme der zahllosen gotischen und barocken Kirchen, der Englische Garten und der traurig schimmernde Glaspalast. Scheu und fremd versuchte Busch, sich von diesem seltsamen Zwitterwesen namens München ein Bild zu machen, das mit seinen über 150 000 Einwohnern die erste Großstadt war, die er kennenlernte, und doch provinzieller wirkte als Düsseldorf oder sogar Hannover. Industrie gab es nicht. Also auch kein Proletariat, keine Arbeiter. Die meisten Menschen hier sahen fröhlich und wohlgenährt aus, aßen mehrmals am Tag Fleisch und trafen sich abends bei der »demokratisierenden Macht« des Nationalgetränks »Bier«, das die Gegensätze zwischen den Klassen und Geschlechtern überbrückte. »Und wenn im Frühling«, ergänzt Heyse, »noch der Bock dazukam, konnte man in manchem Wirtsgarten eine so gemischte Gesellschaft zwanglos beisammen finden, wie sie in Berlin nirgends anzutreffen war.«[142]

Wie so viele malende »Nordlichter« begab sich Busch in den neu gegründeten Künstlerverein »Jung-München«, der ihn ebenso herzlich aufnahm wie einst der »Malkasten« und noch tiefer in die hohe Kunst des Bohème-Lebens einführte. Abend für Abend saßen sie im Gasthaus Lettenbauer oder Kappler, rauchten wie die Schlote, tranken reichlich Bier und schimpften über die Akademieprofessoren Kaulbach und Piloty, die beide Männer der Reaktion waren und ihren Schülern allenfalls technische Ratschläge geben konnten. Busch war meistens etwas schweigsamer als die anderen, weil er sie alle mit wahnwitziger Geschwindigkeit karikierte: den gebräunten »Signor Teodore« Pixis mit seinem gewaltigen Federhut, schwarzhaarig, schwarzbärtig, dämonisch grinsend[143], den winzigen Otto Stöger mit der großen Mappe und dem spitzen Tirolerhut[144], den rauchenden Tiermaler Friedrich Lossow, der auf einem dieser Bilder mit sorgenzerfurchtem Gesicht auf seinem zerwühlten Bett sitzt, von dem zwei unglaublich dürre Beine herunterbaumeln[145], den dicken Fritz Schwörer, dem der gewaltige Bauch fast die Weste sprengt, weil er »Wurscht und Rindfleisch für vier« isst.[146] – Busch fand viele Freunde in diesem Kreis. *Freundinnen* leider nicht. Denn »Jung-München« war wie der »Malkasten« eine reine Männergesellschaft. Doch während die anderen gern »zarte Bande mit einer irgend annehmbaren Kellnerin oder Nähmamsell« anknüpften, die in München als sehr zugänglich und sehr anschmiegsam galten, wurde so etwas »nie … über ihn, noch weniger *von* ihm« bekannt.[147] Er malte in München auch niemals Akte von Frauen, obwohl Modelle billig und reichlich zu haben waren. Seine männlichen Akte wirken sehr androgyn. Da ist wenig Muskulatur, wenig Brusthaar zu sehen, ein sehr kleines Geschlecht und immer wieder dieser feingliedrige Bau der Hände.[148] Aber auch zu Männern hatte er keine Beziehungen. Jedenfalls sicher keine intimen. Das wäre im Künstlerverein schnell bekannt geworden. So blieb das Thema seinen Freunden ein Rätsel, das sich auch in jahre- oder lebenslanger Bekanntschaft nicht löste.

Nach dem »Fasching« zog es ihn wieder zurück in den Norden, allerdings nicht nach Wiedensahl, wo die Stimmung nach wie vor eisig gewesen sein muss, sondern zu Onkel Kleine nach Lüthorst. Dort ging es inzwischen recht munter zu, nicht mehr so pietistisch und asketisch wie früher. Eine große Schar kleiner und halbwüchsiger Kinder tobte durchs Haus, hübsche Kusinen aus der Stadt lernten bei der Pfarrersfrau kochen und backen. Und als es Frühling wurde, zog man hinaus zu Picknicks auf die Pfarrwiese oder in den Wald. Oder man fuhr zum Bauerntheater ins Nachbardorf Dassel, wo Wilhelm Busch gelegentlich selbst auf die Bühne ging und erstaunliches schauspielerisches Talent zeigte.

Manches spricht dafür, dass er einer seiner Kusinen gern etwas nähergekommen wäre, Henriette Ebhardt oder ihren jüngeren Schwestern Dora und Minna. Aber sie lachten ihn aus, weil er so ungeschickt und so dick war. Früher war er ja immer mädchenhaft schmal gewesen. Doch nach fünf Monaten München sah er schon wie ein richtiger Bayer aus. Weißwurst, Knödel und Bockbier zeigten ihre fatale Wirkung. Der Bauch stand ihm nicht, machte ihn nicht männlicher, sondern ließ ihn komisch und tölpelhaft wirken. So hieß er bei den Kusinen nur noch »der dicke Vetter«.[149] Nicht sehr schmeichelhaft. Keine Chance, hier demnächst eine Frau zu finden.

Vier Jahre lang lebte Busch scheinbar planlos vor sich hin, machte Schulden, betrieb seltsame Adels- und Wappenforschung, pendelte zwischen München und Lüthorst, sah die Akademie kaum von innen und schrieb seinen Eltern nicht mehr – fast wie ein Zwillingsbruder des »Grünen Heinrich« von Gottfried Keller[150], über den zur Zeit viel geschrieben und diskutiert wurde und hinter dem, wie man hörte, der Autor selbst stecken sollte, der wie Busch in München Malerei studiert hatte und von tiefsten Selbstzweifeln geplagt worden war. Busch war sechsundzwanzig, als diese Krise sich endlich ihrem Ende näherte. Er fing an, in München und in sich selbst heimisch zu werden, floh nicht mehr nach Norden, wenn der Frühling kam, sondern blieb bei den Freunden des Künstlervereins und fuhr mit ihnen nach Brannenburg, ein Dorf am Fuße des Wendelsteins, das sich zu einer lebhaften Malerkolonie entwickelt hatte. Ein idyllischer Ort, vom Fremdenverkehr noch fast unberührt, aber durch die »Königlich-bayerische Staats-Eisenbahn« von München aus gut zu erreichen.

Die Kollegen übten sich ernsthaft im Landschaftsmalen. Er aber beschäftigte sich mit seinem Lieblings- und Zentralthema, der Karikatur. Und während die anderen ihre Staffeleien aufstellten und vor Anstrengung schwitzten, »lag unser Busch höchst behaglich im Gras, rauchte sein Pfeifchen und machte seine schlechten Witze«, erinnert sich Theodor Pixis. »Da wanderte denn ganz verstohlen sein Büchlein aus der Tasche, und wenn es wieder hineinglitt, da war schon einer oder der andere von uns darin festgenagelt.«[151]

Doch Wilhelm Busch machte in Brannenburg nicht *nur* Karikaturen, sondern zeichnete und malte auch bayrische Bauernjungen, Bauern im Profil, Bäuerinnen bei der Handarbeit, Bauernstuben, Bienenstöcke, idyllisch begrünte Hausecken und die Dorfkirche. Landschaftsskizzen rund um den Starnberger See, einen verwunschenen Anlegesteg, einen hinter reifen Kornfeldern aufragenden Gebirgszug, das Schloss von Brannenburg in einem dunstumwobenen Park, das Massiv des Zahmen Kaisers im letzten Sonnenlicht. »Nie vorher«, schreibt der Kunsthistoriker Hans Ries, »hatte Busch … ein ähnliches Sensorium für das Atmosphärische einer Landschaft bewiesen... Der Dunst scheint alle Körper zu entrücken... Mit bewundernswerter Disziplin macht er seinen Schraffierstift ... gefügig und zeigt sich so der graphischen Wiedergabe einer... ins Ungreifbare verschwebenden Landschaft gewachsen.«[152]

Abb. 17: Aus dem Brannenburger Skizzenbuch

Im Juli 1858 traf ihn ein schwerer Schock. Der Briefträger brachte ihm die Nachricht vom Tod seiner erst fünfzehnjährigen Schwester Anna. In den vielen Jahren seiner Abwesenheit von zu Hause hatte er kaum Gelegenheit gehabt, sie näher kennenzulernen, dieses blasse, stille und ernsthafte Kind, dem die »Engelsflügel« nicht abgeschnitten worden waren. Woran sie starb, weiß man nicht. An Tuberkulose vielleicht? Oder am »Nervenfieber«? Der Brief mit der Todesnachricht traf vermutlich so spät ein, dass keine Zeit mehr war, zum Begräbnis zu fahren. Ob er seinen Eltern oder wenigstens der Mutter geschrieben hat, ist nicht bekannt. Es ist kein Brief überliefert. Zuerst stürzte er sich mit doppelter Energie in die Arbeit. Seine Freunde merkten vermutlich nichts. Er war schweigsam und sarkastisch wie immer. Doch das Bild dieser blassen, toten Schwester, die er einmal so eindringlich gemalt hatte, ließ ihn nicht los. Denn es stand für Trennung und Entwurzelung, für sein trauriges und gestörtes Verhältnis zu seiner Familie und seiner Heimat. Jahre später schrieb er ein Gedicht (»Das tote Gretchen«) auf seine Schwester Anna, in dem es heißt:

Sieben Rosen, sieben Jahre
Ach, schon liegst du auf der Bahre.
Kleines Gretchen, bist so weiß
Wie der Schnee und kalt wie Eis.
Schwarze Männer sind gekommen,
Haben dich mir weggenommen,
Decken dich mit kühler Erden,
Sollst ein schöner Engel werden.
Und die Mutter sitzt zu Haus,
Weint sich fast die Augen aus,
Daß ihr süßes Gretchen nun
Muß in kalter Erde ruhn.
Da wird um die Mitternacht
Leis die Türe aufgemacht.
Mit zwei Engelsflügelein
Tritt das Gretchen leis herein.
Mutter, weine doch nicht mehr,
Sieh, wie meine Flügel schwer,
Sind so schwer und ganz durchnäßt,
Wenn du nicht das Weinen läßt.
Jede Träne fällt herab
In mein einsam dunkles Grab,
Laß mich da nicht länger liegen.
Laß mich doch in'n Himmel fliegen
Zu dem hellen Gotteslicht.
Liebe Mutter, weine nicht! …[153]

DIE ERSTEN BILDERGESCHICHTEN

5

Zum Glück hatte er in Brannenburg einen väterlichen Freund, Franz Graf von Pocci, den einundfünfzigjährigen Hofmusikintendanten des bayrischen Königs Maximilian, dessen Besitz am Starnberger See er liebevoll gezeichnet hat[154]. Dieser große, hagere Mann italienischer Herkunft war Zeichner, Komponist, Dichter, Essayist, Satiriker, Karikaturist und Puppenspieler in Personalunion, ein Universalgenie E. T. A. Hoffmann'scher Prägung, dessen Einfluss auf Wilhelm Busch bisher noch nicht gründlich untersucht worden ist. Der gelernte Jurist und leidenschaftliche Amateurkünstler arbeitete seit Jahren für die »Münchener Bilderbogen« und die »Fliegenden Blätter«, die im Verlag Braun und Schneider erschienen und auch Schwind, Piloty und Spitzweg zu ihren Illustratoren zählten. Künstlerisch auf deutlich höherem Niveau als der »Kladderadatsch« stehend, waren die »Fliegenden Blätter« für ihre bissigen Satiren bekannt, deren Schärfe seit der Revolution allerdings etwas nachgelassen hatte. Nach verschiedenen Verboten und Konfiskationen drohten sie, ins Harmlos-Biedermeierliche abzugleiten, und verlegten die Schauplätze ihrer Bildergeschichten gern ins Ausland, besonders in die Türkei. Jetzt waren neue Leute gefragt. Leute, die mit gespitztem Zeichenstift witzig und scharf sein konnten, ohne den König und die öffentliche Moral zu verletzen. Leute wie der junge, noch ganz unvorbelastete Busch. Wahrscheinlich ging Pocci die älteren Konvolute mit ihm durch und zeigte ihm auch sein eigenes gewaltiges Œuvre an Lithographien und Holzstichen:

»Hänsel und Gretel« als Bildergeschichte mit einfachen Unterschriften, »Das lustige Märlein vom kleinen Frieder mit seinem Vogelrohr und seiner Geige«, Figuren, die wie hölzerne Marionetten aussehen, kunstvolle Scherenschnitte von Burgen, Stadttoren, Sargträgern und Postillionen; sehr menschlich wirkende Frösche und Hasen, die sprechen und lieben können. Und schließlich die noch druckfrische Geschichte vom »Staatshämorrhoidarius«, eine Satire auf einen typischen Beamten, der morgens um Punkt neun Uhr ins Büro geht, gemütlich die Zeitung liest, großspurige politische Kommentare abgibt, seinen Bürodiener schikaniert, im Gasthaus gut isst und sich schließlich – allerdings nur im Traum – als »Unsterblicher« auf einem Denkmal verewigt sieht, eine Toga wie weiland Cäsar um die nackte Brust geschlungen.[155]

Das war starker Tobak. Dieser Graf Pocci verdiente Respekt. Allerdings war seine Position im Land nahezu unerschütterlich, sodass er sich einiges erlauben konnte.

Kaspar Braun, der Verleger der »Fliegenden Blätter«, mit dem Busch von nun an intensiv zusammenarbeiten würde, war im gleichen Alter wie Pocci, knapp über fünfzig, ein kleiner, dicker, behäbiger Mann mit schwarzem Bart, schwarzem Haar und schwarzem Humor, den er sich aus seiner fränkischen Heimat Aschaffenburg mitgebracht hatte. Für den jungen Busch war er eine Art Vaterfigur, ein echter Glücksfall, weil er nicht nur Verleger, sondern auch Künstler war und ihm die Chance bot, sich in kleineren Beiträgen zu entwickeln, bevor er sich an die ersten selbstständigen Bücher wagte.

Braun und Busch hatten viele Gemeinsamkeiten. Auch Braun hatte an der Münchener Akademie Malerei studiert und das Studium enttäuscht wieder aufgegeben. Er war sehr strebsam, lernte alle nur denkbaren Techniken – Freskomalen, Steinzeichnen, Radieren und Bildhauerei. Unter seinen Werken sind kleine Meisterstücke, ländliche Genreszenen oder das »Dachkämmerlein des armen Poeten«, das fast gleichzeitig mit dem berühmten Bild Spitzwegs entstand. Aber er spürte, dass er es nicht zu einem Maler vom Rang eines Kaulbach, Cornelius oder Piloty bringen würde, vielleicht auch nicht wollte. Denn diese erhabene und pathetische Kunst war ihm fremd. Ihn zog es mehr zum Beklemmenden und Skurrilen, seltsamen Mondlandschaften, die er mit Raben und Gespenstern bevölkerte, expressiven Porträts von Zigeunern, Gaunern und Hexen.[156]

Der Meister solcher surrealen Motive hieß Grandville, eigentlich Jean Isidore Gérard, und lebte als Illustrator und Karikaturist in Paris. Er war nicht so berühmt wie sein großer Kollege Honoré Daumier, der Maler, Bildhauer, Grafiker und Karikaturist, der ihn als unliebsame Konkurrenz heftig bekämpfte, aber schriller, phantastischer und verrückter, Schöpfer von Zwischenwesen aus Mensch, Fisch, Schildkröte, Affe, Birne und Besen, visionären Maschinen und Fluggeräten, die schon auf die Kunstrichtung des Futurismus zu verweisen scheinen. »Transformationen, Visionen und Inkarnationen«, wie er sie nannte.[157] Das alles reproduzierte er mittels der aus England importierten Technik des Holzstichs – hierzulande oft, aber nicht ganz korrekt als »Xylographie« (eigentlich »Holzschnitt«) bezeichnet –, mit der man von einem Buchsbaum-Druckstock mehr als hunderttausend Abzüge machen konnte, ohne dass die Präzision der Abbildung darunter litt.

Das war *die* Technik der Zeit. Braun erkannte es gleich. Nicht nur Bücher würden sich auf diese Weise illustrieren lassen, sondern auch Zeitungen, Flugblätter, Werbebroschüren und vieles mehr. Er überzeugte einen reichen Advokaten von seiner Idee und ließ sich zum Erlernen der Xylographie in das Atelier von Brévières nach Paris schicken, wo auch Grandville die meisten seiner Werke stechen ließ.

Nach einem Jahr kam er wieder zurück. Voll neuer Impulse. Sein Mäzen richtete ihm eine xylographische Werkstatt ein, eine der ersten und führenden in ganz Deutschland. Kaulbach, Cornelius und viele andere Maler ließen ihre Werke hier stechen. Bald mussten Mitarbeiter eingestellt werden, Dutzende junger Männer, die von Grund auf angelernt wurden, denn der Beruf des Xylographen war in Deutschland noch so gut wie unbekannt. Wilhelm Busch sah ihnen manchmal über die Schulter, wenn sie ihre Druckstöcke mit scharfen Grabsticheln bearbeiteten, bis nur noch Punkte und Linien stehenblieben, weiträumig oder dicht nebeneinandergesetzt, sodass feinste Nuancierungen, Licht und Schatten, Hell- und Dunkeleffekte entstanden, je nachdem, wie die Vorlage es verlangte.

Seit 1843 hatte Braun seinen eigenen Verlag, in dem er Kinderbücher, Zeitungen und illustrierte Klassikerausgaben herausbrachte, vor allem aber die »Münchener Bilderbogen« und die »Fliegenden Blätter«, die alle zwei Wochen auf glattem Maschinenpapier erschienen. Diese Blätter wurden prägend für die deutsche Comicgeschichte, ja sogar für die Entwicklung des Comics auf der ganzen Welt. Man hat den Verlag Braun und Schneider zu Recht als »Wiege des Comic« bezeichnet.[158]

Busch zögerte keinen Moment. Das war *sein* Medium, *seine* künftige Sprache. Vorerst lieferte er nur Illustrationen. Später auch Texte. Es machte ihm keine Mühe, sich den klaren, eindeutigen Strich zuzulegen, den der Holzstich verlangte, denn aufs äußerste verknappt waren seine Zeichnungen ohnehin schon. Der Künstlerverein hatte eine eigene »Kneipzeitung« und ein »Karikaturenbuch«, zu denen Busch viele ironische Zeichnungen und erste, slapstickartige Bildergeschichten beisteuerte. Eine davon, »Der kleine Maler mit der großen Mappe«, erschien im April 1859 in den »Münchener Bilderbogen«.[159]

Jeder im Künstlerverein Jung-München wusste, dass der Maler Otto Stöger gemeint war, ein Niederbayer mit spitzem Filzhut und schweren Bergschuhen, der in breitestem Dialekt über den spanischen Maler Murillo sprach und von den Kollegen wegen seines wurzelseppartigen Aussehens geneckt wurde. Busch hatte schon einmal eine Karikatur von ihm gezeichnet, auf der er ganz hinter einer überdimensionalen Mappe verschwindet, die von seinem alten, ausgebeulten Hut überragt wird.[160]

Abb. 18: Otto Stöger (Karikatur von Wilhelm Busch)

Nun setzte er dieses Bild in Bewegung, ließ es

leben, hinaus in die Berge ziehen, wo es allerhand Widrigkeiten ausgesetzt wurde, einem Wolkenbruch, einem wilden Gebirgsbach, glühender Sonne und steinigen Abhängen. Die Mappe war praktisch und vielseitig einsetzbar, als Regenschirm, Floß, Sonnenschutz, Rutschunterlage und Zelt. Nur leider nicht für ihren eigentlichen Zweck – das Zeichnen und Malen. Erst drohten Ameisen das noch unfertige Bild anzunagen. Dann blies ein Orkan den Maler mitsamt seinen Utensilien in die Luft. Aber die Mappe half ihm auch diesmal. Sie diente als Flugzeug. Ziemlich ramponiert landete er in einem Obstbaum, aus dem ihn ein Bauer mit einer langen Stange befreite.

Über den Sinn dieser Bildergeschichte ist viel gerätselt worden. Vom Scheitern des biedermeierlichen Künstlers war die Rede[161], vom Fliegen als Protest gegen den politischen Stillstand nach der fehlgeschlagenen Revolution.[162] Busch hätte wahrscheinlich über solche Interpretationen gelacht. Er wollte nichts weiter, als einen Kollegen karikieren, vielleicht auch ein bisschen sich selbst und den ganzen Künstlerverein. Denn waren sie nicht alle etwas weltfremd und tölpelhaft, unfähig, sich im praktischen Leben einzurichten? Und waren sie nicht sogar stolz darauf, anders zu leben als der »Staatshämorrhoidarius«, der zufrieden über seinen Knödeln saß und danach ins Amt ging?

Braun war begeistert und gab Busch sofort weitere Aufträge. Die Geschichte tat niemandem weh und war doch nicht unkritisch. Denn die Landschaftsmalerei war inzwischen zur Mode geworden. Und nicht jeder beherrschte sie so meisterhaft wie Andreas Achenbach, Buschs großes Vorbild. Viele der »neumodischen« Landschaftsbilder waren reine Massenproduktionen, besonders die beliebten Jagd- und Gebirgsszenen, die ihren Siegeszug durch die biedermeierlichen Wohnzimmer antraten.

Obwohl die »Fliegenden Blätter« und die »Münchener Bilderbogen« eigentlich nicht *für* Kinder bestimmt waren, schrieb Busch von Anfang an Bildergeschichten, die *von* Kindern handeln. Eine der ersten heißt »Die kleinen Honigdiebe«, ein kleiner Comic über die Buben Peterl und Maxerl, die aus dem Bienenstock ihres

Nachbarn Honig stehlen. Das Motiv war Busch gut bekannt. Denn sein Onkel war ja Imker. Immer wieder hatte Kleine in seinen Büchern davor gewarnt, sich leichtfertig der Gefahr von Bienenstichen auszusetzen, die »aus dem menschlichen Angesicht häufig so entschiedene Zerrbilder« machten, »daß man sich beim Anblick derselben ... des Lachens nicht erwehren« könne.[163]

Genau das müssen auch Peterl und Maxerl erfahren. Die aufgeschreckten Bienen fallen über sie her und stechen sie in die

Abb. 19: Die kleinen Honigdiebe

Nasen, die zu absurden Ballons anschwellen. Der Imker, ein dürrer, hässlicher Mann, hat kein bisschen Mitleid, sondern schlägt sich vor Freude über ihr Wehgeschrei auf die Schenkel. Hausmittel wie kalte Umschläge nützen nichts. Die Nasen werden größer und größer und versperren sogar den Weg zum Mund – und zum Lieblingsessen, den Semmelknödeln. Erst ein beherzter Schmied bringt die Sache in Ordnung. Er zieht die Bienenstacheln mit der Zange heraus. »Und das sollen sich alle Kinder merken, denn die Bienen stechen noch alle Tage, und nicht immer ist ein so resolvierter Mann wie der Schmied bei der Hand, der von den Folgen des Naschens helfen kann«, lautet die Quintessenz.

Braun fand die Geschichte wohl komisch. Andere weniger. In den 1870er Jahren musste Busch sich von einem befreundeten Kritiker fragen lassen, warum denn die *Nase* in seinem Werk so viel Schreckliches zu erdulden habe. »Der Unglücksrabe beißt die Tante in die Nase. Die Nase des Sultans wird vom spitzen Säbel durchstochen; dem Lehrer bläst ein ungezogener Bengel mit dem Pusterohr einen Bolzen durch die Nase; der Frosch hüpft auf Onkel Noltes Nase; Helenes Nase wird in das glühend heiße Siegellack getupft. Und das alles verzeichnen Sie mit haarsträubender Sachlichkeit, mit dämonischer Teilnahmslosigkeit, ohne einen Hauch von Nächstenliebe!«[164]

Busch sei nach diesen Worten traurig und nachdenklich geworden. Denn sie kamen von jemandem, den er schätzte, dem Essayisten, Dramatiker und Theaterintendanten Paul Lindau. Er hatte sich mit ihm fotografieren lassen, nächtelang mit ihm diskutiert und getrunken. Auch dessen schöne Frau hatte es ihm angetan. Er war ganz vernarrt in ihre tiefgründigen dunklen Augen. Und nun diese herbe Kritik, dieser Vorwurf gegen seine ganze Persönlichkeit, seinen Charakter. Lindau war jüdischer Herkunft. Das machte die Sache noch heikler. Busch sei ein Sadist, wollte er wohl sagen, bar jener Mitmenschlichkeit und Nächstenliebe, die doch das Merkmal des wahren Christen sei. Busch beendete die Freundschaft ziemlich abrupt und ging erst in seiner Autobiographie auf den Einwand ein, den er inzwischen wohl auch von anderer Seite gehört hatte:

Seine Figuren seien keine realen Menschen, sondern »Phantasiehanseln«, »Konturwesen«, die sich vom Gesetz der Schwere freimachten und Verletzungen und Verbiegungen aller Art aushalten könnten, ohne dass es das Feingefühl des Betrachters verletze. »Man sieht die Sache und schwebt derweil in behaglichem Selbstgefühl über den Leiden der Welt.« In Häme und Schadenfreude also, die nun einmal zu den menschlichen Grundregungen gehörten, besonders, wenn man gemütlich am warmen Ofen sitze und nicht betroffen sei.[165]

Lindau hatte seinen Finger auf einen wunden Punkt gelegt: Wilhelm Busch, der verkappte Sadist. Noch heute schätzen ihn viele so ein, besonders Pädagogen und Psychologen, die dabei allerdings oft übersehen, wie auch bei Grandville gemetzelt, guillotiniert und geschlagen wurde, wie derb und brutal es auf dem Kasperletheater zuging und was die Helden aus Heinrich Hoffmanns berühmtem Bilderbuch »Struwwelpeter« zu erleiden hatten, obwohl doch ihr Schöpfer Psychiater und Kinderarzt war. Ganz von der Hand zu weisen ist der Einwand allerdings nicht. Es wird später noch davon zu sprechen sein.

Im April 1859 bekam Busch die Nachricht, dass seine Schwester Fanny sich verheiraten würde, mit Hermann Nöldeke, dem Pfarrer von Wiedensahl, einem Mann, der fast dreißig Jahre älter war als sie. Er war Witwer und hatte mehrere erwachsene Kinder, eine seltsame Liaison, ziemlich unpassend für die schöne, exotische Fanny. Es fällt schwer, sich gegen den Gedanken zu wehren, dass diese Beziehung etwas Schwüles, Anrüchiges hatte. Denn Nöldeke kannte Fanny schon seit ihrer Kindheit, hatte sie im Katechismus unterrichtet und konfirmiert. Mochte er vielleicht schon die Zwölf- oder Dreizehnjährige etwas zu gern? War er, wie einer seiner Vorgänger, ein »großer Kinderfreund«?

Für die Eltern Busch war die Sache ein gutes Geschäft. Denn Fanny bekam von ihnen keine Aussteuer und keine »Mitgift«.[166] Sie ging mittellos in die Ehe, finanziell völlig abhängig von ihrem Mann, der von der Gemeinde großzügig subventioniert wurde. Das Pfarrhaus war das größte und schönste Gebäude im ganzen Dorf, ein gewaltiges Fachwerkanwesen mit Scheune,

Stallungen, hohen Fenstern, einem schattigen Vorplatz und vielen Zimmern. Zwei kräftige Pferde standen im Stall. Und natürlich gab es auch Knechte und Mägde, denn es waren vierzig Morgen Land zu bestellen, dazu ein großer Obst- und Gemüsegarten gleich neben dem Kirchhof, auf dem Annas Grab lag.

Busch fuhr nicht zur Hochzeit, sondern zeichnete einen Beitrag für Kaspar Braun nach dem anderen. Um die zwanzig waren es gegen Ende des Jahres 1859, ein Kreativitätsrausch, der ihn endlich finanziell frei machte. Keine Schulden mehr. Keine Bittbriefe an Verwandte. Wovon er überhaupt all die Münchener Jahre gelebt hat, ist ein Rätsel. Von seinem Vater wohl nicht mehr. Vielleicht von heimlichen Geldsendungen seiner Mutter, die hinter dem Rücken ihres Mannes Eier verkaufte und den Erlös ihrem Sorgenkind zukommen ließ?

In dieser Zeit scheint zum ersten Mal eine Frau in sein Leben getreten zu sein. Vielleicht eine Reaktion auf die Hochzeit von Fanny, deren Bild ihn jahrelang so verfolgt hatte, dass er sie wie unter Zwang immer wieder malen musste. Seine Freunde haben wohl nicht bemerkt, dass sich etwas verändert hatte, sondern glaubten weiter an den notorischen Junggesellen ohne Intimleben. Aber in seinen Skizzen findet sich eine Selbstkarikatur, mit der handschriftlichen Widmung: »Der Vielgeliebten in Ammerland zur freundlichen Erinnerung«.

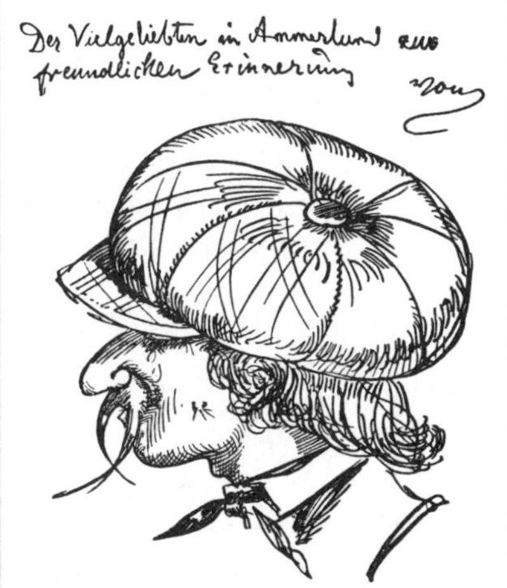

Abb. 20: Selbstkarikatur[167]

Wer war diese Frau? Ein großes Rätsel. In Ammerland hatte Graf Pocci seinen Besitz. War sie vielleicht eine Magd, eine Bauerntochter, eine Kellnerin, war sie verheiratet und eigentlich nicht mehr zu haben? Jedenfalls war er wohl nicht der Eiszapfen, für den seine Freunde ihn hielten, auch wenn er mit ihnen nie über »Liebe« und »Frauen« sprach. Für die »Kneipzeitung« des Künstlervereins verfasste er ein Gedicht – das berühmte »Klagelied eines Junggesellen« –, aus dem ziemlich deutlich wird, dass auch der angebliche Hagestolz Wilhelm Busch Sehnsucht nach der Nähe einer Frau hatte:

Mir fehlt etwas, mir ist nicht recht,
Doch wüßt' ich wohl, was ich wohl möcht'
Ich möchte was und weiß warum,
Das geht mir so im Kopf herum.

Heut' sprangen mir von meiner Hos'
Schon wieder mal zwei Knöpfe los;
Da setzt' ich mich und näht' herum
Wohl eine Stund, bis ich ganz krumm,

Bin dann zu Probsten hingerennt,
Zu schlürfen, was man Kaffee nennt,
Da fühlt' ich wieder mal so recht
Daß mir was fehlt, was ich wohl möcht'.

Ein Gast, ein traurig schmerzensvoller,
Saß ich zu Mittag dann beim Koller.
Die Serviette war beschmutzt,
Die Gabel war nicht abgeputzt,
Kurzum, ich fühlte da so recht,
Daß mir was fehlt, was ich wohl möcht'.

Und abends in der Dämmerfrist,
Wenn man so ganz alleinig ist,
Da möcht' ich wohl so dann und wann
Etwas zu titscheln-tatscheln ha'n.
Jedoch – da fühlte ich so recht,
Daß mir was fehlt, was ich wohl möcht'.

Was soll der Mensch des Abends tun?
Ich denk', zum Kappler geh' ich nun;
Da sitz' ich so bei meinem Bier

Als wie ein rechtes Murmeltier
Und fühle wieder mal so recht,
Daß mir was fehlt, was ich wohl möcht'.

Nun tönt die Glocke zwölf vom Turm,
Ich muß nach Haus, ich armes Wurm.
Es fällt der Schnee, der Wind geht kühl,
Daß ich's durch Hemd und Hosen fühl',
Und komm' ich endlich dann nach Haus
Und zieh mich zähneklappernd aus
Und steig ins Bett – so fühl ich recht,
Daß mir was fehlt, was ich wohl möcht'.[168]

Es war schwer, in München etwas zu titscheln und zu tatscheln zu finden, denn seine Zimmervermieterinnen wachten wie strenge Mütter über ihn. Trank er auch nicht zu viel? Zahlte er pünktlich die Miete? Kam er vor oder nach Mitternacht nach Hause? Polterte er nicht zu laut auf der Treppe? Sah er auch ordentlich aus? Machte er keine Brandflecken mit seiner Pfeife? Ob arm oder reich, jung oder alt: Sie waren alle dieselbe Sorte von Hausdrachen. Und »Damenbesuch« duldete keine von ihnen. Nein, das Dasein eines möblierten Herrn, das er nun schon seit so vielen Jahren führte, war wirklich nicht angenehm. Er hat es oft in Geschichten und Gedichten beschrieben.

Oberbayern dagegen bedeutete Freiheit, Natur, Zeichnen und Malen, Titscheln und Tatscheln, Fischessen am See, Besuche auf dem Schloss seines Freundes Ernst Hanfstaengl, dessen Vater ein Pionier der Fotografie war und sämtliche Wittelsbacher und die Spitzen der Kunst und Gesellschaft in seinem Studio porträtiert hatte. Den ganzen Juni und Juli lang blieb Wilhelm Busch dieses Jahr, und er ging auch nach Andechs auf den heiligen Berg, von dem ihm seine Freunde schon viel erzählt hatten.

Es war wie eine Expedition in ein fremdes Land. Alles stand im Zeichen der Wallfahrt, ein Begriff aus einer anderen Welt. Denn Protestanten kannten diesen Begriff nicht, pilgerten nirgendwohin, verehrten weder Reliquien noch Heilige. Und nun befand er sich plötzlich unter Hunderten von Pilgern, die im

Sommer auf diesen heiligen Berg wanderten, Metzger- und Schusterzünfte, Bruder- und Schwesternschaften, Fahnenträger, Schützenkapellen und Militärmusik. Sie spielten laut und schrill zum Lob Gottes, während die Frauen in bayrischem Unisono die Gesätze des Rosenkranzes murmelten:

»Gegrüßet seist du Maria, der Herr ist mit dir,
du bist gebenedeit unter den Weibern,
und gebenedeit ist die Frucht deines Leibes, Jesus ...«

Die Wege waren staubig und schlecht, oft nur grob in den Acker gehauen. Deshalb hoben die Frauen ihre Rocksäume hoch, was den Blick auf Hunderte von Waden freigab, nackte und bestrumpfte, dünne und dicke, alte und junge. »Wie voller Sexualität ... steckt doch diese Religion!«, schrieb ein anderer protestantischer Autor, Oskar Panizza. »Und wie begreiflich, daß die Weiber so zäh an ihr halten! ... Hier können sie ihre geheimen Bettgeschichten ... auf der Landstraße laut herausplärren.«[169]

Endlich sah Busch das Kloster mit der schönen Rokokokirche vor sich liegen. Wie eine Fata Morgana erhob es sich auf dem 700 Meter hohen Berg aus dem fast ebenen Umland. Katholische Freunde hatten ihm erzählt, dass die seltsamsten Reliquien darin aufbewahrt würden: ein Stück von der Kinnlade des heiligen Vitus, ein Zahn der heiligen Serena, eine Rippe der Heiligen Jungfrau, das Brustkreuz der heiligen Elisabeth. Die Existenz so vieler Heiliger kam ihm befremdlich vor. Gab es das wirklich? Einen sterblichen Menschen »ohne Sünde«?[170]

In der Kirche selbst herrschte unbeschreibliche Pracht: Decken- und Wandgemälde, Gold und Marmor, nackte Putten in Scharen, die Heilige Familie in Rot und Kornblumenblau, Votivbilder, Kerzen und Schnitzereien, Weihrauchgeruch, leises Gemurmel. Draußen aber, auf dem Vorplatz, war Volksfeststimmung. Die Pilger drängten sich an den vielen Buden, in denen Andechser Schnaps, Andechser Kräuterarznei und Andechser Heiligenbilder verkauft wurden, Gebetbücher, Rosenkränze und bunte Bücher über Leben und Leiden der Heiligen. Und vom Kirchplatz war es nicht weit zur hauseigenen Schenke, deren Besuch sich auch Wilhelm Busch nicht versagte, denn dort gab es das köstliche Andechser Bier …

> Welches schon seit langer Zeit
> In des Klosters Einsamkeit
> Ernstbesonnen, stillvertraut,
> Bruder Jakob öfters braut.

… dichtete er später in der »Frommen Helene«, in der Kloster Andechs mit Rücksicht auf die Zensur nach Frankreich verlegt und »Chosemont de bon secour« genannt wird, ein Phantasiename.

Abb. 21: Pilger und Pilgerin aus der »Frommen Helene«

Der »innige« Blick zwischen »Pilgerin und Pilgersmann« lässt keinen Zweifel daran, was nun folgen wird, das Titscheln und Tatscheln, »das Eine«, weshalb Andechs bei Frauen mit unerfülltem Kinderwunsch so beliebt war, auch bei der frommen Helene, die den Berg zusammen mit ihrem Vetter Franz bestiegen hatte und neun Monate später wie durch ein Wunder Zwillinge bekam. In lauen Sommernächten war auf dem Berg einiges los, wie auch Panizza leicht indigniert feststellte. Wilhelm Busch erlebte es wahrscheinlich genauso.

> »Als ich spät den Weg ins Tal hinabging, hörte ich überall im Laube flüstern. Ich glaubte, Eidechsen schlüpften durchs junge Gras. Es waren aber lüstige Pilgersleute, die sich hier goutierten. Sie trieben unbefleckte Empfängnis im Sinne der katholischen Kirche. Es gilt als Regel unter den Wallfahrern, daß das, was in der Bannmeile des Klosters und nach erhaltener Indulgenz geschieht, ... nicht als Sünde zu betrachten sei ... Der ganze Wald seufzte und girrte.«[171]

1859 erschien Charles Darwins »Über die Entstehung der Arten«, die Busch angeblich schon 1854 gelesen haben will. Noch gab es keine deutsche Bearbeitung. Aber das, was die Zeitungen darüber brachten, regte ihn zu vielen neuen Bildergeschichten an: dass Darwin die ganze Schöpfungsgeschichte auf den Kopf stelle, dass er behaupte, der Mensch stamme nicht von Gott, sondern vom Affen ab – für Wilhelm Busch eine köstliche Vorstellung, denn der Affe war das Lieblingstier aller Satiriker und Karikaturisten. Schnell setzte er sich hin und entwarf einen »na-

Abb. 22: Tierzeichnung aus dem »Naturgeschichtlichen Alphabet«

turgeschichtlichen« Text, eine Geschichte ganz im lapidaren Sprach- und Zeichenstil Franz Graf von Poccis:

> »Der Affe ist der Mensch unter den Tieren und deshalb meist ein Pavian. Er hat vier Hände und ist deshalb sehr geeignet für musikalische Gesellschaften … Das Schwein … ist jenes Tier, welches sich an jenen Orten aufhält, wo sich bloß ein Schwein aufhalten kann. Mit Kreen genossen ist es eine Lieblingswurst der Frankfurter … Auch wird es als Vorwurf für Kinder, welche sich nicht waschen wollen, benützt … Der Bär ist jenes Tier, aus welchem die Grenadiermützen gemacht wurden; da jetzt die Grenadiere aufhören, so werden aus den überflüssigen Mützen wieder Bären gemacht … Es gibt eine Menge Gattungen von Bären, am unschädlichsten sind die Stachelbären, welche sich von den kleinsten Kindern angreifen lassen. … Die Giraffe ist, wie man aus der Farbe, der Gestalt und allem andern leicht erkennen kann, nichts anderes als eine Mißgeburt des Meerschweinchens … Dem Stier … stehen, wenn er als Kalb geboren, drei sichere Laufbahnen vor Augen. Erstens: als weibliche Kuh bei der Kaffeeverschlechterung mitzuwirken, zweitens: als männlicher Stier … auf die Weide geprügelt zu werden, oder endlich … als sächlicher Ochse dem … Beefsteak-Tode entgegenzugehen.«[172]

Die Blätter mit den Beiträgen von Wilhelm Busch verkauften sich gut. Es gab viele Leser, die sich die »Bilderbogen« hauptsächlich wegen seiner Karikaturen zulegten. Auch andere Verleger wurden auf ihn aufmerksam und bedrängten ihn mit Anfragen. Braun war zufrieden mit seinem neuen Star. Und Busch selbst konnte sich jetzt endlich wieder zu Hause blicken lassen und seinem Vater gerade ins Gesicht sehen. Nach fast fünfjähriger Pause wagte er sich Weihnachten 1859 wieder nach Wiedensahl und bezog sein vertrautes Dachstübchen, wo er über neue Themen und neue Projekte nachdachte.

6 ZWEI FREUNDE, DIE FRAUEN UND DER VERSUCH MIT DER OPER

Wie im Düsseldorfer »Malkasten« wurden auch im Künstlerverein »Jung-München« Komödien auf die Bühne gebracht, deren Text, Inszenierung und Ausstattung von den Künstlern selbst stammten. Otto Stöger, der »kleine Maler mit der großen Mappe«, hatte ein Stück mit dem Titel »Das gebackene Herz« geschrieben, eine Posse um den spanischen Maler Murillo und einen seiner Schüler; und nun hatte auch Wilhelm Busch Lust auf die Bühne bekommen, denn sie hatte ihn von Kindheit an fasziniert, besonders in ihrer volkstümlichen Variante als Marionetten- , Bauern- oder Kasperletheater.

Er war in diesen frühen 1860er Jahren mit einem Komponisten befreundet, der Georg Kremplsetzer hieß. Das war keine parodistische Erfindung, sondern sein richtiger Name. 1827 im niederbayrischen Vilsbiburg geboren, hatte er seine Familie verlassen und die gut florierende Tuchfabrik seines Vaters aufgegeben, um in München Musik zu studieren. Er hatte das Zeug zu einem tüchtigen Opernkomponisten, einem Komponisten vom Rang eines Lortzing.[173] Aber sein Name und der Ort seiner Herkunft lasteten auf ihm wie ein Fluch. Der Kremplsetzer aus Vilsbiburg. Das klang einfach zu komisch. Offenbar sah er auch ziemlich unvorteilhaft aus. Busch hat ihn einmal gnadenlos karikiert, wie er dick und breitbeinig am Klavier sitzt, auf der Glatze eine Art Mönchskappe, die kleinen Wurstfinger geziert von der Tastatur abgehoben.

Wilhelm Busch hat bis 1863 drei größere Bühnenarbeiten geschrieben, die heute alle so gut wie vergessen sind: »Liebestreu und Grausamkeit – eine romantische Oper in drei Akten«[175], »Hansel und Gretel«[176] und »Der Vetter auf Besuch«[177], eine Art Opera buffa. Für die beiden letzten lieferte Kremplsetzer die Musik. Sein Anteil am ersten Stück ist nicht ganz klar. Auf dem Theaterzettel erscheint als Komponist ein gewisser »Motzho-

Abb. 23: Georg Kremplsetzer[174] (Karikatur von Wilhelm Busch)

ven«, eine Zusammenziehung aus »Mozart« und »Beethoven«, was vielleicht schon das Komischste an diesem ganzen Werk ist, diesem eher lahmen Schmäh auf die deutsche Ritter- und Burgenromantik mit einigen Zitaten aus der »Zauberflöte« und »Fidelio«.

Von ganz anderer Qualität ist das Singspiel »Hansel[178] und Gretel«, das mehr als dreißig Jahre vor der berühmten Humperdinck-Oper entstanden ist. Busch nimmt hier eine Idee auf, die er noch aus seinen Düsseldorfer Zeiten kannte: die der festlich-parodistischen Märchenbearbeitung für Erwachsene. Das Stück ist keineswegs, wie ein Biograph suggeriert, »Produkt einer flüchtigen Bierlaune«[179], sondern war für eine große Aufführrung im Konzerthaus Odeon bestimmt, die im Februar 1862 stattfinden würde.

Wilhelm Busch ändert die Vorlage der Brüder Grimm, indem er die Kinder freiwillig in den Wald gehen lässt, weil sie von den Schlägen und Wassersuppen ihrer bösen Stiefmutter genug haben. Er wollte wohl *starke* Kinder zeigen, Kinder, die sich gegen die Erwachsenen zur Wehr setzen und ihr Schicksal selbst in die Hand nehmen – eine Umkehrung des Traumas seiner eigenen »Verschickung« zum Onkel in einen Akt bewusster Entscheidung? Bei Einbruch der Dunkelheit singt Gretel die wunderschöne Ballade vom Wassermann, die sie von einer »alten Muhme« gelernt hat:

> Die Nacht bricht an, der Mond scheint bleich;
> Lieb Kind, lieb Kind! Geh nicht an den Teich!
> Der Wassermann in Rohr und Sumpf,
> Der sang so hohl, der sang so dumpf.
> Bald naht der Knabe, bald schlägt die Stund,
> Dann zieh ich ihn nieder in tiefen Grund!
> Der Knabe, wohl hört er das warnende Wort.
> Doch heimlich, da zieht's ihn zum Teiche fort;
> Haha! Da lachte der Wassermann,
> Und faßt ihn mit froschkalten Händen an.
> …
> Mir wird so schwer, mir wird so bang!
> Lieb Kind, lieb Kind, wo bleibst du so lang?
> Das Wasser, das ist von Blut so rot.
> O weh! Mein einzig lieb Kind ist tot!
> …

Leider ist die Musik von Kremplsetzer nicht erhalten. Die Partitur ist verschollen, vielleicht ein Kriegsverlust wie so viele Werke dieses Komponisten, gegen den sich ein »böser Weltgeist« verschworen zu haben scheint.[180]

Die Gesangspartien wurden von guten Amateuren gesungen. Einige Mitglieder des Künstlervereins hatten ausgebildete Stimmen, so zum Beispiel Buschs späterer Freund und Verleger Otto Bassermann, der ein beachtlicher Schumann-Interpret war. Busch, selbst musikalischer Laie, äußerte sich nur selten über die Qualität von Kremplsetzers Musik. Aber einmal sagte er immerhin, dass seine Arien, Chöre und Lieder »größtenteils wirklich außerordentlich schön« seien. Er sei sich sicher, Kremplsetzer werde als Komponist seinen Weg machen.[181] Leider sollte er sich täuschen.

Im Text der Ballade klingen Vorbilder wie Goethe oder Annette von Droste-Hülshoff an. Man fühlt sich stark an den »Erlkönig« oder den »Knaben im Moor« erinnert. Doch bevor das Unheimliche überhandnimmt, wechselt Busch schnell wieder in die Parodie und führt den Menschenfresser ein, »einen dicken Gourmand«, den langjährigen Ehemann einer Hexe namens Urschel. Der reibt sich stöhnend den gewaltigen Bauch und klagt, dass der Arzt ihn auf Sport und Diät gesetzt habe. In seiner Ehe mit der Hexe geht es wie in jeder bürgerlichen Ehe zu, also ziemlich komisch. *Er* mahnt sie, an ihren Rheumatismus zu denken. *Sie* weigert sich, ihm die Wärmflasche zu bringen. Aber in der Vorfreude auf die gebratenen Kinder versöhnen sie sich und singen:

Was stimmt uns die Seele
So gut und so mild?
Das ist der Braten
Von Soße umhüllt.

Abb. 24: Hänsel und Gretel aus den »Bilderpossen«

Als der Menschenfresser bemerkt, dass die Kinder seine alte Urschel verbrannt haben, überkommt ihn die blinde Wut. Er wetzt sein Messer und will sie schlachten. Doch bevor er ihnen etwas antun kann, naht wie im Kasperletheater die Polizei und nimmt ihn gefangen. Und zum Schluss heiratet Gretel einen Prinzen, dargestellt von Ernst Hanfstaengl, mit dem sie auf ein glänzendes Schloss am »grünen Rhein« zieht.

In diesem Stück wird kein Bauch aufgeschnitten und kein Kind von einer Hexe verspeist. Kein Fett und kein Blut trieft. Die Magie der bösen, verschlingenden Mutter scheint gebrochen. Aber sie wäre hier auch ziemlich unpassend gewesen. Denn für die festliche Aufführung im Odeon hatten sich die Spitzen der Münchener Gesellschaft und die »schönsten Mädchen der Stadt« angesagt.[182] Wilhelm Busch *musste* also Kompromisse eingehen. Und das passte ihm gar nicht. Schon bei der Probenarbeit gab es jede Menge Streit mit den Künstlerkollegen, ob über den Inhalt oder die Inszenierung, wird von Busch nicht präzisiert. »Ich habe bei dieser ganzen Operngeschichte schon so viel Ärger und Verdruß gehabt«, schreibt er an Bassermann. »Seit zwei Monaten habe ich dieses ganzen Schwindels wegen nichts gearbeitet. Zeit, Geld und ruhiger Schlaf sind zum Teufel.«[183]

Er war, das zeigte sich deutlich, kein Mann des *Teamworks*, wie ihn die Arbeit für das Theater verlangt, sondern ein einsamer Kämpfer, der sich schlecht auf andere einstellen konnte. Nach der Aufführung, die unter extrem ungünstigen Bedingungen stattfand – das Publikum musste im überfüllten Konzerthaus fast eine Stunde lang stehen und schwitzen –, war jeder mit jedem verfeindet. »Langverhaltener Groll« habe sich in »so harten Worten« Luft gemacht, dass sie wohl nie wieder vergessen würden, schreibt Busch an Bassermann. »Doch genug über dieses widerliche Thema!«[184]

Erstaunlich, dass er sich noch einer dritten Theaterarbeit zuwandte, »Der Vetter auf Besuch«, ein zur Aufführung im Cuvilliés-Theater bestimmtes Singspiel. Das Libretto handelt von einem jungen Mann, der nach längeren Studien in der Stadt seine Ferien in einer Mühle auf dem Land verbringt und dort reichlich unbeholfen um seine »Base« wirbt, die ihm nach vielem Hin und Her endlich ihr Ja gibt. Hinter dem Helden steht natürlich Wilhelm Busch selbst. Hinter der »Base« Henriette Ebhardt, seine alte Briefpartnerin, die sich im Sommer 1860 verheiratet hatte. Zu seinem großen Kummer übrigens. Als er davon hörte, war er tagelang tief deprimiert und apathisch.[185] Es fließt aber auch die Figur einer anderen Frau ein, Emilie Kramer, eine Kusine seines Freundes Erich Bachmann aus Ebergötzen, mit der Wilhelm Busch schon seit seiner Kindheit bekannt war. Daher auch die Arie des Helden, in der es heißt:

> Sei gegrüßt, du liebe Mühle!
> Rausche nur, du kühler Bach!
> Längst vergessene Gefühle
> Rufst du in der Seele wach.
>
> Draußen blüht der alte Flieder
> Und ich träume mich zurück,
> Und mir ist's, als säh ich wieder
> In Nannettens Kinderblick.

Solche Einlagen passen nicht in die Stimmung dieser Opera buffa, deren Protagonisten wie wild durcheinanderpurzeln, sich verwechseln, verhauen, verlieben, zerstreiten und mit Mehl bestäuben, bis sich der Vorhang über ein harmloses *Happy End* senkt. Denn in Arien wie dieser spricht ein ernsthafter, hochpoetischer Busch, ein »lyrisches Ich«. Hier spricht vor allem der bitter Enttäuschte, dessen Liebeswerben immer wieder zurückgewiesen wurde, von Henriette Ebhardt wie von Emilie Kramer, der er zu »schrullenhaft« war.[186] So war diese Oper merkwürdig unausgegoren, irgendwo zwischen Burleske und Autobiographie stehend. Und der arme Kremplsetzer musste diese Brüche durch Musik »überspielen« und glätten, was natürlich nicht gelang, nicht gelingen *konnte,* obwohl die guten »melodischen Einfälle« und die »saubere Ausarbeitung der Partitur … den Vergleich mit den besten Arbeiten Lortzings und Nicolais nicht zu scheuen« brauchten.[187]

Diesmal hatte sich Wilhelm Busch schon während der Proben nach Wiedensahl »in die tiefe, warme Hauseinsamkeit« zurückgezogen, um den Ärger um die Inszenierung nicht noch einmal erleben zu müssen: »Wie wohl tut es doch, umgeben von wenigen freundlich gesinnten Menschen so Stunden und Tage in gleichmäßigem Wellenschlage dahin fließen zu sehen, während in bläulich wehendem Dampfe unser innerstes Gemüt ... sich wieder klärt und beruhigt«[188], schreibt er an Bassermann. Nicht einmal zur Premiere fuhr er nach München. Er *wollte* die Reaktion auf sein Stück gar nicht sehen. Dabei wurde es doch im gleichen Theater gespielt, in dem schon Mozarts »Idomeneo« uraufgeführt worden war, einer Perle der Rokoko-Architektur, ganz in Weiß, Rot und Gold gehalten, mit reich verzierten Logen auf vier Stockwerken, deren Decken von Atlanten und Karyatiden getragen wurden.

Statt Busch ging Bassermann, der Musikkenner. Und berichtete kritisch. Inszenierung, Aufführung, Dekoration, Resonanz: Alles scheint mäßig gewesen zu sein. Er war traurig und unzufrieden, schämte sich ein bisschen für seinen Freund und riet ihm, künftig ernsthafter an seinen Libretti zu arbeiten. – Busch nahm die Sache scheinbar gelassen. »Die bedenklich-ernste Miene, mit der du über den ›Vetter‹ Bericht erstattest, konnte ich nicht ohne leichtes Lächeln mit ansehen.« Doch dann lässt er eine wahre Tirade folgen, ein jähzorniges Stück Text über Opern und Opernlibretti, über Sänger, Komponisten und das ganze Opernhausunwesen, das er in Bausch und Bogen verdammt und von dem er sich von nun an für immer verabschiedete:

»Der Komponist teilt sich seine ›Nummern‹ ein; manches, was musikalisch gedacht war, läßt er stehen, oder umgekehrt; kurz, man muß das parlando jedenfalls am Ende hineinflicken, so gut es geht; aber auch das habe ich versäumt; ich habe das Ding nicht wieder in die Hand nehmen mögen, weil es mir zuwider war. ... Mich, wie du sagst, gerade hier zur ›Höhe der Selbständigkeit‹ zu erheben, war nie meine Absicht, wenn ich's auch gekonnt hätte. Das wäre so gut wie ein hölzernes Eisen. Welcher Sänger gibt sich denn die Mühe, so etwas nur einigermaßen zu sprechen? Da heißt's: entweder Drama oder Operntext. ... Und somit leg ich denn die Schnurre getrost zu den Toten und wasche meine Hände in Unschuld, so viel das überhaupt möglich ist, wenn man einmal in die Sünde eines Operntextes verfallen ist.«[189]

Dem armen Kremplsetzer schrieb er einen groben Brief und machte ihn für das Scheitern der ganzen Sache verantwortlich. Dabei muss er sich wohl gewaltig im Ton vergriffen haben. Denn Bassermann war entsetzt, als er davon hörte. Diese Seite an Busch war ihm neu. Er wusste nicht, wie unversöhnlich dieser sanfte und stille Mann sein konnte, wie leicht er eine kleine Verstimmung zum Anlass nahm, mit guten Freunden für immer zu brechen. Das Stück wurde noch mehrmals in München aufgeführt. Allerdings zog Busch seinen Namen als Autor zurück. Es hieß nun nur noch »Singspiel von Georg Kremplsetzer«. Busch hat Kremplsetzer nie wiedergesehen. Nach einigen Anfangserfolgen in München nahm der Komponist eine Kapellmeisterstelle in der Provinz an, die er im Krieg von 1870/71 verlor. Krank und resigniert kehrte er zu seiner Familie nach Vilsbiburg zurück, wo er 1871 mit erst 44 Jahren starb.

Wilhelm Busch hatte Otto Bassermann 1857 im Künstlerverein kennengelernt und sich schnell und intensiv mit ihm angefreundet. Bassermann, 1839 in Mannheim geboren, war sieben Jahre jünger als er. *Zu* jung für eine gleichberechtigte Freundschaft, könnte man meinen. Aber er hatte seine Jugend wohl schon vor Jahren verloren, als sich sein Vater mit erst vierundvierzig erschossen hatte, im Morgengrauen nach der goldenen Hochzeit der Großeltern.[190] »Mit sechzehn Jahren schon des Vaters beraubt und in die Welt hinaus gestellt, schloss ich mich mit Begeisterung dem älteren Freunde an«, schreibt er in seinen Erinnerungen.[191] Bassermann wirkte immer ein bisschen traurig, blass und schmal, mit dunklen, tiefgründigen Augen und leicht hängendem Schnäuzer. Er war wie Busch sehr oft krank. Vielleicht hatte er Heimweh. Denn nach dem plötzlichen Selbstmord des Vaters hatte man ihn von seiner Mutter und seinen vier Geschwistern getrennt und in eine Buchhändlerlehre nach München geschickt. Er war gebildet, konnte sich gut und präzise ausdrücken, war ein begabter Briefschreiber und ein guter Sän-

Abb. 25: Wilhelm Busch und Otto Bassermann

ger, besonders von Schumann-Liedern, die er Busch immer wieder vorsingen musste. Lieber wäre er wohl Schriftsteller oder Musiker geworden. Aber nach seinen Neigungen wurde er nicht gefragt. Er *hatte* das väterliche Geschäft zu übernehmen, den Verlag der liberalen »Deutschen Zeitung«, in dem Werke von Börne und Auerbach erschienen waren, eine Geschichte der abendländischen Philosophie, ein Standardwerk über die arabischen Kalifen, ein hebräisches Wörterbuch und die Gedichte des durch ganz Deutschland gejagten Hoffmann von Fallersleben.

Busch und Bassermann haben oft über Bassermanns Vater gesprochen, der wie der alte Busch einmal mit einem Kramladen angefangen hatte, in dem er Kräuter, Wurzeln, Gifte und Farben verkaufte, Kolonialwaren, Südfrüchte und französische Weine.

Er kalkulierte umsichtig, war ein großer Kunstfreund, spielte im Mannheimer Musikverein Flöte. Kurz nach der Geburt seines Sohnes Otto war er als liberales Mitglied des badischen Landtags in die Politik gegangen. Als Kaufmann und Kapitalist war er dezidiert gegen die Theorien von Marx, stimmte ihm aber darin zu, dass »die Arbeiter … immer mehr die Leibeigenen großer Unternehmer« würden. Wer die »schreckens- und umwälzungsschwangere« Idee des Kommunismus abwenden wolle, müsse den Arbeitern *mehr* Lohn zahlen, nicht weniger.[192]

Sein Verlag, den er 1843 gründete, war ein Forum seiner politischen Anschauungen. Dazu gehörte auch die Idee religiöser Toleranz. Er war selbst Protestant. Aber er verlegte viele jüdische Autoren und stand der Bewegung von Johannes Ronge nahe, der eine Ökumene aus Juden, Katholiken und Protestanten anstrebte. Im März 1848 wurde er Vertrauensmann seiner badischen Landsleute in der Frankfurter Paulskirche, wo er sich als brillanter Redner einen großen Namen machte. Vielen war er damals allerdings nicht radikal genug. Denn er wollte keine Revolution, sondern Versöhnung, keinen Umsturz des Ständesystems, sondern eine konstitutionelle Monarchie unter Führung Preußens. Als er 1849 nach Berlin fuhr, um den König zur Annahme der Kaiserkrone zu bewegen, war er wahrscheinlich schon psychisch krank. Er sah überall finstere Gestalten, Schergen des Sozialismus und der Revolution, die Berlin in die Luft sprengen wollten. Das geflügelte Wort von der »Bassermann'schen Gestalt« machte die Runde. Die Demokraten in der Nationalversammlung lachten ihn aus und beschimpften ihn als »Pfeffersack« und »Bourgeois«. Sechs Jahre später brachte er sich um. Sein Sohn Otto war damals sechzehn.

Wilhelm Buschs Briefwechsel mit dem »lieben Bassermann«, den er später »lieber Otto«, »lieber Freund« oder gar »liebster Freund« nannte, beginnt im Mai 1860 und erstreckt sich fast nahtlos bis zum 29. März 1907. Bassermann bezeichnet »diese Bekanntschaft, aus der bald innige Freundschaft wurde«, als das »folgenreichste Ereignis« seines ganzen Lebens.[193] Als besonders denkwürdig behielt er die Ferienwochen in Erinnerung, die sie im Sommer 1859 in Bayern verbrachten. Er selbst litt zu dieser Zeit an einer Augenkrankheit. Aber »Busch, damals ziemlich mittellos, hatte eingewilligt, mich, dem Lesen und Schreiben verboten war, als Vorleser und Sekretär zu begleiten. Er hat nicht nur dieses Amt getreulich verwaltet, sondern übte auch auf meinen ... hypochondrisch-melancholischen Zustand ... einen ungemein günstigen, gleichermaßen mildernden wie anregenden Einfluß aus. Er hat sich mir während dieser gemeinschaftlichen Wanderungen als wahrer Freund, ja brüderlich sorgend und schonend erwiesen, so daß ich neben der geistigen Anregung die Kenntnis seiner vorzüglichen Herzens-Eigenschaften empfing.«[194]

In München trafen sie sich beinahe jeden Abend im Künstlerverein. Tagsüber kam Busch oft zu Bassermann ins Geschäft, die Cotta'sche Buchhandlung, und entführte ihn zu längeren Spaziergängen. »Wir waren eigentlich unzertrennlich«, erinnert sich Bassermann. Auch Ernst Hanfstaengl, der Maler und Fotograf, sei manchmal dabei gewesen. Aber einen »entschieden erzieherischen Einfluß« habe nur Busch auf ihn ausgeübt. »War er doch eigentlich der erste Mensch, der mich zum Denken über abstrakte Dinge anregte, der mit mir die ernstesten Probleme besprach.«[195]

Wenn Wilhelm Busch zu seinen Eltern nach Wiedensahl fuhr oder Bassermann zu seiner Familie nach Mannheim, schrieben sie sich lange Briefe, deren Ton ernsthaft, offen und herzlich ist. Busch schreibt über alles, was ihn gerade bewegt: seine Gesundheit, die Vorgänge im Künstlerverein, seine politischen Ansichten, die Natur in Wiedensahl, Klatsch- und Tratschgeschichten, seine Kunst, den Stand seiner Arbeit und manchmal auch über Frauen. Es war die Zeit, in der der Künstlerverein sich langsam aufzulösen begann. Nicht nur wegen der vielen internen Streitigkeiten, die sich an der Inszenierung von Buschs Theaterstücken entzündet hatten, sondern weil fast alle Mitglieder in ein Alter gekommen waren, in dem sie sich verlobten oder verheirateten – William Unger, Ernst Hanfstaengl, Theodor Pixis und viele mehr. Auch Bassermann schien schon in festen Händen zu sein, eine Vorstellung, die Wilhelm Busch große Angst machte. Er warnte ihn eindringlich vor der Institution der

Ehe, dem »allzu frühe(n) Philistertum« und dem »verdrießlichen Ernst der Liebe«.[196] Weibliche Schönheit sei doch allzu vergänglich. Erst neulich sei ihm die junge Frau eines Künstlerkollegen begegnet, »fatal mitgenommen« und »abgeschabt« aussehend wie ein alter Schmetterling. Und dafür sollte man nun seine goldene Freiheit aufgeben?

Übrigens: Wo war eigentlich die »Vielgeliebte«? Fuhr Wilhelm Busch immer noch nach Ammerland? Tat er immer noch mit ihr das *Eine*? Wahrscheinlich nicht. Auch Bassermann wusste nichts Näheres darüber. Zwar machte Busch im Sommer 1860 noch einmal eine lange Wanderung durch Bayern, auf der ihn ein Künstlerkollege, Josef Krinner, begleitete. Aber von Frauen ist nicht die Rede.

Seine Bildergeschichten bekommen jetzt etwas auffallend Frauenfeindliches, das bei aller Sympathie kaum noch »komisch« zu nennen ist: Der Chefin einer ungarischen Räuberbande wird der Kopf abgeschlagen[197], das Modell des spanischen Malers Pedrillo wird von einem Bleistift durchstochen[198], und eine junge Frau namens Kolbe fällt bei der Küchenarbeit in ein riesiges Messer, das ihr den Oberkörper genau zwischen den Brüsten durchbohrt.[199]

Diese Geschichte hat auch männliche Busch-Forscher sehr irritiert, nicht nur in neuerer Zeit. Ein deutscher Kunsthistoriker sprach schon 1932 von »schneidender Kälte in Inhalt und Form«. Man könne über Bildergeschichten wie diese eigentlich nicht lachen, sondern spüre nur »den Ekel«, mit dem der Dreißigjährige die Welt betrachte.[200] Und ein Feuilletonist von heute bemerkte kürzlich, dass sie etwas »äußerst Brutales« habe und sich nur wie ein »potenzierter Schauerroman« lesen lasse, in dem einer nach dem anderen eines absurden Todes sterbe.[201]

Inhaltlich geht es in dieser Ballade über das »Traurige Resultat einer verfehlten Erziehung« um Folgendes: Fritzchen, einziges Kind seiner privatisierenden Eltern, der Kolbes, provoziert, sich selbst überlassen, einen Schneider, dem er immer wieder ein spöttisches »Meck, meck, meck« hinterherruft. Der Schneider leidet sehr unter dieser Kränkung. Eines Tages greift er in einer Art Kurzschlussreaktion zu seiner riesigen Schere und schnei-

Abb. 26: Fritzchens Mutter im Küchenmesser

det Fritzchen den Kopf ab. Seine Kleidung, einen karierten Clownsanzug, konfisziert er. Das geköpfte Kind wirft er ins Wasser, wo es von einem großen Karpfen verschluckt wird. Als ein jüdischer Tandler zu ihm kommt, um seine Hose ausbessern zu lassen, verwendet der Schneider den karierten Stoff als Flickmaterial für die Gesäßgegend. Nichtsahnend geht der Jude in seiner »neuen Hose« spazieren, was dazu führt, dass man ihn für den Mörder des kleinen Fritzchen hält. Im nächsten Bild sieht man ihn schon am Galgen baumeln. Währenddessen landet der Karpfen auf dem Küchentisch von Frau Kolbe. Als sie ihm den Bauch öffnet, findet sie darin ihr Fritzchen wieder, ohne Kopf, aber unverkennbar. Sie fällt vor Schreck in ein riesiges Küchenmesser, das ihren Oberkörper wie ein Phallus durchbohrt. Noch im Tod lächelt sie selig wie bei einem Orgasmus. »Fritzchen, war ihr letzter Hauch.« Nun betritt Fritzchens Vater, Herr Kolbe, die Szene, sieht die Leichen seiner Frau und seines Kindes und stürzt kopfüber aus dem geöffneten Fenster auf die Straße. Dort steht eine alte Tante, die er zu Boden reißt. Beide sind sofort tot. Inzwischen wird in der Hose des Juden eine Quittung gefunden, die auf den Schneider als den wahren Kindsmörder hinweist. Er wird gefasst und ins Gefängnis gebracht, wo er sich selbst mit seiner riesigen Schere den Kopf abschneidet.

Busch hat in seiner Autobiographie gesagt, seine Figuren seien »Konturwesen« und »Phantasiehanseln«, denen das Leiden nicht wehtue.[202] Das mag für einen Teil dieses Personals zutreffen. Das Fritzchen ist eine kleine, freche Marionettenfigur, der Schneider eine Mischung aus Mensch und Heuschrecke, der Vater ein unförmiges Stück Fett und der Jude das Zerrbild des osteuropäischen Hausierers, wie man es in vielen deutschen Satireblättern seit 1848 finden kann. – Für Fritzchens Mutter gilt das alles nicht. Sie ist *keine* Karikatur, *kein* »Konturwesen«, sondern eine hübsche, wohlgestaltete Frau mit großem Busen, wahrscheinlich Buschs Schönheitsideal. Nichts an dieser Figur ist überzeichnet, besonders prototypisch oder gar »witzig«.

Spiegelt sich in den Frauen dieser Bildergeschichten eine bestimmte Person – die »Vielgeliebte«, die ihn verraten und verlassen hatte, Henriette Ebhardt oder Emilie Kramer? Spiegelt sich vielleicht gar *die* Frau darin, die für Wilhelm Busch unerreichbar und unbezwingbar war, sodass er sie nur köpfen oder mit riesigen Küchenmessern erdolchen konnte?

Noch einmal, mit zweiunddreißig, scheint er sein Glück mit einer jungen Frau versucht zu haben, mit Anna Richter, der Tochter eines Kurzwarenhändlers aus der Gegend von Wolfenbüttel, die damals erst siebzehn Jahre alt war, nicht einmal volljährig. Von einer ernsthaften Beziehung konnte wohl keine Rede sein, denn er kannte sie kaum. Otto Bassermann hält es sogar für möglich, dass die ganze Geschichte nur in Buschs Phantasie stattgefunden habe.[203] »Aber schön war's!«, schreibt Busch begeistert an Bassermann. »Besonders die Partie nach der Köhlerhütte, tief im dunkelgrünen Wald, mit Wein in Menge und recht lustigen Frauenzimmern; beim Heimwege am späten Abend, Mädchen am Arm, flimmerte alles von tausend … Funken, … Johanniswürmchen, wie ich so viel noch nie bei einand gesehen. Ein hübsches Kind, das ich da wieder fand, bot mir auf's neue manch heimlich-gute Stunde. Ein närrisches Herz, was der Mensch im Leibe hat!«[204]

Busch soll, so Biograph Bohne, um ihre Hand angehalten haben. Aber ihr Vater habe nichts davon wissen wollen. Später habe sie einen kleinen Beamten geheiratet. Noch viel später schrieb Wilhelm Busch ein Gedicht, das Bohne als Nachklang dieser traurigen Romanze deutet:

> Sie war ein Blümlein hübsch und fein,
> Hell aufgeblüht im Sonnenschein.
> Er war ein junger Schmetterling,
> Der selig an der Blume hing.
>
> Oft kam ein Bienlein mit Gebrumm
> Und nascht und krabbelt da herum.
> Oft kroch ein Käfer kribbelkrabb
> Am hübschen Blümlein auf und ab.
>
> Ach Gott, wie das dem Schmetterling
> So schmerzlich durch die Seele ging.
>
> Doch was am meisten ihn entsetzt,
> Das Allerschlimmste kam zuletzt.
> Ein alter Esel fraß die ganze
> Von ihm so heißgeliebte Pflanze.[205]

Im November 1860, kurz nachdem er die Schauerballade vom kleinen Fritzchen und dem Dahinsterben seiner gesamten Familie verfasst hatte, bekam Wilhelm Busch zum zweiten Mal in seinem Leben Typhus, den er als »Schleimfieber« bezeichnete. Er war schwerkrank und glaubte schon sterben zu müssen. Es habe ihn »unwiderstehlich« niedergeworfen, schreibt er an Bassermann.[206] Drei Wochen lag er unter strenger ärztlicher Aufsicht im Bett. Sein Gewicht war danach wieder normal.

Diese schwere Krankheit und die Erfahrungen mit dem Prinzip der »bösen Frau« sind in eine von Wilhelm Buschs beliebtesten und bekanntesten Bildergeschichten eingeflossen, »Der Frosch und die beiden Enten«.[207] Denn die Enten – das sind eindeutig Sinnbilder für zwei junge Frauen, die verführerisch mit dem Po wackeln, um den Frosch, also den Mann, darüber zu täuschen, was sie von ihm wollen: ihm die Beine lang ziehen und ihn verschlingen. Es sieht böse aus für den armen Kerl. Eine der Enten hat ihn schon halb im Schlund. Aber da erscheint zum Glück ein dicker Koch auf der Szene und schlägt ihnen mit seinem Messer den Kopf ab.

Nun kann der Frosch aufatmen. Er ist gerettet. Mit verbundener Stirn sitzt er ermattet im Gras, in der Hand die Pfeife:

Abb. 27: Frosch mit Pfeife

> Drei Wochen war der Frosch so krank!
> Jetzt raucht er wieder, Gott sei Dank!

Diese zutiefst autobiographische Aussage Wilhelm Buschs sollte in den deutschen Zitatenschatz eingehen.

7 AUF DEN SPUREN VON MAX UND MORITZ

Zwischen 1860 und 1863 hatte Wilhelm Busch über hundert Beiträge für die »Münchener Bilderbogen« und die »Fliegenden Blätter« verfasst, von denen viele die Herzen der Leser wie im Sturm eroberten, besonders die Geschichte vom kranken Frosch, mit dem sich jeder irgendwie identifizieren konnte. Eigentlich hätte Busch mit diesem Leben zufrieden sein können. Aber die Beziehung zu Braun wurde ihm allmählich zu ausschließlich und zu eng, besonders, seitdem er die dreißig überschritten hatte, ein magisches Datum. Sollte er sein Leben lang immer nur Bildergeschichten schreiben? Hatte er ganz umsonst an den besten Akademien studiert? Auch hatte er bei Braun manchmal das Gefühl, er glaube sein eigentlicher Förderer und Entdecker zu sein, eine Vorstellung, die ihn geradezu aggressiv machte. Sein Leben lang wird er jeden Einfluss seiner Verleger auf seine Entwicklung heftig bestreiten und in seinen Autobiographien nicht einmal ihre Namen nennen.[208]

Vielleicht war es Zeit, den Verleger zu wechseln, einen anderen, jüngeren zu suchen, jemanden wie Heinrich Richter, den Sohn des großen sächsischen Malers und Illustrators. Sie hatten sich vor Jahren in Brannenburg kennengelernt. Vater und Sohn waren von Buschs Talent sehr beeindruckt gewesen und hatten ihm vorgeschlagen, für den kleinen Verlag zu arbeiten, den sie gemeinsam in Dresden betrieben. Jetzt griff Busch dieses Angebot auf. Allerdings wusste er wohl nicht, dass dieser Verlag neben Werken von Ludwig Richter selbst bisher nur Kinderbücher und religiöse Erbauungsliteratur herausgebracht hatte und eigentlich völlig unpassend für ihn war.

Sie kamen schnell ins Geschäft und verabredeten gleich ein ganzes Bilderbuch, bestehend aus vier größeren Kindergeschichten, bei deren Themenwahl Busch freie Hand haben sollte. Im September 1863 schickte er einen ersten Entwurf nach Dresden: »Hänsel und Gretel« in einer neuen Version als Bildergeschichte.[209] Mit Rücksicht auf das zu erwartende kindliche Publikum hatte er die böse Stiefmutter durch ein gutes »Mütterlein« ersetzt, das die Kinder nicht fortjagt, sondern vor den Gefahren des dunklen Waldes warnt. Doch sie laufen trotzdem hinein und tappen in die mit Brezeln ausstaffierte »Kinderfalle« der Hexe, die wie im Singspiel mit einem Menschenfresser verheiratet ist. Der ist allerdings jetzt kein harmloser »dicker Gourmand« mehr, sondern das Zerrbild eines jüdisch-kapitalistischen Bösewichts, wie die schlimmsten Antisemiten jener Zeit ihn sich vorstellten: fett, schwarzhaarig, mit krummer Nase und großen Ohren, das Gegenstück zum armen Tandler aus der Ballade vom kleinen Fritzchen, der als Hausierer oder Lumpenhändler an der untersten Stufe der sozialen Leiter steht. Diese Figur macht die Geschichte problematisch. Denn anders als der jüdische Tandler, der dem Irrtum einer antisemitischen Justiz unterliegt, ist der Menschenfresser *nicht* unschuldig. Er *ist und bleibt* böse. Man kann nicht einmal über ihn lachen.[210]

Eigentlich ist das Märchen von »Hänsel und Gretel« ja eine Parabel auf das Erwachsenwerden, eine Ermutigung, »unreife Abhängigkeit von den Eltern zu überwinden«, wie es bei Bruno Bettelheim heißt.[211] Diese zentrale Botschaft wird von Busch vollständig eliminiert. Er lässt die Kinder wie von einem Ausflug nach Hause zurückkehren, wo die Mutter schon mit der Rute auf sie wartet. – Kein Wunder, dass die Richters wenig begeistert von der Geschichte waren und von dem ganzen Geschäft am liebsten zurückgetreten wären. In ihrer ersten hilflosen Reaktion kritisierten sie das, wovon sie am meisten zu verstehen glaubten: die Zeichnungen. Sie stünden zu weit unter den Maßstäben, die Moritz von Schwind durch seine Märchen-Illustrationen gesetzt habe, schrieb Heinrich Richter, wahrscheinlich als Sprachrohr seines Vaters, an Wilhelm Busch.[212] – Dem platzte sofort der Kragen. Er hielt das Buch für das Beste und Subtilste, was er jemals verfasst habe. Vergleiche mit Moritz von Schwind verbitte er sich. In seiner wutschnaubenden Antwort heißt es:

»Jede, auch die leiseste Parallele … muß ich aber als unpassend … ganz entschieden zurückweisen. Ich betrachte meine Sachen einfach als das was sie sind, als Nürnberger Tand, als Schnurrpfeifereien, deren Wert nicht in ihrem künstlerischen Gehalt, sondern in der Nachfrage des Publikums zu suchen ist. … Wenn ich meine Kuh zu Markt bringe, so will ich sie auch verkaufen. Der Vorwurf, als wäre ich mit dem hinterlistig-dummen Gedanken umgegangen, Ihnen die Herausgabe meines Büchleins unmöglich zu machen, dürfte demnach wohl als gänzlich unüberlegt an seinen Ort verwiesen werden … Hochachtungsvoll ergebenst: Wilhelm Busch.«[213]

Richter hatte unbewusst einen extrem wunden Punkt berührt: den Konflikt zwischen dem »Maler« und dem »Karikaturisten« Wilhelm Busch, der seine Bildergeschichten hier erstmals abfällig Gebrauchskunst, ja noch schlimmer »Nürnberger Tand« nennt. Das klingt wie der Verlust jeden Selbstwertgefühls und der endgültige Abschied von der Illusion, »Künstler« zu sein. Der Vergleich mit Moritz von Schwind, den er übrigens als Maler und Zeichner sehr schätzte[214], machte alles noch schlimmer. Denn dem gelang scheinbar mühelos, was ihm selbst so schwerfiel: das Hin- und Herwechseln zwischen »Malerei« und »Illustration«, zwischen der »hohen« und der »niederen« Kunst, die für Busch zwei getrennte Welten waren und blieben.

Eigentlich hätten die Richters allen Grund gehabt, böse zu sein. Aber Bassermann griff vermittelnd ein und sorgte für einen friedlichen Ausgang. Busch bekam einen Vertrag über vier Geschichten, die als »Bilderpossen« bei Richter erscheinen würden: »Hänsel und Gretel«, »Krischan mit der Piepe«[215], »Der Eispeter«[216] und »Katze und Maus«[217].

Das Buch verkaufte sich erwartungsgemäß miserabel, weil es weder Märchen- noch Bilder- oder Karikaturenbuch war und in seiner Grausamkeit den »Struwwelpeter« bei weitem übertraf. Besonders die Geschichte vom Eispeter, der erst vor Kälte erstarrt, dann am Ofen auftaut, zu Brei zerrinnt und von der Mutter im Gurkentopf eingemacht wird, fand unter Eltern und Pädagogen keine Freunde.

Das nächste Buch, »Max und Moritz«, wollte Heinrich Richter deshalb gar nicht erst drucken. Er zeigte den Entwurf seinem berühmten Vater – und der reagierte entsetzt: Leute, die an so etwas ihr Vergnügen hätten, kauften nun mal keine Bücher – ein grandioses historisches Fehlurteil, wie sich zeigen sollte.[218] So wurde das Buch schnöde abgelehnt. Busch wandte sich reuig wieder an Kaspar Braun, mit dem er seit langer Zeit nicht mehr gesprochen und korrespondiert hatte. Am 5. Februar 1865 schreibt er ihm aus Wiedensahl:

»Mein lieber Herr Braun! … Ich schicke Ihnen nun hier die Geschichte von Max und Moritz, die ich zu Nutz und eigenem Plaisir auch gar schön in Farben gesetzt habe, mit der Bitte, das Ding recht freundlich in die Hand zu nehmen und hin und wieder ein wenig zu lächeln. Ich habe mir gedacht, es ließe sich als eine Art kleiner Kinder-Epopoe vielleicht für einige Nummern der fliegenden Blätter … verwenden. Zu einer weiten Reise konnte ich mich in dieser kalten Jahreszeit nicht entschließen …; sonst hätte ich wohl schon zu Weihnachten mein Bündel geschnürt, um Ihnen persönlich zu sagen, wie sehr ich wünsche, nun bald wieder recht fleißig für Sie zu arbeiten.«[219]

Kaspar Braun sagte Busch sofort zu und kam auf die lange Zeit des Schweigens und der Verstimmung nicht mehr zu sprechen. Allerdings riet er ihm wohl, Texte und Bilder noch einmal zu überarbeiten, denn seit dem Brief vom 5. Februar 1865 vergingen sechs Monate, bis Busch die Entwürfe auf Buchsbaumholz übertrug und im xylographischen Atelier des Verlegers ablieferte. Busch hat in dieser Geschichte viele Motive zusammengefasst, die schon in seinen früheren Bildergeschichten vorkommen: die beiden bösen Buben[220], den listigen Bauern[221], den Schneider[222], den Müller und die Mühle[223], die durch Ungeziefer gestörte Nachtruhe[224] und den Menschenfresser[225], der in diesem Fall in der Figur des Bäckers erscheint. Was vorher isoliert als Einzelgeschichte dastand, wird nun zu einem Bilder- oder Schelmenroman verdichtet, dessen Helden keinerlei innere Entwicklung durchmachen, sondern unbelehrt sterben.

Es ist unendlich viel Gelehrtes über »Max und Moritz« geschrieben worden[226], von Germanisten, Kunsthistorikern, Pädagogen, Psychologen, Psychiatern[227] und sogar von Juristen[228], sodass sich jedes weitere Eingehen darauf erübrigen würde, wenn nicht fast allen diesen Arbeiten die *historische Dimension* fehlte, die für das Verständnis der Geschichte zwar nicht unbedingt notwendig, aber doch äußerst hilfreich ist.

Die Geschichte von »Max und Moritz« entstand in den letzten Monaten des Welfenstaates. Der amtierende Monarch, König Georg V., war kaum noch regierungsfähig. Eine schwere Augenkrankheit hatte ihn blind und misstrauisch gemacht, sodass er schon lange jenseits aller politischen Realität lebte. Oper, Pferdezucht und sein gewaltiger Hofstaat interessierten ihn mehr als das Elend auf dem Land, das seit der Revolution eher zu- als abgenommen hatte. Wie in vielen Dörfern waren auch in Wiedensahl besonders die Tagelöhner, »Häuslinge« oder »Kleinkötner« betroffen, die Besitzlosen, die in erbärmlichen Hütten am Dorfrand lebten und kein eigenes Land hatten, auf dem sie ihre ein oder zwei Stück Vieh weiden konnten. Früher hatte das Kloster ihnen Weidegrund zur Verfügung gestellt. Das entfiel nun. Denn seitdem die Bürgermeister Heumann und Peeck das Dorf für 25.000 Reichstaler aus der Herrschaft von Loccum losgekauft hatten[229], waren »Gemeindeland« und »Gemeindewald« in die Verwaltung der Bauern übergegangen, die sich streng ge-

Abb. 28: »Der Bauer und sein Kalb«

gen die Besitzlosen abgrenzten. So blieb den Tagelöhnern oft nichts anderes übrig, als ihre Ziege oder Kuh, ihren einzigen Besitz, zum Schlachter zu bringen, ein Vorgang, den Wilhelm Busch in seinen Bildergeschichten mehrmals beschreibt:

Ein Bauer, der kein Geld mehr hat,
Der brächte gern sein Kalb zur Stadt.
Doch sieh, wie dieses Tier sich sträubt,
Und widerspenstig stehen bleibt! ...[230]

Die besitzlosen Landleute sind bei Wilhelm Busch ausnahmslos spindeldürr, fast zum Skelett abgemagert, tragen immer die gleiche ärmliche Kleidung, bestehend aus Kniehosen, Holzpantinen und Zipfelmützen. Wohlgenährt sind in diesen Dorfgeschichten nur die Bäcker, Gastwirte, Müller und Schlachter.

Die wirtschaftliche Macht der dörflichen Oberschicht war überwältigend. »Sie waren im Dorf fast die einzigen Arbeitgeber ..., die einzigen Vermieter«, heißt es in einer neueren Untersuchung über diese Zeit. »Es lag in ihrer Hand, Pachtland zur Verfügung zu stellen oder zu verweigern. Wenn die Häuslinge ... ein Gespann brauchten, um Getreide einzufahren, wenn sie das Gemeindebackhaus benutzen wollten, stets benötigten sie die

Abb. 29: Bäcker aus »Max und Moritz«

Genehmigung ... der Bauern ... Es gab Bauern, die ihren Roggen eher verfaulen ließen, als daß sie ihn an ihre notleidenden Gemeindegenossen ... verkauft hätten.«[231]

Zwischen 1863 und 1865 wanderten fast hunderttausend Menschen aus Hannover nach Amerika aus.[232] Das Königreich erlebte einen Exodus ohnegleichen. Die Zurückbleibenden waren zum Betteln und Stehlen gezwungen. Besonders im Winter war das Elend unbeschreiblich. Jüdische Kinderbanden fielen zusammen mit »christlichen« in die Dörfer ein und fragten nach erfrorenen Kartoffeln oder Viehfutter.[233] Niemand fühlte sich für sie zuständig, oft nicht einmal der Dorfpfarrer, der sie mit ein paar hohlen geistlichen Worten abspeiste.[234] Im »Hof- und Staats-Handbuch für das Königreich Hannover auf das Jahr 1865« sind mehr als zwanzig »Institute zur Veredlung der Pferdezucht« verzeichnet, aber kein einziges Waisenhaus. Nur wer erkennbar »geistesschwach« oder »blödsinnig« war, konnte in einer »Anstalt« aufgenommen werden. Die einzige Institution dieser Art war in Langenhagen. Verwahrloste Kinder wurden steckbrieflich gesucht und landeten meistens in den Zuchthäusern von Celle oder Lüneburg, wo man sie wie erwachsene Häftlinge behandelte.[235] Dieben über zwölf drohte sogar die Todesstrafe. Es gab auch Stimmen, die allen Ernstes ihre Deportation vorschlugen, »eine unbeschreibliche Wohltat für die bürgerliche Gesellschaft und die einzige Möglichkeit einer Rettung und Besserung für diese verkommene ... Klasse der Bevölkerung«[236], die natürlich an ihrem Unglück selber »schuld« war.

Wiedensahl verödete in dieser Zeit immer mehr. 1861 hatte der Ort 845 Einwohner, kaum mehr als bei Buschs Geburt, trotz sinkender Kindersterblichkeit.[237] Die Geschäfte im Kramladen der Buschs gingen schlechter. Denn die meisten Tagelöhner kauften, wenn überhaupt, nur noch auf Kredit. Nur wenige Großbauern konnten sich die Luxusartikel leisten, die Vater Busch neuerdings im Sortiment hatte: exotische Tabak- und Branntweinsorten oder »Colonial- und Manufakturwaren« aus England.[238] Anstatt fremde Geschäftsleute und Handwerker anzuwerben, machte man »Ausländern« die Niederlassung unmöglich. »Ausländer« war jeder, der nicht aus Wiedensahl stammte, auch der Westfale, der nur eine Viertelstunde entfernt wohnte. Die drei Gasthöfe, in denen früher bis tief in die Nacht getrunken und gestritten worden war, schlossen jetzt schon um zehn Uhr abends.[239] Es kamen kaum noch fahrende Händler in den Ort, am wenigsten jüdische, gegen die sich neuerdings wieder eine Welle von Aggression richtete. In Privathäusern durften keine Feste mehr gefeiert werden. Auf dem Martini-Markt wurde nicht mehr Theater gespielt oder getanzt. Eine bedrückende Stimmung, die auch auf Busch gelastet haben muss. An seinen Freund Otto Bassermann schreibt er:

»Liebster Freund! Die Bäume vor meinem Fenster haben das letzte Blatt fallen lassen, auf dem Boden liegt der Frostmantel, und vergeblich fliegen die Tauben nach Wasser aus. … Das entscheidende Wort, welches durch unsere Seele klingt, ist Resignation, ein rauhes Wort oder ein sanftes, je nachdem wir die Saiten gespannt haben.«[240]

Einiges davon schlägt sich in seiner Malerei nieder, der berühmten »Dorfstraße in Wiedensahl« etwa[241], ein Bild, das an einem Herbsttag gegen Mittag entstanden sein muss, als noch ein Rest von Sonne durch das müde Grau schien und die spitzgiebligen

Abb. 30: Dorfstraße in Wiedensahl (Ölgemälde von Wilhelm Busch)

Fachwerkhäuser schwach beleuchtete. Dicht an dicht säumen sie die breite, vom Regen aufgeweichte Straße. Ein armseliger Bretterzaun grenzt die Vorgärten ab, in denen um diese Jahreszeit nichts mehr blüht. Die mageren Bäume sind kahl. Kein Tier, nicht einmal ein Huhn oder ein Hund, ist zu sehen. Das Bild ist wie leer gefegt. Nur ganz links erkennt man die Kontur eines winzigen Bauern, der Holz hackt.

Manchmal bummelte Busch schräg über die Dorfstraße zum Pfarrhof hinüber, wo er seinen Schwager, den Pfarrer, endlich näher kennenlernte. Ganz so schlimm wie befürchtet war er nun doch wieder nicht, ein ernster, strenger, tiefgläubiger Mann, der Fanny wirklich zu lieben schien. Aber als Vater für das erste gemeinsame Kind, den kleinen Hermann, schon viel zu alt. Der war jetzt fünf, ein zarter, neugieriger, phantasievoller Junge, der Wilhelm Busch stark an sich selbst erinnerte. Kaum war er drüben in der Tenne des Pfarrhofes angekommen, saß der Kleine auch schon auf seinem Schoß und bettelte: »Onkel Wilhelm, nun noch einmal die Geschichte von der Gans Adelheid und dem bösen Fuchse!«[242] Dann trug Busch ihm lange, gereimte Geschichten vor, zum Beispiel die »Gänsehistorie ohne Ende«.[243] Und wie alle Kinder auf dieser Welt wollte sein Neffe wohl wissen, ob das, was man ihm da erzählte, auch »wahr« sei.

Zwar gab es Kinderbücher im Haus. Aber sie taugten nichts. Sie waren fromm, kitschig und von klebriger Innerlichkeit. Und sie waren nur etwas für die Kinder der Bürger, die im Überfluss lebten, in gestärkten Kleidchen zur Schule gingen und fleißig lernten. »Ein Kinderherz soll sein / wie die Lilie so rein / wie der Tau so klar / wie der Spiegel so wahr / wie der Quell so frisch / wie die Vöglein im Gebüsch.« Oder: »Die Kinder in der Schule klein / die sollen wie die Blumen sein / wie Blumen gut, wie Blumen zart / von sittiger und stiller Art.«[244] Schon Heinrich Hoffmann hatte aus Protest gegen solche Bücher den »Struwwelpeter« geschrieben. Hier auf dem Land konnte man am besten beobachten, dass Kinder nicht unbedingt nur »rein«, »sittig« und »zart« waren und vor allem nicht sein *wollten*. Dass sie Freude am Schmutz, an der Lüge und am Stehlen hatten, Tiere und kleinere Geschwister quälten, mit dem Feuer spielten, abends nicht beten wollten und sich sogar schon für die eigenen Geschlechtsorgane interessierten.

»Das Interessanteste, das ich hier sehe, ist der neunjährige Sohn meines Nachbarn, der grad unter meinem Fenster den Tummelplatz seiner jugendlichen Spiele hat«, schreibt Busch an Kaspar Braun. »Dieser junge Mensch macht sich in dem engen Kreise einer Wirksamkeit das Leben so angenehm wie möglich. Isst er sein Morgenbutterbrot, so versäumt er sicher nicht, einem hungrigen Hunde jeden Bissen erst vor die Nase zu halten, eh er ihn selber ins Maul schiebt... Sobald die Mistpfütze bis oben mit Jauche gefüllt ist, zieht er seine eigenen Stiefel aus und seines Vaters Stiefel an, um darin herumzupatschen. – Muß er sich schnäuzen, so schmiert er den Schleim... auf den Türdrücker oder den Pflugstiel; ... gackelt irgendwo ein Huhn, gleich schleicht er hinterher, nimmt das warme, kaum zur Welt gebrachte Ei sofort in Empfang und vertauscht es im Laden des Krämers gegen die Süßigkeit des Kandiszuckers. Ja, sogar aus dem Bedürfnisse des Schiffens weiß sich dieser erfinderische Kopf eine Quelle des Vergnügens zu schaffen. Indem er nämlich den Schlauch vorne zusammenkneift, treibt er so den Strahl mit Heftigkeit bald steil in die Luft, bald in Parabeln und Hyperbeln und allen Kurven der höheren Geometrie auf den Schnee oder in die Astlöcher der Balken und Bretter, und wehe der unglücklichen Spinne, die, durch den nahenden Frühling hervorgelockt, in irgendeiner Spalte sich blicken läßt...«[245]

Ist das der Hintergrund, vor dem »Max und Moritz« entstand, eine »kleine Epopoe« *für* oder *über* Kinder?[246] Kaspar Braun interessierte diese akademische Frage nur wenig. Er hielt sich auch nicht mit Vertragsmodalitäten auf, sondern gab Busch tausend Gulden bar auf die Hand, womit dieser sich hochzufrieden erklärte, denn er hatte seit Monaten nichts mehr verdient und war wieder einmal verschuldet.

Ende Oktober 1865 erschien das Buch in einem Einband aus schlichter, heller Pappe. Die erste Auflage von 4000 Stück verkaufte sich bis 1868 nur schleppend.

Eine unmittelbare Reaktion der Presse blieb aus. Niemand, am wenigsten Busch selbst, konnte damals ahnen, dass dieses

Buch ihn zu einem der berühmtesten Deutschen seiner Zeit und seinen Verleger zu einem steinreichen Mann machen würde.

Man versteht es heute als Protest gegen »das Eigentum und die Autorität der Erwachsenen«[247], deren »kleinbürgerliches Glück« es verdient habe, zugrunde zu gehen. Niemand könne den »negativen Helden Max und Moritz« böse sein[248], und darum fasziniere das Buch seine Leser bis heute. – Diese Auffassung ist sicher richtig. Aber auch zu einseitig. Denn vor dem Hintergrund der sozialen Lage von 1865 bekommt das Buch eine ganz andere, eine politische Lesart, die den Charakter einer bitteren sozialen Anklage hat. Die »Porträts« von Max und Moritz im Vorwort haben in ihrer statischen, plakativen Form etwas von »Steckbriefen«, von den Bildern polizeilich gesuchter Personen, wie sie überall an den Toren der Gemeindeverwaltungen hingen oder in den »Amts- und Intelligenzblättern«[249] ausgeschrieben wurden. Dazu reichten für Kinder schon minimale Ordnungswidrigkeiten wie das Schwänzen von »Kirche oder Schule« – der blanke Hohn, wenn sie obdachlos und zum Betteln gezwungen waren.

Fast vierzig Jahre nach dem Erscheinen von »Max und Moritz« hat ihn ein junges Mädchen einmal gefragt, ob diese Geschichte eigentlich »wahr« sei. »Nun, so ganz wohl nicht«, hat Busch geantwortet. »Das meiste ist bloß so ausgedacht, aber einiges ist wirklich passiert.«[250]

Ziemlich »wahr« ist die Figur der Witwe Bolte, eine behäbige alte Frau in Haube und geblümter Nachtjacke, die es sich gern zu Hause gemütlich macht und für aufgewärmten Sauerkohl schwärmt. Der Name »Bolte« war in Wiedensahl sehr verbreitet und ist es bis heute. Ein Johann Bolte hatte sich im 17. Jahrhundert wiederholt dafür stark gemacht, dass junge Frauen als Hexen angeklagt und verbrannt wurden.[251] – Auf der Dorfstraße Nr. 95, schräg gegenüber von Wilhelm Buschs Elternhaus, lebte in den 1850er Jahren immer noch ein Ehepaar Bolte. Der Mann lieferte Busch Beiträge zu seiner Märchensammlung »Ut oler Welt«.[252] Mit Frau Bolte verstand sich Busch wohl weniger gut, besonders, seitdem sie Witwe geworden war. Darum setzte er ihr in »Max und Moritz« ein Denkmal, das man in Wiedensahl und der ganzen Welt nicht mehr vergessen würde.

Auf den ersten Blick kann sie einem ja nur leidtun, diese einsame Frau, die keine Freunde, Kinder oder Enkel hat, sondern nur für ihren Spitz und ihre Hühner lebt, denen Max und Moritz so Schreckliches antun. Etwas, was übrigens keine Erfindung Wilhelm Buschs, sondern für seine Zeit historisch verbürgt ist. Die Zigeuner oder »Tater«, wie man sie in Niedersachsen nannte, suchten damals »mit Vorliebe die entferntesten und abgelegensten Orte« auf und schickten ihre halbwüchsigen Söhne auf Hühnerfang. Dabei gingen sie genauso vor wie Max und Moritz: »Oft war es den Buben gelungen, auf dem ersten besten Gehöft ein Huhn an einer mit einem Stückchen Brot als Köder versehenen Angelschnur geschickt einzufangen«, schreibt ein Zeitgenosse und Landsmann Wilhelm Buschs.[253]

Abb. 31: Witwe Bolte

Dass die alte Frau, die ihre Trauer über den Tod des »lieben Federviehs« schnell überwindet, vier gebratene Hühner allein zu verzehren gedenkt, muss auf den Leser der 1860er Jahre schändlich gewirkt haben, ein egozentrischer Akt widerwärtiger Völlerei in einer Zeit, in der Tausende hungerten. So hat Busch es offenbar auch gemeint. Und darum bestraft er die Witwe. Statt ihrer kommen Max und Moritz in den Genuss des Bratens und schlagen sich damit für Tage im Voraus den Bauch voll: »Und vom ganzen Hühnerschmaus / Guckt nur noch ein Bein heraus.«

Vor dem Haus des Schneiders Böck fließt ein Bach, der auf Ebergötzen verweist, die von Pappeln und Kopfweiden gesäumte Aue. Busch und Bachmann haben oft an ihren Ufern gespielt und dabei wohl auch manchmal einen Schneider namens Hartmann geärgert[254], jemanden, der ihnen nichts getan hatte,

Abb. 32: Max und Moritz nach dem Hühnerschmaus

außer »Schneider« zu sein, ein Beruf, über den damals selbst die kleinsten Kinder spotteten.[255] Der Schneiderspott war enorm weit verbreitet, fast so sehr wie der Judenspott, mit dem er sich teilweise überschnitt, da viele Schneider osteuropäische Juden waren. Sie galten als unmännlich, unredlich und unrein, wurden verdächtigt, mit dem Teufel im Bunde zu stehen und mit Ziegen Unzucht zu treiben.[256] Darum auch der beliebte Spottruf »Meck, meck, meck«, der dem antisemitischen »Hep, hep, hep« ziemlich ähnlich ist.

Buschs Schneider Böck entspricht *nicht* diesem üblen Klischee. Er ist weder besonders dünn noch besonders unmännlich, fuchtelt *nicht* mit einer riesigen Schere herum und wirkt insgesamt eher wie ein Gelehrter als ein Handwerker. Verglichen mit anderen Schneidergestalten von Wilhelm Busch, die immer etwas Dämonisches und Bedrohliches haben[257], ist er geradezu normal und sympathisch. Busch wollte hier wohl nicht *den* Schneider attackieren, sondern das blinde Vorurteil vieler Zeitgenossen – eine deutliche Entwicklung seit den letzten Bildergeschichten, die vielleicht der verlegerischen Einwirkung Kaspar Brauns zu verdanken ist.

Auch der Lehrer Lämpel ist kein Feindbild und prügelnder Sadist, sondern ein Verlierer, selbst am Rand einer Gesellschaft lebend, die Pädagogen kaum besser behandelte als Tagelöhner und ihnen bei miserabler Bezahlung Zusatzpflichten wie Kantor- und Küsterdienste aufzwang. Wie Hasenclever, Gottfried Keller, Grabbe und viele andere will Busch hier auf die Miss-

Abb. 33: Schneider Böck

stände im Schulwesen seiner Zeit aufmerksam machen. Der bis zur Unkenntlichkeit verkohlte Lämpel, dem die Haare und sogar Augenbrauen abgebrannt sind, ist ein einziges, wenn auch komisches Bild der sozialen Anklage.

Gleichzeitig hat der Anschlag aber auch den Charakter einer terroristischen Aktion, in der sehr viel Hass, sogar Mordlust zum Ausdruck kommt, geballte Aggressivität gegen Vaterfiguren, die »weise Lehren« verkünden. Georg Kleine war eine solche Vaterfigur. Man denke nur an den unglaublich herablassenden Konfirmationsspruch, den er für den vierzehnjährigen Wilhelm Busch ausgesucht hatte.[258] Aber auch sein eigener Vater könnte gemeint gewesen sein. Oder Kaspar Braun. Oder Heinrich Richter, der ihn noch vor kurzem so gedemütigt hatte. Sie alle rauchten diese altmodischen langen Meerschaumpfeifen, trugen alle diese Hausmäntel und diese Kappen. Es ging sicher nicht um eine bestimmte Person, sondern um das »Prinzip Vater«, das hier in die Luft gesprengt wird, ein urmenschlicher oder ur*männlicher* Impuls, den Max und Moritz stellvertretend für Busch und den Leser ausleben.

Nach dem Attentat auf den Lehrer ist die Klimax der Missetaten von Max und Moritz überschritten. Sie wirken jetzt

Abb. 34: Verkohlter Lehrer Lämpel

wie gelöst und befreit, wieder ganz Kinder, die ihrem Onkel einen wirklich harmlosen Streich spielen, indem sie ihm eine Tüte mit Maikäfern ins Bett legen. Aber nun kommt die Rache der Dorfgemeinschaft, das Finale furioso, denn nun geht es um die Pfründe der Besitzenden, um Getreidediebstahl, wobei Kleidung und Statur des »geschädigten« Bauern Mecke sofort deutlich machen, dass er *kein* Tagelöhner und *kein* »Häusling« ist, sondern ein wohlhabender Großbauer mit eigenem Kornspeicher, mit dem dicken Müller auf bestem Fuß stehend.

Diese beiden Privilegierten sind sich absolut einig: Max und Moritz müssen exekutiert, ja mehr noch: zermahlen, ausgelöscht werden, bis nichts mehr von ihnen übrig bleibt als ein Häuflein Futter fürs Federvieh.

Aber nun schlägt Busch der dörflichen Scheinmoral ins Gesicht. Denn was aus dem Räderwerk der Mühle herauskommt, sind nicht etwa hässliche Knochen- oder Fleischfetzen, sondern höchst appetitliche, saubere Taler, die sich auf dem Boden zu zwei »Konturwesen« sortieren. Es *sind* Max und Moritz. Sie sind unsterblich. Sie haben ihre ursprüngliche Gestalt nicht verändert und bewahren sich noch im Jenseits ihr fröhliches Grinsen. Sogar die kesse Haartolle von Moritz ist unversehrt.

Da es noch Jahre dauerte, bis Max und Moritz ihren Siegeszug durch die deutschen Kinderstuben antraten, blieb das Buch von der Pädagogik zunächst weitgehend unbeachtet. Erst lange nach 1870 kamen die Reaktionen der Fachwelt, die fast einhellig ablehnend oder sogar empört waren. Denn inzwischen gab es das Königreich Hannover nicht mehr. Das »Deutsche Reich« war gegründet worden, überall waren »Zucht- und Besserungs-

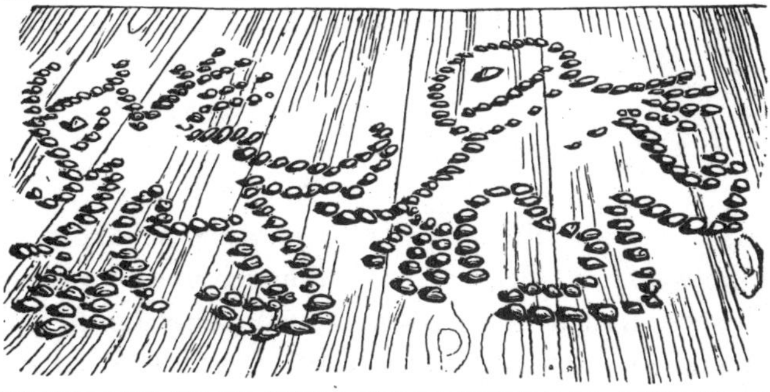

Abb. 35: Max und Moritz fein geschroten

anstalten« für Kinder entstanden, und man hatte das Elend der Tagelöhner- oder Auswandererkinder verdrängt oder vergessen. Nur darum konnten Pädagogen der Bismarckzeit zu dem Fehlurteil kommen, Max und Moritz seien »eins von den gefährlichen Giften, welche die heutige Jugend ... so naseweis, unbotmäßig und frivol machen«.[259] Ein gewisser Duboc nannte das Buch eine »bedenkliche Jugendlektüre« und präzisierte:

»In sechs Fällen kommen die holden Jungen stets ungeahndet davon, obgleich ihre Streiche von der allerschlimmsten Art sind ... Der siebente zieht eine spaßhaft übertriebene Strafe nach sich ... Doch das nur nebenbei. Die Verse könnten geändert werden, und ich würde das Ganze doch immer gleichmäßig verkehrt und verwerflich finden, weil in den ... vortrefflichen Illustrationen ... alles Achtenswerte schon durch die verzerrende Zeichnung spottwürdig erscheint. Die Witwe, der Onkel, der Lehrer, der Schneider usw. erscheinen ... durch den grotesken Aufputz der Karikatur als erbärmliche Vogelscheuchen, welche auf alle Weise den Spott herausfordern ... Daß Kinder eine derartige Darstellung sehr nach ihrem Geschmack finden, ist nicht zu bezweifeln. ... Aber das beweist eben nur, ... daß hier die Gefahr auch deshalb eine verdoppelte ist, weil das noch schwankende sittliche Normalverhältnis zum Achtenswerten dem Kinde nur einen ... leicht zu erschütternden Schutz gewährt.«[260]

8 INDIVIDUELLE REVOLUTIONEN

Otto Bassermann wollte um jeden Preis *anders* sein als sein Vater, wollte nie zum Gegenstand öffentlichen Gespötts werden, nicht als so zögerlich, angepasst und devot gelten, als feige oder gar als Lakai. Darum teilte er Busch im Dezember 1863 mit, dass er vorhabe, als Freischärler nach Schleswig-Holstein zu gehen und dort mit der Waffe in der Hand gegen die Dänen zu kämpfen, deren Herrschaft das Land seit dem Wiener Kongress von 1815 unterstand.[261]

Einerseits konnte Busch Bassermann sicher verstehen. Dänemark verfolgte in Schleswig-Holstein eine Politik nationaler Ausgrenzung, über die sich nicht nur glühende Patrioten empörten. Deutsche Zeitungen, Flaggen und Lieder waren verboten worden, und Intellektuelle wie Theodor Storm oder Lorenz von Stein mussten ins Exil gehen.

Aber der zarte, melancholische, kränkliche Bassermann als Freischärler? Der Sänger von Schumann-Liedern mit der Waffe in der Hand? Der Verleger feingeistiger Werke über hebräische Literatur als Mitläufer eines fanatisierten Haufens? Diese Vorstellung machte Wilhelm Busch geradezu rasend. »Es ist mir ordentlich ekelhaft, wenn ich mir denke, du könntest hineingemengt sein in jene zusammengewürfelten Haufen, die man Freischaren nennt; verachtet vom ordentlichen Soldaten, richten sie selten etwas aus, kehren am Ende … verlumpt und unlustig zu ihren Geschäften zurück und warten vergebens auf den Dank der Leute, die zuerst hurrah! geschrien.« Wer als Intellektueller, als Künstler etwas ausrichten wolle, dürfe keine Waffen, sondern nur seinen Verstand benutzen, denn »das Glück des Individuums, so weit es überhaupt möglich, liegt im eigenen Kopfe, in der harmonischen Ausbildung seines Wesens«.[262]

Immer wieder kam ihm ein Satz in den Sinn, den Kaspar Braun früher einmal zu ihm gesagt hatte: »Die individuelle Revolution ist zuweilen eine Sache der Notwendigkeit.«[263] *Daran* glaubte er. *Das* war sein Wahlspruch. Und so schrieb er beharrlich an seinen Bildergeschichten weiter, als um ihn herum plötzlich überall Krieg ausbrach und die ganze Ordnung seiner alten Welt aus den Fugen geriet.

Otto von Bismarck war seit 1862 preußischer Ministerpräsident, schon jetzt eine »eiserne« Figur, die von den Liberalen im Land nicht sehr geschätzt wurde. Er erklärte zwar, dass Schleswig-Holstein wieder »deutsch« werden müsse, ließ aber gleichzeitig keinen Zweifel daran, es dem preußischen Staat einverleiben zu wollen, dem inzwischen größten und mächtigsten des Deutschen Bundes. 1864 griff er die Dänen mit Unterstützung Österreichs an. Nach einem Blitzkrieg fiel Schleswig an Preußen und Holstein an Österreich. Das führte zu Spannungen zwischen den beiden Großmächten, die den großen »Bruderzwist« von 1866 auslösten, den legendären »deutsch-deutschen« Krieg, an dem sich fast alle deutschen Staaten beteiligten, indem sie sich entweder auf die Seite Preußens oder Österreichs stellten. Hannover wollte auf keinen Fall »preußisch« sein. Denn mit den preußischen Nachbarn lebte man seit Jahrzehnten in Zwietracht. Also ließ Bismarck das Land überrollen und zwang den blinden König zur Kapitulation. Georg V. ging nach Hietzing bei Wien ins Exil, wo er seine letzten Lebensjahre wie ein Märtyrer seines Volkes verbrachte, von welfischen Patrioten nach wie vor hochverehrt.

Nun war Hannover preußisch. Wilhelm Busch auch. Er nahm es mit Amüsement und Gelassenheit, dass er sich jetzt einen neuen – preußischen – Pass ausstellen lassen musste. An den Badener – also »Ausländer« – Bassermann, der inzwischen im »schönen Heidelberg« lebte, wo er den väterlichen Verlag in neuen Gebäuden weiterführte, schreibt er ironisch: »Ich bin nun auch preußisch, aber dennoch stets Dein aufrichtiger Freund Wilhelm Busch.«[264]

Liest man Wilhelm Buschs Bildergeschichten aus dieser Zeit als Ergebnisse seiner »individuellen Revolution«, bekommen sie, wie schon »Max und Moritz«, eine weit über bloße Komik hinausgehende Bedeutung. Für eine Fastnachtsausgabe der »Fliegenden Blätter« von 1864 verfasste er den köstlichen Schwank »Eginhard und Emma«[265], eine fiktive Familienepisode aus dem Leben Kaiser Karls des Großen. Busch unternimmt ganz bewusst nicht die Anstrengung, ein authentisches Ambiente vorzutäuschen, sondern stattet den Kaiser mit Requisiten aus dem 18. und 19. Jahrhundert und seiner eigenen niederdeutsch-bäuerlichen Umgebung aus: ein spartanisches Bett in einem Alkoven, ein geblümter Hausmantel, ein Nachttopf und ein Paar Holzpantinen. So ähnlich sahen seine eigenen möblierten Zimmer aus. Und so ähnlich hatte auch »Onkel Fritz« in »Max und Moritz« geschlafen, dem der Kaiser übrigens verblüffend ähnlich sieht. Er ist alles andere als ehrfurchtgebietend, fast so dünn wie ein Tagelöhner aus Wiedensahl, jemand, der trotz langer Unterhosen an Rheumatismus im linken Bein leidet. Seine Nächte verbringt er asketisch und allein, ganz so wie Busch. Trotz der vielen Konkubinen, die ihm nachgesagt wurden. Auf dem Nachttisch, neben seinem Kopfkissen, liegen wie wertloses Kinderspielzeug die Insignien seiner Macht: Kugel und Zepter. Er beachtet sie nicht weiter. Verbissen übt er auf einer Schultafel das ABC. Denn der historische Karl der Große war tatsächlich Analphabet und hatte Mühe, seinen Namen zu schreiben. Sein Diener, »der alte Friedrich«, sieht mit Kniehosen und gepuderter Zopfperücke wie ein Preuße des 18. Jahrhunderts aus, eine Karikatur des »Alten Fritz«, der seinem Herrn eifrig zu Hilfe eilt, um dessen schmerzendes Bein zu massieren. Aber der Kaiser tritt ihn in einem Wutanfall rücksichtslos vor den Bauch, worauf er sich winselnd entfernt.

Abb. 36: Karl der Große und der alte Friedrich

Beim Blick aus dem

Fenster sieht der Kaiser, dass seine Tochter Emma, ein Mädchen in Nachthemd und Rüschenhaube, ihren Geliebten, den zarten Eginhard, durch den Schnee trägt. Der sieht »zufällig« wie der junge Ludwig II. aus, der androgyne, schöngeistige König von Bayern, der mit knapp achtzehn soeben den Thron bestiegen hatte. Der Kaiser beauftragt seine Wachen, die beiden zu fangen. Es gibt ein großes Gepolter. Eginhard plumpst ungeschickt in den Schnee. Doch dann erteilt Karl den Liebenden seinen väterlichen Segen. Auch die Wachen sind sichtlich ergriffen. Sogar dem alten Friedrich kommen die Tränen. Aber er bewahrt preußische Haltung und hält stolz den Teller mit den Reichsinsignien in der Hand, eine Anspielung auf den preußischen Führungsanspruch im Deutschen Bund und sogar in Europa.

Die historische Überlieferung kennt wirklich einen »Eginhard« oder »Einhard«, einen gelehrten Geheimschreiber des Kaisers, der die berühmte »Vita Caroli Magni« verfasst hatte. Er war aber nicht mit einer Tochter Karls des Großen namens »Emma« verheiratet, sondern mit »Imma«, einer Schwester des Bischofs von Worms. Die Sage von »Eginhard und Emma« geht auf die Liaison zwischen »Angilbert« und »Bertha« zurück. Bertha war eins der neun legitimen Kinder des Kaisers. Sie hatte

Abb. 37: Schlussbild aus »Eginhard und Emma«

ein Verhältnis mit Angilbert, seinem Hofgeistlichen, der als begabter Dichter auch »Homerus« genannt wurde. Nachdem sie zwei Kinder von ihm bekommen hatte, wurde sie vom Hof verbannt und gezwungen, in ein Kloster zu gehen.

So teilt Busch in dieser Geschichte nach allen Seiten ironische Hiebe aus: der enthusiastische Ruf nach dem deutschen »Reich« auf den Fundamenten des *»Heiligen Römischen Reiches Deutscher Nation«* wird genauso lächerlich gemacht wie der preußische Beamtenstaat und der höfische Katholizismus der Bayern, den er in München aus nächster Nähe beobachten konnte: Einerseits bestand ein Konkordat zwischen Bayern und dem Heiligen Stuhl. Der Katholizismus war Staatsreligion. Die Zivilehe war 1863 von liberalen Kräften im Landtag beantragt, aber von der Mehrheit empört abgelehnt worden. Wenn ein Protestant eine Katholikin heiraten wollte oder umgekehrt, blieb ihnen nichts anderes übrig, als außer Landes zu gehen. Andererseits leistete sich gerade die bayrische Königsfamilie erotische Eskapaden ohne Ende. Das »ehebrecherische« Verhältnis Ludwigs I. mit der schönen Tänzerin Lola Montez hatte 1847 zu einer schweren Regierungskrise geführt. Sophie Charlotte, die Verlobte des jungen Königs Ludwig II., hatte eine leidenschaftliche Beziehung zu einem Fotografen, einem Bruder des Busch-Freundes Hanfstaengl. Die Geschichte ging nicht so glimpflich aus wie Wilhelm Buschs Emma-Romanze. Niemand hatte Verständnis für die jungen Liebenden. Die Verlobung wurde annulliert und Sophie Charlotte zwangsweise mit einem französischen Adeligen verheiratet. Später kam sie in eine geschlossene Anstalt für Geisteskranke.[266]

Die meisten Bildergeschichten dieser Jahre zeichnete und schrieb Wilhelm Busch in Wiedensahl. München war für ihn eine Stadt dumpfer Bierseligkeit geworden, laut und ohne tiefere menschliche Beziehungen, besonders, seitdem Otto Bassermann nicht mehr dort lebte. Auch der Künstlerverein hatte sich aufgelöst. Busch schmerzte es nicht. Die Nachricht sei »ohne jede Spur von Trauer« an ihm vorübergegangen, schreibt er an Bassermann. Seine Mitgliedsbeiträge hatte er seit Ewigkeiten nicht mehr bezahlt.[267] Er vermisste München und die Kollegen nicht. Denn Wiedensahl war das Zentrum seines Lebens geworden. In seinen Briefen spielen die Landschaft und die Jahreszeiten seiner Heimat jetzt die Hauptrolle.

»Mein lieber Herr Braun«, schreibt er im Mai 1865 , »auch bei uns ist der Frühling ins Land gezogen. Schon vor vierzehn Tagen brummte mir der erste Maikäfer um die Ohren; im vollen Laube rauschen die Bäume; die Bienen füllen ihre Honigkrüge im gelbblühenden Raps; denn seit einem Monat bereits scheint jeden Tag die Sonne aus einem wolkenlosen Himmel herab. Der biedere Landmann richtet sein Auge nach Südwesten und sehnt sich nach dem Tage des Regens; während Unsereins … die Reihe der schönen Tage als eine Wohltat und ohne Murren entgegennimmt.«[268]

In fast allen Zeichnungen und Bildern spiegelt sich diese Fixierung auf Wiedensahl. Kopfweiden, Unterstände der Hirten, Katen im Kornfeld, Wiesen mit Bachlauf und Brücke, Herbstlandschaften, Tonkuhlen usw.: Es sind immer Motive der nächs-

Abb. 38: Landschaft bei Wiedensahl (Zeichnung von Wilhelm Busch)

ten Umgebung, die ihn beschäftigen, Bilder einer melancholischen Landschaft ohne Farbflecke und »Lichtblicke«.

Nichts von der zeitgenössischen Malerei dieser Jahre hat Buschs bildnerische Produktion auch nur im Geringsten beeinflusst: die Entdeckung des Lichts durch den Frühimpressionismus, die Darstellung der nackten Frau durch Manet, die Möglichkeit, neue Farben wie Anilingelb und Metalloxid-Töne zu benutzen, von der Kollegen wie Arnold Böcklin und Hans von Marées begeistert Gebrauch machten, das Spiel mit der Fotografie als Schwester und Helferin der Malerei, das Franz von Lenbach bereits nach Kräften auslotete.

Aber dazu hätte er wenigstens einmal nach Paris fahren müssen, um sich die Bilder von Courbet, Manet oder Ingres anzusehen. Oder wie Lenbach nach Italien reisen, um das südliche Licht, die Magie der Sonne, kennenzulernen, die Menschen und Landschaften in im Norden nie gesehene Farben tauchte.

Doch fremde Länder interessierten ihn nicht. Das Experiment »Antwerpen« hatte ihm bis auf weiteres gereicht. Nur manchmal überkam ihn eine Art innerer Unruhe, plötzlich nach München zu fahren, das er doch eigentlich meiden wollte, weil er es zu schal fand. Und dann war er plötzlich im August 1865 doch wieder da, vielleicht, um den Kontakt zu Braun nicht ganz zu verlieren, nahm sich ein möbliertes Zimmer auf der Schwanthaler Straße bei einer »Doktorswitwe, die aber diesmal ein gar hübsches Töchterlein« hatte. »Aber was will das sagen?«, schreibt er traurig an Bassermann. »Nur zuweilen erlaube ich mir einen schüchternen Seitenblick.«[269]

Vielleicht auch auf den jungen Ludwig, den melancholischen König, der sich zuerst noch einigermaßen begeistert ins Gewühl stürzte und sich auf Prozessionen und Bällen blicken ließ – doch bald immer eigenbrötlerischer, immer versponnener wurde, besonders, seitdem Richard Wagner in sein Leben getreten war, dieser herrische und verschwendungssüchtige Komponist aus Dresden, den seine Gläubiger durch halb Europa gejagt hatten. Ludwig holte den Meister nach München und versprach ihm den Himmel auf Erden, ein großes Gehalt, eine prächtige Villa, die Bezahlung seiner Schulden und ein eigenes Festspielhaus für den noch unvollendeten »Ring des Nibelungen«. Dieses Haus sollte das größte Gesamtkunstwerk seiner Zeit werden, das Theater der Zukunft, von Gottfried Semper geplant, auf herrlichem Grund an der Isar gelegen, mit antikisierender Freitreppe, streng symmetrischen Formen, indirekter Bühnenbeleuchtung und allen nur denkbaren technischen Neuheiten, die die moderne Ingenieurskunst zu bieten hatte. Aber am Ende wurde doch nichts daraus, denn Wagner machte sich schon in kurzer Zeit so unmöglich, dass er München in Schimpf und Schande verlassen musste, in Begleitung von Cosima, der Gattin des großen Wagner-Dirigenten Hans von Bülow.

Die von Bülow geleitete Uraufführung des »Tristan« hat Busch damals nicht miterlebt. Aber er sah viele andere Wagner-Opern, wozu es in München häufig Gelegenheit gab. 1864 waren »Lohengrin« und der »Fliegende Holländer« aufgeführt worden. Auf die Tristan-Uraufführung folgten 1867 der »Tannhäuser«, 1868 die »Meistersinger« und 1869 das »Rheingold«. Wilhelm Busch hat sich über Wagners Musik nicht schriftlich geäußert. Man muss aber annehmen, dass sie ihm nichts sagte, ihn vielleicht sogar abstieß. Er liebte Mozart, Schumann, Mendelssohn, allenfalls noch Brahms, der ihn wegen seines eingefleischten Junggesellentums auch als Person interessierte, liebte das Filigrane und Transparente in der Musik mehr als den großen Stimmen- und Orchesterlärm, der ihm wehtat. So schreibt er etwa in der Einleitung zu »Maler Klecksel«, dass er sich in einem überfüllten Konzertsaal geradezu physisch unwohl fühlte:

Man ist so voll humaner Wärme,
Doch ewig stört uns das Gelärme,
Das Grunzen, Blärren und Gegirre
Der musikalischen Geschirre,
Die eine Schaar im schwarzen Fracke
Mit krummen Fingern, voller Backe
Von Meister Zappelmann gehetzt,
Hartnäckig in Bewegung setzt …
Ich bin daher, statt des Gewinsels
Mehr für die stille Welt des Pinsels …[270]

Wagner-Opern fand er deshalb wohl eher kurios. Der immense technische Aufwand entlockte ihm einmal die sarkastische Bemerkung, »das sollte einmal umgekehrt aufgeführt werden, damit man die interessante Herrichtung und Maschinerie von hinten sehen könnte«.[271]

Cosima von Bülow war eine Tochter des großen Franz Liszt, der 1859 der Liebe und den Frauen ade gesagt und die niederen geistlichen Weihen empfangen hatte. Er trug seitdem nur noch Schwarz und ließ sich Abbé nennen, ein wahrhaft komischer Stoff, der für Busch wie gemacht gewesen wäre. Aber der Pianist in der berühmten Bilderfolge »Der Virtuos«, die 1865 als Beilage zu den »Fliegenden Blättern« erschien, ist *nicht* Liszt, sondern einer seiner zahllosen Nachahmer, die ihr Haar genauso schulterlang trugen wie er, um es am Klavier wirkungsvoll schütteln zu können, und die sein musikalisches Temperament vergeblich zu imitieren versuchten, indem sie so laut und schnell spielten, wie das arme Instrument es nur eben hergab. Schon seit Jahrzehnten bevölkerten diese Liszt-Persiflagen die Bühnen. Sie hielten sich selbst für Dämonen, für weitaus bedeutender als das Werk, das sie vortrugen. Oft spielten sie gar keine eigentlichen »Werke« mehr, sondern improvisierten »mit Bravour« über bekannte Opernmelodien von Rossini und Donizetti. Robert Schumann waren solche »Virtuosen« geradezu verhasst. Und auch Heinrich Heine hatte nur den bittersten Spott für sie übrig, verglich sie mit Zirkuskünstlern, sprach von »tours-de-force«, »unnützem Schall«, »Eyertänzen«, »Taschenspielereien« und »verschluckten Schwertern«.[272]

Genauso ein Typ ist Wilhelm Buschs »Virtuos«[273], der einem unterwürfigen Musensohn zu Neujahr ein Privatkonzert gibt. Busch weicht hier vom Schema seiner übrigen Bildergeschichten ab, indem er nach einer kurzen gereimten Einleitung keine gebundenen Texte, sondern nur noch Termini aus der musikalischen Fachsprache benutzt, um die einzelnen Sequenzen zu kommentieren: »Introduzione«, »Scherzo«, »Maestoso«, »Capriccioso« usw. Diese Bilderfolge ist nicht erst in neuerer Zeit als eine von Buschs genialsten und revolutionärsten gelobt wor-

Abb. 39: Der Virtuos – Fortissimo Vivacissimo

den, als zeichnerische Umsetzung von Zeit und Bewegung, in der eine »futuristische Multiplizierung der Glieder« stattfinde.[274]

Die Sequenzen haben etwas von einem Film, dessen Tempo sich bis ins Wahnwitzige steigert, bis er sich schließlich selbst zu zersprengen scheint. Ein Musikwissenschaftler hat von der »transzendenten Raserei des Finale furioso« gesprochen, das sich in die nur noch »surrealistisch sichtbaren, über dem Flügel tanzenden Notenzeichen« auflöse, »die kaum von den gesprungenen Saiten zu unterscheiden« seien. Zum Schluss stehe der »Virtuos« in der »Pose des absolutistischen Herrschers« vor dem Klavier, während ihm der Schweiß aus den Haaren in eine Holzkiste rinnt.[275]

Diese Bilderfolge verkaufte sich gleich nach ihrem Erscheinen wie rasend und machte Busch mit einem Schlag berühmter, als viele seiner größeren Geschichten es jemals tun würden. Bis weit ins 20. Jahrhundert fühlten sich bildende Künstler dadurch inspiriert. August Macke schrieb einmal an den Galeristen Herwarth Walden, er lehne den Begriff »Futurismus« als verfehlt ab, soweit ihn die Italiener als ihre Erfindung beanspruchten. Schon Wilhelm Busch sei »Futurist« gewesen und habe »Zeit« und »Bewegung« virtuos ins Bild gebannt.[276] Obwohl die Sequenz einige Vorbilder in den Musiker-Karikaturen Grandvilles hat[277], an denen sich Busch sicher bewusst orientierte, ist er damit weit über sich selbst und die Grenzen des Genres hinausgewachsen, vielleicht mehr, als er selber ahnte. In keinem einzigen seiner Ölbilder hat er sich jemals auch nur annähernd so revolutionär verhalten. Von dem fast durchgängigen Hang zum Monothematischen und dem starren Sich-Abgrenzen gegen Strömungen der Zeit ist in »Karikaturen« wie dieser rein gar nichts zu spüren, sodass sie wie die Werke einer anderen Person wirken: einer Person, die im Hier und Jetzt lebt, ein untrügliches Gefühl für das sich beschleunigende Tempo der Moderne hat und die neuen Möglichkeiten der Fotografie und des Films genial in das Medium der Zeichnung transportiert.

ZWISCHEN ZWEI MÜTTERN

9

Im Juli 1866 wurde Wilhelm Buschs Mutter Henriette plötzlich sehr krank. Eine Serie von Schlaganfällen zwang die Dreiundsechzigjährige zu einer ausgiebigen Ruhepause, wahrscheinlich der ersten in ihrem Leben. Busch war völlig perplex. Dass seiner Mutter etwas zustoßen könnte, war in seiner Planung nicht vorgesehen. Sie war immer so fleißig, zuverlässig und diszipliniert, beinahe unfähig, sich zu entspannen. Für seine Eskapaden hatte sie immer Verständnis gehabt. In einem Brief an Bassermann spricht Busch von der »unerwartet eingetretene(n) ernste(n) Krankheit« seiner *guten* Mutter.[278] Es ist das erste Mal, dass er sie überhaupt brieflich erwähnt. Und dass er sie *charakterisiert*, wenn auch nur oberflächlich durch das Adjektiv »gut«. »Wie sehr in der Zeit meine gute Laune dahinschwand, magst du dir vorstellen«, schreibt er weiter. Fürs Erste wolle er nun in Wiedensahl bleiben. Seine Druckstöcke für Kaspar Braun könne er genauso gut dort wie in München zeichnen.

Angeblich soll Wilhelm Busch seine Mutter ganz bewusst niemals porträtiert haben – eine fragwürdige These der neueren Busch-Forschung. »Das einzige Bild, das der Sohn von ihr gemalt hat und das sie, auf einem Stuhl sitzend, in Rückansicht zeigt, … läßt Buschs ambivalente Gefühlseinstellung klar und deutlich erkennen«, heißt es etwa bei Gert Ueding, »die gesichtslose Mutter, die sich abkehrt, hat doch ein Baby, offenbar ein Enkelkind auf dem Arm, dessen Gesicht nun dem Betrachter zugewandt ist: So drückt sich Buschs ein Leben lang währende Sehnsucht nach einer mütterlichen Mutter aus, die ihn umfängt, auf den Arm nimmt, tröstet und vor der Härte des Vaters schützt. Ein Bild der Enttäuschung und ein Wunschbild zugleich, Allegorie eines schwerwiegenden Defizits, für manche spätere Kompensation verantwortlich, für die Nikotinsucht …, für die Schlägephantasien und Angstgefühle, für das fehlende

Abb. 40: Wilhelm Buschs Mutter mit Baby (Zeichnung von Busch)

Selbstbewußtsein und den Einschränkungszwang, für… das Anklammerungsverhalten an die heimatliche Landschaft.«[279]

Nun handelt es sich bei diesem Bild aber nicht, wie Ueding vorgibt, um ein Gemälde, sondern um eine Zeichnung. Eine flüchtige Skizze, von der die Mutter vielleicht nicht einmal etwas gewusst hat. Sie hatte keine Zeit, ihrem Sohn Porträt zu sitzen. Denn in der streng protestantischen Vorstellungswelt, in der sie lebte, hatten Porträtsitzungen etwas Eitles, Selbstgefälliges und vor allem Unnötiges. Vielleicht ist das die Erklärung für das Fehlen eines »Mutterbildes« bei Wilhelm Busch. Oder auch nicht. Denn einige seiner Zeichnungen von »alten Frauen« könnten sehr wohl seine Mutter darstellen, ohne dass es expressis verbis vermerkt worden wäre. Auf einem irrtümlich auf die »Mitte der 70er Jahre« datierten Blatt[280] ist eindeutig dieselbe Frau wie auf dem von Ueding zitierten Bild zu sehen – diesmal allerdings in Vorderansicht und als Einzelfigur. Sie trägt dieselbe Haube mit einfachem Rüschenrand, dasselbe große, dreieckige Umschlagtuch und denselben bodenlangen Rock. Sogar der Stuhl, auf dem sie sitzt, scheint derselbe zu sein. Sie ist hager und abgearbeitet, von sehr schmaler Gestalt. Ihr Haar trägt sie über der Stirn schlicht gescheitelt. Ihren Blick wendet sie nicht dem Betrachter zu, sondern senkt ihn ins Leere. Unter den hochgeschobenen Ärmeln werden ihre langen, sehnigen Arme sichtbar. Die großen Hände umfassen ein Knie, als ob es schmerzen würde. Die Füße stecken in den für die Region typischen Holzpantinen. Kein Möbelstück und kein Dekorationsgegenstand ziert den Raum. Den Hintergrund bildet eine verschlossene Tür. Müdigkeit, Erschöpfung und Resignation sprechen aus dem Bild. Statt »ambivalenter Gefühle« kann man eher tiefes Mitleid mit einer Frau herauslesen, deren Leben nur »Mühe und Arbeit« gewesen ist.

Henriette Busch wurde während ihrer Krankheit von Johanne gepflegt, ihrer Schwiegertochter, die Wilhelm Buschs Bruder Adolf im Juli 1865 geheiratet hatte. Die gebürtige Bremerin litt in dem gottverlassenen kleinen Dorf unter Heimweh und Einsamkeit, weshalb sie sich unentwegt überall nützlich zu machen versuchte, im Laden, als Krankenschwester, im Haushalt, auf dem Feld und als Briefpartnerin ihrer anspruchsvollen Schwäger Otto und Wilhelm. Beide waren Junggesellen und würden es bleiben. Beide sahen in Johanne eine Art Haushälterin, die aus der Ferne für ihr tägliches Wohl zu sorgen hatte: Sie

Abb. 41: Alte Frau, sitzend (Zeichnung von Wilhelm Busch)

stickte ihnen Geldbörsen, schickte ihnen Rotwurst und Wiedensahler Brot, versorgte sie mit Kaffee und Tabak aus dem Kramladen, ließ ihnen sogar Hemden beim Wiedensahler Schneider nähen, an denen Wilhelm Busch allerdings ständig etwas zu mäkeln hatte, da sich seine Figur je nach Bierkonsum oft veränderte.[281] Ganz »nebenbei« war sie natürlich auch noch Mutter. In den ersten sieben Jahren ihrer Ehe brachte sie vier Kinder zur Welt, nach denen Busch sich allerdings nur selten erkundigte. Johanne und seine Mutter hatten für ihn etwas von den selbst- und geschlechtslosen Arbeitsbienen, die er bei seinem Onkel, dem Imker, so oft beobachten konnte. In einem Aufsatz aus dem Jahr 1867 schreibt er:

> »Solch eine Arbeitsbiene ist ein merkwürdig in sich verschlossenes, auf ganz bestimmte Tätigkeiten erpichtes Geschöpf. Geschlechtslos, ohne eigentliche Leidenschaft, tut sie ihre Pflicht mit einer Ausdauer, mit einer fatalistischen Todesverachtung, als ob sie dazu beeidigt wäre. Sie bedient die Königin, sie stellt die Wachen, sie mißt und mauert die wunderbaren Polygone und Weiselwiegen, sie kocht den Kinderbrei für die heranwachsende Brut, sie lüftet die Gemächer, fegt den Kehricht vor die Tür und begräbt die Toten.«[282]

Und für das alles würde sie am Ende mit nichts anderem belohnt als dem frühen Tod. Ein typisches Frauenschicksal.

»Die Flügel nutzen sich ab, die Kräfte erschlaffen; Meisen, Schwalben, Hornissen und sonstige Wegelagerer stellen ihnen nach; der Sturm und Regen schlägt sie nieder, und der verräterische Spiegel des Stromes lockt sie in die Tiefe.«[283]

Wilhelm Busch schrieb in dieser Bienen-Euphorie eine Bildergeschichte, »Schnurrdiburr oder die Bienen«[284], die 1869 als selbstständiges Büchlein bei Kaspar Braun erschien. Es ist ein niedliches, diesmal garantiert jugendfreies Stück, in dem niemand eines grausamen Todes sterben muss oder unnötig gequält wird, in dem Mensch, Pflanze und Tier eine gemeinsame Sprache sprechen und sogar eine Liebesgeschichte ein *Happy End* findet: die zwischen Christine, der rundlichen Tochter des Imkers Dralle, und ihrem wesentlich älteren ehemaligen Lehrer Knörrje. Geographisch ist die Geschichte im Hannoverschen angesiedelt. Dralle, dem bäuerlichen Mittelstand angehörend, spricht Niederdeutsch und freut sich, als sein mageres Schwein durch ein paar Bienenstiche derartig anschwillt, dass er es teuer an den nächstbesten Metzger verkaufen kann. Dem Leser wird ein Blick in das Innenleben eines Bienenstammes erlaubt, der allerdings mit der Realität wenig zu tun hat. Unentwegt sind die fleißigen, sauberen Arbeitsbienen aktiv, als Hüterinnen der Kinder und Zofe der Königin, die zu ihrer Hochzeit ein rauschendes Fest gibt, *ohne* die Drohne anschließend zu töten. Ein Orchester aus lauter Insekten spielt zum Tanz auf, Maikäfer torkeln glücklich und betrunken zu Walzerklängen, eine Aurikel und eine Primel verlieben sich ineinander. Und zum Schluss dieser stark von Grandvilles Insektenballetten inspirierten Geschichte, in der auch noch ein entlaufener Tanzbär und ein unglücklich verliebter Vierzehnjähriger eine Rolle spielen, darf Christine ihren Knörrje endlich heiraten.

Busch hatte seine liebe Not mit dem Stoff, der eigentlich viel zu idyllisch für ihn war, weshalb er die Arbeit immer wieder unterbrach. In diesem heißen Sommer des Jahres 1868 lenkten ihn tagsüber die Fliegen ab, während ihn nachts Schwärme von Mücken umkreisten. Ein ruhiges Plätzchen unter einem Obstbaum zu finden, war unmöglich, da sich sofort Scharen von

Abb. 42: Aus »Schnurrdiburr oder die Bienen«

Ameisen, Ohrwürmern und Tausendfüßlern näherten. »Satansgezücht«, »Ausgeburten des Schlammes«, »teuflisches Geschmeiß«, schreibt er an Kaspar Braun[285] über dieselben Insekten, die er in seiner Geschichte als so menschlich und freundlich darstellt.

Am 30. August, auf dem Höhepunkt dieses tropischen Sommers, starb sein Vater. Knapp sechs Wochen später teilt er es Braun mit. Ziemlich sachlich und ungerührt, ohne nähere Schilderung der Umstände, der Todesursache oder der Reaktion seiner Mutter. Kein Wort über die Persönlichkeit dieses fleißigen Mannes. Kein Wort über die Poesie, die in diesem scheinbar so nüchternen Kaufmann gesteckt hatte. In dem Rezeptbuch mit den vielen dichterischen Notizen fand man auch den Entwurf zu einer Geschichte über »Franz und Fritz«, zwei freche Jungen, die so lange mit einer geladenen Schrotflinte spielen, bis sich ein Schuss löst.[286]

Buschs Vater hatte kein Testament hinterlassen, aber noch pünktlich seine Steuererklärung gemacht. Alles war wohlgeordnet. Es gab ca. 4000 Reichstaler Betriebskapital und Waren- und Lagerbestände von etwa gleichem Wert.[287] Allerdings waren die Geschäfte in der letzten Zeit schlechter gegangen, nicht nur wegen der unverminderten Armut und Not der Tagelöhner, sondern auch, weil seit 1866 immer mehr jüdische Händler übers Land fuhren, die ihre Waren oft billiger oder im Tausch gegen Vieh und Getreide anboten. Die Welfenkönige hatten die Niederlassung von Juden stark reglementiert. Aber seitdem das Land 1866 preußisch geworden war, galt das sogenannte »Emanzipationsedikt«, nach dem sie ähnliche Rechte hatten wie die Christen. Von überall her zogen jetzt Juden in das ehemalige Königreich Hannover, aus Hameln, Bochum, Minden und Goslar, aber auch aus Posen, Lissau, Danzig und Dublin – als Kaufleute, Ärzte, Rabbiner und Industrielle, die bald den Neid ihrer christlichen Umwelt auf sich zogen, besonders durch den Bau einer prächtigen Synagoge in der hannoverschen Neustadt. Bisher hatte man in Wiedensahl nichts mit den Juden zu tun gehabt. Jetzt drohten sie plötzlich zur Konkurrenz zu werden.

Wahrscheinlich ist die Bildergeschichte »Hans Huckebein, der Unglücksrabe«[288], die im Herbst 1867 in Eduard Hallbergers Zeitschrift »Über Land und Meer« erschien, als satirische Reaktion auf diese Vorgänge zu werten. Denn der Rabe, dieser »größte Lump« mit seiner »schwarzen Seele«, der sich so wundersam abrichten und dressieren lässt, zu den putzigsten Streichen fähig ist, aber auch stiehlt, tötet und Nester plündert, sich von Aas ernährt und seit jeher für Unheil und Tod stand: Dieser Gefährte der Hexen, Teufel und Untoten wurde in der Karikatur des 19. Jahrhunderts gern als Symbol für »den« Juden benutzt, besonders für den als hässlich und hinterlistig geltenden Ostjuden mit seiner schwarzen Kleidung und seiner großen, gebogenen Nase.[289] Viele der neu zugewanderten polnischen Juden hießen »Kruk«, was so viel wie »Rabe« bedeutet. Vom Wortklang her erinnert »Rabe« an »Rabbi« oder »Rabbiner«. Einige Monate vor der Publikation dieser Bildergeschichte hatte der dänische Erzähler Meir Aaron Goldschmidt, Herausgeber des Satireblatts »Corsaren«, einen Roman mit dem Titel »Der Rabe« geschrieben, dessen Held, Simon Levi, ein kleiner, buckliger, witziger, schlauer Überlebenskünstler ist, eine Art menschliches Pendant zu »Hans Huckebein«. In Analogie zu dem durchaus ambivalenten Bild des Raben in der Volksüberlieferung – er ist der Galgenvogel, aber auch der Göttervogel, er verkündet Unheil wie den Brudermord Kains an Abel, aber rettet auch den Propheten Elias vor dem Hungertod – hat dieser »Hans Huckebein« durchaus nicht nur schlechte und unsympathische

Abb. 43: Hans Huckebein

Züge. Er ist Spielgefährte des kleinen Fritzchen. Er ärgert die alte Tante, die dem Alkohol frönt. Er triumphiert über die Intelligenz von Kater und Spitz. Er bringt den ganzen gutbürgerlichen Haushalt der Tante durcheinander, indem er alles beschmutzt und zerstört, was »die Ordnung« repräsentiert: die frisch gewaschene Wäsche, den penibel aufgeräumten Geschirrschrank, den Korb mit den Eiern, den Bierkrug, das Strickzeug und die Kirschlikörflasche.

Eigentlich ist er ein Terrorist und ein Revolutionär, die animalische Fortsetzung von »Max und Moritz«. Und als er sich am Ende selbst mit dem Strickzeug erwürgt, hat man heftiges Mitleid mit dem armen Kerl, dessen Streichen man gern noch länger zugesehen hätte. Die Tante erklärt zwar, dass »Bosheit … sein Hauptpläsir« gewesen sei; aber sie selbst ist als moralische Instanz kaum ernster zu nehmen als die Witwe Bolte, mit der sie übrigens große Ähnlichkeit hat.

Die Idee vom Anarchismus des »jüdischen« Raben kam Wilhelm Busch sicher auch deshalb, weil die brillantesten Köpfe der »Revolution« Juden waren. Am 11. September 1867, wenige Wochen vor der Publikation von »Hans Huckebein«, war Karl Marx' Hauptwerk »Das Kapital« bei Meissner in Hamburg erschienen. Marx lebte zwar schon seit langem im englischen Exil. Aber einer seiner Hauptfürsprecher in Deutschland war der jüdische Frauenarzt Louis Kugelmann, ein von den Preußen jahrelang verfolgter Mitstreiter der Ersten Internationalen, der in Hannover eine gut gehende gynäkologische Praxis betrieb. Er war bekannt, wenn auch nicht überall beliebt in der Stadt. »Wenn wir überall einen so guten Apostel hätten wie in Hannover, dann wäre die Auflage schon vergriffen«, schrieb der Verleger des

»Kapital« an Karl Marx.[290] Wahrscheinlich kannte man seinen Namen auch in Wiedensahl.

So gelesen, wäre »Hans Huckebein« auch eine Anti-Assimilationsgeschichte. Denn dieser Rabe hat zwar ungemein menschliche Züge. Er kann sich freuen, sich ängstigen, boshaft, verschmitzt oder wütend sein. Aber er integriert sich letztlich nicht, sondern stirbt an den zivilisatorischen Einrichtungen der Gefangenschaft, in die ihn ein böses Geschick gebracht hat. Auf jeden Fall zählt er zu Wilhelm Buschs absoluten Meisterstücken und ist keineswegs eins zu eins »antisemitisch« zu lesen. Wobei eine gehörige Portion Selbstironie darin liegt, dass einer seiner eigenen Vorfahren »Antonius Corvinus«, also »Rabe« hieß – ein Verweis auf das »Fremde«, das »Jüdische« in uns allen.

Mit dem Tod seines Vaters war Wilhelm Busch zum ältesten Mann seiner großen Familie aufgerückt, eine Rolle, die er nicht immer sehr glücklich ausfüllte. Wichtige Verfügungen über die Verteilung des Erbes traf er allein oder bestenfalls in Absprache mit seinem Bruder Gustav, der eine gut gehende Konservenfabrik in der Nähe von Wolfenbüttel eröffnet hatte. Die Brüder Otto, Hermann und Adolf wurden vollkommen übergangen, die Frauen erst gar nicht gefragt. Für Fanny sollte ihr Mann, Pfarrer Nöldeke, handeln, die Mutter von allem »Juristische(n)« und »Unangenehme(n)« möglichst ferngehalten werden.[291] Bei der Erbauseinandersetzung ging Busch von dem zunächst sinnvollen Gedanken aus, seinem Bruder Adolf das Geschäft, das Haus und die Landwirtschaft zu überlassen. Adolf hatte eine Kaufmannslehre gemacht und dem Vater seit Jahren zur Seite gestanden. Die Geschwister sollten natürlich ausgezahlt werden, und zwar möglichst sofort. In Unkenntnis der angespannten Geschäftslage hatte Wilhelm Busch sich einen Betrag von 7.500 Reichstalern ausgerechnet, von dem Fanny den größten Anteil erhalten sollte, da sie bei ihrer Hochzeit keine Aussteuer bekommen hatte. Um eine derart hohe Summe aufzubringen, hätte Adolf Busch das gesamte Betriebskapital und den größten Teil der Lagerbestände aufbieten müssen. Das wäre das Ende des Ladens gewesen, das Ende seiner wirtschaftlichen Existenz. Vielleicht weigerte er sich, geriet in Panik oder bat um Stundung. Busch wurde gleich unangemessen scharf im Ton. Obwohl seine Schwägerin Johanne gut für seine Mutter sorgte, unterstellte er ihr plötzlich, dass sie »Mama« nicht »anständig« behandeln würde, und schlug deshalb ihre Unterbringung »außerhalb des Hauses« vor.[292] Es kam eine ungute Stimmung auf. Man schrieb sich Briefe, anstatt offen miteinander zu reden. Der endgültige Bruch wurde zwar mit Rücksicht auf die Mutter unterdrückt, aber er war auf lange Sicht nicht mehr zu vermeiden.

Im Juni 1867 war Wilhelm Busch zum ersten Mal zu Besuch bei den Kesslers gewesen, jener reichen Frankfurter Bankiers- und Industriellenfamilie, die seinen Bruder Otto als Hauslehrer für die Söhne Hugo und Harry beschäftigte. Sie wohnten in einer neuen Villa an der Bockenheimer Landstraße Ecke Wiesenau, gleich neben dem Garten der Rothschilds. Otto hatte schon viel vom Reichtum und Luxusleben der Familie Kessler erzählt. Aber was Busch dort sah, übertraf wohl alle seine Erwartungen: ein riesiges, schlossähnliches Anwesen im klassizistischen Stil mit mehreren Flügeln, mit vielen großen Balkonen und Veranden, die von antikisierenden Säulen getragen wurden, gelegen in

Abb. 44: Villa Kessler

einem großen, mit hohen Bäumen bestandenen Park, in dem Bruder Otto sogar neue Bienenstämme züchten durfte.

Die mütterlichen Vorfahren des Hausherrn, des Bankiers Johann Daniel Heinrich Kessler, waren Hugenotten, die in Frankfurt eine Gesellschaftsklasse für sich bildeten. Sie trugen klangvolle Namen wie Gontard und Du Bosc, sprachen immer noch Französisch miteinander, lasen französische Zeitungen und französische Literatur. Selbst für seine Frau, eine geborene Kolligs, war der schmale, asketisch und streng wirkende Mann fast wie ein Fremder, immer für seine Bank und Manufakturwarenhandlung unterwegs, die Filialen in Manchester und sogar New York betrieb. Johanna Kessler war nur ein Jahr älter als Busch und trotz der Geburt von sieben Kindern noch immer sehr attraktiv. Mit ihrem schmalen Gesicht und ihrer schlichten, in der Mitte gescheitelten Knotenfrisur war sie ein ähnlicher Typ wie die »sitzende alte Frau« auf der undatierten Zeichnung, die vermutlich seine Mutter darstellt. Sie war schlank und diszipliniert, zu eitel, um Fett anzusetzen. Aber unter ihren schwarzen Kleidern mit den weißen Spitzenmanschetten ahnte man einen großen, mütterlichen Busen.

Für die Kinder und den Haushalt hatte sie Personal. Deshalb konnte sie sich ganz ihren Liebhabereien widmen. Sie war eine große Kunst- und Musikmäzenin, sammelte neben Werken der alten Niederländer auch zeitgenössische Kunst wie Bilder von Lessing und Spitzweg. Maler, Musiker und Philosophen verkehrten in ihrem Salon, unter anderem Anton Burger, der Begründer der »Kronberger Malerschule«. Als der junge Hauslehrer Otto Busch ihr zum ersten Mal ein Ölbild seines Bruders Wilhelm zeigte – das winzige Bildchen vom »kleinen Kretzer«, dem Lüthorster Tagelöhnerjungen, der mit einem aufgeschlagenen Buch in der Hand seine Ziege hütet –, meinte sie gleich, dass ein großer Maler in ihm stecke. Auch Burger, der Malerfürst, teilte diese Überzeugung. Er war acht Jahre älter als Wilhelm Busch und wie er ein Verehrer der alten Niederländer. Anders als Busch stand er aber auch der neueren französischen Malerei nahe, besonders Courbet und Corot, die er in Paris persönlich kennengelernt hatte. Sie wurden jetzt auch in Deutschland immer bekannter. Auf der Internationalen Kunstausstellung im Münchener Glaspalast hingen ihre Werke neben Bildern von Dürer und Böcklin. Anton Burger sog all diese Einflüsse in sich auf und integrierte sie in gefällige Porträts, Genreszenen und Taunus-Landschaften, die in vielen Frankfurter Salons hingen. *So* ein Maler, wünschte sich Frau Kessler, sollte auch Wilhelm Busch werden. Seinen satirischen Bildergeschichten gewann sie nicht besonders viel ab.

Zuerst richtete sie ihm eins ihrer Gästezimmer ein, dann eine Kutscherwohnung, in der er sogar eine eigene Haushälterin bekam, Marie Euler, die ihn von morgens bis abends bediente, außerdem ein Atelier mit schönstem Nordlicht auf dem Kettenhofweg, das er in wenigen Minuten zu Fuß erreichen konnte. Er sollte, wünschte sie sich, keine finanziellen Sorgen mehr haben, sich von München und Kaspar Braun völlig lösen und für immer nach Frankfurt ziehen. Abends nahm sie ihn mit in die Oper und ins Konzert. Für ihre Gesellschaften ließ sie ihn Einladungen und Programmzettel zeichnen. Man kann wohl sagen, dass sie ihn kaufte. Liebte sie ihn auch? Hatten sie intime Beziehungen? Die Frage ist schwer zu beantworten. Denn in ihren Briefen blieben sie immer beim »Sie«. Erst nannte er sie seine »verehrte Frau Kessler«, später seltsamerweise »liebe Tante«. Aber vielleicht diente das eher dem guten Ton und der Tarnung. Eine Scheidung hätte Frau Kessler sich nicht leisten können. *Ihre* Briefe hat Busch vernichtet. So weiß man nicht viel über die Persönlichkeit dieser Frau, über die der Maler Kaulbach später an einen Neffen Buschs schreiben würde:

> »Ich kenne verschiedene Leute, die … mir sagten, daß diese Dame einst durch ihr Äußeres wie durch ihr Wesen alle Leute entzückt habe.«[293]

Eine wichtige Rolle in dieser Beziehung spielten die »freundlichen Kindergestalten«[294], die sich rasch mit dem »Onkel« befreundeten. Die Söhne Harry und Hugo waren Ottos Domäne. Aber die beiden Kleinen, Nanda und Letty, wuchsen Busch fast wie Ersatztöchter ans Herz. Sie waren noch keine zehn, als er

Abb. 45: Porträt Johanna Kessler (Ölgemälde von Wilhelm Busch)

zum ersten Mal in ihr Haus kam, sehr ernst und sehr brav, aus der Firmenhierarchie ebenso ausgeschlossen wie aus den gelehrten Privatstunden, die man ihren Brüdern erteilen ließ. Wilhelm Busch brachte sie oft zum Lachen. Es war immer komisch mit ihm. Schon morgens, bevor sie zur Schule gingen, erzählte er ihnen seine selbst erfundenen Geschichten. In keinem Brief, den er ihrer Mutter schickte, fehlte ein herzlicher Gruß oder eine längere Beilage an sie, oft mit Versen und Illustrationen:

Ihr wißt ja wohl! Wo ich auch bin,
Euch beide hab ich stets im Sinn;
Sei's nun zu Frankfurt an dem Maine,
Sei's zu Hannover an der Leine;
's ist ganz egal und einerlei:
Ich denk an die bewußten Zwei!

Jetzt bin ich hier, wie ihr ja wißt,
Beim Pfarrer, der mein Onkel ist,
In einer wunderschönen Gegend:
Allein es regent, regent, regent! –
Den ganzen Tag von Morgens früh
Trägt jeder Mensch den Paraplü;
Und legt er abends sich zur Ruh
Und deckt die müden Glieder zu,
So horcht er noch mit stillem Grausen,
Wie draußen Wind und Regen sausen.
»Na!« – denkt er dann und dämmert ein –
»S' wird Morgen ja wohl annersch sein!« –
Ja, prost! – Des Morgens in der Früh
Plitschtplatscht es draußen wie noch nie …[295]

Neben Johanna, Nanda und Letty gab es noch eine Vierte, die ihm sehr gut gefiel, vielleicht besser, als es ihrer Mutter genehm war: Lina, die Älteste, zwanzig Jahre jünger als er, auf den Gesellschaften manchmal seine Tischnachbarin, was ihn sehr entzückte. »Sie hat zwei lange blonde Locken über den Nacken herabhängen, das liebe Kind«, schreibt er an Bassermann.[296] Aber Lina wollte nichts von ihm wissen, was ihn sehr kränkte. Sie hielt sich lieber an einen jungen Herrn Ried, den sie später auch heiratete. Wilhelm Busch rächte sich auf seine Weise und stattete die nicht mehr ganz taufrische »fromme Helene«, die, von Onkel Nolte hinausgeworfen, verzweifelt auf der Suche nach einem Mann ist, mit zwei laszi-ven, über den Nacken hängenden blonden Locken aus…

Abb. 46: Nanda und Letty Kessler

Busch fuhr in diesen letzten 1860er Jahren beinahe hektisch zwischen Frankfurt, Wiedensahl, Lüthorst und Wolfenbüttel, dem Wohnsitz von Bruder Gustav, hin und her, ohne sich irgendwo dauerhaft niederzulassen. Seinem Verleger Braun teilte er mit, dass er vorläufig nicht mehr nach München kommen werde. »Auch mir ward der Main eine Linie, die ich nicht so bald überschreiten sollte.«[297] Doch kaum war er einige Wochen bei den Kesslers in Frankfurt, packte ihn wieder die Sehnsucht nach der Heimat, nach dem alten Wiedensahl. Haushälterin Marie oder Mary, die übrigens einer strengen Sekte angehörte, sexuell also völlig unverdächtig war, gab sich zwar redliche Mühe mit der einfachen Hausmannskost, die Busch so sehr schätzte – Pellkartoffeln mit Weißkohl und Speck, Hering, saure Gurken und selbst gemachtes Schmalz, in das er sein Brot tunkte. Aber gerade dieses Brot schien ihm nirgendwo so gut zu schmecken wie in Wiedensahl. Das Frankfurter Brot kam ihm wie ein ausgetrockneter Schwamm vor. Selbst seine Verdauung funktionierte hier nicht. Er meinte es Schwägerin Johanne genau mitteilen zu müssen:

»Ob ich nun zu wenig Bewegung habe, ob es das Alleinessen macht – ich weiß nicht – kurz!… Es fehlt mir eben dasjenige, was man im schlichten, bürgerlichen Leben einen ›richtigen Stuhlgang‹

Abb. 47: Selbstporträt in holländischer Tracht

zu nennen pflegt. Da bin ich denn manchmal recht schlechter Laune.«[298]

Im Februar 1869 heiratete Otto Bassermann seine langjährige Braut Marie Nietzschke und lud Wilhelm Busch herzlich zur Hochzeit ein. Busch hatte es kommen sehen. Aber tief schockiert war er trotzdem. War das das Ende dieser wunderbaren Männerfreundschaft? Würde es zwischen ihnen jemals wieder so werden wie früher? »Muß ich Dir sagen, wie gern und dankbar ich mich an die Zeit erinnere, als wir uns täglich nahe waren? Sollten wir das wohl je vergessen können?«, schreibt er beinahe vorwurfsvoll an den Freund.[299] Es folgen einige herablassende Bemerkungen über die Ehe, zu der Busch offiziell natürlich viel Glück wünscht: »Ein solides, ehrliches Geschäft, ein altbewährtes Geschäft!« – Ja, sicher werde er irgendwann einmal nach Heidelberg zu Besuch kommen und sich die Sache aus der Nähe ansehen. Aber zur Hochzeit? Nein! Er (37 Jahre) sei jetzt ein »ältlicher Herr mit Bauch und Glatze« und für solche Feste zu alt. Außerdem bleibe er lieber hinter dem Ofen sitzen und denke, »von den sanft dahinschwebenden Wolken bläulichen Dampfes umhüllt«, an die schönen alten Zeiten.[300]

Zunächst schien es, als ob Johanna Kesslers Pläne mit Busch aufgehen würden. In seinem Atelier am Kettenhofweg war er enorm produktiv und ließ die Arbeit für Kaspar Braun fast völlig ruhen. Er ging oft ins Städelsche Kunstinstitut, um die alten Niederländer zu studieren, von denen er sein Leben lang nicht mehr loskam. Früher hatten sie seine Landschaftsbilder beeinflusst. Jetzt spiegelten sie sich in der Serie von Selbstporträts, die er in den Frankfurter Jahren malte, Selbstporträts mit Hüten, Weingläsern und in holländischer Tracht, zum Teil direkt auf Frans Hals Bezug nehmend.

Sein Haar war inzwischen über der Stirn etwas schütter geworden. Dafür hatte sich der Schnäuzer in einen imponierenden Vollbart verwandelt, der ihm etwas Männliches und Bedeutungsvolles gab, etwas sehr Künstlerisches und sehr Selbstbewusstes. Wahrscheinlich wollte Johanna Kessler ihn so haben: als Gegenbild zu ihrem strengen, weißhaarigen Mann, der bis auf die Koteletten ganz bartlos war und eher wie ein hugenottischer Pfarrer oder Gelehrter aussah.

Aus Gefälligkeit gegenüber seinen Gastgebern porträtierte Wilhelm Busch mehrere Mitglieder der Familie, vor allem natürlich Johanna selbst, deren Kopf er sogar modellierte. Er verzichtete dabei auf jedes Experiment, war beinahe ängstlich um realistische Darstellung bemüht, ohne den Versuch, Charakterzüge herauszuarbeiten. Auch die Porträts seiner eigenen Familienmitglieder haben in dieser Zeit etwas Domestiziertes und Braves. Pastor Kleine sitzt steif wie ein Schuljunge an einem Tisch und notiert sich etwas. Bruder Otto in seinem aufwendigen holländischen Kostüm, das er auf einer Kessler'schen Abendgesellschaft tragen musste, sieht aus wie von Frans Hals gemalt. Nur die in Lüthorst entstandenen Kinderbilder dieser Zeit wirken etwas freier, weil es sich hier nicht um reine Porträts, sondern um die Darstellung von Typen handelt, um Charakter- und Verhaltensstudien »unartiger« Landkinder, die nicht brav wie die Kessler-Söhne zur Privatstunde gehen, sondern sich balgen oder an den Fingernägeln kauen.

So ist die künstlerische Ausbeute jener Jahre quantitativ groß, aber qualitativ mager, das Ergebnis des zum Scheitern verurteilten Versuchs, einen anderen Menschen aus Busch zu machen und ihn seiner beiden Haupteigenschaften zu entwöhnen: des satirischen Blicks auf die Welt und des Einzelgängertums.

Bei ihren Erziehungs- oder Umerziehungsversuchen ist Johanna Kessler merkwürdig inkonsequent vorgegangen. Sie mietete ihm ein schönes Atelier, aber sie sorgte nicht dafür, dass er ordentliche Materialien benutzte. Von Biographen und Kunsthistorikern wird durchgängig beklagt, dass er »einen geradezu sträflichen Leichtsinn … in der Wahl seiner Malgründe an den Tag« legte.[301] »Oft verzichtete er auf eine Grundierung. Viele Malpapiere sind auf scheußlich unebene Pappen aufgezogen. In Wolfenbüttel malte er … freiweg auf breitgemaserte, in der Regel nur durch eine Gratleiste gesicherte, notdürftig geglättete Fichtenholzbretter, ohne Rücksicht auf Astholzeinschüsse oder Rissgefahren. Ausgesuchtes Kistenholz!«[302] Auch für die Porträts der Familie Kessler verwendete er billigste Pappe. Einzige

Ausnahme: das Bildnis der Hausherrin, das auf Leinwand gemalt ist. Mit seinen 63 mal 53 Zentimetern gehört es schon zu den größten Bildern von Wilhelm Busch überhaupt. Das Porträt ihres Mannes ist kaum halb so groß, das von Tochter Letty mit 21 mal 17 Zentimetern winzig klein, eigentlich nur ein »Bildchen«. Doch für Busch waren diese Formate normal. Angeregt durch das Vorbild seines Lehrers Dyckmans in Antwerpen[303], der seinerseits alten niederländischen Beispielen folgte, hatte er es sich schon früh zur Gewohnheit gemacht, seine Bilder fast durchweg so kleinformatig zu malen, dass er sie schnell in die Tasche oder Schublade stecken konnte, wenn ihn jemand bei der Arbeit überraschte. Schon seinen Münchener Studienkollegen war es aufgefallen, dass man ihn nie wie die anderen im Atelier sitzen sah, lange Zeit an ein und demselben Bild arbeitend. »Was er eigentlich trieb, wußte niemand«, erinnert sich Theodor Pixis. »Bekam er in seiner Wohnung unerwartet Besuch, so verschwand gewöhnlich etwas in seiner Tischschublade, ohne daß jemand wissen konnte, was es war, ob ein angefangenes Gedicht oder eine … Skizze oder eine Regensburger Wurst.«[304]

So kommt es, dass man heute beim Anblick der Originale beinahe erschrickt. Viele sind kaum größer, manche sogar kleiner als die Reproduktionen in den Bildbänden. Besonders die Landschaftsbilder können sich derart miniaturisiert kaum entfalten. Die durchweg billigen Farben, die Busch benutzte, sind stark nachgedunkelt und erzeugen einen ungewollt monochromen Gesamteindruck. Man sehnt sich geradezu nach der Präzision und Farbigkeit der Reproduktionen, die oft mehr als die Originale ahnen lassen, was Busch sich bei der Komposition eines Bildes gedacht hat.

Selten hat er ein Bild als »fertig« angesehen. Oft legte er es noch halb feucht in irgendeine Ecke, in der er schon andere Bilder gestapelt hatte, sodass sie unlösbar miteinander verklebten. Wenn die Bilderstapel zu hoch wurden, schaffte er sie in den Garten, um sie zu verbrennen.[305] Viele entgingen dem Schicksal des Feuertodes nur, indem sie von Freunden oder Verwandten gerettet wurden. Busch hat diese negative Einstellung zu seiner eigenen Malerei nie geändert. Seine Äußerungen über seine Bilder klingen manchmal fast hasserfüllt. An eine junge Verwandte, die sich ein Bild von ihm auserbeten hatte, schreibt er im Oktober 1896:

> »Sollte in der Rumpelkiste ... noch irgend eine farbige Schose übriggeblieben sein, die Dir nicht zu schlecht ist, so steht sie selbstverständlich zu Deiner Verfügung. Selbst kann ich das Zeugs nicht empfehlen. ... Bilder, meine Tochter, nennt man nur solche Malereien, die beanspruchen, fertig zu sein; von den übrigen sagt man, es seien Studien, Skizzen, oder Geschmier, wo nicht viel Ehre mit einzulegen ist, was man demnach vor den Augen der Leute gern zu verbergen sucht.«[306]

Zu diesem destruktiven Umgang mit dem eigenen Werk gehörte auch, dass er die Bilder in den seltensten Fällen datierte und signierte, was ihre geschichtliche Einordnung sehr erschwert. Weil er nicht wollte, dass man sich über den »Maler« Wilhelm Busch jemals ein »Bild« machen würde, versuchte er, dieses »Bild« schon zu Lebzeiten zu verwischen.

Wilhelm Buschs Biographen haben sich immer wieder darüber gewundert, dass er seine Bilder nicht ein einziges Mal ausgestellt hat, obwohl es ihm an Kontakten in der Kunstszene nicht fehlte. Kollegen wie Burger, Kaulbach und Lenbach hätten sich bestimmt gern für ihn eingesetzt. Aber sie wussten wohl, dass es aussichtslos war. Auch Johanna Kessler konnte ihn offenbar nicht dazu überreden. Er ging zwar oft ins Museum, aber nur, um die *alten* Meister zu sehen. Die *neuen*, seine Kollegen, interessierten ihn nicht. Er wollte auch keinen kritischen Dialog, keine Auseinandersetzung mit der Kunst von Menzel, Leibl, Feuerbach, Böcklin, Marées oder Makart, wollte überhaupt keinen Beitrag zur »Moderne« leisten, die ihm mit all ihren verschiedenen »Richtungen« beinahe verhasst war.[307] In der Novelle »Eduards Traum« schreibt er verbittert über einen Besuch im Kunstverein:

> »Der Anblick, der mir zuteil wurde, steht unauslöschlich in meine Seele geschrieben. Alles mußt' ich loben: das herbe Elend, wie es leibt und lebt; die anregenden Visionen der Mystik; ja beinahe auch

die anziehenden Gestalten der Frauenwelt, die so unbefangen dastanden, obgleich sie aus der Überschwemmung der Kleider nichts weiter als das nackte Leben gerettet hatten.«[308]

Am 6. Januar 1870 starb Wilhelm Buschs Mutter mit erst siebenundsechzig Jahren. Sie hat ihren Mann nur um kurze Zeit überlebt. Woran sie starb, wird nirgendwo erwähnt, auch nicht von Busch, der zwar zusammen mit Bruder Otto sofort von Frankfurt zum Begräbnis nach Wiedensahl fuhr, aber ihren Tod völlig kommentarlos übergeht. Selbst Otto Bassermann schreibt er kein Wort darüber. Erst seine Gedichtsammlung »Kritik des Herzens« wird vier Jahre später mit den Versen ausklingen:

O du, die mir die Liebste war,
Du schläfst nun schon so manches Jahr,
So manches Jahr, da ich allein,
Du gutes Herz, gedenk ich dein.
Gedenk ich dein, von Nacht umhüllt,
So tritt zu mir dein treues Bild.
Dein treues Bild, was ich auch tu,
Es winkt mir ab, es winkt mir zu.
Und scheint mein Wort dir gar zu kühn,
Nicht gut mein Tun:
Du hast mir einst so oft verziehn,
Verzeih auch nun.[309]

10 DANDY UND FRANZOSENHASSER

Im Juni 1870 erschien der »Heilige Antonius« im Verlag von Moritz Schauenburg im schwarzwäldischen Lahr. Schauenburg, der die Rechte von Hallberger übernommen hatte, war kein Satire-Verleger, ganz im Gegenteil. Er brachte mit Vorliebe badische Regionalliteratur heraus, vaterländische Lieder aus dem »deutschen« Elsass, volkstümliche Biographien großer »Deutscher« wie Mozart, Dürer und Seume und vor allem und immer wieder das »Deutsche Commersbuch« mit Liedern der Burschenschaftsbewegung, die er selbst an deutschen Universitäten gesammelt hatte. »Dieses Buch«, heißt es im Vorwort, »soll ein Volksbuch und ein deutsches Buch sein, in jedem Hause willkommen. Die vaterländischen Schlachtlieder, bei deren Klang Deutschland wieder deutsch wurde und die bis zu unseren spätesten Enkeln hin nicht verstummen mögen, bilden den Anfang ... Die Mitte enthält den lustig freien Burschengesang, das Jauchzen der Jugend ... Den Schluß machen des Volkes eigene ... Lieder, ein Griff aus seinem dichterischen Schatze, in dem sein inniges und reiches Gemüt sich widerspiegelt.«[310]

Was heute unerträglich volkstümelnd und nationalistisch klingt, war in der damaligen Zeit progressiv. Denn der Ruf nach einem einigen, freien Deutschland war seit den Zeiten des Vormärz eine Forderung der linken und gemäßigten Demokraten. Aus diesem Grund hatte die Zensur den Verlag Schauenburg wohl besonders im Auge. Jedes Büchlein, das er herausbrachte, wurde scharf kontrolliert, auch der »Heilige Antonius«, der sofort Anstoß erregte, sodass es am 8. Juli 1870 zu einer Anklage durch die Staatsanwaltschaft in Offenburg kam, in der der Verleger der »Herabwürdigung der Religion und Erregung öffentlichen Ärgernisses durch unzüchtige Schriften« bezichtigt wurde.[311] – Große Teile Badens, auch Offenburg, waren seit den Zeiten der österreichischen Herrschaft katholisch. Deshalb fiel der »Antonius« wohl besonders unangenehm auf. Der für den Fall zuständige Staatsanwalt scheint in diesem Punkt sehr empfindlich gewesen zu sein, denn er verklagte 1869 auch einen Bierbrauer namens Adolf Hansjakob wegen desselben Deliktes.[312]

Als Wilhelm Busch von der Anklage erfuhr, war er zunächst sehr betreten darüber, dass »die kleine Broschüre« Schauenburg so viel Verdruss machte.[313] Er verstand nicht gleich, dass sich die Klage ausschließlich gegen seinen Verleger richtete, nicht gegen ihn, da er ja »Preuße« und damit für das Großherzogtum Baden »Ausländer« war. In der ersten Erregung setzte er ein langes Schreiben an Schauenburg auf, das er allerdings nicht abschickte:

> »Wenn das kleine Buch eine Ironie enthält, so geht dieselbe gegen die Darstellung in katholischen Wunderbüchern ... Zum Beispiel findet sich in ›Unserer lieben Frauen-Kalender‹ eine Stelle mit Bild, wo die Maria den frommen Klosterbruder an ihren Brüsten saugen läßt. Diese Übertreibung des Marienkultes ist in dem Büchlein karikiert. Die Person der Maria ist, soweit in meinen Kräften, ideal dargestellt. Jeder Unbefangene muß diese Absicht erkennen und wird nichts Lüsternes finden. ›Üppig‹ sind die Zeichnungen nicht; so könnte man die Darstellungen der großen Meister nennen, die die Gestalten der Heiligen Geschichte mit allen Reizen der Farbe und Form ausgestattet haben und sie in voller Nacktheit und in der Fülle ihrer geschlechtlichen Schönheit zeigen. Wer eine gesunde Phantasie hat, wird da nur das Schöne, aber in den kindisch-humoristischen Darstellungen des Büchleins auch nur das Drollige sehen. Das Lächerliche und Wollüstige sind geradezu Gegensätze, und es zeigt sich die Übertriebenheit der Anklage darin, daß sie etwas Tadelnswertes mit Gewalt finden und an den Haaren herbeiziehen will.«[314]

Auffällig an dieser Argumentation ist zunächst ihre Unschärfe. Der Titel »Unserer lieben Frauen-Kalender« ist als Quellenangabe ohne Erscheinungsort und -jahr absolut wertlos. Im Jahr 1642 erschien zwar aus der Feder eines Jesuiten namens Leonard Mayr ein »Mariae Stammen Buch oder täglicher immerwehrender unser lieben Frawen Calender«, das Wilhelm Busch aber kaum zur Verfügung gestanden haben wird, da es sich um eine bibliophile Rarität handelte, die man nur noch in wenigen Klosterbibliotheken finden konnte.[315] Sollte ihm dieses Buch wirklich als Quelle gedient haben, überzeugt seine Erklärung umso weniger. Denn so ein alter, der Leserschaft völlig unbekannter Text, ein historisches Fundstück, der das Marienbild einer längst vergangenen Zeit spiegelt, kann nicht Gegenstand einer *Satire* sein. Satire braucht Themen und Gegenstände, die dem Leser *vertraut* sind. Sonst kann sie nicht funktionieren.

Dass er Maria so »ideal« wie möglich dargestellt habe, trifft nur auf ihr Äußeres, nicht auf ihre »Person« zu. Äußerlich ist sie sein weiblicher Idealtypus: rund, vollbusig und blond gelockt, der Typ einer bayrischen Kellnerin etwa, der es ihm seit seiner Münchener Zeit so sehr angetan hatte, ein Typ wie Christine Dralle aus »Schnurrdiburr«, die junge fromme Helene oder die Base Angelika in »Pater Filucius«. Charakterlich ist diese Maria weniger »ideal«, nämlich eitel, eifer- und rachsüchtig. Sie protegiert Antonius nicht etwa, weil er ein guter Mensch ist, sondern weil er ihr Bild so schön gemalt hat. Und den Tod des Doktor Alopecius beschließt sie, weil er mit einem Mädchen vom Lande flirtet, anstatt, wie Antonius, nur an sie zu denken. Diese Ausstattung der Gottesmutter mit lauter negativen »weiblichen« Eigenschaften hat die Ankläger wahrscheinlich mehr provoziert als ihr Äußeres, das zu glatt ist, um als »Karikatur« oder gar als »drollig« verstanden zu werden.

In der endgültigen Version des Rechtfertigungsbriefes an Schauenburg wird Wilhelm Busch etwas genauer. Zwar beruft er sich immer noch auf »Unserer lieben Frauen-Kalender«, an dessen Erscheinungszeit – »aus dem Anfange des vorigen oder dem Ende des vorvorigen Jahrhunderts«[316] – er sich allerdings nicht erinnern kann. Aber er gibt immerhin die Erklärung ab, sich mit »tendenziösen Sachen … nie im Leben befaßt« zu haben. »Wo mir etwas komisch erschien, habe ich es in meiner Weise zu behandeln gesucht.« Nicht komisch, aber zumindest »sonderbar« sei ihm die Existenz »eines wirklichen Heiligen, eines Menschen ohne Sünde«, vorgekommen, ein Konzept, an das ein »in protestantischen Anschauungen« aufgewachsener Mensch« nun einmal nicht glauben könne. »Das Heilige, welches allen christlichen Religionen gemeinsam« sei, habe er »nirgends berührt und angetastet«. – Eine Behauptung, die die Ankläger wahrscheinlich nicht überzeugt hat. Denn dass er ein Schwein in den Himmel auffahren lässt, der nicht nur Christen, sondern auch »Juden und Türken« aufnimmt, ist zwar aus heutiger Sicht eine schöne Vision, die aber die Grenze der »antikatholischen Polemik« deutlich überschritt und »der christlichen Weltdeutung« grundsätzlich widersprach.[317]

Busch resümiert am Schluss seines Briefes, dass das »kleine Buch« wohl deshalb so »unliebsames Aufsehen« mache, weil es nicht gleich nach seiner Fertigstellung Mitte der 1860er Jahre, sondern im Sommer 1870 »in einer Zeit erschien, wo von Rom aus ein großer Teil der Menschheit in seinem besten Wissen und Denken in derbster Weise angegriffen und verflucht wird«. Damit meinte er das sogenannte Unfehlbarkeitsdogma, das am 18. Juli 1870 mit 572 gegen zwei Stimmen verabschiedet worden war. Papst Pius IX. sah in sich selbst und der katholischen Kirche die einzigen Kräfte, die die Welt von der Pest des Liberalismus heilen konnten. Da ihm bei allen Entscheidungen der Heilige Geist beistehe, sei es ihm unmöglich, sich zu irren. Schon ein Jahr vorher soll er gesagt haben: »Man will mir die Unfehlbarkeit beilegen. Ich brauche sie gar nicht. Bin ich denn nicht schon unfehlbar?«[318] Das Unfehlbarkeitsdogma führte zu schweren Protesten in Italien und veranlasste sogar den österreichischen Kaiser, sein Konkordat mit dem Heiligen Stuhl aufzukündigen. In Bayern, Württemberg und Baden blieb dieses Konkordat allerdings bestehen.

Inzwischen war der Deutsch-Französische Krieg ausgebrochen. Die Justiz hätte eigentlich andere Sorgen haben müssen als den »Heiligen Antonius«. Trotzdem folgte auch das Düsseldorfer Landgericht dem Offenburger Beispiel und ließ das Werk bis auf weiteres beschlagnahmen. Das Kreisgericht Halle verfügte sogar seine Vernichtung. In Österreich wurde ein Verbot ausgesprochen, das bis 1902 Gültigkeit hatte.[319]

Wilhelm Buschs Bruder Otto, der Philosoph, mit dem er durch den gemeinsamen Aufenthalt im Hause Kessler in engem Kontakt stand, meinte, sich leidenschaftlich in die Debatte einmischen zu müssen, und schrieb an Schauenburg:

»Sollten Sie es für gut halten, Quellen ... zur Verteidigung zu bekommen, so bin ich selbstverständlich gern erbötig, Ihnen dieselben an die Hand zu geben.« Allerdings bleibt seine Argumentation schwach. Die »naive Geschichte« verdanke ihre Entstehung einem »Lächeln« und habe nichts sexuell Aufreizendes. Auf den »Hofbühnen« sehe man noch viel gewagtere Szenen, sehe man »Fleisch und Blut«, so viel man wolle. Wer im »Antonius« eine »sinnliche Reizung« wittere, »mit dessen Moral« müsse es »sehr schwach bestellt sein«.[320]

Otto Busch war neun Jahre jünger als Wilhelm, ein erheblicher Altersunterschied. Als Kinder hatten sie beinahe nichts miteinander zu tun gehabt, denn kurz nach Ottos Geburt war Wilhelm zum Onkel nach Ebergötzen gezogen. Otto war inzwischen neunundzwanzig und als Hauslehrer kaum besser gestellt als ein Lakai. Seine philosophischen Ambitionen hatten sich zerschlagen. Eigentlich hatte er ein zweiter Schopenhauer werden wollen. Aber nun war keine Habilitation, keine Professur in Aussicht. Und einen Verleger fand er nur in Bassermann, einem Freund des Bruders, der aus Mitleid einige seiner seltsamen Manuskripte herausbrachte. Ottos Bestreben, sich über Gebühr mit dem »großen« Bruder zu identifizieren, wird schon in seinen Briefen an Schauenburg deutlich. In seinem Buch über Schopenhauer[321] tritt es noch stärker hervor. Er zitiert ständig Gedichte von Wilhelm Busch, ohne dessen Namen zu nennen, was wohl weniger als Plagiat denn als Verwischung der Ich-Grenzen zu deuten ist, als Bedürfnis, ganz im Wesen und Werk Wilhelm Buschs aufzugehen.

In seinem ebenfalls bei Bassermann erschienenen Werk »Naturgeschichte der Kunst«[322], einem diffusen Sammelsurium aus allerhand interessanten und verqueren Ansichten über Pädagogik, Realismus, Mensch und Tier, Mann und Frau und die Vergeblichkeit alles irdischen Daseins, gibt es Passagen, die schon ans Wahnhafte grenzen:

»Bei den Fidschi-Insulanern ist der Vatermord kein Verbrechen, sondern eine Sitte. Die Eltern werden in der Regel von ihren Kindern getötet. Zuweilen meinen die alten Leute selbst, die passende Zeit zum Sterben sei gekommen; zuweilen aber sind es die Kinder, wel-

Abb. 48: Otto Busch (Ölgemälde von Wilhelm Busch)

che ihren Eltern mitteilen, daß sie ihnen zur Last sind. ... Die Fidschi-Insulaner waren eingefleischte Kannibalen und hatten solche Liebhaberei für Menschenfleisch, daß es das größte Lob ist, welches sie einem Leckerbissen geben können, wenn sie sagen, er sei delikat wie ein toter Mensch. Ja, sie sind sogar solche Gourmands, daß sie den Geschmack von weißem Menschenfleisch nicht mögen, Frauenfleisch dem männlichen vorziehen und den Oberarm und den Schenkel für die besten Stücke halten, und so lüstern nach Menschenfleisch sind, daß sie es nur für die Männer reservieren, da es zu gut ist, um an Frauen vergeudet zu werden.«[323]

Auffallend ist das Vergnügen an Kannibalismus und anderen Grausamkeiten, die völlig ungerührte Art, über die schrecklichsten Todesformen zu berichten, ein Grundzug, den die Forschung auch in manchen Werken von Wilhelm Busch sieht.[324] Otto Busch war um diese Zeit psychisch sicherlich schon schwer krank. Man sieht es auch an den Porträts, die Wilhelm Busch von ihm gemalt hat. Sie scheinen jedes Mal andere Personen darzustellen: Da ist einmal der weltfremde, glatt rasierte Intellektuelle, dann der triumphierende Festgast im holländischen Kostüm, der, dem Vorbild des Bruders folgend, plötzlich vollbärtig geworden ist, dann wieder der in sich zusammengesunkene, ungepflegte Mann mit Kappe, dessen Gesichtszüge so aufgeweicht und zerstört wirken wie die der vielen »Trinker« auf Wilhelm Buschs Genrebildern.

Am 27. März 1871 wurde Verleger Schauenburg von den Geschworenen freigesprochen. Sie könnten »in dem Schriftchen den Tatbestand der von der Anklage behaupteten Vergehen nicht finden«, hieß es im Offenburger Tageblatt.[325] Wilhelm Busch legte die Sache sofort zu den Akten und vergaß, seine Verwandtschaft zu informieren, die schon fürchtete, man habe ihn hinter Schloss und Riegel gesetzt. Nein, schrieb er vertraulich an Johanne, er habe in der letzten Zeit nur dann »hinter Schloss und Riegel gesessen, wenn es der Drang der inneren Umstände und das Bedürfnis einer zeitweiligen ungestörten Einsamkeit so mit sich brachte, wie es ja anderen ehrlichen, braven Leuten, die sich einer erwünschten Verdauung erfreuen, auch tagtäglich passieren kann, wenn sie nicht zufällig im freien

Felde beschäftigt sind.«[326] Warum musste er dieser Frau eigentlich ständig über seine Verdauung berichten?

Abb. 49: Otto Busch (Radierung von Wilhelm Busch)

Der am 19. Juli 1870 ausgebrochene Deutsch-Französische Krieg, dem knapp 50.000 deutsche und an die 150.000 französische Soldaten zum Opfer fielen, scheint Wilhelm Busch wenig bewegt zu haben. Während Zeitgenossen und Kollegen wie Arnold Böcklin oder Theodor Fontane sich immer wieder künstlerisch damit auseinandersetzten, kommt »Politik« auch jetzt so gut wie gar nicht in Wilhelm Buschs Briefen vor, wenn man von einigen sehr lapidaren Bemerkungen absieht:

»Zu meinem Bedauern sehe ich ...«, schreibt er am 12. August 1870 an Schauenburg, »daß die Vorbereitungen zu dem gewaltigen Kriege, der hoffentlich zu Deutschland's Ehre glücklich zu Ende gehen wird, Ihre mir so sehr erwünschte Zusammenkunft mit meinem Bruder verhindert haben.«[327] – »Die Nachrichten aus Frankreich«, heißt es am 20. Januar 1871, »lauten heute so günstig, daß ja nun der entsetzliche Krieg wohl seinem Ende nahe ist. Wer wünscht es nicht!«[328] Mehr als mit dem Krieg, den er nahezu vollständig verdrängt, beschäftigt er sich mit dem »guten Gurkenjahr« in Lüthorst, mit einer Schweinepest, der sechs Tiere zum Opfer gefallen seien[329], mit den Kohlevorräten, die er sich für seinen Frankfurter Haushalt anschaffen wolle, falls das Heizmaterial im Kriegswinter knapp werden sollte.

Ganz anders Fontane, der unmittelbare Zeitgenosse, der die Ereignisse tief erschüttert beschreibt und sich immer wieder nach den Gründen dieses absurden Krieges fragt. Noch im Juli 1870 sei Europa »in tiefem Frieden« gewesen. »In Wiesbaden, in Homburg, in Baden-Baden entfaltete sich bereits der volle Glanz der Toiletten, die Musik drang durch die Alleen, der Sprachenwirrwarr stand wie nur je in Blüte... Nichts fröhlicher, nichts friedlicher als die Mittsommerzeit der 70er Saison im schönen Ems. Das Leben ein Idyll!«[330]

Der siegreiche Ausgang des deutsch-deutschen Krieges von 1866 hatte Preußen zu einer Vormachtstellung verholfen, die das Gleichgewicht mit Frankreich aus der Balance brachte. Schon seit Jahren schwelte der Streit um Luxemburg und Elsass-Lothringen, die Bismarck dem preußischen Reich einverleiben wollte. Die Franzosen empfanden ihren Kaiser, Napoleon III., als zu schwach und warfen ihm vor, die Ehre des Landes nicht genügend zu verteidigen. Beiden Parteien war es daher nicht unrecht, als es endlich einen Anlass zum offenen Konflikt gab. Der spanische Thron war nach dem Sturz der Königin Isabella II. vakant geworden. Als Kandidat stand Prinz Leopold von Hohenzollern-Sigmaringen zur Debatte, ein katholischer Angehöriger der Preußen-Dynastie, der eigentlich gar keine Lust auf dieses Amt hatte und deshalb lange mit seiner Zusage zögerte. Doch den Franzosen war die Sache unheimlich. Ein preußischer Prinz auf dem Thron Spaniens hätte ihre Vormachtstellung im Mittelmeerraum empfindlich bedroht. Noch ehe die Sache offiziell wurde, intervenierte der französische Botschafter bei Wilhelm I., der zur Kur in Bad Ems war. Wilhelm erklärte, er lasse sich nicht unter Druck setzen, und lehnte die Forderungen des Botschafters ab. Doch schon am nächsten Tag verzichtete der Prinz auf seine Kandidatur. Der Streit hätte damit erledigt sein können. Aber Frankreich verlangte von Preußen weitere Entschuldigungen und Erklärungen, die Wilhelm in der berühmten »Emser Depesche« zurückwies. Bismarck machte ihren Wortlaut verschärft und verkürzt publik. Daraufhin erklärte Frankreich Preußen den Krieg. Innerhalb weniger Tage war die europäische Ordnung aus den Fugen geraten.

»Das Ganze«, schreibt Fontane an seine Frau, »wirkt auf mich wie eine kolossale Vision, eine vorüberbrausende wilde Jagd, man steht und staunt und weiß nicht recht, was man damit machen soll. Eine durch Eisenbahnen regulierte Völkerwanderung, ... innerhalb derer man selbst als ein Atom wirbelt, ... dem großen Zuge willenlos preisgegeben, ... ein Opfer dunkler Triebe und Gewalten ... Wozu das alles? Um nichts! Bloß damit ... Napoleon festsitzt oder damit der Franzose sich einbilden kann, er sei das Prachtstück der Schöpfung – um solcher Chimäre willen der Tod von Tausenden!«[331]

Da sich nicht nur Preußen, sondern auch alle anderen deutschen Staaten an diesem Krieg beteiligten, war die deutsche Armee der französischen zahlenmäßig weit überlegen. Die Franzosen rückten mit etwa 650.000 Soldaten ein, die Deutschen mit knapp einer Million. Den französischen Mitrailleuse-Maschinengewehren setzten sie Hinterlader-Geschütze von Alfred Krupp entgegen, die mit mehr als vier Kilometern über die doppelte Reichweite verfügten. Frankreich verlor die Schlachten bei Weißenburg, Wörth und Spichern und vor allem bei Metz und Sedan, wo Napoleon III. in deutsche Kriegsgefangenschaft kam. Bismarck wäre an einem schnellen Friedensschluss interessiert gewesen. Aber die Franzosen bildeten eine republikanische »Regierung der nationalen Verteidigung«, die entschlossen war, bis zum Letzten für ihr Land zu kämpfen. So kam es Ende September 1870 zur Belagerung der französischen Hauptstadt, deren Bewohner sich verzweifelt zur Wehr setzten. In den ersten Wochen reichten die Lebensmittel noch gerade aus. Doch mit Beginn des Winters wurde »der Hunger von Stunde zu Stunde größer«, schrieb ein zeitgenössischer Chronist. »Pferdefleisch wurde eine Delikatesse. Man aß Hunde, Katzen und Ratten. Die Frauen standen bei 17 Grad Kälte oder im Schmutz des Tauwetters stundenlang, um eine Kinderportion zu bekommen. Als Brot gab es ein schwarzes Zeug, das die Gedärme peinigte. Die Kleinen starben, weil die Brust der Mutter versiegte.«[332]

Zuerst war der Jubel über die deutschen Erfolge fast ungeteilt. Nur wenige äußerten sich so nachdenklich und differenziert wie Fontane. Der ehemalige 1848er-Revolutionär Ferdinand Freiligrath wandelte sich zum glühenden Franzosenhasser. Und sogar Friedrich Engels, bestimmt kein Freund der Preußen oder gar Bismarcks, schrieb begeistert an Marx: »Mein Vertrauen in die militärischen Leistungen der Deutschen wächst mit jedem Tag. Das erste ernstliche Gefecht hätten wir also richtig gewonnen.«[333] Auch Satireblätter wie der »Kladderadatsch« oder die »Fliegenden Blätter« reihten sich in den Chor der nationalistischen Stimmen ein und überhäuften Napoleon III. mit den übelsten Schmähungen[334], besonders, weil in seiner Armee Araber und Farbige mitkämpften, wie man sie in diesen Mengen noch nie zu Gesicht bekommen hatte:

Vorwärts, ihr arab'schen Horden,
Geht ans Sengen, Plündern, Morden,
Bringet Tod, züchtigt Not,
Färbt die Felder rot.
Schneidet Hals und treibet Schand,
Dolcht und schießt und schatzet Brand!
Dürr und fett, schlachtet nett –
So will's Mohammed …

stand im ursprünglich liberalen und kritischen »Kladderadatsch« vom Januar 1871 zu lesen.

Doch als die Nachrichten von verhungernden Frauen und Kindern durchsickerten, von Rattenverkäufern und drohender Pestgefahr, von preußischen Granaten, die in die Menschenschlangen vor öffentlichen Suppenküchen einschlugen, wurde der Jubel allmählich etwas leiser. Wilhelm Buschs Freund Otto Bassermann beauftragte den prominenten Rechtswissenschaftler und Freimaurer Johann Caspar Bluntschli mit der Untersuchung der Frage, ob hier das Völkerrecht überhaupt noch gewahrt werde.[335] Er schickte den badischen Hoffotografen Georg Maria Eckert mit seiner Kamera los, um Aufnahmen vom zerstörten Straßburg zu machen, das einen Monat lang unter preußischem Artilleriebeschuss gestanden hatte. 220 Menschen waren dabei ums Leben gekommen, über 300 größtenteils historische Gebäude zerstört worden. Auf fast allen Bildern, die Bassermann noch im ersten Kriegsjahr als Mappen-Edition herausbrachte[336], sieht man die rauchenden Türme des Straßburger Münsters – Dokumente der Anklage und des Pazifismus, die Wilhelm Busch offenbar nicht zur Kenntnis genommen hat, sonst hätte er kaum jene Bildergeschichte verfasst, die später von den Nazis hoch geschätzt werden sollte und die ihm seine Bewunderer bis heute nicht verzeihen: »Monsieur Jacques à Paris während der Belagerung von 1870«.[337]

Abb. 50: Aus »Monsieur Jacques«

Zu Beginn sieht man einen französischen Bourgeois gemütlich die Zeitung lesen. Dazu trinkt er einen guten Schluck Wein. Sein kleiner, braver Hund Moustache hockt zu seinen Füßen. Auf das Stichwort »Vive la République« marschieren die beiden los, Herr und Hund im Stechschritt.

Doch mit fortdauernder Belagerung werden sie immer kleinlauter. Es gibt kein Licht mehr, »Milch gehört zu den Seltenheiten«, »was Zigaretten anbelangt, so ist Monsieur Jacques bereits auf seine Seegrasmatratze angewiesen«, lauten die lapidaren Kommentare. Monsieur Jacques verliert mehr und mehr an Gewicht, ist zum Schluss dürr wie ein Wiedensahler Tagelöhner, verzehrt aus Not eine Maus als »häusliches Wildbret«, brät seinen heiß geliebten Kanarienvogel und schneidet sogar seinem treuen Hund den Schwanz ab, was er mit den Worten »Excusez, mon ami, c'est la guerre!« artig entschuldigt. Busch erläutert: »Moustache fährt Schlitten«, während man den Hund jaulend auf seiner Schwanzwunde hin und her rutschen sieht und der Boden von seinem Blut dunkel gefärbt wird. Monsieur Jacques hat eine neuartige »Explosionspille« erfunden, die er zuerst testweise seinem Hund zu fressen gibt. Dem wird der Kopf abge-

Abb. 51: Monsieur Jacques zersprengt seinen Hund

sprengt. Monsieur Jacques freut sich.

Zwei mit »Explosionspillen« gefütterte Karbonaden, die appetitlich gebraten auf dem Tisch liegen, sollten eigentlich für die Preußen bestimmt sein. Doch zwei hungrige Landsleute machen sich darüber her und erfahren die Wirkung des neuen Wundermittels. Dem einen reißt es den Kopf ab, dem anderen zersprengt es den Rumpf. Zum Schluss sprengt Monsieur sich selbst in die Luft, gerade noch rechtzeitig, um einem Preußen zu entkommen, der ihn festnehmen wollte.

Diese Geschichte, schreiben die Herausgeber der Kritischen Gesamtausgabe, sei »die beschämendste Hervorbringung des Bildergeschichtenzeichners Busch«, die von der »schmutzigen Gesinnung eines Schreibtischtäters« zeuge. »Mit seinem Produkt offenbart er ein charakterlich-moralisches Defizit, das bei der Beurteilung seiner Persönlichkeit, wie sie insbesondere durch die Neffen in einer fast schon hagiographischen Weise erfolgt ist, nicht außer acht gelassen werden darf.«[338] Diese Empörung klingt vielleicht etwas übertrieben, besonders im Kontext einer historisch-kritischen Ausgabe. Aber irritierend ist die Geschichte tatsächlich. Besonders, wenn man dahinter den fast gänzlich unpolitischen Busch sieht, der im Prozess um den »Heiligen Antonius« behauptet hatte, niemals etwas »Tendenziöses« geschrieben oder gezeichnet zu haben, der diesen Krieg sonst nirgendwo persönlich kommentierte, noch nie in Frankreich gewesen war, nicht einmal, um sich eine Kunstausstellung anzusehen, und seinen Freund Bassermann leidenschaftlich davor gewarnt hatte, sich politisch für irgendeine – also auch die deutsche – Sache zu engagieren.[339] Nun engagiert er sich selbst – ausgerechnet in einer Weihnachtsnummer der »Fliegenden Blätter«, was von den Herausgebern der Gesamtausgabe als besonders pietätlos empfunden wird.

Man kann aber eigentlich über diese Geschichte nicht urteilen, wenn man nicht gleichzeitig den »Partikularist(en)«[340] heranzieht, den Wilhelm Busch ebenfalls für die »Fliegenden Blätter« verfasste und in dem er den »deutschen Michel« gründlich auf die Schippe nimmt. Diese Bildergeschichte ist eindeutig als Pendant zu »Monsieur Jacques« zu verstehen: sehr lapidar im Ton, mit knappsten Kommentaren, die sich nicht reimen, sondern dem »Helden« als direkte Rede in den Mund gelegt werden wie beim späteren Comic. Der Protagonist – in diesem Fall namenlos – ist mit Zipfelmütze und Pfeife sofort als deutscher Spießbürger zu erkennen, der sich allerdings nicht dem allgemeinen Hurra-Geschrei anschließt, sondern eine fanatisch antipreußische Haltung einnimmt, denn er ist »Partikularist« und kann sich ein Deutschland unter der Führung Preußens nicht vorstellen. Er könnte z. B. Hannoveraner sein. Denn in Hannover war die »Welfenpartei«, die ihren König zurückwollte, sehr stark. Er könnte aber auch genauso gut aus Bayern, Baden oder einem der anderen deutschen Staaten stammen, die 1866 *nicht* preußisch geworden waren und ihre Souveränität auch im geeinten Deutschland behalten wollten. So ergreift er – obwohl als so prototypisch »deutsch« überzeichnet – leidenschaftlich Partei für die Franzosen, freut sich über die Schläge, die auch die Preußen in diesem Krieg hinnehmen müssen, spricht von Napoleon III. zärtlich als dem »kleinen Lulu«, wobei ihm allmählich Eselsohren wachsen, ohne dass er es merkt.

Je überzeugender die Siege der Preußen, umso mehr verwandelt er sich in einen erst grimmigen, dann bitterlich weinenden Esel, der sich, von seiner Frau geneckt, verzweifelt die großen Ohren zuhält, um das »Viktoria-Geschieß« nicht zu hören. Immerhin: Er sprengt sich nicht in die Luft. Niemand, nicht einmal ein Tier, stirbt eines gewaltsamen Todes. Der Held wird als Typus zwar gnadenlos lächerlich gemacht, aber die Geschichte geht wesentlich friedlicher aus als die von »Monsieur Jacques«,

Abb. 52: Partikularist mit Eselsohren

der zu allem Überfluss auch noch sehr jüdisch aussieht, ohne dass dies im Text irgendwie präzisiert würde.

Um ein einigermaßen faires Urteil über diese *beiden* Geschichten fällen zu können, müsste man eigentlich genauer untersuchen, wie denn die *französische* Karikatur und Kunst mit diesem Krieg umging, ob sich vergleichbare Beispiele nicht auch dort finden. Schon vor dem Krieg scheint sich in Satire-Blättern wie dem »Charivari« eine dezidiert anti-preußische Stimmung etabliert zu haben, die sich allmählich in eine anti-deutsche verwandelte: Deutsche Soldaten wurden als plündernde Gewalttäter gezeigt, Karikaturisten warnten vor dem sich verändernden Charakter Deutschlands, das sich aus dem Land der Dichter und Denker in ein Land der Gewalt verwandeln würde. Je höher das künstlerische Niveau der Illustratoren, umso mehr tritt allerdings der nationalistische Hass zugunsten eindrucksvoller Anti-Kriegsbilder zurück. Daumier lässt Mephisto als Knochenmann mit der Sense auftreten, der sich bei den Deutschen für die reiche Ernte auf den Schlachtfeldern bedankt. In seinen sieben Lithographien »Zum Kriege von 1870-71« ebnet die Walze des Mars Scharen von Toten ein. Eine klagende Frau steht wie ein Mahnmal vor anonymen Leichen.[341] Ein Künstler namens Henri Pille malt eine »Städtische Küche während der Belagerung von Paris«, vor der sich auf verschneiter Straße Frauen und Kinder drängen. Über der Tür flattert müde die Trikolore. Ein anderer französischer Maler, Narcisse Chaillou, nimmt die geschäftstüchtigen Rattenverkäufer ins Visier, die mit gewetzten Messern auf der Straße stehen und aus dem Elend ihrer Landsleute Profit schlagen.[342] Gustave Courbet verfasst einen offenen Brief »an die deutschen Künstler«, in dem er sie mit bewegenden Worten auffordert, sich mit den Mitteln der Kunst gegen diesen Krieg zu engagieren: er habe seit über zwanzig Jahren mit ihnen zusammengearbeitet, in ihrem Land ausgestellt, in Frankfurt und München viele von ihnen getroffen, sich wie zu Hause, wie unter Brüdern bei ihnen gefühlt. Damals seien sie für die Freiheit der Kunst eingetreten. Jetzt sollten sie für die Freiheit der Völker eintreten. Damals habe er sie als klug, mutig und demokratisch empfunden. Jetzt seien sie Gefangene Bismarcks, trügen eine Nummer auf der Stirn und beherrschten die Technik des militärischen Grüßens.[343]

Der prominente Victor Hugo ging sogar noch einen Schritt weiter. Auf Flugblättern, die er aus einem Ballon über den Stellungen der deutschen Bundestruppen abwerfen ließ, appellierte er eindringlich an die Soldaten, das gemeinsame europäische Kulturerbe nicht zu zerstören:

> »Deutsche, es ist ein Freund, der zu euch spricht. … Paris gehört uns nicht allein. Paris ist euer, so wie es unser ist. … In Paris fühlt man das Herz Europas schlagen … Es hat ein Athen gegeben, es gab ein Rom, und es gibt ein Paris.«[344]

Nach der Kapitulation von Paris am 28. Januar 1871 war der Krieg noch längst nicht zu Ende. Im Osten des Landes wurde weiter gekämpft. Deutschland hatte Frankreich zutiefst gedemütigt, indem es Wilhelm I. ausgerechnet im Spiegelsaal von Versailles zum deutschen Kaiser krönen ließ. In Paris gingen über 200.000 Menschen in den Widerstand und gründeten das »Paris der Arbeiter«, die legendäre Kommune, die im Mai von der französischen »Regierung der nationalen Verteidigung« blutig niedergeschlagen wurde. Es gab 20.000 Tote. Nun brach wirklich die Pest aus. Myriaden von Schmeißfliegen saßen in diesem warmen Frühling auf den Leichen. Auch das frisch gegründete »Deutsche Reich« wurde von einer Pocken-Epidemie heimgesucht, die nicht geimpfte Soldaten eingeschleppt hatten. Über 60.000 Menschen starben daran. Viele ehemalige Kriegsteilnehmer wurden morphiumsüchtig. Man hatte ihnen im Feld Opiate gegeben, um Rheumatismus und Wundschmerzen notdürftig zu betäuben. Nun füllten sich die Irrenhäuser mit Kriegsneurotikern und Morphinisten. Viele starben an den Folgen ihrer Sucht, darunter auch ein Sohn Robert und Clara Schumanns.[345]

Eine bittere Bilanz, die es schwer macht, Wilhelm Buschs Bildergeschichten zu diesem Krieg »komisch« zu finden, besonders, wenn man sie im binationalen Vergleich sieht. Man kann oder muss ihm zwar zugutehalten, dass er auch das Lächerliche an seinen eigenen Landsleuten sah. Aber insgesamt hat er in diesen Monaten keine gute Figur abgegeben, sondern im Gegenteil noch kräftig am Krieg verdient: »Die erregte Zeit, in der wir leben«, schreibt er stolz an den Buchhändler Carl Müller, »scheint doch auch durchaus ihren Humor haben zu wollen. Niemals bin ich von den Herren Buchhändlern so häufig dazu aufgefordert worden, wie gerade jetzt.«[346]

Das klingt in der Tat abstoßend und empörend. Aber wusste er überhaupt, was er da schrieb? Oder hatte dieser Krieg, der ihn scheinbar so kaltließ, eine tiefe Angst in ihm ausgelöst, von der er selber nichts ahnte? Er hatte die Schrecken der napoleonischen Belagerung von Wiedensahl zwar nicht mehr persönlich erlebt; aber seine Mutter und seine Großmutter müssen ihm oft davon erzählt haben: von der Last der Kriegssteuern, der Zerstörung der Wälder, den lauten Soldatenliedern auf der Dorfstraße, den Vergewaltigungen, wie sie in jedem Krieg vorkommen, dem Gloire-, Victoire- und Patrie-Geschrei in dem stillen Dorf, das plötzlich »französisch« zu werden drohte. Und nun war sie plötzlich wieder da, diese Bedrohung, und ließ ihn wie ein verletztes Tier um sich schlagen: nicht nur gegen Feinde aus Papier wie »Monsieur Jacques à Paris«, sondern auch gegen jeden, von dem er dachte, dass er es nicht gut mit ihm meinte. Gegen Moritz Schauenburg, seinen neuen Verleger zum Beispiel, der sich in der ganzen »Antonius«-Affäre so solidarisch gezeigt hatte und beinahe für ihn ins Gefängnis gegangen wäre. Nun warf Busch ihm vor, ihn betrügen und hintergehen zu wollen, weil er für ein neues Werk, die »Bilder zur Jobsiade«, Ratenzahlungen vorgeschlagen hatte, wie sie im Verlagsgeschäft allgemein üblich waren und bis heute sind:

> »Sie beginnen dann die Zahlungen …, aber, wie ich meine, sofort, und nicht etwa nach drei Monaten. Sobald Sie mir offen entgegenkommen, werden wir bald einig sein …; die geringste Heimtückerei würde aber ein hartnäckiges Stillschweigen meinerseits zur Folge haben. Denn so sind wir Menschenkinder, daß es unsere Eitelkeit gewaltig übel nimmt, wenn uns der Andere nur um einen einzigen kleinen Kreuzer ***überlisten*** will. Man mag eben die Leute nicht gern leiden, die Einen für dümmer halten wie sich selbst.«[347]

Auch mit Kaspar Braun überwarf er sich in derselben Zeit »äußerst schroff«, wie sogar seine Neffen reklamieren, ohne dass sie sich erklären können, weshalb. Nach dreizehn Jahren der produktiven Zusammenarbeit, die ihn zu einem reichen und berühmten Mann machte, hätten »die Herren … nie erfahren, was ihn zum Bruch … bewogen hat«.[348]

Ein Jahr später begann er mit der Auflösung seines Haushaltes in Frankfurt, ohne Johanna Kessler zu verraten, weshalb. Sie war wie vor den Kopf gestoßen und tief verletzt. Vielleicht hatte sie im Umgang mit Busch einige Fehler gemacht. Aber nach allem, was sie seit mehr als fünf Jahren für ihn getan hatte, hätte sie wenigstens eine Erklärung verdient. Nanda und Letty waren nun plötzlich ihren »Onkel«, ihren Ersatzvater, los, auch wenn er ihnen noch manchmal Briefe und Gedichte schickte. Auch mit seinem Bruder Otto brach er. Warum, weiß niemand. Sein ständiger Wohnsitz hieß ab nun: Wiedensahl. Doch anstatt wieder seine alten Dachstuben im Elternhaus zu beziehen, das von Bruder Adolf und Schwägerin Johanne bewirtschaftet wurde, ließ er seinen Hausrat ins Pfarrhaus zu Schwester Fanny bringen, die ihm eine ihrer schönsten Stuben einräumte. Die Hemden, das Schmalz, das Brot, die Rotwurst, die sauren Gurken: Alles, was Johanne ihm jahrelang treu nach Frankfurt geschickt hatte, war mit einem Schlag vergessen. Er kannte Bruder und Schwägerin plötzlich nicht mehr und versuchte, sie aus seinem Bewusstsein zu streichen. Wenn er sie auf der Dorfstraße von Wiedensahl sah, wechselte er schnell auf die andere Seite. Oder nahm weite Umwege über die Felder in Kauf, um ihnen zuverlässig aus dem Weg zu gehen. Im Dorf pflegte er keinerlei persönlichen Umgang. Wenn er mit der Postkutsche nach Stadthagen und wieder zurückfuhr, ließ er sich weit vor den ersten Häusern absetzen, um von niemandem bemerkt zu werden.[349] Er scheute die Dörfler. Aber die Dörfler scheuten auch ihn. Denn »keiner wollte von ihm gezeichnet werden«, berichtet ein ehemaliger Nachbar. »Als kleine Jungen nahmen wir uns schon in acht, um ihm nicht vor den Bleistift zu geraten«[350], den er ständig wie eine Waffe bei sich trug. Früher hatte er »sein« Wiedensahl geradezu hymnisch verklärt. Jetzt tat er alles, um sich dort unbeliebt zu machen. Jeder im Dorf trug ländliches Arbeitszeug, außer an Festtagen. Aber Busch demonstrierte seine Wohlhabenheit und sein Anderssein, indem er sich »dandyhaft« mit Weste, Gehrock und blank geputzten Stiefeln kleidete, alles maßgefertigt, versteht sich.[351] Er war vierzig und schon ein vollkommener Sonderling. Nur manchmal sah man seine dunkle Gestalt im Pfarrhausgarten, »in dem er stundenlang, gewöhnlich eine Zigarette rauchend, mit leichtem, tänzelndem Gang auf- und niederschreiten konnte«.[352]

DIE FROMME HELENE

11

Nach seinem abrupten Bruch mit Moritz Schauenburg und Kaspar Braun stand Wilhelm Busch zum ersten Mal ganz ohne Verleger da. Zwar war in Deutschland der »Gründerzeitboom« ausgebrochen, eine Folge der hohen Reparationszahlungen aus Frankreich. Überall wurde neu gebaut. Banken und Aktiengesellschaften schossen wie Pilze aus dem Boden. Der Industrie ging es blendend. Die Stahlproduktion stieg um mehr als achtzig Prozent. Doch im Verlagswesen war von Aufschwung noch nicht viel zu spüren. Mit dem »Deutschen Reich« hatte eine neue Zeit begonnen – erfüllt von einem neuen Geist, mit dem man sich erst vorsichtig vertraut machen musste. Zwar war die Verfassung weitgehend mit der des Norddeutschen Bundes identisch. Aber wie würde es mit der Zensur, der Presse- und Meinungsfreiheit aussehen? Waren »linke« Ideen erlaubt? Würde die Macht der katholischen Kirche allmählich geringer werden? Was durfte Satire und was durfte sie nicht?

In seiner Not verfiel Busch auf seinen alten Freund Otto Bassermann in Heidelberg. Der war sehr überrascht, als er am 15. Oktober 1871 eine Karte erhielt, auf der Busch ihn einlud, möglichst sofort in das Hotel »Holländer Hof« zu kommen, denn er sei nur auf einige Stunden da. Eigentlich war Bassermann böse auf Busch, und zwar mit Recht. Seit über zwei Jahren hüllte er sich in fast dauerndes Schweigen. Wegen der Hochzeit wahrscheinlich, die er ihm nicht verziehen hatte. Und nun diese hektische Einladung, die Bassermann ohnehin etwas suspekt war, da er annahm, es handle sich wieder einmal um einen »weinreichen Nachmittag« unter Männern.

Aus Neugier und alter Freundschaft ging er aber doch hin. Busch saß schon im Speisesaal. Nach einer knappen Begrüßung sagte er zu Bassermann: »Lasse dir doch eine Tasse Kaffee hinauf in mein Zimmer bringen, dort findest du zwei Sachen von mir, die du in deinen Verlag haben kannst, wenn du sie willst.«[353]

Es waren die »Jobsiade« und die »Fromme Helene«. Bassermann setzte sich auf Buschs Bett und verschlang sie geradezu. Er war begeistert. »Die Jobsiade machte mir nicht bang«, erinnert er sich später. »Aber die Helene! Was würde zu ihr die Polizei, was würden die anderen Autoren des Verlages, die würdigen Professoren der Philosophie, Theologie, Technologie usw. zu solchem neuen Kollegen ... sagen? Zu zögern war nicht. Ich verließ also das Zimmer, in dem ich allein mit Aufregung und Zweifeln gesessen, und erklärte ... Busch mit möglichster Gelassenheit, daß ich bereit sei, die Sachen zu nehmen.«[354]

Bassermann hatte den Verlag seines Vaters inzwischen beträchtlich erweitert. Er hatte eine mehrbändige »Geschichte der neueren Philosophie«[355] herausgebracht, ein »System der Logik und Metaphysik der Wissenschaftslehre«[356], anspruchsvolle Reiseliteratur, Handbücher für den Ingenieur, Betrachtungen zur römischen Geschichte, Studien über vorislamische Dichtung, über das Recht im jüdischen Altertum, die »Entstehung und die Entwicklungsformen des Witzes«[357], aber auch Politisches wie Anti-Kriegsliteratur und Appelle zur Aufhebung der Todesstrafe. Und nun diese beiden Bücher von Wilhelm Busch, die so gar nicht ins Verlagsprogramm passten und von denen niemand wissen konnte, wie sie sich in der »neuen Zeit« verkaufen würden.

Busch drängte auf einen Vertragsabschluss noch am gleichen Tag. Bassermann »gehorchte«. Kaum hatte Busch das Dokument unterschrieben, erklärte er rundheraus, er sei nicht etwa aus alter Freundschaft oder Achtung vor seinem Verlag gekommen, sondern »weil er mit Braun und Schneider, Schauenburg und Hallberger nichts mehr zu tun haben wolle«.[358] Nachdem man einen geeigneten Holzstecher gefunden hatte, Joseph Ettling, der schon für Gustave Doré in Paris gearbeitet hatte, gingen die »Jobsiade« und die »Helene« in den Druck. Beide erschienen 1872.

Wilhelm Busch hatte die »Helene« während seines Aufenthalts im Hause Kessler in Frankfurt verfasst. Er brauchte nicht einmal drei Monate dafür, war wie im Zeichen- und Schreibrausch, während rings um ihn herum der Krieg zu Ende ging und das Reich gegründet wurde. – Auch über dieses Buch, nach »Max und Moritz« sein bekanntestes und auflagenstärkstes, ist unendlich viel geschrieben und räsoniert worden. Ist es frauenfeindlich? Was für ein Frauenbild repräsentiert es? Welche Rolle spielt die Religion, die Spießermoral? Der Stadt-Land-Konflikt? Die Sexualität? Schwingen antisemitische Emotionen mit? Ist es als Todesorgie zu lesen? Kann die Psychoanalyse beim Verständnis helfen?[359] Welche philosophische Ironie steckt hinter Onkel Noltes berühmter Sentenz »Das Gute, dieser Satz steht fest / ist stets das Böse, das man läßt«, die Oskar Maria Graf in einem Brief an Thomas Mann einmal als »Tiefsinn, der alle Philosophie verblassen läßt«, bezeichnete?[360]

Abb. 53: Die fromme Helene / Onkel Nolte (Schlusssentenz)

In der Diskussion um die »Fromme Helene« wird oft übersehen, dass auch dieses Buch eine bei allem Sarkasmus zutiefst biographische, emotionale Komponente hat. Busch schrieb es in einer Zeit, in der Johanna Kessler ihn unbedingt zum großen Salonmaler machen wollte. Er schrieb es mit großer Sicherheit ohne ihr Wissen als Akt des Protestes und der »lebensnotwendige(n) innere(n) Distanzierung«, wie die Herausgeber der Kritischen Gesamtausgabe meinen.[361] Das war genau der Busch, den sie *nicht* sehen wollte. Der ironische Busch mit den vielen Brüchen, Widersprüchen und Verletzungen, der »lachende Pessimist«, wie ihn Golo Mann einmal genannt hat[362], der Busch, der sich jedem Versuch einer Einordnung entzog und mit sich selbst ebenso respektlos umging wie mit ihr und dem großbürgerlichen Milieu, das ihre Welt war. Zu Beginn klagt der anonyme »fromme Sänger«:

Offenbach ist im Thalia
Hier sind Bälle, da Konzerts.
Annchen, Hannchen und Maria
Hüpft vor Freuden schon das Herz.

Kaum trank man die letzte Tasse,
Putzt man schon den ird'schen Leib.
Auf dem Walle, auf der Gasse
Wimmelt man zum Zeitvertreib.

Das lebendige geistige Leben der Kultur- und Bankenstadt Frankfurt wurde damals von jüdischen Bürgern getragen, die hier seit 1864, früher als im übrigen Deutschland, vollkommen gleichberechtigt waren. Auch Johanna Kessler hatte jüdische Vorfahren, was Wilhelm Busch allerdings erst Jahrzehnte später erfahren hat[363], wohnte Garten an Garten mit der Familie Rothschild und war im Grunde die typische Repräsentantin des jüdischen, kulturell engagierten Großbürgertums. Musste sie sich durch die leicht spöttische Erwähnung Offenbachs, dessen »Schöne Helena« gerade im Theater gespielt wurde, nicht gekränkt fühlen? Oder durch die Beschreibung des jüdischen Spekulanten, von dem es zu Beginn der Geschichte heißt:

Und der Jud mit krummer Ferse,
Krummer Nas' und krummer Hos'
Schlängelt sich zur hohen Börse
Tiefverderbt und seelenlos …

Der Text wirkt aus heutiger Sicht in der Tat problematisch. Aber Busch übertreibt und überzeichnet hier möglicherweise ganz bewusst, greift eine primitive Vorstellung auf oder besser: *an*, die sich der Spießer von Frankfurt, dem Zentrum des deutschen Judentums, machte. Denn gerade die erfolgreichen »Börsenjuden« trugen keine schäbigen »krummen Hosen«, sondern waren elegant, assimiliert, oft auch »baronisiert« und grenzten sich gegen orthodoxe Zuwanderer aus dem Osten ab. – Drei Strophen weiter heißt es nach einer bitteren Klage über die Dekadenz des Konzertwesens:

Schweigen will ich vom Theater
Wie von da, des Abends spät,
Schöne Mutter, alter Vater
Arm in Arm nach Hause geht.

Zwar man zeuget viele Kinder,
Doch man denket nichts dabei.
Und die Kinder werden Sünder,
Wenn's den Eltern einerlei.

Hier musste Johanna Kessler nicht nur das Lebenskonzept ihrer Gesellschaftsklasse kritisiert sehen, sondern sich auch ganz persönlich attackiert fühlen. Ihr Mann war neunzehn Jahre älter als sie. Von ihren Kindern waren zwei im Säuglingsalter gestorben. Die übrigen delegierte sie an Gouvernanten und Hauslehrer, darunter so schwierige Figuren wie Otto Busch, die psychisch gestört waren und keinerlei pädagogische Vorbildung hatten. Sicher kein gutes Erziehungskonzept. Aber sie kannte es nicht anders. Keine Frau der Gesellschaft, in der sie lebte, »erzog« ihre Kinder selbst. Man sah sie nur bei den Mahlzeiten am Tisch sitzen und besuchte sie gelegentlich auf ihren Zimmern. Busch lässt die Frage nach Helenens Eltern wie bei »Max und Moritz« bewusst in der Schwebe, was dem Leser wohl sagen soll, dass es bei solcher Vernachlässigung nicht darauf ankomme, ob die Eltern physisch präsent waren oder nicht.

Dramaturgisch ist das Buch ähnlich konzipiert wie »Max und Moritz«. Nach der Einleitung des »frommen Sängers«, aus der immer wieder autobiographische Elemente hervorblitzen, die Verschickung Helenens zum Onkel etwa, Buschs eigenes, uraltes Trauma, bringt die Heldin Unruhe in eine ländliche Idylle und spielt Onkel und Tante einen »Streich« nach dem anderen. Auch das Motiv vom »Vetter Franz« ist unverkennbar autobiographisch, denn Wilhelm Busch war ein leidenschaftlicher »Vetter«, der vergeblich um seine Kusinen warb und nach der Hoch-

Abb. 54: Helene und Franz in den Schnabelbohnen

zeit von Henriette Ebhardt sogar depressiv wurde.

In der »Frommen Helene« kehrt er diesen Sachverhalt um. Die »Base« ergreift als Erste die Initiative, ein unerhörter Akt sexueller Emanzipation, beobachtet neugierig durch das Schlüsselloch, wie der Vetter sich mit entblößtem Oberkörper wäscht, wobei sie »das Grüne, das so ausgeschnitten«, trägt, obwohl die Tante es strengstens verboten hat. Als der Vetter mit seiner langen Meerschaumpfeife aus der Tür kommt, stürzt sie vor Schreck die steile Treppe hinunter. Dabei erhascht er einen Blick auf ihre wohlgeformten Waden, ein Anblick, der seine Wirkung tut. Während er breitbeinig mit der Meerschaumpfeife auf der Treppe steht, sieht man deutlich, dass sich in seiner engen Hose etwas regt. Er hat überzeichnet männliche Gesichtszüge, ist ein Pascha, der sich an alle Frauen heranmacht, auch an die Magd Hannchen, denn »Doch jeder Jüngling hat wohl mal / 'n Hang fürs Küchenpersonal«, spielt Helene aber vor, dass er nur sie liebe, und widmet ihr wunderschöne Gedichte, die fast wie von Heine klingen:

Als ich so von ungefähr
Durch den Wald spazierte,
Kam ein bunter Vogel, der
Pfiff und quinquilierte.

Was der bunte Vogel pfiff,
Fühle und begreif' ich:
Liebe ist der Inbegriff,
Auf das andere pfeif' ich.

Nach seiner Abreise schickt sie ihm glühende Liebesbriefe. »Geliebter Franz! / Du weißt es ja, Dein bin ich ganz!« Voller Emphase sitzt sie über ihrem Blatt Papier und dichtet, ein hübsches, temperamentvolles, junges Mädchen, das auf dem flachen Land zu verkümmern droht und eine gute Portion Ironie und Witz hat:

Wie reizend schön war doch die Zeit,
Wie himmlisch war das Herz erfreut,
Als in den Schnabelbohnen drin
Der Jemand eine Jemandin,
Ich darf wohl sagen: herzlich küßte. –
Ach Gott, wenn das die Tante wüßte!

Busch zeichnet Helene so, dass man sie mag. Er wirkt fast ein bisschen verliebt in seine eigene Figur, die vielleicht nicht nur Lina Kessler, sondern auch einer seiner Kusinen gleicht. Darum versteht er wohl auch die Gefühle des Onkels, der sich in seinem unsäglichen Schlafrock von hinten nähert, irritiert zuhört, wie sie sich ihren eigenen Text vorliest, dann die Brille aufsetzt, um ihr besser über die Schulter sehen zu können, drohend den Finger hebt, die Hände zu Fäusten ballt, das Gesicht schamhaft hinter ihnen versteckt und schließlich wie eine wütende Heuschrecke über sie herfällt, um ihre Nase in den noch glühenden Siegellack zu stoßen, eine Stelle, die der Busch-Freund Paul Lindau als besonders sadistisch empfunden hat.[364] Wobei er allerdings übersah, wie viel Psychologie in der Komposition gerade dieses Kapitels steckt: Helenes schwärmerische Verliebtheit in den eigenen Vetter, die wachsende Eifersucht des Onkels, die sich in verschiedenen Gesten vom Missfallen bis zur Raserei steigert, der harte Schnitt und der Anfang der nächsten Szene, in der man Onkel und Tante scheinheilig in »der Kammer still und donkel« im Bett liegen sieht, bis Helene ihnen – »zupp« – mit einer Angel die Decke wegzieht und die Tante mit dem Schlüsselbund auf den Onkel einschlägt. Wilhelm Busch zeichnet hier eine desillusionierende Studie über versteckte Inzestwünsche hinter der heilen Fassade einer Spießerfamilie. Nicht einmal hier auf dem Land, »wo sanfte Schafe und die frommen Lämmer sind«, findet Helene, die Hin- und Hergestoßene, ihren Frieden. Der Vetter begehrt und betrügt sie. Der Onkel möchte sie am liebsten für sich haben. Die Tante ist neidisch auf ihre Jugend und aufblühende Sexualität. Am Ende wirft man sie aus nichtigen Gründen hinaus. Sie geht bitterlich weinend. Im Grunde ein Missbrauchsopfer.

Im zweiten Teil sieht man eine deutlich gealterte Helene in elegantem städtischem Ambiente. Die Architektur ihrer Villa verweist auf das Frankfurter Westend, also auf die Kesslers. Materiell fehlt es ihr an nichts. Sie ist teuer gekleidet, hat einen Salon mit Kronleuchtern, Nippeskram und antiken Statuen, aber sie ist abgrundtief einsam. Kein Mann, keine Freundin ist zu sehen, sie lebt nutzlos in den Tag, hat keinen Beruf, keine Aufgabe, geht nicht einmal in die Oper oder in »Konzerts«, da sich das für eine Frau allein eben nicht schickt, in Frankfurt so wenig wie in Berlin, Wien oder London. Um wenigstens etwas Lebendiges um sich zu haben, hält sie zwei Kanarienvögel, Niep und Piep, die ihr als Kindersatz dienen. Ein Wunder, dass sie nicht jetzt schon dem Alkohol verfällt.

Eigentlich haben die Katzen es viel besser als sie, die zierliche Mienzi und der dicke Munzel mit seinem gewaltigen, steil aufragenden Schwanz, der wie ein Phallus aussieht. Sie dürfen schmusen. Sie dürfen toben. Sie dürfen ihre animalischen Triebe ausleben. In einem unbeobachteten Moment ziehen sie den Kanarienvögeln die Hälse lang und demolieren den ganzen kostbaren Hausrat. Nachdem Helene ihre erste Verzweiflung überwunden hat, sinnt sie auf Rache am Kater, den sie für den Hauptübeltäter hält, und setzt »des Schweifs behaarte Rute« in Flammen. Dabei lächelt sie äußerst zufrieden. Es scheint ihr Spaß zu machen, ein »grausamer, aber kein sinnloser Akt«, schreiben die Herausgeber der Kritischen Gesamtausgabe[365], denn der Kater habe ja wirklich Strafe verdient. Keinesfalls verberge sich »hinter der tierquälerischen Haltung ein persön-

Abb. 55: Helene steckt dem Kater den Schwanz an

licher Zug Buschs«, der »im Gegenteil überaus tierlieb« gewesen sei.

Diese Argumentation mutet etwas absonderlich an, wenn man bedenkt, was die Schwänze männlicher Tiere auch in anderen Werken Wilhelm Buschs zu erleiden haben. Monsieur Jacques verspeist den Schwanz seines Hundes Moustache.[366] Ein Bauer reißt seinem Esel ein Stück Schwanz ab.[367] Hans Huckebein hackt einem Kater seinen Schnabel in den Schwanz.[368] Ein Schusterjunge versengt den Schwanz eines Affen mit der Zigarre.[369] Der Dackel Fidelio büßt seinen Schwanz ein, als der Turner Hoppenstedt mit seinen Hanteln durch die Decke fällt.[370] Der Schwanz von »Fipps, dem Affen« verhakt sich im Nasenring eines Schwarzen.[371] Man könnte noch viele weitere Beispiele aufzählen. Der »Schwanz« wird bei Wilhelm Busch so oft verbrannt, abgerissen, eingeklemmt, in die Länge gezogen oder aufgegessen, dass man es kaum noch als Zufall betrachten kann. *Komisch* sind diese Stellen meistens nicht, ganz im Gegenteil. In ihrer Reihung und Monotonie sind sie schwer zu ertragen und zeigen ein hohes destruktives Potenzial, das sich wahrscheinlich wirklich nicht gegen *Tiere*, sondern gegen die Phallussymbolik des Tierschwanzes richtet. Helenens offenkundige Freude beim Anzünden der »behaarten Rute« hat etwas extrem Sadistisches, Libidinöses. Hier scheinen Phantasien und Zwangsvorstellungen deutlich zu werden, die vor dem Hintergrund seines eigenen unterentwickelten Sexuallebens gesehen werden müssen und für einen Psychoanalytiker sicher hoch aufschlussreich sind.

Helenens Alterungsprozess schreitet nun dramatisch fort. Sie wird immer dünner. Die Haare fallen ihr aus. Sie muss Kunsthaar zu Hilfe nehmen. In ihrer Verzweiflung heiratet sie den dicken »G. I. C. Schmöck«, einen reichen Mann, den sie nicht liebt. Die Parallele zu »J. D. H. Kessler«, wie Johanna Kesslers Mann seinen Namen abkürzte, ist unverkennbar. Der Name »Schmöck«, heißt es in der Kritischen Gesamtausgabe, bedeute im Mittelniederdeutschen so viel wie »Schmauch, Rauch und Qualm«.[372] Diese etymologische Suche führt jedoch in die Irre. Denn »Schmock« ist ein jiddisches Schimpfwort, ein »Dummkopf«, »Trottel« oder »Idiot«. Johanna Kessler verstand das natürlich. Denn selbst in schon längst assimilierten Kreisen blieb die Kenntnis des Jiddischen lange erhalten und diente als eine Art familiärer Geheimsprache.

Trotz der romantischen Reise nach Heidelberg, das Busch von seinen Besuchen bei Bassermann sehr gut kannte, bleibt die Beziehung sexuell unerfüllt. Schmöck trinkt, und Helene

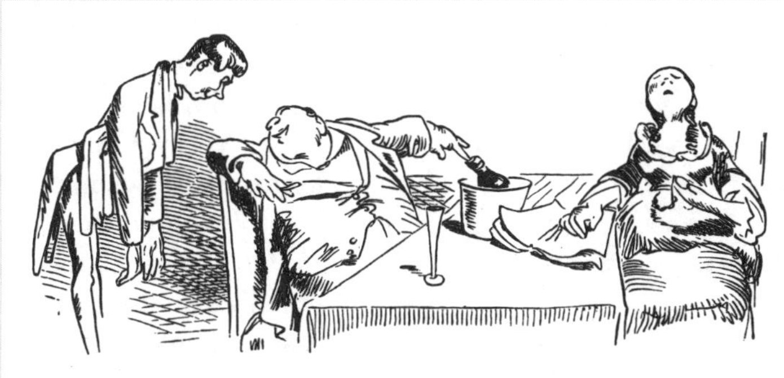

Abb. 56: Helene und Schmöck

schweigt. Die Hochzeitsnacht verbringen sie keusch in getrennten Betten.

Wieder zu Hause in ihrer vornehmen Westend-Villa, flieht die frustrierte Helene in die Wohltätigkeit, ein beliebtes Tätigkeitsfeld reicher Frankfurter Damen. Immer mehr spricht sie dem Alkohol zu. Ihre Nase färbt sich schon bedenklich dunkel. Bevor es für Kindersegen endgültig zu spät ist, springt Vetter Franz, inzwischen katholischer Priester, ein und begleitet sie nach jenem »Chosemont de bon secour«, hinter dem sich Kloster Andechs verbirgt.[373] Das ganze Pilgerwesen wird dabei noch einmal gründlich durch den Kakao gezogen, ein günstiger Zeitpunkt, denn Bismarck hatte soeben den »Kulturkampf« gegen die Katholiken angeordnet. Er verbot den Jesuitenorden, ließ viele Bischöfe und Geistliche absetzen und erließ den berühmten »Kanzelparagraphen«, nach dem Priestern politische Äußerungen in der Kirche untersagt waren.

Nach gebührender Zeit bringt Helene Zwillinge zur Welt, die exakt wie der Vetter Franz aussehen. Trottel Schmöck merkt natürlich nichts. Bald darauf erstickt er beim Mittagessen an einer Gräte. Helene, nur mäßig trauernde Witwe, muss erkennen, dass Franz sich an ihre Dienstmagd Kathi heranmacht, da er immer noch seinen »Hang fürs Küchenpersonal« hat. Jean, der vermutlich französische Diener, schlägt ihm in rasender Eifer-

Abb. 57: Helenens Zwillinge

sucht eine Flasche auf den Kopf, »und – kracks! – es dringt der scharfe Schlag / bis tief in das Gedankenfach«. Vetter Franz' hohler Kopf löst sich in Nichts auf.

Für Helene beginnt nun die Zeit der Buße und des Abschieds. Ihre Kinder sind auf mysteriöse Weise verschwunden. Vielleicht hat sie sie einer Amme übergeben. Vielleicht sind sie tot oder zum Onkel verschickt worden. Sie ist ganz allein. Ihre Hässlichkeit ist erschütternd. Die Haare sind struppig, die Nase ist rot, die Brüste, die sich dem Stillen verweigert haben, hängen schlaff und nutzlos herunter. Nur drei Freunde sind ihr noch geblieben: das Gebetbuch, der Rosenkranz und der Alkohol, denn: »Es ist ein Brauch von alters her; / Wer Sorgen hat, hat auch Likör.« Besinnungslos betrunken stürzt sie in eine brennende Petroleumlampe und verkohlt zu einem schwärzlichen Etwas. »Hier sieht man ihre Trümmer rauchen, / Der Rest ist nicht mehr zu gebrauchen«, kommentiert Busch lapidar. Selbst in Geistergestalt immer noch als »Helene« zu erkennen, wird sie vom Teufel in die Hölle gezerrt, wo der Vetter Franz schon im Fegefeuer auf sie wartet.

Diese Geschichte ist meistens als frauenfeindlich interpretiert worden, als »wahre Todesorgie«[374], ausgelöst von einer Frau, deren »Missetaten … ein bürgerliches Mittelmaß kaum überschreiten«.[375] Der Schluss wirkt in der Tat gnaden- und mitleidlos. Man ist versucht, an die Hexenverbrennungen im alten Wiedensahl zu denken. Auch aus der schauderhaften Hässlichkeit der einsamen und dem Alkohol verfallenen Helene, die nun wirklich wie eine »alte Hexe« aussieht, könnte man auf den ersten Blick Frauenhass lesen. Aber diese Ansätze greifen zu kurz.

Es steckt viel mehr in der »Frommen Helene«, ein unentwirrbares Knäuel von Verletzungen, Erfahrungen und Anklagen, eine gewaltige kreative und psychische Energie, die wahrscheinlich ihre bis heute anhaltende Faszination ausmacht.

Abb. 58: Helene fährt zur Hölle

Einsam und auf sich gestellt, bleibt der Mensch unglücklich. Im Schoß der Familie findet er keinen Frieden, ob im Haushalt eines frommen Onkels auf dem Land oder in einer großbürgerlichen Stadtvilla. Aber auch Mann und Frau können nicht glücklich zusammenleben. Zwischen dem Onkel und der Tante herrscht nur mühsam kaschierter Hass. Der Vetter lässt sich auf eine monogame Beziehung nicht ein und flieht lieber ins Priestertum. Helenens Bedürfnis nach Nähe und Zärtlichkeit bleibt in der Ehe vollständig unbefriedigt. Auch Kinder bringen kein Glück. Man wünscht sie sich, weil es sich so gehört. Aber kaum geboren, werden sie schon wieder abgeschoben. Mädchen haben es in diesem Leben noch schwerer als Jungen. Für sie gibt es nur die frustrierende Ehe oder den Alkohol. Denn Berufstätigkeit ist ihnen versagt, jedenfalls in den höheren Kreisen.

So kann man »Helene« auch als das Gegenteil eines frauenfeindlichen Buches lesen: als Plädoyer für ein anderes, würdigeres Frauenbild, für eine verbesserte weibliche Erziehung. Aber das ist nur einer von vielen Aspekten. Denn Helene ist nicht nur »Frau«. Helene ist auch Busch selbst. Ihr Aufgehen in Alkoholismus und Flammen sei die resignative Quintessenz *seines* Lebens, schreibt der Psychologe Ulrich Beer.[376] Das ist vielleicht etwas überspitzt formuliert. Richtig ist, dass Helene für den einsamen Menschen schlechthin steht, für den Rastlosen, der nirgendwo seinen Frieden findet, nicht einmal im Tod, wo schon neue Foltern und Qualen auf ihn warten.

Onkel Noltens Schlusssatz ist in der Tat genial und zu Recht weltberühmt. Ohne Vorbild ist er allerdings nicht. Er habe nicht gewusst, »dass das Böse nur eine Schmälerung des Guten ist, bis es zuletzt gar nicht mehr ist«, sagt der heilige Augustinus in seinen »Confessiones«, die Wilhelm Busch nachweislich gelesen und hoch geschätzt hat.[377] Und Gottfried Kellers scheiternder Anti-Held, »Der grüne Heinrich«, dessen Lebenslauf so viel Ähnlichkeit mit dem Wilhelm Buschs hat, kommt am Schluss seiner Odyssee zu der Erkenntnis: »Alles, was wir an unseren Gegnern verwerflich und tadelnswert finden, das müssen wir selber vermeiden und nur das an sich Gute und Rechte tun.«[378]

In der Verkürzung und Verdichtung dieser Aussagen bleibt Noltens Schlusswort trotzdem unübertroffen. Vor allem, weil es so unbeschreiblich zynisch ist. Nolte hat in der Tat »das Böse« gelassen. Er hat Helene *nicht* sexuell missbraucht, sondern sie, um sich nicht in Versuchung zu bringen, seines Hauses verwiesen. Ist er deshalb ein »Guter«?

Das Buch traf so sehr den Nerv seiner viktorianischen Zeit, dass drei Auflagen innerhalb kürzester Zeit vergriffen waren. Sogar eine englische Ausgabe war bald auf dem Markt, in der Wilhelm Busch allerdings als Autor nur beiläufig erwähnt wird, »The Pious Jemina, done from the German of Herr Busch in the English tongue by John MacLush«.[379] Bassermann verdiente sehr gut an dem Buch. Wilhelm Busch auch. Trotzdem fühlte er sich schon wieder übervorteilt und betrogen und setzte seinem Verleger so lange zu, bis er ihm »45 Prozent vom Brutto-Ertrag« zusicherte, eine im Verlagsgeschäft einigermaßen singuläre Regelung, nach der dem Autor mehr zufiel als dem Verleger, der doch alle Geschäfts- und Produktionskosten zu tragen hatte. »Wie bald Busch seine Bezüge nicht mehr ... brauchte«, erinnert sich Bassermann leicht verbittert, »geht daraus hervor, daß ich ihm nach einiger Zeit nicht mehr Bargeld zu schicken hatte, sondern von mir für ihn angekaufte Wertpapiere. Diese verwahrte er in einer unter seinem Bett stehenden Kiste.«[380]

Wie von jedem seiner Bücher wollte Busch auch von der

»Helene« bald nichts mehr wissen, sondern »seine Ruh'« vor ihr haben.[381] Das Thema war für ihn abgehandelt und erledigt. Erst im Juli 1906, knapp zwei Jahre vor seinem Tod, wird er in einem langen Gedicht »An Helene« wieder darauf zurückkommen: Er behandelt sie darin wie eine reale Figur, wie eine gute Bekannte aus alten Zeiten, die er seit Ewigkeiten nicht mehr gesehen hat. Was ist nicht alles seitdem passiert – es hat Kriege gegeben, neue Erfindungen sind gemacht worden. Doch das »alte Lenchen« ist immer noch dasselbe geblieben und spielt dem Biedermann weiter seine köstlichen Streiche. So unverdient grausam Helene in der Geschichte auch stirbt: Sie ist und bleibt Wilhelm Buschs Sympathieträgerin, an die er sich bis zum Schluss gern erinnert. Eines Tages wird auch über ihn »die Lampe fallen«, wird auch von ihm nicht mehr als ein »Häufchen Asche« übrig bleiben, das »die Zeit mit ihren Reiserbesen« wegfegt.[382]

12 EIN UNPOLITISCHER ALS SPRACHROHR BISMARCKS

Die »Bilder zur Jobsiade«[383] nach dem berühmten Text des Bochumer Arztes und Schriftstellers Carl Arnold Kortum waren ein ungeliebtes Kind Wilhelm Buschs, mit dem er sich schon seit langem herumplagte. Angefangen hatte alles mit einem Auftrag des Berliner Verlegers Carl Müller, Inhaber des Verlags Grote in Berlin, der auf illustrierte Klassikerausgaben spezialisiert war, Werke von Schiller, Goethe, Lessing, Shakespeare und vielen anderen in bibliophiler, aber erschwinglicher Aufmachung. Busch hätte am besten gleich nein sagen sollen. Denn er fühlte sich schon lange nicht mehr als »Illustrator«. Dass ihn die Welt nicht als Maler, sondern als Bildergeschichtenautor ansah, war schlimm genug. Geschichten *anderer* zu illustrieren, schien ihm entwürdigend. »Vielfach, wie's die Not gebot, illustrierte ich neben eigenen auch fremde Texte«, heißt es in einer Fassung seiner Autobiographie. »Bald aber meint ich, ich müßt halt alles selber machen. Die Situationen gerieten in Fluß und gruppierten sich zu kleineren Bildergeschichten, denen größere gefolgt sind …«[384]

Und nun diese »Jobsiade« von Carl Arnold Kortum, dieses Buch über »Leben, Meinungen und Taten von Hieronymus Jobs, dem Kandidaten, und wie er sich weiland viel Ruhm erwarb, auch endlich als Nachtwächter zu Sulzburg starb«.[385] Eigentlich war ihm der Stoff ja vertraut, spätestens seit seiner Düsseldorfer Zeit, in der er die Bilder von Hasenclever kennengelernt hatte.[386] Diese Biographie eines Versagers, der seine Eltern so bitter enttäuscht, dieses konsequente Scheitern in allen Lebenslagen, ob als Schüler, Kandidat der Theologie, Schulmeister, Schauspieler, Sekretär oder Liebhaber, dieses Sich-Querstellen zu den Erwartungen einer Welt des Ehrgeizes und des äußeren Scheins: Es gab viele Parallelen zu seinem eigenen Lebenslauf. Aber es war eben nicht *seine* Geschichte, *seine* Erfindung. Darum ließ er die Arbeit immer wieder liegen und versäumte eine von Müller gesetzte Frist nach der anderen. Als er sich endlich dazu aufraffte, sie abzuschließen, war Müller unzufrieden. Vielleicht merkte man den Zeichnungen eine gewisse Lustlosigkeit an. Oder er hatte sich etwas Seriöseres, Ordentlicheres vorgestellt, da für seinen Verlag sonst eher konservative Künstler arbeiteten, Paul Thumann zum Beispiel, Leiter einer Klasse für Historien- und Figurenmalerei an der Großherzoglichen Kunstschule in Weimar.

Nun musste Bassermann als eine Art Lückenbüßer für Müller einspringen, was ihm kaum verborgen geblieben sein kann. Trotzdem nahm er das Thema sehr ernst. Es war wohl *seine* Idee, vom Konzept der »Illustration« abzuweichen und Busch eine neue, stark komprimierte Geschichte vorzuschlagen, die statt der ursprünglichen 37 nur 9 Kapitel umfasste und nicht im leicht verschrobenen Fabulierstil Carl Arnold Kortums, sondern im typischen Busch-Ton geschrieben sein sollte, im lapidaren Ton äußerster aphoristischer Kürze. Plötzlich hatte Busch Freude an der Sache und brauchte nur wenige Wochen, um das Manuskript abzuschließen. Im November 1872 wurde es im »Börsenblatt« angekündigt.

Im Gegensatz zur »Frommen Helene« *hat* Hieronymus Jobs Eltern, die ihn lieben und vergöttern, denn er ist ihr erster und einziger Sohn nach einer Reihe von Mädchen. Sie glauben, dass einmal etwas Großes aus ihm werden wird. Wenn da nicht dieser schreckliche Traum gewesen wäre, den seine Mutter kurz vor seiner Geburt gehabt hat: dass sie keinem Kind, sondern einem Posthorn das Leben geschenkt hätte, das allerdings von einem Kranz, einem Heiligenschein umflort war.

Der kleine Jobs, faul und dick, passt in der Schule nicht auf, sondern stopft die Pfeife des Lehrers mit seinem Perückenzopf – ein nun schon leicht überstrapaziertes Motiv Wilhelm Buschs. Der Lehrer, Rektor Bax, ist ein übler Sadist. Schläge und Demütigungen sind das Grundgerüst seiner Pädagogik. Zu Hause wird der Junge verwöhnt. In der Schule misshandelt. Wie soll man bei diesem Widerspruch ein gesunder Mensch werden?

Busch trifft auch hier wieder einen Nerv seiner Zeit. Zwar

Abb. 59: Traum vom Posthorn (Jobsiade)

hatte der deutsche Reichstag im März 1872 ein Schulaufsichtsgesetz verabschiedet und alle kirchlichen und privaten Schulen unter staatliche Kontrolle gestellt. *Prügeln* durften die Lehrer aber wie eh und je. Mit der Faust, der flachen Hand, der Rute, dem Rohrstock, dem Lineal oder der Bibel. Ob in Bayern, wo die Prügelstrafe erst 1980 abgeschafft wurde, oder in den alten preußischen Territorien, in denen Gewalt nur als äußerstes Mittel anzuwenden war, wenn »frecher Widerstand, Rohheit oder Unsittlichkeit« vorlagen[387]: Es verging kein Tag, an dem Schüler nicht misshandelt und erniedrigt wurden, denn das höchste pädagogische Ziel bestand nach der Überzeugung des Philosophen Fichte darin, die Freiheit des kindlichen Willens zu brechen.

Aber die Eltern von Jobs glauben an ihren einzigen Sohn und schicken ihn zum Theologiestudium auf die Universität, die er allerdings selten betritt, denn …

Die erste Pflicht der Musensöhne
Ist, daß man sich an's Bier gewöhne.

Er wird dick. Er verfällt dem Alkohol. Er tritt in eine schlagende Verbindung ein. Er macht Schulden. Hatte Bax also doch recht? Hätte man ihn doch härter anfassen müssen? Oder nützt Pädagogik – ob in ihrer milden oder strengen Variante – sowieso nichts, da es nun einmal eine »spießbürgerliche Illusion (ist),

Abb. 60: Jobs wird verprügelt

sich gegen das anarchische Ungetüm der Natur zur Wehr setzen«[388] zu wollen? Dieser Gedanke zieht sich wie ein Leitmotiv durch das Werk Wilhelm Buschs. Der Mensch ist im Kern seines Wesens vielleicht nicht durchweg *schlecht*. Aber er ist unerziehbar und bleibt immer das Wesen, als das er geboren wurde. Man kann ihn domestiziert und angepasst machen. Doch im Grunde gilt, was Busch in den »Reimen und Sinnsprüchen« sagt:

> Also spricht der Fatalist:
> Du mußt werden, wie du bist.
> Widerstreben ist vergebens.
> Der Gebieter dieses Lebens
> Gab dir schon von Anbeginn
> Deinen Wunsch und Eigensinn,
> Bald mit ja und bald mit nein
> Gerade so und so zu sein.[389]

Als Jobs nach Hause zurückkommt, um seine Probepredigt zu halten, erkennen die Verwandten ihn wegen seines gewaltigen Bierbauchs zunächst nicht. Die Probepredigt hat natürlich ein guter Freund verfasst. Jobs selbst kann keinen zusammenhängenden Satz zu Papier bringen. Aber er ist ein großer Schauspieler, der weiß, wie man Menschen einfängt. In glühenden Worten redet er über Tugend und Laster, weint, gestikuliert, brüllt, zieht seine Zuhörer wie im Kasperletheater in den Bann. Eigentlich ziemlich respektlos von Busch. Denn er war von einem Pfarrer erzogen worden und lebte auch jetzt wieder in einem Pfarrhaus. Solche Stellen relativieren seinen Katholikenhass. Die Protestanten waren ihm kaum weniger verdächtig. Hohlköpfe, Heuchler und Demagogen gab es auch unter ihnen.

Abb. 61: Jobs auf der Kanzel

Sichtbar schüchterner und dünner geworden, muss Jobs nun sein theologisches Examen machen, vor dem er sich lange Zeit erfolgreich gedrückt hat. Zwölf geistliche Herren sitzen an einem langen Tisch. Zwölf geistliche Herren in weißen Perücken, einer dicker und selbstzufriedener als der andere. Sie stellen sehr einfache, durch und durch unwissenschaftliche Fragen. Was ein Bischof sei, was ein Apostel, wer der heilige Augustin? Die Antworten des Prüflings sind derart blödsinnig, dass man an seinem Verstand zweifeln möchte.

Ein Bischof ist, wie ich mir denke,
ein sehr angenehmes Getränke
aus rotem Wein, Zucker und Pomeranzensaft
und wärmet und stärket mit großer Kraft.

Aber so dumm *kann* er ja gar nicht sein. Nicht nach dieser Predigt, dieser theatralischen Vorführung, die immerhin für eine gewisse Schlauheit und Menschenkenntnis spricht. Er spielt ganz bewusst die Rolle des Hanswurst, bringt Anarchie in den steifen Altherrenverein, macht alle Theologie, alle Gelehrsamkeit lächerlich, ist wie Max, Moritz und die »fromme Helene« ein Terrorist. Die Wirkung seiner Worte ist furchtbar. Jedes Mal schütteln die Herren die Köpfe, und zwar synchron. Die Perücken geraten in empörte Bewegung und werden in den unterschiedlichsten Ansichten vorgeführt. Es kommt zu »virtuosen Abbreviaturen, wechselnden Bildrhythmen und perspektivischen Verkürzungen«[390], eine Bewegungsstudie, die wie von den Phasenfotografien Eadweard Muybridges inspiriert wirkt.

Abb. 62: Prüfer schütteln die Perücken

Tatsächlich war es im gleichen Jahr, 1872, als Muybridge mittels nebeneinander aufgestellter Kameras anfing, Bewegungsabläufe von Menschen und Tieren in Bilder zu bannen, der Beginn der sogenannten »seriellen Fotografie«, die die Bildende Kunst später stark beeinflusst hat. Aber das kann Busch nicht gewusst haben. Denn Muybridges Studien wurden erst 1893 publiziert und bekannt. So ist das simultane Kopfschütteln der Prüfer als künstlerische Pionierleistung zu werten, als fließender Übergang von der Zeichnung zur Kinematographie, ein Konzept, das schon in »Der Virtuos«[391] erkennbar wird und das August Macke als so zukunftsweisend an den Arbeiten Wilhelm Buschs schätzte. Bassermann, der nicht vom Bild, sondern allein vom Wort herkam, scheint die Brillanz der Sequenz nicht bemerkt zu haben. Jedenfalls hat er Busch nie ermutigt, weiter in dieser Richtung zu arbeiten und sein Augenmerk noch mehr als bisher dem Visuellen zu widmen.

Immer wieder wird der Lebensweg des Hieronymus Jobs von Amalia gekreuzt, einem hübschen, drallen »Mamsellchen«, das genau wie die junge »fromme Helene« aussieht, aber noch viel »verdorbener« ist, eine vagabundierende Kleinkriminelle und Prostituierte. Schon bei der ersten Liebesbegegnung stiehlt sie ihm die Geldbörse. Als er sie wiedertrifft, ist sie Kammerjungfer bei einem alten Herrn, einem Ebenbild des Onkel Nolte, mit dem sie wahrscheinlich eine sexuelle Beziehung hat. Später begegnet sie Jobs als Schauspielerin eines Wandertheaters wieder. Gemeinsam haben sie rührende Auftritte. Aber sie treibt es hinter der Bühne mit anderen und trinkt heimlich Champagner mit ihnen.

Eine reiche alte Jungfer mit Hochfrisur, der Jobs beim Beten assistieren soll, wirkt wie eine bösartige Karikatur von Johanna Kessler. Sie ist gut zu ihm, gibt ihm alles, was er zum Leben braucht, verlangt nichts als seine schlichte Präsenz. Doch dann rückt sie ihm zu dicht auf den Leib, und er flieht weit weg – wie vor Johanna. Nach einem misslungenen Intermezzo als Dorfschullehrer, der von den Bauern mit Mistgabeln in die Flucht geschlagen wird, weil er sich bemüht, frischen Wind in den verkrusteten Lehrplan zu bringen, landet er schließlich auf seiner letzten Station: der des Nachtwächters. Er bläst nun das Horn, von dem seine Mutter geträumt hatte. Jobs ist ein Symbol unbeschreiblicher Einsamkeit, schon auf der Schwelle zum Tod stehend. Der ereilt ihn bald. Eine schwere Erkältung lässt ihn bis zum Skelett abmagern. Der Gevatter Tod kommt mit seiner Sense und hält die Uhr an. An den Schluss des Ganzen setzt Wilhelm Busch einen riesigen schwarzen Punkt.

Abb. 63: Jobs als Nachtwächter

Busch-Forscher haben sich wenig mit diesem seltsamen Stück beschäftigt, das wahrscheinlich als Pendant zur »Frommen Helene« zu lesen ist. Hieronymus Jobs ist ein *Mann*. Viele Chancen hätten ihm offengestanden. Seine Eltern tun alles für ihn. Er wird *nicht* vernachlässigt, *nicht* zum Personal abgeschoben. Und ist doch unausweichlich zum Scheitern verurteilt, findet nirgendwo seinen Ort, weder in der Familie noch im Beruf, am wenigsten in der Liebe. Eigentlich ist es ein sehr trauriges Buch. Trotzdem war es schon nach knapp vier Wochen vergriffen, was aber sicher nicht an dem eher sperrigen Stoff lag. Alle Welt war jetzt neugierig auf *den* Wilhelm Busch, der sich vom Spaßmacher zum Skandalautor entwickelt hatte, dessen Bücher von Priestern und Pädagogen gehasst wurden, dem man vorwarf, religiöse Gefühle zu verletzen, die Gestalten der Heiligen zu verunglimpfen und die konfessionellen Konflikte in Deutschland noch zu verschärfen.[392] Sein Verleger Bassermann hatte einerseits Angst vor der Zensur. Aber er sah sie auch als äußerst geschäftsfördernd an und freute sich schon auf neue gerichtliche Maßnahmen. Für Buschs nächstes Buch, den »Pater Filuzius«, nahm er sich vor, »die Clichés und Stöcke … sofort nach Gebrauch zu einem unbeteiligten Freund« zu bringen, »um sie vor Konfiskation zu schützen«.[393]

Busch war nun – anders als Jobs – äußerst erfolgreich. Er konnte reisen, in den besten Hotels absteigen, Champagner trinken. Er brauchte keine Mäzenin mehr, die ihn finanzierte. Johanna Kessler hatte ihre Schuldigkeit getan. Aber er dachte immer noch ständig an sie. Und fühlte sich ziemlich verloren ohne sie. Ohne sie schien immer Winter zu sein. Ein langes Sehnsuchtsgedicht, das er an sie und ihre Töchter Nanda und Letty schickte, endet mit den Zeilen:

Nun kommt der Herbst. – Der Sonne Kraft
Erlischt; schon wird es nebelhaft.
Gen Süd wird sich die Schwalbe schwingen,
Von Norden her der Winter dringen;
Am Fenster wird das Eis erblühn,
Die Kohlen glühen im Kamin – –
Drei liebe, freundliche Gestalten
Seh' ich des Feuers Glut erhalten …[394]

Er kam nicht von ihr los. Besonders vor Weihnachten musste er immer an die freundliche Stimmung bei ihr zu Hause denken. »Unglaublich saust der Wind«, schreibt er am 12. Dezember 1872 aus Wiedensahl. »Die Schneeflocken, so groß wie Rosenblätter, ... schmiegen sich an Turm- und Kirchendach, an die Stämme der Obstbäume, an den Winterkohl, der noch im Garten friert, und haben die Welt ... bereits recht eng gemacht. An mein Fenster picken die Ranken und flüstern: ›Vergiß es nicht! Vergiß es nicht!‹, und das will ich auch gewiß nicht tun. – Ich denke mir, es wird nun dämmrig. Die Nanda kommt jetzt aus der Schule und greift zu Butterbrot und Apfel; und die Letty trinkt erst mal tüchtig Wasser und dann will sie auch noch ein Brötchen haben. ... Gottseidank! Wein wird heuer wenig gebraucht. Der Hauptweinmarder ist fern. Der wird seither in der Dämmerung schönen Durst gelitten haben. Geschieht ihm recht! – Fröhliches Fest und viel tausend herzliche Grüße! Willem.«[395]

Johanna Kessler dachte wohl, Bassermann sei verantwortlich für seine Entfernung von ihr, wie sie überhaupt seinen Einfluss auf Busch für schlecht hielt, denn mit seiner Hilfe war er wieder *der* Bildergeschichtenautor geworden, den sie nicht mochte. »Nun darf ich dir als aufrichtiger Freund nicht verhehlen«, schreibt Busch kurz vor Weihnachten 1871 an Bassermann, »daß unsere Verbindung ... in Frankfurt ... nicht mit günstigen Augen gesehen wurde und wird. Sie ist trotzdem zustande gekommen und wird hoffentlich noch von langer Dauer sein. Ich erwarte von Dir, daß Du diesen Wink schweigend benutzen wirst.«[396]

Wenn auch Eifersucht ihr Hauptmotiv war, Bassermann nicht zu mögen, muss man doch ein gewisses Verständnis für ihre Haltung haben, denn Bassermann hetzte Busch von einem Termin und von einer Buchproduktion zur nächsten und ließ ihm kaum Zeit, zu sich selbst zu kommen. Das Manuskript der Jobsiade war noch nicht druckfertig, als er schon an Busch schrieb: »Sehr begierig bin ich zu erfahren, was Du eigentlich neues unter der Feder hast. Ich weiß, daß man Dir nichts vorschlagen darf, allein Papst, Infallibilisten[397], Jesuiten und Mucker sind jetzt Ziele, auf welche sich aller Blicke richten, und Pfeile, welche nach diesen Zielen fliegen, werden mit Beifall begleitet werden.«[398] Busch ging auf diese Aufforderung mit Vergnügen ein. »Was gibt es denn für ein Spezialwerk über die Herren Jesuiten?«, fragt er am 16. Juni 1872. »Kannst du mir so was nicht zuschicken?«[399]

Bassermann schickte ihm verschiedene Beiträge zur aktuellen Jesuiten-Diskussion, darunter ein Werk seines Onkels Adolf von Harless, der sich als streitbarer evangelischer Theologe schon 1838 mit dem Thema auseinandergesetzt hatte, vermutlich aber auch Ordenschroniken, Reichstagsreden, Zeitungsartikel und vieles mehr. Ob Busch irgendetwas davon gelesen hat, ist sehr zu bezweifeln, denn dem Ergebnis, »Pater Filuzius«, das er in einer knappen Woche zu Papier brachte, ist von kritischer Lektüre nicht viel anzumerken. Es ist ein simples, schnell zusammengeschustertes Pamphlet auf »relativ niedrigem Reflexionsniveau«[400], eine politische Tendenzdichtung, mit der Busch sich zum Sozialistenfresser und willigen Sprachrohr Bismarcks macht, laut Golo Mann die »unerfreulichste seiner Versgeschichten«[401], auf die selbst ausgemachte Busch-Enthusiasten lieber verzichtet hätten, weil dem Humoristen der Humor abhandengekommen war.[402]

Die Geschichte ist in ein paar Sätzen erzählt. Nach einer kurzen und trivialen Einleitung über das allgemeine Vergnügen am Geschichtenerzählen und -hören wird Gottlieb Michael, ein reicher Privatier, vorgestellt, der mit seinem Schnäuzer und seiner leicht dicklichen Statur dem Busch der 1860er Jahre fast bis aufs Haar gleicht. Seine beiden Tanten verkörpern die beiden Konfessionen, die in Deutschland gegeneinander kämpften: Petrine, üppig und behäbig, die katholische, Pauline, mager und spitz, die evangelische. Beide sind hässlich und fanatisch. Schön und sympathisch ist dagegen die junge »Base Angelika«, Buschs sattsam bekannter blonder, vollbusiger Idealtypus, die sich rührend selbstlos um den Hausherrn kümmert und wie Lina Kessler zwei Schillerlocken im Nacken hat. Pater Filuzius, der »Jesuiter«, denkt natürlich nur daran, wie er den reichen Privatier um sein Geld bringen könnte, und versucht sich erst Angelikas,

Abb. 64: Pater Filuzius

dann Petrines Zuneigung zu erwerben. Dazu schenkt er ihr den kleinen Hund Schrupp, einen putzigen Schnauzer, der wie so viele Hunde bei Wilhelm Busch Schreckliches zu erleiden hat.

Er wird in Tabakslauge getaucht, mit der Nase in seine Exkremente gestoßen, mit dem Stiefelabsatz ins Gesicht getreten, mit vergifteter Suppe gefüttert, mit einem Dolch fast durchlöchert und am Ende in einem Tümpel ertränkt. Dieses Schicksal teilt er mit Filuzius und dessen Kumpanen, dem »Inter-Nazi« und einem Franzosen namens Jean Lecaq, zwei Sozialisten, die sich mit dem Jesuiten verbündet haben, um den wohlhabenden Gottlieb Michael zu vergiften. Doch Hiebel, Fibel und Bullerstiebel, drei Freunde des Hausherrn, der eine Wachtmeister, der andere Lehrer und der dritte Bauer, machen den Bösewichtern mit Ruten, Säbeln und Mistgabeln den Garaus. Es herrscht wieder Frieden. Gottlieb Michael kann seine Traumfrau, seine Base Angelika, endlich heiraten.

Wilhelm Busch schrieb dieses Klamaukstück im Sommer 1872, exakt zu der Zeit, als der deutsche Reichstag positiv über das berühmte »Jesuitengesetz« entschied, das von Bismarck selbst eingebracht worden war. Es verbot den Orden im gesamten deutschen Reichsgebiet und verfügte die Ausweisung jesuitischer Mönche aus ihren Wohnorten oder ins Ausland.[403] Denn für Bismarck war es eine ausgemachte Tatsache, dass die Jesuiten »Reichsfeinde«, gefährlich wie »Blattläuse« waren, die mit dem Papst, dem katholischen Hochadel, aber auch mit der Sozialistischen Internationalen in Verbindung standen, Napoleon III. zum Krieg aufgehetzt hatten, antideutsche Emotionen in Polen schürten und in ihren vielen Universitäten und Internaten gegen den Protestantismus und den deutschen Einheitsgedanken polemisierten.

Tatsächlich war der Jesuitenorden schon seit seiner Gründung im 16. Jahrhundert umstritten, sogar in katholischen Kreisen. Er war strenger und hierarchischer gegliedert als die anderen Orden, bildete seine Mitglieder zu exzellenten Rhetorikern und Philosophen aus, stellte die Beichtväter der meisten katholischen Fürsten- und Königshäuser und hatte großen missionarischen Erfolg in Asien und Lateinamerika, wo ihm riesige, von Sklaven bewirtschaftete Plantagen und Fabriken gehörten. Sein Reichtum war vielen anderen Orden ein Dorn im Auge. In Lateinamerika stand er in direkter Konkurrenz zu den spanischen Kolonialherren, die ihn immer wieder verbieten ließen. Auf politischen Druck hin verfügte Papst Clemens XIV. im Jahr 1773 die Aufhebung des Jesuitenordens. Aber Russland und Preußen schlossen sich diesem Verdikt nicht an, denn sie brauchten die Ordensbrüder für die Erziehung ihrer römisch-katholischen Minderheiten, besonders in den polnischsprachigen Regionen, wo es hervorragende jesuitische Schulen und Universitäten gab. – 1814 wurde der Orden vom Vatikan wieder zugelassen. Er gewann immer mehr Einfluss, auch in Deutschland. In traditionell katholischen Gegenden hatte er ein unausgesprochenes Erziehungsmonopol, das Bismarck hochgradig missfiel, denn keine staatliche Schule konnte mit einer jesuitischen konkurrieren. Die Jesuiten trugen keine erkennbare Ordenstracht und waren nicht zum Leben im Kloster gezwungen. Darum hielt Bismarck sie für besonders gefährlich. Sie konnten sich »einschleichen«, ohne dass man sie gleich bemerkte, konnten ihren »internationalistischen Geist« bis ins Ruhrgebiet tragen, wo sie den ersten großen Streik der Bergleute angezettelt haben sollten, der Anfang Juni 1872 begonnen hatte.

Regierungstreue Zeitungen sprachen empört vom »Jesuitenstreik«, weil unter den Aufständischen Angehörige katholischer Arbeitervereine waren. In Wirklichkeit ging es um so elementare Forderungen wie den Achtstundentag, geregelte Ausbildung, bezahlbare Mieten, betriebliche Kranken- und Unfallversicherung und eine Anpassung der Löhne an die Gewinne, die

die Zechenbesitzer im Zuge des Gründerzeitbooms machten. 1865 waren 8,5 Millionen Tonnen Kohle gefördert worden. 1872 waren es schon 14 Millionen, ohne dass die Gehälter der Bergleute erhöht worden wären. Der Streik wurde fast überall niedergeschlagen. Obwohl fast alle Kräfte außerhalb des »Zentrums« den Jesuiten kritisch gegenüberstanden, weil sie im Proletariat so viele Freunde hatten wie in der Aristokratie und in ihrer spitzfindigen Argumentationskunst irgendwie unheimlich wirkten, stieß Bismarcks Gesetz auf erheblichen Widerstand im Deutschen Reichstag. Viele linke, jüdische und sogar protestantische Abgeordnete fanden, dass es einen Geist extremer Intoleranz atme, eine »unselige Maßregel« und ein »gehässiges Ausnahmegesetz« zu werden verspreche[404], ein unerträglicher Eingriff in die Grundrechte Andersdenkender, denen oft nur in inquisitionsähnlichen Verhören nachgewiesen werden könne, ob sie »Jesuiten« seien oder nicht. August Bebel sprach sich in deutlichen Worten dagegen aus, sie »wie wilde Tiere« aus dem Land zu jagen. »Wir haben Unterdrückungsgesetze ... genug ... Wir brauchen keine neuen.« Besonders absurd fand er Hausdurchsuchungen in jesuitischen Schulen und Universitäten. Mit *Gewalt* lasse sich dieses Erziehungsmonopol nicht brechen. Solange Bismarck mehr Geld für die Rüstung als für die Bildung ausgebe und die Lehrer mit »Schaf- oder Kuhhirten« auf eine Stufe stelle, anstatt sie als »Volkserzieher« zu würdigen und zu bezahlen, brauche er sich über den Erfolg jesuitischer Pädagogik nicht zu wundern.[405]

Der vergebliche Protest der Ruhrbergleute war nur Teil einer gewaltigen Streikbewegung, die sich seit 1872 überall im Deutschen Reich erhob. In der ersten Hälfte des Jahres gingen 1300 Schneider in Hamburg, 6000 Tischler in Berlin und genauso viele Maurer und Zimmerer in den Ausstand. Sie protestierten gegen zu niedrige Löhne, Kinderarbeit, zu lange Arbeitszeiten und elende Lebensumstände, gegen Staublunge, Rachitis und Tuberkulose. Die Geburtsstunde der deutschen Sozialdemokratie und Gewerkschaftsbewegung bereitete sich vor, für Wilhelm Busch offenbar nichts weiter als ein sprichwörtliches »rotes Tuch«, das er durch eine an den Haaren herbeigezogene Allianz

Abb. 65: Filuzius, Inter-Nazi und Lecaq

zwischen Jesuiten, Franzosen und Sozialisten zu erklären versuchte. Bismarck wird seine Freude am »Pater Filuzius« gehabt haben. Denn dieses Werk spiegelt nichts von den gesellschaftlichen Umwälzungen dieser Jahre, sondern rekapituliert eins zu eins primitivste Vorurteile, ohne sie in irgendeiner Weise zu ironisieren. Pater Filuzius sieht aus wie der Teufel, der »Inter-Nazi« oder Sozialist wie ein Schwerverbrecher. Der Franzose heißt nicht zufällig »Lecaq«, eine Anspielung auf »le coq«, den gallischen Hahn, aber auch auf »caquer« oder »kacken« – ein französischer »Scheißkerl« also.

Bassermann machte keinen Hehl daraus, dass er von diesem Stück seines Freundes zutiefst enttäuscht war. *Das* hatte er nicht gemeint, als er ihn aufforderte, politisch zu werden, *das* bestimmt nicht. Im »Börsenblatt« vom 26. Oktober 1872 kündigt er halbherzig an: »Busch behandelt in diesem neuen Werkchen die gegenwärtig die Tagespresse sehr in Anspruch nehmende Jesuitenfrage mit dem ihm eigenen Humor … Es ist ein kleines, anscheinend sehr harmloses Familienstück, in dessen komischen Szenen aber … die Repräsentanten aller streitenden Parteien in allegorischen Figuren auftreten. Diese Novität wird sicherlich großes Aufsehen erregen.«[406] Immer wieder bat er Busch um eine nähere Erläuterung des Ganzen. Auch in seinem Freundeskreis rufe das Werk großes Kopfschütteln hervor. »Gestern sprach ich wieder einen jovialen Herrn von der Universität«, schreibt er am 17. Dezember 1872, »... der ein begeisterter Verehrer Deiner Muse ist und viele Verse von Dir als geflügelte Worte ... im Munde führt. Er hat die Allegorie eben auch nicht verstanden, und erst auf meine Erläuterung hin schlug seine Stimmung für das Büchlein um.«[407] Busch möge ihm doch bitte die »Konzession« machen, das Buch im Untertitel »ein allegorisches Zeitstück« zu nennen, und einen kleinen Kommentar zur Erklärung beifügen. Da Busch sich weigerte, verfasste er ihn selbst. Gottlieb Michael sei »der deutsche Michel«; die Base Angelika »die freie Staatskirche der Zukunft«; der Hund Schrupp »die demokratische Presse«; die Schläger Hiebel, Fibel und Bullerstiebel der »Wehr-, Lehr- und Nährstand«, mit dessen Hilfe »die ganze unsaubere Wirtschaft zum Fenster hinaus« geworfen werde.[408] Diese Erklärung machte das Werk nur noch peinlicher. Es kam zu einer Verstimmung zwischen Busch und Bassermann, der nun anfing, heftig an seinem Star-Autor zu zweifeln.

Auch das nächste, 1873 erschienene Stück, »Der Geburtstag oder die Partikularisten«[409], eine Hau- und Stechkomödie über ein Häuflein niedersächsischer Dörfler, die ihrem exilierten König Georg V. ein Geburtstagsgeschenk machen wollen und dabei allerhand Ärger und Missgeschicke erleben, änderte daran nicht viel. »Du hast mich heute durch Einsendung des Partikularisten erfreut«, schreibt Bassermann reichlich gedämpft an seinen Autor. »Es ist ein lustiger Schwank, der besonders bei euch viel Anklang finden wird, da die Lokalfärbung stark hervortritt.«[410] In einem weiteren Brief gibt er zu bedenken, dass man vom Urheber des »Antonius« und »Filuzius« mit Recht politisches Engagement erwarte. Enthielten seine Stücke aber »nur Lustiges«, so werde »eine gewisse Enttäuschung nicht ausbleiben«. Dies müsse er ihm in »beiderseitigem Interesse wegen der Zukunft sagen, ohne irgend maßgebend sein zu wollen«.[411]

Busch tat in diesem Moment genau das Richtige. Er verordnete sich eine Pause vom Bildergeschichtenschreiben. Er malte. Nicht die harmlos-offiziellen Landschafts- und Genrebilder, die

Abb. 66: Szene aus »Der Geburtstag oder die Partikularisten«

Johanna Kessler von ihm erwartete, sondern eindrucksvolle Porträts eines etwa zehnjährigen jüdischen Mädchens, Lina Weißenborn, das er bei seinen Besuchen in Lüthorst kennengelernt hatte. Es gab damals etwa sieben jüdische Familien in dem kleinen Ort, die schon seit Generationen Schutzbriefe besaßen und gut integriert waren. Sie hießen Schiff, Rosenstein, Lilienstern, Heimberg, Weißenborn, Sternberg und Selbiger. Die kleine Lina mit ihrem ernsten Gesicht faszinierte Busch. Er malte sie in allen möglichen Ansichten und Positionen, mit einem viel zu groß und erwachsen wirkenden Hut und hochgeschlossenem Kleid[412], im Profil mit einer weißen Rose im Haar, mit einem Blumenkranz, der sie fast zu erdrücken scheint, auf dem Kopf, auf einem Stuhl sitzend, die Hände brav in den Schoß gelegt.[413] Ihre Züge sind dunkel und orientalisch. Es liegt ein Ausdruck von Trauer und Resignation über ihnen. Nicht die Andeutung eines Lächelns ist zu erkennen, kein aufmerksamer Blick in Richtung des Malers, den sie kaum zu bemerken scheint.

Diese Porträts gehören zu den »ergreifendsten Bildnissen« des Malers Wilhelm Busch.[414] Sie gehen »über das typenhaft

Festgelegte seiner sonstigen dörflichen Charaktere weit hinaus.«[415] Der heutige Betrachter, der das Schicksal der Juden von Lüthorst kennt, die in den 1940er Jahren fast ausnahmslos deportiert wurden, nimmt fast erschrocken »ein sich andeutendes Lebensschicksal« wahr[416], einen Hauch echter Tragik, der vom platten Humor der letzten Bildergeschichten weit entfernt ist. Politisch haben die Bilder etwas durchaus Bekenntnishaftes. Denn mit der Reichsgründung von 1871 hatte sich die Stellung der Juden in Deutschland gründlich geändert. Einerseits waren sie nun gleichberechtigte Bürger, schickten ihre Kinder auf die Universität, saßen im Reichstag, erwarben Grundbesitz, arbeiteten in anspruchsvollen akademischen Berufen. Andererseits schlug ihnen eine Welle von Aggression entgegen, besonders, seitdem immer mehr Juden aus Osteuropa zuwanderten und sich in den deutschen Großstädten niederließen. Mit einer Gesamtzahl von etwas mehr als einer halben Million stellten die Juden nur 1,25 Prozent der deutschen Bevölkerung. Trotzdem gab es Stimmen, die sie für die Schattenseiten des Gründerzeitbooms verantwortlich machten, für »Lug und Trug«, Pleiten und Fehlspekulationen, besonders, als es im Mai 1873 zum Wiener Börsenkrach kam, der das rapide Wirtschaftswachstum unterbrach und eine bis 1895 andauernde Weltwirtschaftskrise auslöste.

Man weiß nicht, was aus Wilhelm Buschs »Lina Weißenborn« geworden ist. Er selbst hat die Bilder nie kommentiert und natürlich auch nicht ausgestellt. Sie zeigen das Elend hinter dem schönen Schein. Das traurige Kinderschicksal hinter dem Klischee vom »reichen Juden«. Sie versöhnen mit dem Autor von »Monsieur Jacques« und »Pater Filuzius« und lassen einen menschlichen Wilhelm Busch erkennen, dem es offenbar gelungen ist, das Vertrauen des Mädchens und seiner Familie zu erwerben. Sonst hätte sie ihm bestimmt nicht Modell sitzen dürfen.

Abb. 67: Lina Weißenborn (Ölgemälde von Wilhelm Busch)

13 DER DICHTER SPRICHT

Vor dem Jahreswechsel 1872/73 überkam Wilhelm Busch ein Gefühl heftiger Unruhe. Er war vierzig Jahre alt. Zeit, Bilanz zu ziehen. In den nächsten Monaten reiste er nach Berlin, Frankfurt, Heidelberg, München, Wien, Holland und Köln – eine Hektik, die absolut untypisch für ihn war und wohl mit einer Krise der Lebensmitte zu tun hatte. Als Maler hatte er sich nicht durchsetzen können. Seine Bildergeschichten waren nicht mehr so erfolgreich wie früher. »Man erzählte sich allen Ernstes«, berichtet der Literatur- und Theaterkritiker Paul Lindau, »daß der wahre Wilhelm Busch längst tot und begraben sei; ein Verwandter oder Namensvetter habe sich die Eigenart des humoristischen Dichters und zeichnerischen Meisters angeeignet und im Einverständnis mit dem Verleger das blühende Geschäft … fortgesetzt. Die letzten unter seinem Namen erschienenen Werke seit der ›Frommen Helene‹ seien gar nicht von ihm.«[417] Das war ziemlich vernichtend. Eine Art Todesurteil. Auch wenn er selbst nicht viel darauf gab, was die Klatschjournale über ihn schrieben: Bassermann wird es ihm jedenfalls berichtet haben. Denn hier stand auch *sein* Ruf, *seine* Seriosität auf dem Spiel. Die Unterstellung, er mache seine Geschäfte mit Ghostwritern, war wirklich übel.

Das Schlimmste aber war: Busch hatte immer noch keine Frau. Höchste Zeit, endlich eine zu finden. In Wiedensahl war das kaum möglich. Aber vielleicht auf Reisen? Doch würde er dazu überhaupt in der Lage sein oder sich selbst immer wieder im Weg stehen? In seinem neuen Buch »Dideldum«[418], einer heterogenen Sammlung von Gedichten, Bildergeschichten, Trinkliedern und erneuten Ausfällen gegen die katholische Kirche, die Otto Bassermann nur äußerst widerstrebend herausbrachte[419], schreibt er in bitterer Selbsterkenntnis:

Sag, wie wär es, alter Schragen,
Wenn du mal die Brille putztest,
Um ein wenig nachzuschlagen,
Wie du deine Zeit benutztest.

Oft wohl hätten dich so gerne
Weiche Arme warm gebettet;
Doch du standest kühl von ferne,
Unbewegt, wie angekettet.

Oft wohl kam's, daß du die schöne
Zeit vergrimmtest und vergrolltest,
Nur weil diese oder jene
Nicht gewollt, was du so wolltest.

Demnach hast du dich vergebens
Meistenteils herumgetrieben;
Denn die Summe unsres Lebens
Sind die Stunden, wo wir lieben.

Er reiste nun nicht mehr mit Bruder Otto, zu dem er immer noch Distanz hielt, sondern mit Hermann, dem Jüngsten der Geschwisterreihe, der inzwischen sein Mathematikstudium abgeschlossen hatte. Er war noch nicht verheiratet und hatte Zeit, jedenfalls in den Ferien. Seit 1871 war er Lehrer an einem Gymnasium im rheinischen Düren.

In Berlin stiegen die Brüder Busch bei Friedrich Warnecke ab, einem Wappen- und Adelsforscher aus Niedersachsen, mit dem Busch früher viel korrespondiert hatte, inzwischen geheimer expedierender Sekretär und Kalkulator in preußischen Diensten. Busch hätte Zeit gehabt, sich die Reichshauptstadt gründlich anzusehen. Aber er blieb nur kurz, sammelte nicht mehr als ein paar »flüchtige« Eindrücke[420], scheint von der neuen Gründerzeitpracht kaum etwas wahrgenommen zu haben. Kein Spaziergang Unter den Linden, kein Wort über den Ku'damm, die eleganten Stadthäuser im Neo-Renaissancestil, die besonders in Charlottenburg fieberhaft gebaut wurden, die Beletagen, den Stuck, die riesige Markthalle aus Stahl und Glas, die man gerade in den Friedrichsstadtpalast umwandelte,

Deutschlands größte Zirkusarena mit über fünftausend Plätzen. Kein Wort über die krassen sozialen Gegensätze in dieser Millionenstadt, das Elend der vom Land zugewanderten Menschenmassen, die zusammengepfercht in Kellerwohnungen ohne Toiletten lebten, die armseligen Quartiere der Ostjuden im Scheunenviertel und die riesigen Arbeitersiedlungen in Friedrichshain und am Prenzlauer Berg.

Wahrscheinlich hat Wilhelm Busch diese Viertel erst gar nicht betreten. Denn die soziale Frage lag ihm jetzt ferner denn je. Sonst hätte er in »Dideldum« nicht noch einmal eine *Schneidergeschichte* gebracht, in der sich ein spindeldürres Schneiderlein aus Kummer über die schnöde Behandlung durch eine dicke Mamsell an einem *Zwirnsfaden* aufhängt. Ein völlig antiquiertes, schon fast peinlich wirkendes Motiv, wenn man bedenkt, dass die Schneider gerade in dieser Zeit anfingen, sich entschlossen gegen die Diskriminierung ihres Berufsstandes zu wehren. Im April 1872 waren dreizehnhundert Lohnschneider in Hamburg und Altona in den Ausstand gegangen. Der »allgemeine deutsche Schneiderverein« nahm an den meisten großen Gewerkschaftskongressen teil. Auch Karl Marx hatte sich im 1867 erschienenen »Kapital« ausführlich mit den Arbeitsbedingungen der Lohnschneider, besonders in London, auseinandergesetzt, deren extrem hohe Sterblichkeitsrate nur noch von der der Drucker übertroffen wurde[421] – und Buschs Selbstmordgeschichte geradezu ignorant erscheinen lässt.

Wilhelm Busch nahm sich zwar die Zeit, um die Gemäldegalerie im Königlichen Museum zu besuchen, wo ihn besonders Bilder von Frans Hals und Chodowiecki interessierten. Letzterer war ein besonderer Liebling seiner Mäzenin Johanna Kessler. Aber am 9. Januar 1873 war Busch wieder in seinem »guten, alten, lieben Wiedensahl«[422], im Pfarrhof der Schwester. Zwar hatte Berlin einen »günstig-bedeutsamen Eindruck« auf ihn gemacht, wie er etwas vage formuliert.[423] Aber für einen längeren Aufenthalt war ihm die Stadt zu groß und zu laut.

Wie idyllisch war es dagegen in Ebergötzen, seinem alten Kindheitsparadies, das er 1873 mehrmals aufsuchte. »Liebs Nandache, liebs Lettyche«, schreibt er in einem Brief an die

Kessler-Töchter, »ich war aber dieser Tage in einem Dorfe namens Ebergötzen auf Besuch bei meinem Freunde, dem Müller, in der Mühle; das ist ein altes, altes Haus; da braust und rauscht ein Bach dran vorbei, der geht über das Mühlrad und dreht es, und das Mühlrad setzt das Mühlwerk in Bewegung, das geht denn immer rickeracke! Rickeracke! ... Nur ein einziges Mal in der Woche da stand die Mühle still, das war des Sonntag Morgens, wenn die Glocken an zu läuten fingen und die Leute in die Kirche gingen, da war's ... so still im Haus, als wenn wir gestorben wären.«[424]

Abb. 68: Schneider hängt sich am Zwirnsfaden auf (aus »Dideldum«)

Selige Kindheitserinnerungen? Todesvorahnungen? Todes*sehnsucht*? Todes*angst*? Über dem Buch »Dideldum«, diesem seltsamen Werk aus dem Jahr 1873, scheint bei aller Derbheit eine Art Trauerschleier zu liegen, eine tiefe, nur mühsam durch Sarkasmus getarnte Depression:

Das glaube mir – so sagte er –
Die Welt ist mir zuwider,
Und wenn die Grübelei nicht wär,
So schöss ich mich darnieder.

Was aber wird nach diesem Knall
Sich späterhin begeben?
Warum ist mir mein Todesfall
So eklig wie mein Leben?

Mir wäre doch, potzsapperlot,
Der ganze Spaß verdorben,
Wenn man am Ende gar nicht tot,
Nachdem, daß man gestorben.

Nach kurzem Aufenthalt in Frankfurt fuhr er im Mai 1873 nach Heidelberg zu Otto Bassermann, der inzwischen Vater einer kleinen Tochter namens Else war. Bassermann und seine Frau wollten den melancholischen Busch etwas aufmuntern. Zu einer Abendgesellschaft luden sie mehrere Professoren-Familien ein, die alle große Verehrer seiner Werke waren. Aber Busch sagte die ganze Zeit keinen Ton. Er war »schweigsam wie das Grab«, erinnert sich Bassermann. »Als aber der letzte enttäuschte Gast das Haus verlassen hatte, setzte er sich zu uns Zweien und gab bei einer Flasche Wein eine ebenso humorvolle wie zutreffende Charakteristik von jedem der Gäste zum Besten, mit denen er kein Wort gewechselt hatte.«[425]

»Mit wenig Unterbrechung regnet's nun so fort«, schreibt Busch in dieser Verfassung an Johanna Kessler. »Die Wolken hängen tief in's Tal herab. Ich komme mir vor wie ein Bleisoldat in der Schachtel, der mit Watte zugedeckt ist ... Gestern war ich auch hier auf dem Schloss droben. Da zieht's. Ich habe einen Schnupfen, als hätt' ich den Schädel voll Schusterpech und Sauerkraut.«[426]

Auf dem Weg nach Wien, wo er die große Weltausstellung besuchen wollte, auf der Bassermann mit einem repräsentativen Stand vertreten war, verbrachte Busch seit langer Zeit wieder einige Wochen in München, dem Ort seiner ersten großen künstlerischen Erfolge, dem er sich durch die Bindung an Frankfurt und Johanna Kessler entfremdet hatte, vielleicht zu lange, wie es ihm jetzt vorkam. Äußerlich hatte sich die Stadt wenig verändert. Zwar gab es auch hier neue Gründerzeitpracht, das Hotel Europäischer Hof an der Bayerstraße zum Beispiel, in dem er sich standesgemäß einquartierte. Aber Schwabing und Bogenhausen lagen noch immer als ländliche Gemeinden im Grünen. Und an der Isar, die noch nicht reguliert war, luden die altbekannten, freundlichen Biergärten zum Verweilen ein.

Aus dem Künstlerverein Jung-München, der sich eines Tages sang- und klanglos aufgelöst hatte, war die Münchener Künstlergenossenschaft hervorgegangen und aus dieser als eine Art Sezession der Verein »Allotria«, in dem ein gewisser Lenbach den Vorsitz führte. Busch fühlte sich sofort zu ihm hingezogen. Lenbach war vier Jahre jünger als er, hatte wie er an der Münchener Akademie studiert, wo er Meisterschüler von Piloty, dem Historienmaler, gewesen war. Vielleicht kannten sich die beiden schon aus dieser Zeit.[427] Aber das ist nicht sicher. Ihre Freundschaft fing jedenfalls erst 1873 an und bestand bis gegen Ende der neunziger Jahre.

Abb. 69: Franz von Lenbach

Viele Zeitgenossen haben sich über die gute Beziehung der beiden so unterschiedlichen Männer gewundert. Manche Kunsthistoriker tun es bis heute. »Zwei recht gegensätzliche Persönlichkeiten waren das Freundespaar Busch und Lenbach«, heißt es in einer neueren Untersuchung. »Busch, … witzig, skeptisch, … und nur in punktueller Berührung mit der Welt und dem Kunstbetrieb; Lenbach, ganz auf Karriere eingestellt, ein absoluter Insider der europäischen Kunstszene, … ein Porträtist von Weltruf.«[428]

»Neid« war in dieser Beziehung ein Fremdwort. Denn sie waren beide Meister ihres Fachs, jeder auf seinem Gebiet unvergleichlich, Busch als Aphoristiker und Karikaturist, Lenbach als Maler der Menschenseele. »Lenbach war hervorragend begabt für das Psychologische, wie es im Auge zum Ausdruck kommt«, hat Busch einmal gesagt. »Das ist sein Fach; und das ist was Großes.«[429]

Lenbach war damals ein schöner Mann und ein großer Frauenheld, aber wie Busch immer noch unverheiratet. Auch das verband sie. Für lange Nächte in Gasthäusern war er allerdings nur selten zu haben. Denn er malte auch nachts, um seiner immensen Auftragsflut Herr zu werden: Porträts von Kaisern, Königen, Dichtern, Komponisten, Bankdirektoren und Primadonnen. *Und* Porträts von guten Freunden, die ihm kein Honorar zahlten. Darunter immer wieder auch Wilhelm Busch. Insgesamt zehn Bildnisse soll er von ihm gemalt haben. Busch liebte sie sehr, fand sie treffender als jede Fotografie, besonders im Augenausdruck. »Es soll in nächster Zeit eine Quartausgabe meiner Sachen erscheinen«, schrieb er ihm am 6. Juni 1884, »geschmückt mit einem Bildnis des löblichen Verfassers, würdest Du demselben wohl die Ehre antun und zu diesem Zweck die Reproduktion eines der Portraits, die Du von mir gemalt, gestatten?«[430]

Busch und Lenbach kamen beide vom Land. Busch aus Wiedensahl, Lenbach aus Schrobenhausen, einem kleinen, mittelalterlichen Ort in der Nähe von Ingolstadt, der von Mooren und Moosen umgeben war und über dessen Kirchtürmen Dutzende von Störchen kreisten. Auch Lenbach war nicht im Luxus geboren, sondern als Sohn eines Stadtbaumeisters, der sich vom Maurerpolier hochgearbeitet hatte, das dritte von insgesamt sechzehn Kindern, davon elf Söhne. »Wir waren ein ganzes Haus voll wilder Rangen«, erzählte er einem Zeitgenossen. »Ich hatte zehn Brüder.« Den Vater durften sie tagsüber nicht stören. Denn er kommandierte eine Schar von Malergesellen, Bauarbeitern und Tagelöhnern. »Nur um drei Uhr nachmittags gab es eine Ausnahme…, da durften wir uns ein Butterbrot holen. Im Übrigen führten wir ein wahres Räuberleben, dessen täglicher Abschluß darin bestand, daß wir mit einer Anzahl frischer Löcher im Kopf zu Bett gingen.«[431]

Vielleicht erzählten sie sich manchmal Geschichten aus ihrer Kindheit, Busch von der Verschickung zum Onkel nach Ebergötzen, Lenbach vom Tod seiner Mutter, die er verloren hatte, als er gerade acht war. Zwei Jahre später starb auch sein Lieblingsbruder, sein großes Vorbild. Sie hatten gemeinsam beim

Abb. 70: Wilhelm Busch (Porträt von Lenbach)

Dorfschullehrer Zeichenunterricht gehabt und alles gemalt, was in ihrer Umgebung vorkam, »so z. B. Pferdehufe, ganze Pferde, Hühner, halbnackte Bauernjungen oder auch bloß ihre Beine und Füße«.[432] Er war elf, als man ihn auf die Gewerbeschule nach Landshut schickte. Dort musste er seiner Wirtsfamilie die Stiefel putzen. Nach einer Maurerlehre besuchte er die polytechnische Schule in Augsburg, um danach auf die Kunstakademie zu gehen, was ihm durch ein Staatsstipendium ermöglicht wurde. Er war ein sehr fleißiger Student, begleitete seinen Lehrer Piloty nach Italien, geriet dort in einen wahren »Sonnenfanatismus« und begeisterte sich für Motive wie Hirten- und Hafenszenen oder römische Ruinen. Wieder zu Hause, malte er eindrucksvolle Bilder seiner bayrischen Heimatlandschaft, leicht gewellte Wiesen in breiten, grüngelben Pinselstrichen, am Horizont dunkle, von Gewitterwolken umhüllte Bergzüge, das Ganze nur spärlich bevölkert von gesichtslosen Bauern in roten Jacken – Szenerien, die Busch unverkennbar beeinflusst haben, auch wenn seine Neffen das geradezu leidenschaftlich bestreiten.[433]

Lenbach, dessen väterliche Vorfahren aus Tirol stammten, war Katholik, vielleicht der erste, den Wilhelm Busch näher kennenlernte. Das gab ihm Gelegenheit, seine schlimmsten Vorurteile zu revidieren. Denn Lenbach nahm wie er selbst die Religion nicht besonders ernst und erzählte begeistert von Lausbubenstreichen in Kirche und Schule. Während der Predigt habe er mit seinen Kameraden Karten gespielt; und um seinen Religionslehrer, einen Geistlichen, zu ärgern, »aus weichem Stoff die Figur eines Esels ausgeschnitten und dieselbe tüchtig mit Kreide eingerieben. Als nun der arglose Mann Gottes sich mit dem Rücken gegen die Bank lehnte, an der ich saß, drückte ich den Esel dreimal auf seine schwarze Soutane ab. Mit diesen drei Gemälden … geschmückt, ging der fromme Mann durch die ganze Stadt nach Hause, ein Schauspiel, das begreiflicherweise die Heiterkeit der Straßenjugend nicht wenig erregte.«[434]

So ein Scherz hätte fast von Wilhelm Busch sein können. Katholiken waren also *auch* Menschen, hatten *auch* Sinn für Humor. Busch würde in Zukunft vorsichtiger mit ihnen umgehen. Im Bismarck-Deutschland hatten sie es ohnehin schwer genug, wurden Opfer einer unbeschreiblichen Hetzjagd, die zwar unter dem Namen »Kulturkampf« in die Geschichte einging, mit »Kultur« aber herzlich wenig zu tun hatte. »Wie eine vergiftende Atmosphäre, wie eine Art Krankheit lag es in jenen Tagen über unserem Vaterlande«, schreibt ein Autor rückblickend im Jahr 1907. »Katholik und Reichsfeind, katholisch und vaterlandslos, … Zentrumsanhänger und Gegner jeder Kulturbestrebung waren nach landläufiger Auffassung gleichwertige Begriffe.... Die konfessionellen und politischen Gegensätze waren so groß, daß ein klaffender Riss durch die Gesellschaft ging... Namentlich in den kleineren... Städten waren die Katholiken aus den gesellschaftlichen Kreisen... nahezu ausgeschaltet.«[435]

Lenbach schätzte wie Busch die alten Niederländer, besonders Brouwer. Aber er missachtete deshalb die Italiener nicht. Obwohl er sein Leben lang bewusster Bayer blieb und seinen starken bayrischen Akzent niemals ablegte, war er internationaler und reisefreudiger als Busch, hielt sich viel in Italien, Spanien, Frankreich und sogar Ägypten auf, um doch immer wieder gern nach München und Schrobenhausen zurückzukehren. Er war aktiv, gesellig, kontaktfreudig, manchmal auch jähzornig. Geld, Frauen und Erfolg schienen ihm zuzufliegen. Aber hinter diesem äußeren Schein verbarg sich eine höchst verletzliche Seele, die er nur wenigen Menschen offenbarte, darunter Wilhelm Busch.

»Habe noch immer einen, ich glaub', krankhaften Zug nach Einsamkeit«, schreibt er im Herbst 1880 an eine Wiener Freundin, »weiß immer noch nicht, ob ich körperlich und geistig malade bin, und glaube beides.«[436]

Vor der Reise zur Weltausstellung in Wien graute Wilhelm Busch regelrecht. Der Gedanke an Wien liege »wie ein Chaos« vor ihm, schrieb er an Johanna Kessler.[437] Aber er fuhr dann doch. Bassermann warb an einem riesigen Stand für neue Prachtausgaben seiner Werke. Als er ankam, war gerade die Börse zusammengebrochen. Die Spekulanten waren im Gründerzeitfieber unvorsichtig geworden. Die Fabriken hatten viel zu viel produziert. Die Gewinne sanken. Die Sparer wurden misstrauisch und zogen ihr Geld aus den Banken zurück. Große Häuser wurden plötzlich zahlungsunfähig. Viele Unternehmer konnten keine Löhne mehr zahlen. Es kam zu Massenentlassungen, Inflation, Offenbarungseiden und Selbstmorden. Das Thema lag wie ein Schatten über der Weltausstellung im Wiener Prater, wo ein englischer Architekt die damals größte Kuppelanlage der Welt errichtet hatte, eine 84 Meter hohe Rotunde aus verkleidetem Eisen, gekrönt von der habsburgischen Kaiserkrone. Ein Meisterwerk zeitgenössischer Ingenieurskunst und Symbol monarchistischer Gigantomanie, das 53.000 Aussteller aus aller Welt und mehr als sieben Millionen Besucher anzog, darunter den deutschen Kaiser, den Zaren von Russland, die Könige von Belgien, Italien und Schweden, ja sogar den persischen Schah Nasr-ed-Din mit seinem Hofstaat und seinen Haremsdamen.

Kein Wunder, dass Wilhelm Busch hier in Panik geriet und von der Stadt Wien kaum etwas wahrnahm, besonders, als in diesen Tagen die Cholera ausbrach und die Touristen scharenweise in die Flucht schlug. Es war wie die Strafe für zu viel kapitalistischen Übermut. In den Wiener Arbeitervierteln starben die Menschen wie die Fliegen. Busch war froh, als er wieder in Wiedensahl war, ohne sich infiziert zu haben.

»Droschken, Omnibusse, Bilder, Weiber, Japanesen, Kies, Staub und schöne Rechnungen, das alles füllt mir noch den Kopf, während die Taschen öde sind«, schreibt er an seinen Berliner Freund Friedrich Warnecke. »Denn die Guldenscheine sind herausgeflattert wie flügge Spatzen unterm Dach.«[438]

»Nach all den Kreuz- und Querfahrten« war er nun doch »etwas reisemüde geworden« und wollte ausruhen. Auch der Zeichenstift ruhte. Ohne Bassermann etwas davon zu sagen, schrieb er den ersten rein literarischen Text seines Lebens, die Gedichtsammlung »Kritik des Herzens«, mit der er der Welt einen neuen, ernsthaften Wilhelm Busch zeigen wollte, den Dichter, der sich hinter dem Spaßmacher verbarg und der sich all die Jahre mit knappen Sentenzen begnügt hatte.

»In kleinen Variationen über ein bedeutendes Thema sollen diese Gedichte ein Zeugnis meines und unseres bösen Herzens ablegen«, heißt es in der Einleitung. »Recht unbehaglich! muß ich sagen. Also schweigen wir darüber, oder nehmen wir die Miene der Verachtung an und sagen, es sei nicht der Mühe wert, oder werfen wir uns in die Brust, und erheben wir uns in sittlicher Entrüstung! ...«[439]

Es gibt bisher keine literaturwissenschaftliche Interpretation dieser Einleitung. Als ob niemand sich traute, einzugestehen, dass er eigentlich wenig damit anfangen kann, so wenig wie mit dieser ganzen, aus 81 Gedichten bestehenden Sammlung, die, durch kein inneres Band zusammengehalten, formal anspruchslos, fast schon antiquiert ist, sich in ihren besten Teilen an Heine anlehnt, zum Teil bis zum wörtlichen Zitat aus dem »Buch der Lieder«[440], anekdotische Genregedichte mit Fabeln, Parabeln, Selbstanalysen und Trinkliedern mischt, mit Figuren wie »Krischan« und dem »Bauern Bolte« immer wieder auf das Wiedensahler Milieu zurückgreift, sehr sparsam mit eindrucksvollen Bildern und Metaphern umgeht und nur wenige Texte enthält, die sich dem Gedächtnis des Lesers auf Dauer einprägen. Der Tenor der zeitgenössischen Kritik war überwiegend verständnislos bis vernichtend. Nur der Busch-Freund Paul Lindau bemühte sich, die Sammlung schönzureden, dabei wählte er allerdings ausweichende und im Grunde nichtssagende Formulierungen, nannte sie »sehr ernsthafte, tief empfundene, reizende Gedichte«, »in der Auffassung fast samt und sonders düster, beinahe pessimistisch, in der Form mutwillig aus dem hohen in den niederen Ton überschlagend«.[441] Wäre Busch eine Frau und *nicht* mit ihm befreundet gewesen, hätte Lindau, der Reich-Ranicki des 19. Jahrhunderts, die Gedichte vielleicht so gnadenlos verrissen, wie er es 1880 mit denen von Friederike Kempner tun wird, von denen sie manchmal gar nicht so weit entfernt sind:

Die Rose sprach zum Mägdelein:
»Ich muß dir ewig dankbar sein,
Daß du mich an den Busen drückst
Und mich mit deiner Huld beglückst.«

Das Mägdlein sprach. »O Röslein mein,
Bild dir nur nicht zuviel drauf ein,
Daß du mir Aug' und Herz entzückst.
Ich liebe dich, weil du mich schmückst!«

Trotzdem gibt es auch Texte, die zumindest *psychologisch* sehr eindrucksvoll sind, besonders, wenn aus ihnen das »lyrische Ich« spricht:

Ich kam in diese Welt herein,
Mich baß zu amüsieren,
Ich wollte gern was Rechtes sein
Und mußte mich immer genieren.
Oft war ich hoffnungsvoll und froh,
Und später kam es doch nicht so.

Nun lauf' ich manchen Donnerstag
Hienieden schon herummer,
Wie ich mich drehn und wenden mag,
s'ist immer der alte Kummer.
Bald klopft vor Schmerz und bald vor Lust
Das rote Ding in meiner Brust.

Nach diesem Eingeständnis seiner zutiefst resignativen Grundhaltung, an der aller äußerer Erfolg und aller Wohlstand nichts zu ändern vermögen, räumt Wilhelm Busch mit dem weitverbreiteten Missverständnis auf, dass er ein »wahrhaftiger Asket« sei und Sexualität und der weibliche Körper ihn nicht interessierten:

Das Bild des Mann's in nackter Jugendkraft,
So stolz in Ruhe und bewegt so edel,
Wohl ist's ein Anblick, der Bewundrung schafft;
Drum Licht herbei! Und merke dir's, o Schädel!

Jedoch ein Weib, ein unverhülltes Weib –
Da wird dir's doch ganz anders, alter Junge.
Bewundrung zieht sich durch den ganzen Leib
Und greift mit Wonneschreck an Herz und Lunge.

Und plötzlich jagt das losgelaßne Blut
Durch alle Gassen, wie die Feuerreiter.
Der ganze Kerl ist eine helle Glut;
Er sieht nichts mehr und tappt nur noch so weiter.

In einem anderen Gedicht spricht er seine sexuellen Sehnsüchte noch deutlicher aus. »Wärst du ein Bächlein, ich ein Bach … wie wollt ich mich in dich ergießen / Und ganz mit dir zusammenfließen …« – Aber: Nähe zwischen den Geschlechtern war eben nicht zu haben. Jedenfalls nicht für ihn. Nicht einmal in der Ehe, dieser durch und durch verlogenen Einrichtung, in der man alles hinter vorgehaltener Hand tat, nicht zu seinen Leidenschaften und Phantasien zu stehen wagte und »selbst die besten ehelichen Pflichten« in »schuldbewußtes Dunkel« hüllte. Die Ehe war also eine Feindin der Liebe. Nach ein paar Jahren war es mit der Romantik vorbei. Sie wurde schal und banal. Dieser Gedanke hatte für den Junggesellen Busch etwas Tröstliches. In einem der besten Gedichte der Sammlung heißt es:

Die Liebe war nicht geringe.
Sie wurden ordentlich blass;
Sie sagten sich tausend Dinge
Und wußten noch immer was.

Sie mußten sich lange quälen.
Doch schließlich kam's dazu,
Daß sie sich konnten vermählen.
Jetzt haben die Seelen Ruh.

Bei eines Strumpfes Bereitung
Sitzt sie im Morgenhabit;
Er liest in der Kölnischen Zeitung
Und teilt ihr das Nötige mit.

Es waren wohl gerade diese Gedichte über Ehe und Sexualität, die die Leser besonders gegen Busch aufbrachten. Man kannte und schätzte die derben Ehe-Episoden seiner Bildergeschichten, in denen Konflikte meistens mit dem Schlüsselbund oder Besen gelöst werden. Sexuelle Schlüpfrigkeiten aber war man von Busch nicht gewöhnt. Ein deutscher Diplomat namens Gustav Spieß, der in den 1860er Jahren zusammen mit Ferdinand Freiherr von Richthofen an einer preußischen Ostasienexpedition teilgenommen hatte[442], also sicher nicht als kulturloser Kleinbürger abgetan werden kann, schrieb in einem wutschnaubenden Leserbrief an die Frankfurter Zeitung:

»Wenn die geehrte Redaktion das Neuste von Wilhelm Busch aber wirklich durchblättert hat, dann wird sie das Buch mit Widerwillen und Ekel aus der Hand legen und mir beipflichten, daß solche Erzeugnisse eines ›Dichters‹ ins Feuer und nicht auf den Weihnachtstisch gehören. Von Witz ist kaum die Rede, trivial das meiste, schal fast alles und schmutzig-lasziv viel zuviel – an keinem Gedicht wird man Freude haben können, sondern geneigt sein, das Buch mit einem ›Pfui, wie gemein und unschön‹ aus der Hand zu legen.«[443]

Die Aufforderung, das Buch zu verbrennen, ist starker Tobak und setzt den Autor dieser Zeilen massiv ins Unrecht. Doch sein ästhetisches Urteil ist nicht ganz falsch, wenn auch sehr emotional, wie sogar einige Literaturwissenschaftler konzedieren.[444] Busch tat so, als berühre ihn die Kritik an dem Buch überhaupt nicht, mit dem er glaubte, sein Debüt als Dichter gefeiert und der Welt endlich seinen *wahren* Charakter gezeigt zu haben. Eine Schwester des Malers Kaulbach erinnert sich, wie sie einmal Verse aus »Plisch und Plum« rezitierte, als sie mit Busch in geselliger Runde beisammensaß. »Meine Schwägerin deutete mir erschrocken durch ein stummes Zeichen, daß ich nicht weiterreden solle. Unwillkürlich streifte mein Blick Wilhelm Busch, und bestürzt merkte ich, daß alle Fröhlichkeit aus seinem Gesicht gewichen war. In finsteres Sinnen versunken, sah er vor sich hin. Dann hob er den Blick zu mir und unterbrach das peinliche Schweigen mit der Bemerkung: Lesen Sie meine ›Kritik des Herzens‹. Darin werden Sie mich kennenlernen, nicht in den anderen Sachen.«[445]

Literaturwissenschaftler wundern sich darüber, dass Busch in diesem Buch so erschreckend wenig Selbstkritik an den Tag lege.[446] Wahrscheinlich war das eine Folge der Suchtprobleme, die sich in diesen Jahren massiv bei ihm zeigten und durch die Einsamkeit in Wiedensahl sicher noch gefördert wurden. Seit 1865 ließ er sich französischen Tabak aus Metz kommen, »Scaferlati Supérieur«, eine besonders edle und teure Sorte. Trotzdem rauchte er sie ohne jeden Genuss, drehte sich hektisch und unbeherrscht vierzig bis fünfzig Zigaretten am Tag, wie seine Neffen erzählen.[447] 1874 hatte er Symptome einer schweren Nikotinvergiftung: Herzschwäche, Erbrechen, Muskelzittern und leichte Delirien. Aber er reduzierte das Rauchen nicht. Er war schon zu abhängig – vom Nikotin wie um diese Zeit auch vom Alkohol. Seinen Freunden erzählte er zwar, er trinke nicht mehr als eine halbe Flasche Weißwein pro Tag, da er den Bierkonsum wegen seiner Gewichtsprobleme aufgegeben habe. In Wahrheit muss es aber wohl wesentlich mehr gewesen sein. Immer wieder ließ er sich von Otto Bassermann »Deidesheimer« Weißen nach Wiedensahl schicken, mal 50 Flaschen, mal ein ganzes Fass, da er noch »hundert leere Flaschen« im Keller habe[448], für einen einzelnen Trinker nicht gerade wenig. Es war ihm peinlich, zum Weinhändler nach Stadthagen zu gehen. Man hätte sich dort das Maul über ihn zerrissen. Wenn er Lust auf Schärferes hatte, ging er über die Feldwege ins Nachbardorf, wo man ihn nicht kannte. Oder er bat Bachmann, ihn mit »Nordhäuser Doppelkorn« zu versorgen.[449] Er fing an, übel und aufgeschwemmt auszusehen. Auf seinen Bildern stellt er jetzt häufig Trinker dar[450], oft mit Malerpaletten.

Abb. 71: Eingeschlafener Trinker (Ölgemälde von Wilhelm Busch)

Sein Alkoholkonsum machte ihm so viel Angst, dass er Einladungen, bei denen getrunken wurde, absagte, zum Beispiel die zur Hochzeit von Lina Kessler in Frankfurt. Am liebsten wäre er mit einer Tarnkappe hingefahren, »wo man sich so reinweg unsichtbar machen kann«, schrieb er an ihre Schwestern. »Wupps! Wär ich auch ganz heimlich bei der ganzen Geschichte mit dabei und kramte da auch so zwischen euch herum, ohne daß wer was davon sähe ...«[451]

Vielleicht waren seine Reisen mit Bruder Hermann auch eine Flucht vor dem Alkohol. Denn wenn Hermann dabei war, musste er sich beherrschen, musste er Vorbild sein. So überstand er die gemeinsame Holland-Fahrt ohne Katzenjammer und Abstürze, ohne nächtelanges Versumpfen in Kneipen, wo es den guten alten Genever gab. Diese Reise wurde ein großer Erfolg. Sie begeisterte ihn sogar und hellte sein verfinstertes Gemüt deutlich auf, obwohl sie im Herbst stattfand.

»Durch unendliche Heiden und Weiden fuhren wir nach Amsterdam«, schreibt er in seiner alten, eindringlichen Sprache an Johanna Kessler. »Eine wundersame Stadt. Lauter und lauter Kanäle mit Brücken darüber und Schiffen darin, worauf gekocht, gewaschen und getrocknet wird, daß die bunten Jacken nur so im Winde flattern. Daneben ... Schulter an Schulter die schmalen, hohen, dunkelfarbigen Häuser mit Treppen und Steinplatten davor, die ewig gescheuert und gespult werden von gesunden ... Magden in weißen Hauben, geblümten Nachtjacken, spitzenbesetzten Unterröcken und dito Hemden, so daß sie, selbst gebückt, den Blick des spähenden Wanderers nicht zu fürchten brauchen. – Gleich den ersten Abend gingen wir in die Kalverstraat. – Alles von Asphalt mit weißem Sand bestreut; kein Wagengerassel und Pferdegetrappel; aus den Läden der fast durchsichtigen Häuser eine Fülle von Licht; viele Menschen stumm und feierlich durcheinander wallend, als wäre soeben der Christbaum angezündet – es schien uns fremd und schön. ... Von Amsterdam ging's nach Harlem. Das ist die Stadt des Frans Hals. Im Stadthause eine Masse Porträts von ihm; große Stücke mit 30–40 Figuren in Lebensgröße; kräftig, ungeniert und wahr. Das Herz steht Einem fast still, wenn man das alles so ansieht. – Die Stadt ist klein und unglaublich sauber. Kaum hebt einmal ein Pferd den Schwanz ein bissel auf, so steht schon einer da und hält die Schaufel unter … In Scheveningen ließen wir uns das Meer entgegen brausen. – Dann blieben wir noch einen Tag in Köln und fuhren so zurück.«[452]

14 ÜBER DEN PLATONISCHEN ZAUN

Er war in seinen Gedanken noch ganz in Holland, als er im Januar 1875 den Brief einer jungen holländischen Schriftstellerin erhielt, die sich lobend über die »Kritik des Herzens« äußerte. Da sie beabsichtige, das Buch für eine holländische Zeitung zu rezensieren, wollte sie einige idiomatische Redewendungen erklärt haben, zum Beispiel das ihr rätselhafte »sich ärgern wie ein Stint«.[453]

Busch reagierte glücklich, redselig und geschmeichelt. Das war eine der ersten freundlichen Stimmen zu diesen Gedichten, wenn nicht die einzige. Und sie kam von einer Frau, die auf Niederländisch schrieb, in der Sprache, die er als Niederdeutscher so sehr liebte und seit seinem Studium in Antwerpen gut verstand, wenn auch nicht gut genug, um allen Feinheiten folgen zu können, wie sich bald zeigen würde.

Er geriet in einen euphorischen, fast ekstatischen Zustand, der seinen Biographen bis heute unheimlich ist. Neun Monate lang schrieb er dieser jungen Frau fast täglich, manchmal mehrmals am Tag, von Januar bis Oktober 1875 über fünfzig Briefe, schrieb über Wiedergeburt, Nationalität, Muttersprache, Erbsünde und Platons Höhlengleichnis. Nie wieder hat er mit einem Menschen gleich welchen Geschlechts so intensiv korrespondiert, nie wieder sein Inneres derart offengelegt wie vor dieser Frau, Marie Anderson, die von vielen Busch-Forschern glühend dafür gehasst wird, dass ihr gelungen ist, was ihnen versagt blieb, einen Zugang zu seiner sperrigen Seele zu finden. Ulrich Mihr bezeichnet sie als »hysterische Persönlichkeit…, die ihre Hysterie ihrem christlichen Glauben« verdanke.[454] Frauen wie ihr gelte der legendäre »Frauenhaß Nietzsches«.[455] Sie stelle »jene Mischung aus Ignoranz, Heuchelei und Dünkel dar, die Busch stets verspottet« habe und die ihm zuwider gewesen sei. Ein »Einvernehmen« zwischen Anderson und Busch sei von vornherein unmöglich gewesen.[456] Gert Ueding ergänzt, dass ihre Briefe »jede weibliche Note vermissen« ließen.[457] Auch Walter Pape bezeichnet sie als »durchaus unweiblich«.[458] – »Die Fragen dieser Witwe in ihren Dreißigern«, resümiert Joseph Kraus, »wirken wie Äußerungen eines oberflächlichen Teenagers, der gerade mal Lust verspürt, ... unverbindlich zu schwatzen.«[459]

Nun sind die Briefe Marie Andersons an Wilhelm Busch bis auf einen einzigen aus dem Jahr 1902 überhaupt nicht erhalten. Sie verlangte sie im Dezember 1875 zurück und hat sie vernichtet oder der Nachwelt entzogen. Nur Buschs Briefe an *sie* sind in Abschriften überliefert. Man fragt sich also, worauf sich das Urteil der Busch-Forscher stützt? Auf Fakten und Quellen jedenfalls nicht. Denn Marie Anderson war weder »Witwe« noch »Protestantin«, sondern eine niederländische »Freidenkerin«, die in ihren Schriften das Ideal der »freien Liebe« vertrat und einen unehelichen Sohn von einem Psychologen, Arzt und Botaniker namens Frederic Antonius Hartsen hatte. Er verfasste Bücher wie »Die Chemie der Zukunft«[460], »Grundzüge der Psychologie«[461] oder »Grundzüge der Wissenschaft des Glücks«[462], die aus dem Niederländischen ins Deutsche und Französische übersetzt wurden und ihm den Ruf eines überspannten, aber begabten Exzentrikers einbrachten.

Marie Anderson hat Busch offenbar verschwiegen, dass sie nie verheiratet und ihr Sohn unehelich war. Sie wusste nicht, wie er darauf reagieren würde, denn uneheliche Mutterschaft war zu dieser Zeit ein Skandal. Aber Busch fragte gar nicht weiter nach. Seine Biographen auch nicht. Keiner von ihnen hat sich je damit beschäftigt, wer diese Frau überhaupt war, was für eine Geschichte, welche Lebensumstände sie hatte, wie viele Bücher sie geschrieben hat und zu welchen Themen. Was sehr einfach gewesen wäre, denn sie sind in allen großen niederländischen und sogar einigen deutschen Bibliotheken vorhanden.[463] Es scheint deshalb notwendig, ihre Lebensgeschichte hier in Grundzügen nachzutragen und sie gegen die absurdesten Vorurteile der Busch-Forscher zu verteidigen.

Marie Anderson wurde 1842 als Tochter eines hohen Beamten in Den Haag geboren. Ihre Mutter war eine geborene Van Goudoever. Unter diesem Pseudonym verfasste sie später einige ihrer Bücher und Zeitschriftenartikel. Protestantisch getauft und erzogen, kehrte sie der Kirche bald nach der Konfirmation den Rücken und schloss sich der Niederländischen Freidenkervereinigung an, deren Zeitschriften »De Dageraad« und »De Vrije Gedachte« zu ihren wichtigsten Publikationsforen werden sollten. Die Bewegung war aus Protest gegen den Krimkrieg entstanden und hatte von Anfang an eine dezidiert anti-militaristische Tradition. Aber sie engagierte sich auch für Frauenemanzipation, Reform der Ehegesetze, Geburtenregelung, Feuerbestattung, Schulpflicht, gewaltfreie Erziehung, Freiheit der Forschung und Lehre, Tierschutz und den Kampf gegen den Kolonialismus. Diese Themen waren auch Hauptgegenstände der journalistischen Arbeit von Marie Anderson, die von der Busch-Forschung unrichtig »Maria« genannt wird, obwohl »Marie« der Name ist, unter dem ihre Werke verlegt und in Bibliotheken archiviert wurden.

Sie lehnte die traditionelle Frauenrolle für sich ab, scheint sich als bisexuell oder »dem dritten Geschlecht« zugehörig empfunden zu haben, was ihr schon zu Lebzeiten viele männliche Feinde einbrachte.[464] Seit ihrer Teenagerzeit hatte sie immer Frauen um sich, für die sie schwärmte. Als sie mit Busch korrespondierte, war sie in eine junge, hübsche Eugenie aus Potsdam verliebt, woraus sie ihm gegenüber gar keinen Hehl machte. Sie schickte ihm sogar eine Fotografie mit der Bitte um sein fachkundiges Urteil.[465] Sie selbst war groß, schlank und sportlich, hatte energische Gesichtszüge, eine sehr hohe Stirn und krauses, dunkelblondes Haar, das sie nicht wie Johanna Kessler kunstvoll frisiert, sondern als »Löwenmähne« auf die Schultern herabhängend trug. Sie wusste, dass sie nicht in konventionellem Sinne »schön« war, weil sie ein asymmetrisches Gesicht hatte, dessen linke Backe wie durch »eine Pflaume« verdickt wirkte.[466] Aber sie ging völlig ungeniert damit um und war Busch nicht im mindesten böse, als er nach Erhalt ihrer Fotografie bestätigte: »Sie haben Recht! In der linken Backe befindet sich was wie eine Pflaume oder ein Kluntje!«[467]

Sie war neunzehn, als sie Multatuli kennenlernte, den schon damals weltberühmten holländischen Schriftsteller, der in Wirklichkeit Eduard Douwes Dekker hieß. Er war 22 Jahre älter als sie, ein Frauenheld und Filou erster Ordnung. 1820 als Sohn eines Kapitäns in Amsterdam geboren, hatte er nach erfolglosem Besuch einer Lateinschule eine Textilhändlerlehre absolviert und war danach mit seinem Vater zur See gefahren. Mit achtzehn machte er auf der damals niederländischen Insel Java einen Laden auf. Später ging er als Kolonialbeamter in den Staatsdienst und heiratete eine verarmte holländische Baronesse. Die beiden führten ein wildes Leben zwischen Europa und Südostasien. In Europa hatte er Frauengeschichten und hohe Spielschulden. Auf Java machte er sich zum Anwalt der Entrechteten und Unterdrückten, deren Schicksal er in spannenden und exotischen Romanen schilderte. »Max Havelaar oder die Kaffeeauktionen der Niederländischen Handelsgesellschaft« wurde ein Bestseller, den sogar Sigmund Freud, Hermann Hesse und die Brüder Mann verschlungen haben. Er kämpfte mit Leidenschaft *gegen* den Kolonialismus und *für* die erotische Freiheit des Einzelnen. In seinem Roman »Insulinde« schildert er seine Liebe zu einem dreizehnjährigen Mädchen aus Sumatra, das wie eine »Tochter« in seinem Haushalt lebte. Als er den Staatsdienst quittierte und endgültig wieder nach Europa zurückging, wo er immer wieder auf der Flucht vor der Justiz war und sogar wegen Spielbetrugs ins Gefängnis kam, legte er sich einen ganzen Ha-

Abb. 72: Marie Anderson

rem von Frauen zu, darunter eine seiner Nichten, eine aus dem Bordell freigekaufte Französin, eine rebellische Pfarrerstochter und – Marie Anderson, die ihm begeisterte Briefe über seine Bücher geschrieben hatte. Er sah sie als Anführerin einer Amazonentruppe, mit der er aufbrechen wollte, um Java von der niederländischen Kolonialherrschaft zu befreien. Frau und Kinder hatten sich verbittert von ihm getrennt. Jetzt lebte Mimi, eine gute Freundin Maries, als »Hauptfrau« an seiner Seite.[468]

Ein paar Jahre war Marie in dieser Kommune sehr glücklich. Bis sie Frederic Antonius Hartsen, den exzentrischen Universalgelehrten, kennenlernte, mit dem sie ebenfalls über Briefe in Kontakt getreten war. Der leidenschaftliche Darwinist und Kritiker des niederländischen Psychiatrie-Wesens hatte sich in Bad Soden niedergelassen, wo er auf Heilung seiner Tuberkulose hoffte. Marie reiste ihm nach. Sein Bruder und seine Frau kamen hinter die Liebesbeziehung und wollten ihn für unzurechnungsfähig erklären lassen. Da nahm er »seinen Regenschirm, einen Überzieher, ein paar Medikamente und etwas Geld« und zog mit Marie durch Südfrankreich. Dort wurde Friedrich, der gemeinsame Sohn, geboren. Hartsen erkannte die Vaterschaft durch eine Anzeige im Utrechter Tageblatt an. Bald nach der Geburt versöhnte er sich wieder mit seiner Frau und erklärte in einem niederländischen Klatschblatt, dass Marie ihn mittels Cognac zum Geschlechtsverkehr verführt habe. In einer Gegendarstellung wies Marie diese Geschichte zurück, betonte aber das Recht aller Männer und Frauen auf freie Liebe und freie Elternschaft.[469]

Begleitet von ihrem Sohn Friedrich und Mina Deiss, einem holländischen Dienstmädchen, das einen unehelichen Sohn von einem Kolonialoffizier hatte, zog sie 1872 zu Multatuli, der inzwischen mit ihrer Freundin Mimi in Wiesbaden lebte und an seinem Monumentalwerk »Ideen« arbeitete. Er hatte fast alle Tantiemen verspielt und schwankte zwischen Schreibwut und Depression. Die meisten Nächte verbrachte er in der Spielbank von Bad Homburg. Gegen seine Depressionen nahm er Morphium. Von Wiesbaden aus begann Marie Anderson ihre journalistische Karriere, ungefähr zu der Zeit, als sie Wilhelm Busch kennenlernte. In den folgenden Jahren schrieb sie mindestens zehn Bände mit Romanen und Kurzgeschichten[470], vorwiegend über historische Themen, aber auch umfangreiche Sachbücher über Prostitution[471], wobei sie neben ihrem richtigen Namen Pseudonyme wie »Veritas« oder »F. van Goudoever« benutzte, mit denen sie ihr Geschlecht bewusst verschleiert hat.[472]

Ob sie darauf hoffte, mit Wilhelm Busch ähnlich intim zu werden wie mit Multatuli oder Hartsen, ist nicht bekannt. Vielleicht war es eher der »Geist«, der sie an ihm faszinierte.[473] Denn gerade ein Buch wie die »Kritik des Herzens« lässt eine gewisse Geistesverwandtschaft zu Multatuli erkennen, die pessimistische Grundhaltung, die der eine hinter Lachen und Ironie, der andere hinter seiner provozierenden Lebensweise versteckte. In den »Aphorismen« von Multatuli heißt es:

> »Vielleicht ist nichts ganz wahr – und selbst das nicht.«
> »Der höchste Grad von Mut ist Hochmut.«
> »Der heftigste Schmerz äußert sich in Sarkasmus.«
> »Prinzipien sind Dinge, welche man dazu gebraucht, etwas Unangenehmes zu unterlassen.«
> »Ach, nichts ist vollkommen, selbst die Lüge nicht.«[474]

Seine ersten Briefe richtet Busch an die »geehrte Frau Anderson«. Bald wird daraus »liebs guts Madamchen«, »liebe« Frau Anderson oder gar »liebe Mary«. Er wird immer offener, weniger verkrampft. Friedrich Bohne, der einzige Busch-Biograph, der sich ohne Hass über Marie Anderson äußert, spricht davon, dass es ihr gelungen sei, »in einem geschickten Spiel von Frage und Antwort mit der Zeit die harte Kruste zu durchbrechen« und ganz neue Impulse in Busch wachzurufen, eine ungeahnte Fülle »schöpferischer Empfindungen«.[475] Was zwischen Busch und Marie Anderson stattfand, war also im Grunde ein kathartischer Akt, eine Psychoanalyse in Briefen, lange bevor die Psychoanalyse »erfunden« worden war.

Marie Anderson schrieb auf Holländisch. Busch antwortete auf Deutsch. Das gab manchmal Anlass zu sprachlichen Missverständnissen, da Busch aus Antwerpen nur die Umgangssprache der kleinen Leute kannte, nicht die Literatursprache, die seine Brieffreundin benutzte. »Im Holländischen hoff' ich Fortschritte zu machen«, schreibt er nach dreimonatiger Korrespondenz an Marie. »Ich hoff' es zu *lernen*; ... aber *fühlen* werd' ich es nie. – Um eine Sprache von Herzen sein eigen zu nennen, muß man, *glaub* ich, etwas drin erlebt haben, etwas sehr Wichtiges – nämlich die Kindheit. In diesem Sinn hab' ich zwei Sprachen: Hochdeutsch und Plattdeutsch. Nur was in diesen Sprachen, in den Sprachen *meines* Paradieses, geschrieben ist, kann mich *rühren*, d.h. in innerster Seele rühren; denn ich weiß wohl, daß es ein ›paradise lost‹ gibt, welches hinter der ganzen Menschheit liegt. – Mathematiker, Physiker, Zoologen – die mögen in fremden Sprachen schreiben, – wer zum Herzen dringen will, der schreib in seiner *Mutter*sprache.«[476]

Busch kommt im Verlauf dieses Briefwechsels zu der Erkenntnis, dass es viel leichter sei, die *Kunst* eines fremden Landes zu verstehen als dessen *Literatur.* »Leider kenn' ich Ihre Literatur nur sehr wenig«, gesteht er im Februar 1875.[477] Niederländische Bücher wurden damals kaum ins Deutsche übersetzt. Etwas von Multatuli, ihrem Lebensgefährten, zu lesen, kam ihm nicht in den Sinn, nicht einmal die »Abenteuer des kleinen Walter«, den Entwicklungsroman einer sensiblen Kinderseele, die gegen eine Welt von Biedermännern und Krämern kämpft und dem Geist von »Max und Moritz« eigentlich gar nicht so fernsteht. – Aber Busch *wollte* Multatuli gar nicht erst kennenlernen, weder seine Person noch sein Werk, wies ein Treffen zu dritt, das Marie ihm vorschlug, unhöflich wie ein eifersüchtiger Liebhaber zurück. Als er sich im November 1875 endlich dazu durchrang, in Multatulis »Ideen« zu blättern, enthielt er sich jedes inhaltlichen Kommentars und mäkelte nur an der deutschen Übersetzung herum, die er für schlecht hielt. »Wenn ein Holländer kein Deutsch versteht, ... so ist das an sich keine Sünde. Wenn sie aber ihre Unwissenheit drucken lassen, dann ist's was Anderes.«[478] Trotz dieser offenkundigen Eifersucht auf den »Nebenbuhler« hat er sie nie nach ihrer Lebensgeschichte befragt, nicht einmal nach ihrem »prächtigen Jungen«, den er nur einmal beiläufig erwähnt.[479] Auch ihre Arbeit interessierte ihn nur marginal. Seine Briefe sind reine Selbstbespiegelungen, reine Monologe. »Ich führe keine Korrespondenz, außer hie und da mit Verwandten und mit Ihnen. Ich will ungestört meiner ›idyllischen‹ Neigung folgen, ich will meine Ruhe haben – zih! – da singt die Stechmücke.«[480] Selbst ein Buch, und sei es auch das beste, würde ihn in seinen Betrachtungen und Gedanken stören, vor allem draußen, in der freien Natur, wo er die »Einmischung eines fremden Intellektes« nicht ertragen könne.[481]

Das ist eine Absage an jede Partnerschaft, jede Bereitschaft, eine Frau als intellektuelles Gegenüber zu respektieren. Die Frau als *Zuhörerin*: ja. Als *Gesprächspartnerin*: nein. In der »Kritik des Herzens« sagt er ironisch, aber deutlich, was er für die Haupttugend einer guten Haus- und Ehefrau hält: einen schmackhaften Braten zu machen, denn …

Es wird mit Recht ein guter Braten
Gerechnet zu den guten Taten;
Und daß man ihn gehörig mache,
Ist weibliche Charaktersache.
Ein braves Mädchen braucht dazu
Mal erstens reine Seelenruh,
Daß bei Verwendung der Gewürze
Sie sich nicht hastig überstürze.
Dann zweitens braucht sie Sinnigkeit,
Ja, sozusagen Innigkeit,
Damit sie alles appetitlich
Bald so, bald so und recht gemütlich
Begießen, drehn und wenden könne,
Daß an der Sache nichts verbrenne.
In Summa braucht sie Herzensgüte,
Ein sanftes Sorgen im Gemüte,
Fast etwas Liebe insofern,
Für all die hübschen, edlen Herrn,
Die diesen Braten essen sollen
Und immer gern was Gutes wollen.
Ich weiß, daß hier ein jeder spricht:
Ein böses Mädchen kann es nicht.
Drum hab ich mir auch stets gedacht
Zu Haus und anderwärts:
Wer einen guten Braten macht,
Hat auch ein gutes Herz.[482]

Aber was wollte er dann überhaupt von Marie? Warum gab er sich bei diesem Frauenbild überhaupt mit ihr ab, die als Vegetarierin bestimmt keinen guten Braten machen konnte und alle Hausarbeit an ihr Dienstmädchen, Mina Deiss, delegierte? – Er wollte Liebe per Distanz, einen Monolog »über den platonischen Zaun«, den zu übersteigen Marie sich um Gottes willen hüten solle, wenn sie keine »verhängnisvolle, unberechenbare Veränderung(en) der Situation« provozieren wolle: »Wehe!«[483]

Doch Marie schaffte es immer wieder, ihn zu irritieren. Eines Tages wollte sie von ihm wissen, wie groß und wie schwer er sei und welche Haarfarbe er habe. »Sie haben gesagt, daß Sie meinen *Geist* lieben«, antwortete er überrascht. »Was kümmert Sie denn meine physikalische Beschaffenheit?… Kommt Ihnen mein Geist, der vielgepriesene, gar so ungenügend vor??«[484]

Trotzdem war er sehr erfreut, dass ihr seine Fotografie – vermutlich ein Werk von Hanfstaengl – gut gefallen hatte. »Zur Belohnung schicke ich Ihnen eine noch schönere mit.«[485] Er war eben eitel und liebte es, Damen mit Porträtfotos zu beglücken, die er auf der Rückseite schwungvoll signierte, auch wenn eine nähere »Beziehung« nicht im mindesten beabsichtigt war. Im ersten Gedicht von »Dideldum« heißt es: »Und schaut die Jungfer Kellnerin / sich auch nicht nach mir um / ich weiß ja doch, wie schön ich bin / und denke mir: Dideldum.« – Hier spricht, wenn auch selbstironisch, der Narziss par excellence, der sich nur im verliebten *Blick* des anderen spiegelt und dessen Nähe und Zuneigung eigentlich gar nicht will, denn »wer liebt, hat sozusagen ein Stück seines Narzißmus eingebüßt«, sagt Sigmund Freud.[486] Aber auch ein Narziss hat manchmal sexuelle Bedürfnisse, die sich am besten in unpersönlichen Beziehungen befriedigen lassen, für den Mann also mit anonym bleibenden Frauen: mit Prostituierten. Busch fuhr zu diesem Zweck regelmäßig von Wiedensahl nach Hannover. Er blieb immer über Nacht. Meistens mehrere Nächte. In einem Brief an Marie schreibt er ziemlich deutlich: »Ich sah auch sonst allerlei. Zwei Nächte kam ich nicht zur Ruhe. Wie *töricht* kam ich mir doch vor. Und bei meiner Rückkehr find ich Ihren freundlichen Brief auf dem Tisch, und Sie sagen mir: daß ich *weise* bin. – Das tut wohl; das erquickt!«[487]

Er ging also ins Bordell. Das war sein gutes Recht und seine Privatsache. Aber warum musste er es unbedingt an Marie Anderson schreiben, ein Geheimnis der persönlichsten und intimsten Art, das er nicht einmal seinen männlichen Freunden mitteilte?[488] Etwa, *weil* sie eine Frau war, eine junge, gebildete Frau des gehobenen Mittelstandes, die er durch diese Entblößung seines Sexuallebens demütigen und beschämen wollte? Es ist peinlich, diesen Gedanken auszusprechen – aber man fühlt sich unwillkürlich an die Briefe erinnert, in denen er seiner Schwägerin Johanne über seine Verdauung berichtet.[489] Mitteilungen solcher Art werden heute »übergriffig« genannt, da sie etwas Grenzüberschreitendes, Grenz*verletzendes* haben. Sie zeugen von einer gestörten Sexualität, die man Wilhelm Busch wohl mit aller Vorsicht unterstellen muss, ohne ihn deshalb »moralisch« verurteilen zu wollen. Wahrscheinlich litt er selbst sehr darunter. Darum auch die heftigen Schuldgefühle, die aus seinem »Bekenntnis« sprechen. Und das ständige Schreiben und Reden über »Urschuld« und »Erbsünde«, das, ob von Schopenhauer beeinflusst oder nicht, etwas von einer Zwangsvorstellung hat:

> »Ist nicht alles, was lebt, mit gleicher Schuld behaftet? Was lebt, leidet; leidet weil es lebt, und leben *will* es.«[490]
> »Man leidet eben, weil man da ist; das ist die Kern- und Wurzelsünde.«[491]
> »Meine Überzeugung ist ein für alle Mal: Wir taugen alle zusammen in der Wurzel nicht, und schüttelten wir die guten Werke auch ... aus dem großen Sack hervor.«[492]
> »Der Säugling hat seine Leib- und sonstigen Schmerzen. Warum? Weil er ein Taugenichts war vor seiner Geburt.«[493]
> »Der natürliche, unverdorbene Mensch, also besonders das Kind, muß überwiegend böse sein, sonst ist seines Bleibens nicht auf dieser Welt.«[494]

Das klingt fast wie von einem fundamentalistischen Prediger. Ein zürnender Pfarrer auf der Kanzel hätte es nicht eindringlicher sagen können. Es ist eine Absage an jede Fröhlichkeit, jede Gelassenheit, jede Zufriedenheit, denn wer sich *schuldig* fühlt, kann sich nicht *gut* fühlen. Darum auch die Idee von der »Wiedergeburt«, an die Busch beinahe verzweifelt zu glauben versucht, weil er sie so »verständig… und höchst erbaulich« findet.[495]

> »Die Seele wandert aus dem Einen heraus, in den Anderen hinein… Die Seelen der Tiere – die ›wandern‹ auch, so gut, wie die Seelen der Menschen, der Pflanzen und der Steine.«[496]

Vielleicht, hoffte er, komme man ja im nächsten oder übernächsten Leben »besser« zur Welt. Zum Beispiel als Spatzenvater, der sich rührend um seine Jungen kümmert.[497] Aber vielleicht ist man auch noch ein viel größerer Taugenichts oder muss noch viel mehr Unglück auf dieser Welt erleiden. Es gibt also eigentlich keinen Trost, keinen Hoffnungsschimmer. Es ist alles nur öde und grau. »Prosit, Madam!«[498] Busch hatte sich in eine Mischung aus Bitterkeit, Selbstverliebtheit und Depression verstrickt, in der er professionellere Helfer gebraucht hätte als Marie Anderson.

Es ist ein Jammer, dass man nicht weiß, was sie ihm geantwortet hat. Offenbar hielt sie ihn durch beharrliches Nachfragen »bei der Stange«. Es scheint Widerspruch von ihr gekommen zu sein. Denn er sah sich ständig genötigt, »deutlicher« zu werden, sich neu zu erklären, ohne sie überzeugen zu können. Als »Freidenkerin« standen ihr Konstrukte wie »Urschuld« und »Wiedergeburt« fern. Der Freidenker lebt im Hier und Jetzt, nicht in hypothetischen Existenzen. Er lehnt jede Art religiöser Manipulation kategorisch ab, also auch die Ideen von »Urschuld« und »Erbsünde«. – Diese klare Gegenposition verunsicherte Busch, der nicht gewöhnt war, dass man ihm widersprach und an seinen Neurosen oder Zwangsvorstellungen rüttelte. Niemand von seinen Freunden oder Verwandten wagte das. Nicht einmal Otto Bassermann, sein Verleger. Zuerst ist ihm eine gewisse Erschütterung anzumerken. Er verhaspelt und verzettelt sich. Vieles wirkt wirr. Vielleicht trank er beim Schreiben. »Prosit, Madam! Es lebe die Freiheit! – Lieber, alter, herrlicher van Eick, ich denk an dich!… Ach ja, Goethe ist so'n Geisterbanner, Byron ist so'n Geisterbanner. Es muß nicht leicht sein,

Geister zu bannen, denn Wenige verstehen's. Aber unser Herrgott, oder Peter sein Herrgott, der kann's auch.... Doch Allah ist groß und gelobt sei sein Name.«[499] – »Ich bin mein Vater, meine Mutter, ich bin Sie und Alles. *Darum gibt es Mitleid, darum gibt's Gerechtigkeit.*«[500]

Manchmal wird Marie Anderson Angst um seinen Verstand gehabt haben. Aber sie kannte das ja. Sie blieb gelassen. Auch Multatuli und Hartsen balancierten bei aller Genialität immer wieder am Rand des Wahnsinns und »therapierten« sich selbst mit Drogen und Alkohol. Sie tat, vielleicht unbewusst, etwas sehr Weises, indem sie ihn mit den Lehren des Konfuzius vertraut machte, die er offenbar noch nicht kannte und nun »mit großem Interesse« las.[501] Sie spürte wohl, dass er bei all seinem Widerspruchsgeist ein großes Bedürfnis nach »Autoritäten« hatte, deren Erkenntnisse er gern für sich übernahm und zitierte: Platon, Schopenhauer, Kant, Darwin, Lord Byron, später auch Augustinus. Warum also nicht auch Konfuzius mit seinem Aufruf zur Menschlichkeit, sozialen Verantwortung und Loyalität, zu gesellschaftlicher Gerechtigkeit und zur Einhaltung von »Maß und Mitte«?

Marie Anderson ließ sich durch alle verächtlichen Äußerungen über »die Weiber«, die zwar »Intellekt«, aber keinen »Willen« hätten[502] und mit fünfundzwanzig schon »abgemeiert« seien[503], nicht irritieren, sondern bewirkte durch ihre Geduld und ihre Beharrlichkeit, dass Busch zumindest vorübergehend aus seiner Erstarrung erwachte, seine Klause im Pfarrhof verließ, nicht mehr beim Nordhäuser Doppelkorn vor sich hinbrütete, sondern zu seinem Bruder Gustav und dessen Frau fuhr, die als Besitzer einer gut gehenden Konservenfabrik in einem schönen Landhaus vor den Toren von Wolfenbüttel lebten. Langsam kommt wieder Poesie in seine Sprache. Langsam spürt man wieder etwas wie Natur- und Lebensfreude in seinen Briefen:

»Da sitzen wir des Abends im Gärtchen unter dem alten Birnbaum; der säuselt dann so leise vor sich hin und läßt seine Blüten herunter sinken, und manchmal fällt mir eine in den Wein hinein. Ganz fern im

Stadtgraben da quaksen die Frösche; von den Linden herüber, die auf dem Walle stehen, quinquiliren und seufzen die Nachtigallen.«[504]

Abb. 73: Frau mit zerbrochenem Krug, 1876 (Ölgemälde von Wilhelm Busch)

Er holte den Borstenpinsel und die Ölfarben hervor und malte alles, was er auf dem Anwesen des Bruders sah, »ein(en) Pfau, drei Dutzend Hühner, zwei Kater, zwei Katzen, zehn Pferde, Lumpen, alte Weiber, Kinder«[505], es behagte ihm »von ganzem Herzen«[506] und ging ihm seit langer Zeit wieder richtig gut, auch wenn seine Farbtöne dunkel und die Menschen, die er darstellt, eher Gequälte und Geschlagene sind: alte Frauen mit zerbrochenen Krügen, Kartenspieler, die ihr letztes Geld verlieren, traurige und verlassene Kinder, Zecher in allen Variationen, »lebendige Menschen ... mit ... allen Gebrechen ihres Standes, mit der ganzen menschlichen und sozialen Problematik ihrer Zeit«, wie ein Kunsthistoriker schreibt.[507]

Fast acht Wochen blieb er in Wolfenbüttel und malte. Als Erzähler schwieg er in dieser Zeit. Aber als er im Juni 1875 nach Wiedensahl zurückkam, war er wie von einer gewaltigen Last befreit und konnte plötzlich wieder eine Bildergeschichte von höchstem Niveau schreiben: Die Abenteuer des Junggesellen Tobias Knopp, den ersten Teil einer groß angelegten Trilogie, in dem er sich selbst, seine Todesgedanken und seine vergebliche Brautschau mit der ganzen Schlagkraft seines alten Humors auf die Schippe nimmt:

Rosen, Tanten, Basen, Nelken
Sind genötigt zu verwelken;
Ach – und endlich auch durch mich
Macht man einen dicken Strich.
Auch von mir wird man es lesen:
Knopp war da und ist gewesen.
Ach, und keine Träne fließt
Aus dem Auge, was es liest;
...
Dieses ist ja fürchterlich.
Also, Knopp, vermähle dich.
Mach dich auf und sieh dich um,
Reise mal 'n bissel rum.
Sieh mal dies und sieh mal das,
Und paß auf, du findest was.

15 ABENTEUER EINES JUNGGESELLEN

Auf seiner Reise durch Deutschland gewinnt Tobias Knopp finstere Einsichten in das Ehe- und Familienleben seiner alten Freunde. Förster Knarrtje muss feststellen, dass seine Frau ihn mit einem Geistlichen betrügt. Rektor Debisch – ein Ebenbild von Pfarrer Georg Kleine – scheitert mit seinem Ideal der gewaltfreien Erziehung. Aber auch das Gegenteil, prophylaktisches Prügeln, führt zu nichts, wie man an Meister Druff, Debischs Gegenpart, sehen kann: Sein Sohn Franz ist und bleibt ein hinterhältiger Frechdachs, der Tobias Knopp heimlich einen Schweineschwanz an den Frackschoß heftet. Babbelmann und Frau sind dem religiösen Wahn verfallen. Küster Plünne hat drei schreiende kleine Kinder zu versorgen. Freund Mücke betrügt seine hübsche Frau mit einer Kellnerin und lässt Knopp bezahlen. Sauerbrot feiert das Ableben seiner verhassten Gattin und fällt vor Schreck selbst tot vom Stuhl, als sie vom Scheintod genesen wieder in der Tür steht. Nachdem Knopp am Beispiel des alten Krökel gesehen hat, dass auch das Einsiedlerleben nichts taugt, weil es nicht läutert, sondern trunksüchtig, fanatisch und egozentrisch macht – eine genial selbstironische Anspielung auf seinen *eigenen* Hang, sich von den Menschen und der Realität abzuwenden –, kehrt er zu seinem Hausmädchen, der dicken Doris, zurück und macht ihr den kürzesten Heiratsantrag der Literaturgeschichte:

> »Mädchen« – spricht er – »sag mir ob –«
> Und sie lächelt: »Ja, Herr Knopp!«

Am 6. Oktober 1875 kam es nach neunmonatigem Briefwechsel endlich zu einem Treffen zwischen Wilhelm Busch und Marie Anderson. Er war dreiundvierzig, sie dreiunddreißig. Beide waren ledig und ungebunden. Um den Schein des Anstands zu wahren, hatte sie ihren fünfjährigen Sohn mitgenommen, den kleinen Friedrich oder Fritz. Sie trafen sich im Hotel »Holländischer Hof« in Mainz, wohin sie aus Wiesbaden angereist war, er aus Frankfurt. Dort hatte er Johanna Kessler besucht, die immer noch hoffte, ihn zurückzugewinnen. Ein Treffen in Marie Andersons Wohnung in Wiesbaden hatte er abgelehnt, weil er Angst hatte, Multatuli vorgestellt zu werden, der seinerseits durchaus neugierig auf ihn war.

Eigentlich hatten sie sich im Bahnhof verabredet. Aber Busch wartete schon an der Anlegestelle der Fähre. Er sah bleich und krank aus. Marie Anderson fand ihn »schön«. Er erinnerte sie an einen einsamen Seefahrer.[508] Sie beschlossen, gemeinsam im Hotel zu »soupieren«. Er bestellte sich Salm mit Kartoffeln. Das Essen behagte ihm nicht, denn die Kartoffeln waren in etwas größere Stücke geschnitten, als er es aus der Küche seiner Schwester Fanny gewöhnt war. »Das nennt man bei uns *Schweinekartoffeln*!«, sagte er angeekelt zu Marie Anderson.[509] Noch mehr als aus dem Briefwechsel gewann sie aus diesem persönlichen Gespräch den Eindruck, dass der große Humorist ein Sonderling war, ein »buitengewoon«, wie es auf Holländisch heißt.

Zuerst sprachen sie über seine Gedichtsammlung »Kritik des Herzens«, unter deren schlechter Aufnahme er immer noch litt. Marie wollte wissen, ob er denn keine Bildergeschichten mehr schreibe und ob ihm die Freude daran ganz vergangen sei. Im Prinzip nicht, sagte er, aber das mühsame seitenverkehrte Aufzeichnen der Motive auf Buchsbaum sei ihm mit den Jahren immer mehr zuwider geworden.

Als er genügend Hochheimer Weißen getrunken hatte und etwas redseliger wirkte als am Anfang, wagte sie es, die heikelste aller Fragen zu stellen: Warum er denn niemals geheiratet habe? »Erst mußte ich von 400 Gulden im Jahr leben und studieren«, sagte Wilhelm Busch. »Heiraten konnte ich damals nicht, und später, als ich es pekuniär gekonnt hätte, war meine Geliebte gestorben.« Diese Geschichte stimmte natürlich nicht ganz. So wenig wie das, was nun folgen würde: dass er manchmal die Kinder seiner Schwester Fanny *wickle.* Fanny hatte drei Söhne, die damals alle schon aufs Gymnasium gingen. Hermann, der

Älteste, war bereits fünfzehn. Hat Marie Anderson ihn nur falsch verstanden – oder wünschte er sich, ein Baby zu haben, eine »Mutter« zu sein? Lag in dieser weinseligen Falschaussage vielleicht eine tiefe Wahrheit?

Dann war er schnell wieder bei seinem Lieblingsthema: der Seelenwanderung, holländisch »zielsverhuising«. Die ganze Nacht kam er nicht mehr davon los. Es war zwei oder drei, als sie endlich zu Bett gingen. Getrennt natürlich. Busch war inzwischen volltrunken und schwankte. Am nächsten Tag saß er schwer verkatert beim Frühstück.[510] Er schien es trotzdem nicht eilig zu haben, abzureisen, denn er lud Mutter und Sohn zu einer kleinen Tour durch die Pfalz ein. In einer Burschenschenke trank er weiter und spendierte auch dem Kutscher ein paar Gläser. Aber der war wohl nicht besonders trinkfest. Auf der Weiterfahrt schlug er mit der Peitsche so wild um sich, dass Marie um ihr Augenlicht fürchtete. Sie war beinahe froh, als sie sich im Bahnhofsgarten von Mainz-Kastel endlich trennten.

Nach ihrer Rückkehr wollte Multatuli natürlich sofort wissen, wie denn die Nacht mit Busch so gewesen sei. »Oh, er hat die ganze Nacht über Seelenwanderung geredet.« – »Über *Seelenwanderung*?« – »Ja, er ist melancholisch und grübelt darüber.« – »Natürlich«, erzählt sie weiter, »fand Multatuli es etwas ungewöhnlich, daß sich zwei noch verhältnismäßig junge Menschen in einem Hotel in Mainz treffen, um die ganze Nacht über *Seelenwanderung* zu sprechen. Und er hatte Recht: Ungewöhnlich *war* das.«[511]

Nach seinem Abschied von Marie Anderson kam Wilhelm Busch »in fürchterlicher Stimmung« zu seinem Freund Otto Bassermann nach Heidelberg. Bassermann war besorgt und ratlos. Er dachte, sein Autor und Freund sei psychisch schwer erkrankt. »Seine Kusine, die bei uns als Hausdame angestellt war«, erinnert er sich später, »sprach die Vermutung aus, daß der Ausflug eine mißglückte… Brautschau gewesen sei, und der Bruder Otto bestätigte mir dies.«[512]

Der Briefwechsel zwischen Wilhelm Busch und Marie Anderson war danach zwar nicht gleich beendet, aber er wurde immer unregelmäßiger und unpersönlicher, bis er »wie eine verlöschende Nachtkerze« ausklang.

Abb. 74: Anna Lindau

Seine Neffen meinen, damit sei das Thema »Brautschau« ein für alle Mal erledigt gewesen. Tatsächlich gibt es keinen Hinweis darauf, dass Busch noch einmal eine nähere Beziehung zu einer Frau anstrebte, obwohl sich Paul Lindaus junge und schöne Frau Anna, Tochter des Kladderadatsch-Gründers David Kalisch, daran erinnert, er sei damals genau der Typ gewesen, »wie sich junge Mädchen … einen bleichen, gefährlichen, leidenschaftlichen Liebhaber vorstellten«. Aber »seine feurigen Augen« hätten ihm »nur zu einer kühlen Beobachtung« gedient. Er habe sie durch seine Blicke oft »in Verlegenheit« versetzt. Wenn er sie so ansah, habe sie Angst gehabt, »dem schalkhaften Verfasser der ›Frommen Helene‹ Anregung zu ähnlichen Meisterwerken« zu bieten.[513]

Gemessen an diesen persönlichen Erfahrungen mit Frauen ist die Ehe zwischen Tobias Knopp und seiner Doris eigentlich sehr harmonisch. Äußerlich werden sich die beiden so ähnlich wie ein Schweinchen dem anderen, schlafen friedlich nebeneinander im Ehebett und treiben morgens ihren frivolen Schabernack, den Golo Mann, der wohl andere Präferenzen hatte, als »entschieden widerlich« bezeichnet.[514] Knopp jedenfalls gefällt es. Genau wie das Essen, das Doris ihm vorsetzt, mit einer Ausnahme: Frikadellen. Manchmal gibt es ein bisschen Ärger mit den Hausmädchen, die entweder naschen, stehlen oder zu hübsche Waden haben, aber das Glück des rundlichen Paares ist fast

Abb. 75: Herr und Frau Knopp im Schlafzimmer

perfekt, als Julchen, eine kleine Tochter, zur Welt kommt, der Teil drei der Trilogie gewidmet ist.

Gestalterisch wirken die beiden letzten Teile freier und großzügiger als der erste, da sie in einem neuen fotomechanischen Verfahren, der »Strichätzung« oder »Zinkotypie«, hergestellt worden sind. Mit dem spiegelbildlichen Übertragen der Entwürfe auf Buchsbaumholz war es nun vorbei. Busch konnte seine Originale gleich in die Druckerei schicken, wo sie fotografiert und auf eine lichtempfindliche Zinkplatte kopiert wurden. Er konnte schneller und individueller arbeiten, ohne die Angst, dass ein Holzstecher seine Zeichnung verderben würde. *Sein* Original erschien unverfälscht im Druck, allerdings immer noch im reinen Schwarz-Weiß-Verfahren, das einen eindeutigen, schwarzen Tuschstrich erforderte. Skeptisch gegenüber allen Neuerungen, hatte er Schwierigkeiten, sich daran zu gewöhnen, und ärgerte Drucker und Verleger immer wieder, indem er lila Sepiatinte auf bräunlichem Papier benutzte. Aber am Ende freundete er sich doch mit der neuen Methode an und wollte sie nicht mehr missen.

Seine Bilder haben nun den Charakter freier Federzeichnungen. Die Bildformate werden wesentlich größer, da die Rück-

Abb. 76: Doris serviert Knopp das Frühstück

sicht auf das teure Buchsbaummaterial entfällt. Einige Kunsthistoriker beklagen diesen Wechsel der Reproduktionstechnik, der einen Abschied vom zeichnerischen Marionettenstil mit sich gebracht und die Bilder »oberflächlicher« und unkonzentrierter gemacht habe.[515] Andere sagen genau das Gegenteil: »In ›Herr und Frau Knopp‹ verspüren wir erstmals vom Wesen des Schöpfers einen Hauch, näher als alles, was der Zeichner bisher der Öffentlichkeit überantwortet hatte.«[516]

Bassermann war natürlich froh, »flotte Faksimiles rasch und billig« zu erhalten[517], und steigerte die Auflage der Bildergeschichten enorm. Schon nach wenigen Wochen waren achtzehntausend Exemplare von »Herr und Frau Knopp« verkauft. Busch freute sich über den finanziellen Erfolg, sah aber mit Unbehagen, wie das Buch an vielen öffentlichen Orten, zum Beispiel in der Eisenbahn oder in Kurhotels, gelesen wurde. »Es war mir sehr peinlich und ekelhaft«, schreibt er an Erich Bachmann. »Ich tat, als wenn ich schliefe.«[518]

Im Oktober 1876 fuhr er mit seinem Bruder Hermann nach München. Der Besuch der großen Kunstgewerbeausstellung im Glaspalast, auf der unter anderem neue Druck- und Reproduktionstechniken vorgestellt wurden, war eine gute Gelegenheit, die neu gewonnenen Freunde aus dem Künstlerverein »Allotria« wiederzusehen: Franz von Lenbach, Friedrich Kaulbach und das Universalgenie Lorenz Gedon, die ihn schon beim letzten Mal so herzlich empfangen hatten.[519] Hermann, der Lehrer aus der Provinz, war noch nie in München gewesen. Busch meinte ihm alles zeigen zu müssen, die Museen, seine Lieblingswirtshäuser und das Oktoberfest. Es waren gesellige Tage und vor allem Nächte. Fast keine Nacht kamen sie vor zwei Uhr ins Bett. Lenbach wollte Wilhelm Busch unbedingt porträtieren. Der Künstlerverein gab ihm zu Ehren ein Fest mit einem »scherzhaften Fackelzug«.[520] So viel Zuneigung und Bewunderung hatte Busch seit langem nicht mehr erlebt. Er war wie benommen. Einerseits störten ihn »die vielen Leute, das Fest, der Lärm, der Bier, der Rauch«.[521] Aber andererseits spürte er auch, dass er seinen Lebensstil grundlegend ändern musste, um sich als Künstler nicht völlig zu isolieren. »Ich fühle dann so recht deutlich, wie weit ich mich aus dem Geknuff der Welt ins ›Land der Fabel‹ zurückgezogen habe«, schreibt er an Lenbach. »Zu

Abb. 77: Lenbach, Busch und Lindau

weit vielleicht. Ich will versuchen, ob nicht eine Mittelstation für mich zu finden ist; denn ganz wird der Schuhu sein Gemäuer wohl nicht verlassen. Komm ich dann im Lauf des Winters nach München, so bitt ich Sie und Freund Gedon, mich wieder so gut aufzunehmen, wie bisher.«[522]

Schon im Januar 1877 war er wieder da. Wieder im noblen Hotel »Europäischer Hof«, wie es sich gehörte. Lenbach und ein paar andere Freunde wollten ihn überreden, der Tristesse des Münchener Winters zu entfliehen und mit ihnen nach Italien zu fahren. Aber Busch lehnte ab. Beinahe brüsk. »Ich kenne es nicht und habe auch gar keine Sehnsucht danach. Die Italiener sind mir in ihrem Empfinden, ihrem Denken und Vermögen vollkommen fremd. Ich verstehe sie nicht und habe keine Zeit, sie verstehen zu lernen. In Italien würde ich tausend schöne Dinge sehen, die gewiß auf mich einen tiefen Eindruck machen würden; das würde mich aber bloß verwirren, und ich würde nur ein Gefühl der Unbefriedigung und… der Unsicherheit heimbringen.«[523]

Lenbach ließ sich durch diese Zurückweisung nicht beeindrucken, sondern versprach, ihm in München ein Atelier zu besorgen. Bis dahin könne er in einem seiner eigenen Räume malen und, wenn er wolle, auch bei ihm essen. – Fast alle Münchener Freunde waren entsetzt, als sie hörten, dass er nun ausschließlich malen wolle. Einige sagten: »Tun Sie das doch nicht! Bleiben Sie bei dem, womit Sie uns allen Pläsier machen!«[524] Bei den Bildergeschichten also. Andere meinten, seinen Bildern fehle jede Originalität. Er kopiere im Grunde nur Wilhelm von Diez, einen Professor der Münchener Kunstakademie, der – sieben Jahre jünger als Busch – bereits eine »Schule« hatte und mit viel leichterem Strich ähnliche Motive malte, Landschaften, Bauern und Genreszenen in ähnlichen Braun- und Grautönen, die sich am Vorbild der alten Niederländer orientierten.[525]

Lenbach gehörte zu den wenigen, die ihm Mut machten. Er versuchte, mehr Licht in seine düstere Palette zu bringen, und redete ihm zu, frischere und modernere Farben zu benutzen. Aber Busch blieb stur und »hartnäckig bei seinem Ocker«.[526]

Im Sommer 1877 vollendete er in Wiedensahl den dritten Teil

Abb. 78: Eine unruhige Nacht

der Tobias-Knopp-Trilogie. Er war nun wieder ganz »der« Busch, den das Publikum liebte. Die Krise der letzten Jahre schien überwunden. Es gelangen ihm nicht nur köstliche Zeichnungen vom kleinen »Julchen«, sondern auch Verse, die bis heute als geflügelte Worte zitiert werden, vor allem »Vater werden ist nicht schwer / Vater sein dagegen sehr«.

Julchen, über dessen Geschlecht Knopp zunächst etwas enttäuscht ist, wird als kerngesundes, energisches Baby geschildert, das nur *ein* zentrales Interesse hat: Trinken. Knopp ist ein rührender Vater. Besonders der knackige Po hat es ihm angetan und wird Gegenstand vieler Zärtlichkeiten und Betrachtungen. Julchen hat Glück. Denn sie ist ein geliebtes Kind. Ob sie Taschenuhren, Strickzeug oder Tintenfässer demoliert, den Sonntagsfrack oder die Meerschaumpfeife des Vaters – sie wird nie bestraft, nie zur Rechenschaft gezogen. Herr und Frau Knopp reagieren allenfalls mäßig verärgert.

Als Julchen größer wird und ihre ersten Verehrer hat, ist Knopp ziemlich eifersüchtig. Es stehen verschiedene Kandidaten vor der Tür, darunter der attraktive Forstadjunkt Fritz, der genau wie der junge Wilhelm Busch aussieht. Aber keiner ist Knopp gut genug für sein Julchen, keiner bringt das nötige Geld mit. Nach vielen Verwirrungen und Verwicklungen wie im Kasperle-Theater darf Julchen ihren schönen Förster heiraten. Tobias Knopp sinkt bedenklich in sich zusammen. »Er hat seinen Zweck erfüllt / Runzlig wird sein Lebensbild.« Sein Gesicht ist ein einziger Faltenwurf. Sogar sein Hut und seine Pfeife schrumpfen. Dann kommt die »schwarze Parze mit der Nasenwarze«, schneidet »schnapp!« sein »Lebensbändel« ab und eilt mit riesigen Sauseschritten über ihn hinweg.

Die Sekundärliteratur geht mit der Figur des Knopp ziemlich unfreundlich um. Sie stellt immer wieder die Frage, wieso Busch diesem »eßfreudigen«, zu »wirklichen Selbstzweifeln unfähig(en)« Spießer so viel Aufmerksamkeit widme.[527] Dem Helden wird allenfalls zugebilligt, den »Ungeist... der Gründerjahre« zu verkörpern, »der die stereotypen Häuserfronten so mancher deutschen Hohenzollernstraße mit dem wildesten Backwerk architektonischen Bombasts überzuckert« habe.[528] – Nun hat dieser Knopp allerdings gar nichts typisch oder ausschließlich »Deutsches«. Er liest die »Times«. Er trägt den spitzen Künstlerhut der internationalen Boheme-Szene. Seine Ehe unterscheidet sich in nichts von der eines französischen Bourgeois. Sein Bedürfnis, »Spuren« in dieser Welt zu hinterlassen, dürfte ein ziemlich allgemeinmenschliches sein. Auch den Typus des eifersüchtigen Vaters gibt es nicht nur in Deutschland.

Nein. Diese Trilogie hat mit der deutschen Gesellschaft der Gründerzeit nichts zu tun, aber eine Menge mit der psychischen Verfassung Wilhelm Buschs. Diese Einsamkeit, dieses ständige Suchen, diese Sehnsucht nach etwas, das er gleichzeitig hasst: Das ist er selbst, seine eigene quälende Ambivalenz, die Gefühlslage eines Menschen mit »dunklem Heimweh«, das allen Träumen zugrunde liegt.[529] Zwar hat der Alltag des Hausvaters Tobias Knopp etwas Kleinliches, Monotones. Aber fühlt sich der Einsiedler auf dem Berg etwa besser? Knopp hat die Lösung gefunden, einen Kompromiss: Er hat sein *Dienstmädchen* geheiratet, jemanden, der ihn in Ruhe lässt, aber für ihn da ist. Im häuslichen Zusammenleben mit seiner Schwester Fanny hat auch Busch dieses Ideal beinahe erreicht.

Als Busch im Spätsommer 1877 wieder nach München kam,

hatten ihm die Freunde schon ein Atelier angemietet: ein nobles Etablissement mit Gartenblick auf der Karlstraße, das ihm Lorenz Gedon bereits fertig eingerichtet hatte. Dieser Gedon kam oft zu Besuch. Denn einer seiner Brüder, von Beruf Maler und Vergolder, war Buschs unmittelbarer Nachbar. Sie waren katholisch getauft, aber Kinder eines Tandlers und Hausierers, der wahrscheinlich jüdischer Herkunft war, hatten sich aus kleinsten Verhältnissen hochgearbeitet. »Lorenzo, der Prächtige«, wie er allgemein genannt wurde, hatte wildes schwarzes Haar und einen dunklen Bart, war ein Bündel von Tatkraft und Lebensfreude, ein wandelndes Gesamtkunstwerk, Freund Richard Wagners und Ludwig II., als Holzschnitzer ausgebildet, Schüler des Historienmalers Piloty, Schreiner, Bildhauer, Kunstsammler und Dekorateur in Personalunion. Vor allem aber Architekt vieler Prachtvillen in München und Wien, mit denen er eine neue Ära der Baukunst begründete. Manchmal lud er Wilhelm Busch zu sich nach Hause ein, in dieses seltsame Gemäuer an der Nymphenburger Allee, eine Mischung aus Werkstatt, Architekturbüro und Museum, in dem sieben Kinder zwischen Staffeleien und Gipsbüsten herumtollten und eine überforderte Frau vergeblich um Ordnung rang.[530]

Abb. 79: Lorenz Gedon (Zeichnung von Kaulbach)

Busch begann sich in München zu Hause zu fühlen. Seine Räume waren hoch und hell und hatten ausreichend Nordlicht. Der Garten des Hauses grenzte an die Villengrundstücke Carl von Pilotys und des Grafen von Schack. Hier hatte Wagner, inzwischen nach

Bayreuth umgezogen, einmal gelebt, als besonderer Schützling Ludwigs II. Es war die denkbar beste Gegend von München. *Die* Gegend, in der ein Künstler sich wohlfühlen musste. Kein Wunder, dass Johanna Kessler eifersüchtig wurde. Hatte sie ihm nicht auch ein Atelier eingerichtet? Ihm das schönste Ambiente von Frankfurt geboten – Westend-Pracht, Geld, einen herrlichen Park, eine Kunstsammlung und die Bekanntschaft mit illustren Kollegen?

Busch ahnte wohl nicht, wie sehr er sie mit seinen begeisterten Briefen über das neue Zuhause verletzte, seinen Berichten über die vielen Gesellschaften und fremden Gesichter, darunter Anna Lindau, die ihm immer mehr zu gefallen schien, die langen Gespräche mit Lenbach, Kaulbach, Lorenz Gedon und Annas Mann, dem berühmten Feuilletonisten Paul Lindau, der sich gerade für ein paar Wochen in München aufhielt. Im Dezember 1877, auf der Reise nach Wiedensahl, machte Busch noch einmal in Frankfurt Station, als sei alles beim Alten. Aber dann kam der Schock, mit dem er wohl nicht gerechnet hatte. Ein paar Tage vor Weihnachten erreichte ihn ein Paket, das statt der üblichen Rebhühner, Fotos und feinen Handarbeiten nur eine Rute enthielt. Das tat weh. Beinahe körperlich. Aber er war sich immer noch nicht ganz über den Ernst der Lage im Klaren, als er schrieb:

»Liebste Tante! Also nicht allein nichts zum Weihnachten, sondern auch noch obendrein einen ironischen Festgruß, eine Art von Rute. Auweh! Geschieht ihm ganz recht! Warum ist er nicht fleißiger gewesen? Na, im nächsten Jahr, da wird er sich hoffentlich zusammen nehmen, und dann machen die Tante oder die Nichten auch wieder was Hübsches für ihn, und er braucht nicht wieder so traurig dazustehen als der Einzige, der nichts kriegt! – Doch Spaß bei Seit, liebste Tante! Ich wünsche Ihnen und den Kindern von ganzem Herzen ein recht fröhliches Fest. Stets Ihr getreuer Onkel Wilhelm.«[531]

Von jetzt an hat es dreizehn Jahre lang keinen Briefwechsel mehr gegeben. Busch hat seither Frankfurt und die Villa Kessler peinlich gemieden. Auch zu den Töchtern Nanda und Letty hat er jeden Kontakt abgebrochen. Ebenso zu seinem Bruder Otto, der immer noch Hauslehrer bei den Kesslers war und für sein bei Bassermann erschienenes Buch über Arthur Schopenhauer von der Presse mit Schimpf und Schande überhäuft wurde. Otto zitiert darin Gedichte aus der »Kritik des Herzens«, ohne Wilhelm Buschs Namen zu nennen.[532] Vielleicht ohne böse Absicht, eher als Liebesbeweis. In der zweiten Auflage ließ er die Gedichte weg. Aber das Buch wurde dadurch nicht besser. Wurde der Geist der Resignation bei Wilhelm Busch immer wieder von Humor überspielt, so wirkte er bei Otto Busch nur noch krankhaft. »Der steinerne Gast ›Leid‹ steht an jeder Tür der Freude, ungerufen noch dazu, das ist das Unheimliche bei der Sache. Wer sich in der Welt umgesehen, weiß auch, daß es jedermann trifft, daß jede Daseinsform mit dem Kreuz gezeichnet ist.«[533]

Busch versuchte zur Tagesordnung überzugehen und sich durch Reisen und Aktivitäten abzulenken. Im April 1878 überwand er seine alte Aversion gegen den Süden und fuhr mit dem inzwischen achtzehnjährigen Neffen Hermann Nöldeke über Bozen und den Gardasee nach Venedig. Es war meistens schlechtes Wetter. Menschen, Landschaft und Architektur erreichten ihn kaum. »Wir haben einen gründlichen Bauernregen und sahen unterwegs recht viele Maulbeerbäume«, schrieb er an Lenbach. »Die Gegend… ist fast so schön wie die Lüneburger Heide.«[534]

Aus diesen ersten Monaten des Jahres 1878 stammt ein erschütterndes Selbstbildnis Wilhelm Buschs, das deutlich zeigt, wie es nach dem Bruch mit Johanna Kessler in ihm aussah. In seinen typischen Braun-, Ocker- und Gelbtönen malt er sich selbst als Obdachlosen und Bettler. Haar und Bart sind struppig. Das Gesicht wirkt alt und verwüstet. Der Mund ist wie zu einem anklagenden Schrei aufgerissen. Man sieht seine Zunge. Mit der ausgestreckten rechten Hand bittet er in leicht aggressivem Gestus um ein Almosen. Die Linke umklammert den Bettelstab. Da ist nichts Komisches, keine Spur von Selbstironie, nur namenloser Schmerz und ein Schrei nach Hilfe. Geht es zu weit, anzunehmen, dass »die Rute« seine alten Verletzungen wieder aufgewühlt hatte? Dass er sich wieder wie als achtjähri-

Abb. 80: Selbstbildnis als Bettler

ger Junge vorkam, ausgesperrt und verstoßen, diesmal vom Weihnachtsfest, diesem Ritual des Friedens und der familiären Innigkeit, auf das er sich noch als Erwachsener wie ein Kind freute und über das er in keiner seiner Bildergeschichten auch nur im mindesten spottet?

Das Jahr 1878 war ein Jahr voller politischer Ereignisse. Papst Pius IX., der »Erfinder« des Unfehlbarkeitsdogmas, starb im Alter von 86 Jahren. Der deutsche Reichstagsabgeordnete Heinrich Adolf Stoecker, im Hauptberuf evangelischer Domprediger, gründete eine »christlich-soziale Arbeiterpartei« und polemisierte öffentlich gegen »die« Juden, die die Banken, die Presse, die Universitäten und die Justiz beherrschten. »Wenn wir ... unsere deutsche Volkstümlichkeit festhalten wollen, müssen wir diesen Giftpfropfen loswerden!«[535] Im Mai schoss ein Arbeitsloser namens Max Hödel auf den einundachtzigjährigen Kaiser Wilhelm I., der unverletzt blieb. Noch bevor Hödel in Berlin-Moabit hingerichtet wurde, kam es zu einem zweiten Attentat. Diesmal war der Täter ein Philosoph, Doktor Karl Nobiling, der dem Kaiser dreißig Schrotkörner in den Kopf jagte. Er gehörte keiner politischen Partei an und erzählte unzusammenhängendes Zeug. Wahrscheinlich war er verrückt. Ein Typ wie Buschs Bruder Otto? Drei Tage nach dem Attentat löste Bismarck den Reichstag auf und erließ das Gesetz »gegen die gemeingefährlichen Bestrebungen der Sozialdemokratie«, kurz »Sozialistengesetz« genannt. Eine gnadenlose Hetze gegen die deutsche Linke setzte ein, vergleichbar der Treibjagd gegen die Katholiken. Partei- und Gewerkschaftsversammlungen wurden mit Polizeigewalt aufgelöst, sozialdemokratische Zeitungen und Bücher verboten, »verdächtige« Schankwirte mit Konzessionsentzug bestraft, Geschäfte zerstört, Familien vertrieben, über ganze Städte und Regionen der »kleine Belagerungszustand« verhängt. Hunderttausende flohen nach England oder Amerika. Ein Bürgerkrieg drohte. Wilhelm Busch zeigte sich vollständig unberührt und fuhr mit seinen Neffen auf die Insel Borkum, deren Bewohner als besonders antisemitisch galten und auf der sich einige Hoteliers bereits rühmten, ihre Häuser seien garantiert »judenfrei«.

Otto Bassermann hatte es schon lange aufgegeben, Busch bei der Auswahl seiner Themen zu beraten und ihm etwa politisches Engagement vorzuschlagen. Die Erfahrungen mit dem »Filuzius« waren übel genug. Außerdem war er froh, wenn Busch *überhaupt* etwas zeichnete und schrieb. Pro Jahr eine Bildergeschichte, das war das Höchste, was er sich abringen ließ. Er war sechsundvierzig und schon eine Art Pensionär. Auch als Briefschreiber war er träge geworden. Es gab kaum noch Dialog, kaum noch Verhandlungen zwischen den alten Freunden. In Heidelberg ließ er sich immer seltener blicken. Ging er ihm aus dem Weg? Bahnte sich etwa ein Bruch an? Bassermann wollte sich damit nicht abfinden und zog deshalb im März 1878 mit seiner Familie und dem ganzen Verlag nach München – nur, um ihm näher zu sein und ihn als Mitarbeiter für ein ambitioniertes Zeitschriftenprojekt zu gewinnen.[536]

Aus der Sache wurde nichts. Denn Busch war inzwischen noch mehr dem Alkohol verfallen. In Wiedensahl trank er, um seine Einsamkeit zu betäuben. In München, weil es fast alle so machten. »Die jungen Maler saufen sich dumm in Bier, und ihr Gesichtskreis wird nicht weiter als der Umfang ihres Krügels«, sagte Moritz von Schwind einmal zu Ludwig Richter.[537] Buschs neuster Zyklus, »Die Haarbeutel«, handelt vom Trinken, und zwar ausschließlich. In neun Geschichten betrinken sich Mensch und Tier bis zum Umfallen, der Silen, Mensch Meier, Bauer Bunke, Lehrling Fritze, Jungfer Grete, Studiosus Döppe, ein Herr und sein Affe, Meister Zwiel und der namenlose möblierte Herr. Es gibt keinen Lebenssinn, keinen Ausweg. Es gibt nur noch die Sucht, die den Süchtigen tötet oder zum Narren macht. Ob auf dem Land, in der Stadt, in der Provinz: Überall sind die Menschen dem Alkohol verfallen. Meistens einsam. Denn nach ein paar geselligen Stunden mit anderen Trinkern trägt jeder seinen Rausch zu sich selbst heim. Was vordergründig wie eine Ansammlung harmloser Episoden wirkt, ist im Grunde eine bittere Studie über die Sucht und den durch sie hervorgerufenen Zustand des Wahns. Besonders deutlich wird das bei der Geschichte vom Menschen Meier, der plötzlich sieht, wie die Straße unter ihm in Bewegung gerät, die Chausseebäume sich bedenk-

Abb. 81: Kreisender Mensch Meier

lich anheben und er selbst zum Mittelpunkt eines rasenden Kreisels wird.

Oder bei dem möblierten Herrn, der statt einer zwei Standuhren sieht, statt einem zwei Betten, dem ein drittes Bein wächst, der sich von imaginären Käfern verfolgt fühlt und den Kampf gegen sie aufnimmt, wobei er seinen armseligen Hausrat nahezu vollständig demoliert.

Als Busch diesen Zyklus abgeschlossen hatte, wollte er, wie üblich, nichts mehr davon wissen. Es war ihm peinlich, mit diesen »Säufern« identifiziert zu werden. Er mochte nicht zugeben, dass er ihre Delirien und Halluzinationen aus persönlicher Erfahrung kannte. Eines Abends wäre es deshalb fast zum Eklat gekommen, erzählt Bassermann. »Auf die Allotria-Kegelbahn brachte ich Busch … gewöhnlich eine Flasche leichten Weins mit. Einmal hatte ich die Titel-Vignette zu ›Haarbeutel‹ darauf geklebt. Busch kratzte diese ganz erzürnt herunter, obwohl Gedon begütigend sagte, das sei ja ganz nett; Busch wollte offenbar nicht daran erinnert sein.«[538]

Im August 1878 wurde der Mann seiner Schwester Fanny, Pfarrer Hermann Nöldeke, plötzlich so krank, dass »an ein Besserwerden kaum zu denken« war.[539] Er war Mitte siebzig. Eigentlich nichts Ungewöhnliches. Aber er hatte drei minderjährige Söhne mit Fanny, Hermann, Adolf und Otto, die ihn brauchten. Busch hatte schon länger die Vaterrolle übernommen, war mit ihnen gereist, hatte ihnen Briefe geschrieben. Es traf ihn nicht sehr, als der Schwager starb. Denn nun waren die Verhältnisse endlich klar. *Er* war jetzt das Oberhaupt. *Er* hatte das Sagen, auch über Fanny, die mit vierundvierzig schon Witwe war. »Meine Mutter«, erzählt Adolf Nöldeke, »wäre gern von Wiedensahl fortgezogen, um uns Jungens erst während der Schulzeit, etwa in Bückeburg, wo wir alle drei das Gymnasium besucht haben, und hernach vielleicht auch auf der Universität … bei sich haben zu können. Aber da stellte sie der Onkel vor eine wichtige Entscheidung, indem er ihr erklärte, ganz mit ihr zusammenbleiben und mit ihr die Sorge für uns teilen zu wollen, indessen unter der einen Bedingung, daß sie dann in Wiedensahl und in dessen Einsamkeit wohnen bleiben müsse.«[540]

Den prächtigen Pfarrhof mussten sie nach einem »Gnadenhalbjahr« räumen. Aber es gab ein älteres »Pfarrwitwenhaus«, vor dem eine hohe, alte Kastanie stand und aus dessen Garten man die Rehburger Berge und den schlanken Kirchturm von Kloster Loccum sehen konnte. Dieses Haus ließ Busch auf seine Kosten und nach seinen Vorstellungen umbauen. Fanny und er lebten hier zwanzig Jahre lang wie ein Ehepaar. Busch war nun endlich nicht mehr zu Gast, nicht mehr nur »geduldet«. Es war *sein* Haus, *sein* Gemüsegarten, *seine* Kastanie. Er war angekommen.

Da er nun selbst Oberhaupt einer kleinen Familie war, musste er wohl oder übel mit dabei sein, als sein Bruder Hermann sich im Oktober 1878 in Bremervörde verheiratete. Er konnte sich diesmal nicht »drücken«. Denn die Eltern Busch lebten nicht mehr. *Er* musste jetzt ihre Stelle vertreten. Anfangs sträubte er sich, dabei zuzusehen, wie ihm »das beste Stück eines guten Freundes hinweggenommen und in aller Form … einem Weibe übergeben« wurde.[541] Aber dann war er doch froh, Hermanns »gastfreie Schwiegereltern« und die schöne Umgebung von Bremervörde mit der Brücke, dem Hafen und dem Park mit den uralten Pappeln kennengelernt zu haben.[542]

Bei den Mahlzeiten saß er neben einem Mädchen namens Marie Rasch, einer Freundin der Braut. Sie war einundzwanzig, Erzieherin, blond, sportlich, gebildet, etwas »frauenbewegt«, Expertin für englische Literatur und nach englischer Art in gut sitzendem Tweed gekleidet, ein ähnlicher Typ wie Marie Anderson, nur jünger und hübscher. Sie wusste, dass sie Wilhelm Busch auf dieser Hochzeit begegnen würde, und hatte vorsorglich alles von ihm gelesen. Natürlich war sie sehr aufgeregt. Ganz Bremervörde sprach schon seit Wochen von seinem Besuch. Nach der Lektüre von »Max und Moritz« und der »Frommen Helene«, an deren »erziehlichen Werten« ihre »Schulweisheit … doch gelinde Zweifel« hegte[543], hatte sie ihn sich ganz anders vorgestellt – finsterer, männlicher und vor allem weniger elegant. Aber dieser Busch war wirklich eine Überraschung. Obwohl er eine kräftige Figur und einen dunklen Vollbart hatte, kam er ihr wie eine Mischung aus Mann und Frau vor: »Hände und Füße schienen fast zu zierlich; ein leichtgeschlungener weißer Seidenschlips gab ihm … ein künstlerisches Gepräge.«

Auf der Hochzeit, die mehrere Tage dauerte, verbrachten sie viele Stunden zusammen und verstanden sich bestens. Aber eine Flirtstimmung kam nicht auf. Denn sie sah ihn wohl nicht als erotisches Wesen. Dabei gab er sich alle Mühe, charmant zu sein, tanzte mit ihr eine Française, brach ihr auf einem Spaziergang eine verwelkte Heckenrose ab und schenkte ihr zum Abschied eine Tüte Konfekt wie einem kleinen Mädchen. Ein paar Tage später erhielt sie ein Foto, auf das er geschrieben hatte: »In Erinnerung an die hübsch-lustigen Oktobertage von Bremervörde sagt Ihnen der … Abphotographierte seinen freundlichen Gruß.«

Abb. 82: Wilhelm Busch (Porträtfoto Ende der siebziger Jahre)

16 BLICK AUFS ANDERE UFER

In den Bildergeschichten sind es meistens die Frauen, die die Hosen anhaben. Aber im Pfarrwitwenhaus von Wiedensahl war das anders. Wilhelm Busch führte ein strenges Regiment und verstand keinen Spaß, weder mit Fanny noch mit den drei Neffen noch mit dem Hund Zipp, einem weißen »Rattenfänger«, der schließlich abgeschafft wurde, weil er nach »Aas« roch.[544] Die Neffen, die Busch nur als großzügigen, kinderlieben Onkel kannten, der ihnen Geschichten erzählt hatte und mit ihnen verreist war, konnten es kaum fassen, als er plötzlich ganz andere Saiten anschlug: ständige Ermahnungen, brav und fleißig zu sein, äußerste Sparsamkeit, nur das nötigste Kostgeld, keine Fahrten von Bückeburg oder Leipzig nach Wiedensahl außer zu Weihnachten und in den Ferien. Dann war die Stimmung meistens gedrückt. Denn der Onkel war selten in der Laune zu sprechen und äußerst empfindlich gegen jede Art von Geräusch. Bei Tisch blieb er stumm. Manchmal gab er einen Aphorismus von sich. Er rauchte nahezu unentwegt, auch während der Mahlzeiten.[545] Danach ging er schweigend in seine Stube. Niemand wusste, was er dort tat. Von seinen Plänen verriet er kein Wort. Fanny musste alle Kontakte im Dorf abbrechen. Denn Wilhelm Busch ertrug keinen Besuch, nicht einmal den von Pfarrer Redepenning, den Nachfolger seines Schwagers, der manchmal vorbeikam, um sich über die Verhältnisse im Dorf auszutauschen.[546] Auch seine eigenen Freunde durften nicht kommen. Wenn Bassermann, Lenbach oder Kaulbach sich angesagt hatten, lud er sie wieder aus und traf sie in Kassel oder Hannover auf »neutralem Gebiet«, wie er das nannte.[547]

So vergingen »die Tage in endlosem Einerlei«, schreiben die Neffen. Das Haus war wie tot. Mit den meisten Menschen draußen hatte er Streit, mit Bruder Adolf, Schwägerin Johanne, dem Apotheker[548], neuerdings sogar mit dem alten Onkel, Georg

Kleine, der ihn um Kredit für eins seiner Kinder gebeten hatte.[549] Es war nur ein kleiner Betrag, den er mit hohen Zinsen wieder zurückbekommen hätte. Aber Busch hasste es, wenn man ihn anpumpte. »Verwandte? Ich habe keine Verwandte!«, sagte er kurz und grob.[550] Er hortete sein Geld immer noch in einem Karton für den Tag, an dem er einmal »in eine Anstalt« müsse.[551] Von diesem Gedanken war er geradezu wie besessen. Nicht ganz zu Unrecht, schreiben die Neffen. Denn die Art, wie er manchmal die Beherrschung verlor oder sich tagelang in seinen »Dachsbau« eingrübelte, habe wirklich etwas sehr Bedrohliches gehabt.[552]

Fanny, die keinerlei Hilfe im Haushalt hatte, alterte dramatisch. Ihre frühere Schönheit verblasste. Sie litt oft unter Zahnschmerzen, Rheumatismus oder verletzte sich. Sogar den Umzug aus dem Pfarrhof ins Pfarrwitwenhaus ließ Busch sie fast ganz allein machen und verzog sich an den entscheidenden Tagen nach München. Auch im Garten, den er doch so sehr liebte, rührte er keinen Finger, sondern schrieb nur poetische Briefe darüber: »Da steh, geh und sitz ich denn nun wieder und verwundere mich, wie Kohl, Bohnen und Rüben … so hoch und breit gediehen sind, wie die Rosen bereits einen zweiten Blütenanlauf nehmen … und siehe da! Schon ist der leise ahnungsvolle Silberduft des Herbstes darüber hingeschleiert!«[553] Mit etwas Glück hätte man sicher ein Dienstmädchen finden können, vielleicht sogar aus der näheren Verwandtschaft. Aber da war ja überall Streit. Oder Busch war zu knauserig. Oder das Mädchen zu jung, zu alt, zu hässlich, zu hübsch, zu ungebildet, zu klug oder zu anspruchsvoll. Keine hielt es lange bei ihm aus, denn er konnte sehr grob werden. So blieb Fanny mit der vielen Arbeit allein, musste kochen, putzen, backen, einmachen, waschen, bügeln, nähen und für seine Garderobe sorgen. Jeden Tag ein frisches Hemd. Jeden Tag ein blütenweißer Seidenschal. Westen und Gehröcke mussten täglich gelüftet werden, da sie penetrant nach Zigarettenrauch rochen. Es war, kurz gesagt, unerträglich mit ihm, sodass Fanny froh war, wenn er endlich wieder nach München entschwand. Dann packte sie meistens die Koffer und verließ Wiedensahl, um ihre Söhne oder andere Verwandte zu besuchen. Aus der schönen, selbstbewussten Pfarrersfrau war die Haushälterin eines Sonderlings geworden.

In München war er ein völlig anderer Mensch, besonders in Gegenwart Lenbachs, mit dem er immer enger zusammenwuchs und der immer noch an seine Berufung als Maler glaubte. Paul Lindau berichtet begeistert von den »reizenden Stunden«, die sie zu dritt verbrachten[554] und die gelegentlich so lange dauerten, bis ein übernächtigter Kellner sie endgültig vor die Tür setzte, sodass sie den Wartesaal irgendeines Bahnhofs aufsuchen mussten. Was in Wiedensahl niemand für möglich gehalten hätte, geschah hier dauernd: Busch öffnete nicht nur den Mund, um zu sprechen, sondern hielt lange bier- und weinselige Monologe, wobei er sein Innerstes in fast peinlicher Weise nach außen trug. Lindau, der versierte Journalist, machte sich fleißig Notizen, da er wusste, dass solche Bekenntnisse Seltenheitswert hatten:

Wenn ihm jemand nicht auf Anhieb sympathisch sei, suche er »wie ein schnaubender Staatsanwalt nach Symptomen, die für seine geheime Übeltäterei sprechen«.[555] Er hülle sich dann in Schweigen und setze sein abweisendstes Gesicht auf. Da sich in Gesellschaften *immer* unsympathische Menschen befänden, sei er in jeder größeren Runde »ein unbrauchbares Möbel«. Am liebsten sei ihm der vertrauliche Männerbund, das Zusammensein mit wenigen, guten Freunden. Trotzdem gebe er in der Großstadt am liebsten nur »Gastrollen«. Die vielen Menschen seien ihm schlichtweg zuwider. In Wiedensahl, seinem »Nest«, störe ihn niemand. Da brauche er auf niemanden Rücksicht zu nehmen und gedächte auch nicht, es zu tun.[556] Lindau konnte nicht ahnen, wie sehr Fanny und die drei Neffen unter diesem Verhalten litten. Aber er spürte wohl, dass sich hinter diesem »echten, schönen Künstlerkopf« mit dem »weichen Vollbart«, dem »feingeschnittenen Profil« und den »klugen, guten Augen, deren eines er beim Sprechen gewöhnlich … einkniffte«[557], ein Charakter verbarg, dem das »Wohlbefinden des Nebenmenschen«[558] herzlich egal war.

Lindau beschreibt Busch so begeistert, als ob er in ihn verliebt wäre. Er verklärt ihn und übertreibt seine »Schönheit«, die um diese Zeit manchmal reichlich verwüstet wirkte, besonders, wenn Fanny nicht für sein Äußeres sorgte. Lindau war sicher nicht homosexuell. Er galt trotz der Ehe mit seiner schönen Frau Anna, geborene Kalisch, der Tochter des »Kladderadatsch«-Gründers, als gefährlicher Frauenheld, der seine Posi-

Abb. 83: Lenbach (l.), Lindau (Mitte) und Busch (r.)

tion als einer der prominentesten Theaterkritiker Deutschlands gern dazu benutzte, um sich jungen Schauspielerinnen zu nähern.[559] Trotzdem wirkt er auf Fotos sehr androgyn, etwas kleiner als Busch, mit zarten, klugen und verletzlichen Gesichtszügen, die einem Mädchen gehören könnten. Vielleicht verbarg sich ja hinter seinem Draufgängertum jemand, der *auch* Männer liebte, was im Gründerzeitdeutschland schlimmer war, als ein »Frauenheld« zu sein, da aktive Homosexualität mit Zuchthaus bestraft wurde. Auf den erhaltenen Fotos sucht er immer Buschs körperliche Nähe. Einmal hat er seinen Arm um dessen Hüfte gelegt, während Busch ihn zärtlich umschlingt und verzückt ansieht. Lenbach hält sich ein wenig irritiert von dem Duo zurück.

Das ist mehr als ein Scherz oder Demonstration guter Freundschaft. Das ist schon fast ein Bekenntnis. Busch, dessen Sexualität immer schwankend und unsicher war, auch wenn er gelegentlich ins Bordell ging und für seine Kusinen schwärmte, scheint sich in dieser Zeit der Enttäuschung über Johanna Kessler mehr und mehr dem männlichen Geschlecht zugewandt zu haben, das er besonders in seiner knabenhaften Variante attraktiv fand, wie viele Gemälde aus dieser Zeit beweisen:

Da gibt es neben der eindrucksvollen Serie über das jüdische Mädchen Lina Weißenborn[560] immer wieder »Knabenköpfe«, nachdenkliche Jungen mit Hut, Handwerkslehrlinge und Schusterjungen in allen Variationen, lächelnde, weinende, schreiende und lesende Knaben, Knaben, die Fingernägel kauen, kegeln, ihre erste Pfeife rauchen, und besonders oft Knaben, die von ihren Müttern gezüchtigt werden.[561] Lina Weißenborn ist das einzige Mädchen in diesem Œuvre. Sie bleibt eine Ausnahme. Das liebevolle Auge des Malers gilt eindeutig Jungen zwischen etwa sechs und vierzehn.

Nur eine starke homophile Anziehungskraft würde erklären, warum Busch sich überhaupt so intensiv auf Paul Lindau einließ, der beinahe alles verkörperte, was er hasste.[562] Er hatte an der Sorbonne studiert und sprach fließend Französisch. Er hatte seine Dissertation über Molière geschrieben. Er übersetzte und kommentierte französische Literatur, zum Beispiel Alfred de

Abb. 84: Knabenbildnis (Ölgemälde von Wilhelm Busch)

Musset. Sein großes Vorbild war der französische Theaterkritiker Jules Janin. Seine Welt war überhaupt das moderne Unterhaltungstheater, das Busch eher dekadent und flach fand. Er schrieb Dutzende Stücke für ein breites Publikum, flott und mit sanfter Kritik an den herrschenden Zuständen. Er gab zwei wichtige Kulturzeitschriften heraus, »Nord und Süd« und die »Gegenwart«, die Busch beide nicht abonniert hatte, da er sich mit der »Kölnischen Zeitung« begnügte. Böse Zungen behaupteten, Lindau habe sich durch die Heirat mit Anna Kalisch an die Spitze einer »jüdischen Presseclique« in Berlin stellen wollen.[563] Busch hatte nichts gegen die »Judenblätter«, wie er einige Berliner Zeitungen nannte.[564] Aber er las sie auch nicht besonders gern. Lindau war ein guter Freund des jüdischen Sozialisten Lassalle, den er in der Düsseldorfer Presse glühend verteidigte, wodurch er sich selbst in Schwierigkeiten mit der Justiz brachte. Obwohl er als Sohn eines getauften Justizkommissars jüdischer Herkunft und einer protestantischen Pfarrerstochter nur »Halbjude« war, wurde er immer wieder zum Ziel antisemitischer Attacken, zu einer Zeit, als auch Buschs Bruder Otto über die Juden schrieb, sie befänden sich in der Diaspora »außerordentlich wohl«, dächten gar nicht daran, »ins gelobte Land« zurückzukehren, sondern drängten sich »unduldsam und dünkelhaft« in fremde Gebräuche und Religionen ein.[565] Otto Busch war der antisemitischen Propaganda erlegen, die sich damals wie eine Krankheit über ganz Deutschland ausbreitete und in dem Ruf »Die Juden sind unser Unglück« kulminierte. Ganz wirkungslos blieben solche Parolen auch auf Wilhelm Busch nicht. In einem Brief an einen seiner Neffen schreibt er, er habe in einem Gasthaus in Leer kaum ein Auge zugetan, weil es »vom Auricher Pferdemarkte her ... voller Pferde und Pferdsjuden« steckte, die ihn sogar nachts in seinem Zimmer belästigt hätten.[566]

Buschs Sympathie für Lindau wurde allerdings schon bald merklich gedämpft, denn es war in einer jener »reizenden« Münchener Nächte, als Lindau sich so heftig darüber erregte, was die »arme Nase« in seinen Bildergeschichten zu erdulden habe.[567] Er hätte auch noch hinzufügen können: »der arme Schwanz«.[568] Aber das verbot ihm wahrscheinlich der Anstand. Außerdem hielt er ihm auch noch Frauenfeindlichkeit und Gefühllosigkeit vor, eine Menge Vorwürfe auf einmal. »Der frommen Helene, die im Suff in Flammen aufgeht, ... widmen Sie den grausigen Nachruf: ›Hier sieht man ihre Trümmer rauchen / der Rest ist nicht mehr zu gebrauchen.‹« Diese »tief verletzende Kühle angesichts des großen Schmerzes« lasse jede Menschenfreundlichkeit, jeden »Hauch von Nächstenliebe« vermissen.[569]

Das war vielleicht etwas vorschnell beim Wein dahergeredet. Aber es verletzte den empfindlichen Wilhelm Busch zutiefst. Umso mehr, als bald darauf in der Zeitschrift »Nord und Süd« ein Artikel von Lindau erschien, in dem diese Vorwürfe noch präzisiert wurden.[570] Zunächst hieß es, Wilhelm Busch sei eine »mythische Persönlichkeit«, die von vielen für tot gehalten werde, »weil man von seinem Leben so wenig« wisse. Ein literarisch bewanderter Mann habe vor kurzem darauf geschworen, alles, was seit der »Frommen Helene« erschienen sei, stamme von Otto Busch, seinem Bruder, der sich so perfekt in seine Stilistik eingearbeitet habe, dass der Betrug nur den intimsten Busch-Kennern auffalle. Wilhelm Busch lebe aber noch, und »gottlob recht wohl«, in Wiedensahl, einem »verlorenen Marktflecken der Provinz Hannover«, der »nach Ritters geographischem Lexikon 828 Einwohner« habe. Dort züchte er Bienen, lese den ganzen Tag die »Bienenzeitung« und gelte auf diesem Gebiet als Autorität. Wenn er gelegentlich einmal nach München, besonders zu Lenbach, reise, so nur, um der »Gefahr des Versimpelns« zu entgehen. – Dieses »Porträt« muss Busch als vernichtend empfunden haben, auch wenn es bis auf ein paar sachliche Irrtümer nicht gerade falsch war. Vor allem wusste nun jeder, dass er in *Wiedensahl* lebte. Er fühlte sich nicht mehr recht sicher dort. Seine Anonymität war durchbrochen. »Ich wünschte fast noch tiefer in der Heide zu sitzen, da wo der Birke spärliche Locken im Winde wehn«, schreibt er an Kaulbach.[571]

Der Literat Lindau geht in seiner langen Kritik hauptsächlich vom Text aus. Bilder interessieren ihn weniger. Was er lobt, ist vor allem das Frühwerk, besonders »Hans Huckebein«, aber auch »Max und Moritz«, deren letzte Streiche allerdings deutlich gegen die ersten abfielen. Das bewusst »hohle Pathos« der langen Einleitungen mit den Klagen über die »Schlechtigkeit und Sittenlosigkeit der Zeit, die verdorbenen Zeitungen, die Gründer und Juden, Theater etc.« habe etwas durchaus Erheiterndes, aber auch Monotones, weil es immer wieder nach der gleichen Manier eingesetzt werde. Unnachahmlich sei dagegen Wilhelm Buschs tollkühner Umgang mit der deutschen Grammatik, die er genauso verbiege und verzerre wie die Extremitäten, seine abenteuerliche Schreibweise von Fremdwörtern, der ungeniert umgangssprachliche Einsatz lautmalender Silben wie »Knacks«, »Pardautz«, »Rums« oder »Rickeracke«. Vor allem aber die noch bei keinem Autor der deutschen Sprache beobachtete Art, »Gemeinplätze und Trivialitäten mit einer Würde und Grandezza vorzutragen, als ob er der Welt eine ganz neue, von ihm soeben entdeckte Wahrheit zu verkünden habe«:

> Das weiß ein Jeder, wer's auch sei:
> Gesund und stärkend ist das Ei.

Oder:

> Musik wird störend oft empfunden,
> Dieweil sie mit Geräusch verbunden.

Doch dann folgt die schon erwähnte Kritik am »Sadismus« von Wilhelm Busch, eine Kritik, die bis heute unvermindert anhält und sein Publikum spaltet: »Fast alle Geschichten, die uns Busch vorträgt, sind Tragödien der schlimmsten Art. Ja, in der Bestrafung hat Busch etwas raffiniert-Grausames, eine wilde Phantasie, die an den Höllen-Breughel gemahnt ... Die ›Bösen Buben von Korinth‹ werden ... von der Tonne ... platt gewälzt; ... Max und Moritz werden zermahlen ... Hans Huckebein erhängt sich, und die fromme Helene verbrennt. ... Von Respekt vor heilen Gliedern ist keine Spur wahrzunehmen. Die Körperverletzungen sind chronisch. Namentlich die arme Nase hat die stärkste Unbill zu erleiden ... Und nun sind wir frappiert von dem merkwürdigen Gegensatze zwischen dem grausigen Inhalt der Vorgänge und deren ruhiger, nüchterner ... Schilderung. In den Berichten ... herrscht ... eine dämonische Objektivität, eine Kühle und Freundlichkeit, die von unwiderstehlicher Wirkung ist.« Wo bleibe in diesen Geschichten »der ästhetische Satz, daß das Häßliche, wenn es lächerlich sein soll, nicht zerstören, nicht furchtbar sein ... darf?«.

Am meisten missfallen Lindau die politischen Tendenzstücke und sogenannten »verheirateten Geschichten«, eine Vorliebe für Schlüpfrigkeiten und Frivolitäten, wie sie sich zum ersten Mal im »Heiligen Antonius« zeige und seitdem immer wieder. Lindau fügt hinzu: »*Leider*. Denn es erhöht den Humor nicht und vermindert den Kreis ... seiner Verehrer.«

Nun war Lindau weder als Person noch als Autor besonders prüde, ganz im Gegenteil, auch wenn ihm manchmal absurde Fehlurteile unterliefen, zum Beispiel über die Figur von Ibsens »Nora«, die er als »in sittlicher Beziehung sehr bedenklich« und in ihrer »phrasenhaften, oberflächlichen Art« für geeignet halte, »in das Fleisch und Blut ungesunder weiblicher Organismen überzugehen«.[572] Aber er spürte wohl, was auch anderen Kritikern seiner Zeit auffiel: eine eigenartige sexuelle Verstörtheit und Gereiztheit Wilhelm Buschs, die zu Lasten des Komischen ging und sich wie ein Fremdkörper in die Bildergeschichten einschlich. – Die »verheirateten Geschichten« versprach ihm Busch künftig zu unterlassen. Aber nur die. Auf keinen einzigen der anderen Einwände ging er ein oder erwog ihn wenigstens. Er bedankte sich zwar formell für den langen Artikel, beschwerte sich aber heftig über einige Irrtümer und nannte das Ganze »die Vivisektion des Karnickels«, eine Vernichtung bei lebendigem Leibe also.[573] Seine Freundschaft zu Lindau und dessen Frau war damit beendet.

Unmittelbar nach Erscheinen des Artikels begann er an seinem Buch »Fipps, der Affe« zu arbeiten, für das es in der Kunst und Literatur des 19. Jahrhunderts viele Vorbilder und Anregungen gibt. Franz von Lenbach hielt sich zu seinem persönlichen Spaß einen Affen, den Busch gut kannte, E. T. A. Hoffmann hatte sich mit dem Affenmotiv auseinandergesetzt[574], August Schrader den »Lebenslauf eines Affen« geschrieben[575], Grandville unzählige Affen-Karikaturen gezeichnet, die eigentlich *Menschen*-Karikaturen waren, weil der Affe immer das Lächerliche und Stereotype am Menschen imitiert und ihn dabei an Virtuosität meistens weit übertrifft. Auch in Wilhelm Buschs eigenem Œuvre war der Affe schon öfter vorgekommen, zum Beispiel 1864 in den »Münchener Bilderbogen«[576] oder zuletzt in den »Haarbeuteln«, wo er mit seinem Herrn in friedlicher, wenn auch volltrunkener Symbiose lebt. Seit Darwin war der »Affe« in aller Munde. »Einst wart ihr Affen, und auch jetzt noch ist der Mensch mehr Affe als irgendein Affe«, heißt es bei Nietzsche.[577] Besonders die Geistlichkeit empörte sich über Ernst Haeckels sogenannte »Affentheorie«, die den Schöpfungsmythos so radi-

Abb. 85: Affenskizzen von Wilhelm Busch

kal hinterfragte. Im Zoo und im Zirkus konnte man Affen in allen Variationen sehen, auch im Affenhaus des Zoologischen Gartens von Hannover, den Wilhelm Busch öfter mit seinen Neffen besuchte, um sich Skizzen zu machen.

Er war beeindruckt von ihrem Witz, ihrer Anmut und ihrem Familiensinn, auf den man fast neidisch sein konnte. »In einem Punkte sind sie alle groß«, heißt es bei Alfred Brehm, den er sehr verehrte, »in ihrer Liebe gegen ihre Kinder, in dem Mitleiden gegen schwache und Unmündige nicht allein in ihrer ... Familie, sondern selbst in anderen Klassen des Tierreichs. Der Affe ist in seiner sinnlichen Liebe ein Scheusal; er kann aber in seiner sittlichen Liebe manchem Menschen ein Vorbild sein!«[578]

Nachdem »Pegasus, der alte Renner« den Ich-Erzähler nach Afrika getragen hat, wird Fipps, der Held der Geschichte, vorgestellt. Zoologisch gehört er keiner bestimmten Gattung an. In seiner Zierlichkeit gleicht er eher einer Meerkatze javanischer Herkunft, die man damals in Tierschaubuden häufig sehen konnte, weil sie nicht zu groß und besonders gut domestizierbar war. Wilhelm Busch sagt, Fipps sei nicht »schön«. Aber er ist auf jeden Fall schöner als der »schwarze Mann«, der ihm nach dem Leben trachtet, ein muskulöses, breit grinsendes Ungeheuer von animalischer Männlichkeit. Auch intellektuell ist Fipps diesem Monstrum weit überlegen. Auf dem Höhepunkt der Verfolgungsjagd hängt er ihn mit seinem Nasenring an einem Ast auf, sodass er die Hälfte seines Riechorgans einbüßt und sich schwört, künftig nie mehr Affenfleisch, sondern nur noch »Gemüser« zu essen.

Die Darstellung des »Schwarzen« in »Fipps, der Affe« ist äußerst klischeehaft und herabsetzend, was man als »rassistisch«, aber auch als »anti-rassistisch« deuten könnte. Deutschland hatte damals noch *keine* Besitzungen in Afrika. Eine der führenden Kolonialmächte waren neben Holländern und Engländern die Franzosen, die den Rassismus zur Verteidigung ihrer Expansionspolitik brauchten. So hatte der Schriftsteller und Diplomat Joseph Arthur Gobineau schon 1855 geschrieben: »Die schwarze Varietät ist die einfachste; sie steht an der untersten Sprosse der Leiter. Der Charakter einer größeren Tiernähe prägt sich in der

Abb. 86: Schwarzer, am Nasenring aufgehängt

Form ihres Beckens… Seine Wünsche erstrecken sich auf das Essen im Übermaß mit Gier. Selbst widerliches Aas schlingt er in seinen Magen hinein.«[579]

Wollte Busch diese menschenverachtende Sicht attackieren? Und damit den ethnozentristischen »Geist«, der ein »Ungeist« war? Jedenfalls ist der Schwarze nicht hässlicher als der deutsche Seemann namens Schmidt, der in der nächsten Szene auftaucht, um Fipps zu fangen und nach Bremen zu entführen, ein fettes, grobschlächtiges Ekel mit riesigen Klauen und primitiv-selbstzufriedenem Gesichtsausdruck, der weit »äffischer« ist als der eines Affen.

Die Sympathie des Lesers gehört hier wie in fast allen anderen Szenen Fipps, nicht den Menschen. Er ist der Feinere, Klügere, Elegantere und Sensiblere. Er hat viel mehr Humor. Er wird brutal aus seiner Heimat herausgerissen und ins kalte, hässliche Nordeuropa gebracht, um unverstanden unter lauter Zweibeinern zu leben, deren kleine Welt er von Grund auf durcheinanderbringt, ohne eigentlich Böses zu wollen. Ein ähnlicher Grundgedanke wie in »Hans Huckebein«, Wilhelm Buschs ers-

Abb. 87: Seemann mit Fipps

ter großer Tierbiographie.[580] Man entdeckt auch Zitate aus anderen Geschichten, zum Beispiel aus »Max und Moritz«. Ist der Bauer Dümmel im »Fipps« nicht derselbe, der Max und Moritz zur Mühle gebracht hat? Und kennen wir nicht auch schon den Bäcker, dem der Affe die Brezeln stiehlt? Auf jeden Fall sind es dieselben Typen. Sie wirken wie lauter alte Bekannte. Fipps kann froh sein, dass er all diesen Bäckern, Bauern, Seeleuten und Friseuren entkommt und bei Doktor Fink, einem rauchenden Intellektuellen, landet, der ihn wie ein Kind in seine Familie aufnimmt, nachdem er ihn vorher durch eine Tracht Prügel zur Räson gebracht hat.

Nun zeigt sich, welche hervorragenden Fähigkeiten in ihm stecken: Er zündet dem Hausherrn die Pfeife an, apportiert Holz, um den Ofen zu feuern, bedient die Kaffeemühle, lauscht mit Vergnügen der Hausmusik. Und er liebt Elise, das Baby der Finks, über das er besser und geduldiger wacht als das dicke Kindermädchen. Mit Schnipps und Gripps, dem Hund und dem Kater, geht er allerdings nicht gerade zartfühlend um, denn er betrachtet sie als geborene Konkurrenten. Er zieht dem Kater

Abb. 88: Kater büßt seinen Schwanz ein

mit einer Zange die Krallen aus, zwängt seinen Schwanz in eine Wäscheklammer, zieht den Hund am Schweif hinter sich her und versucht, ihn in den Schornstein zu stecken, hängt beide an einem Ast auf, bringt sie zum Absturz, sodass der Kater ein Stück seines buschigen Schwanzes einbüßt, eine Prozedur, die wieder einmal wie eine genüssliche Kastration und in ihrer epischen Breite ziemlich ekelhaft wirkt.

Als durch die Achtlosigkeit des Kindermädchens ein Feuer ausbricht, denken Herr und Frau Fink nur ans Materielle. Er rettet seinen Stiefelknecht aus den Flammen, sie ihre Mausefallen. Niemand kümmert sich um die kleine Elise. Aber da ist ja Fipps, der rührende Kinderfreund. Ganz gelassen steigt er mit ihr aus dem brennenden Fenster, schwingt sich elegant zum nächsten Baum, rutscht »höchst besorgt wie eine Amme« mit ihr herunter und legt sie artig den glücklichen Eltern zu Füßen. Sogar »die Flasche steht dabei, falls Elise durstig sei«.

Aber dann trifft ihn doch noch der Zorn der versammelten Bauernschaft, obwohl sein letztes Vergehen ein wahrlich harmloses war: Er hat einem Jungen sein Butterbrot abgenommen. Bauer Dümmel holt die Flinte heraus, die schon ob Untätigkeit

Abb. 89: Fipps steigt mit Baby Elise aus den Flammen

einzurosten drohte. Ein gezielter Schuss – und der Affe ist tot. Das Finale gleicht der letzten Szene von »Max und Moritz«. Alle »Geschädigten« versammeln sich und triumphieren. Sogar der Schwarze erscheint wie von Pegasus hergetragen auf der Szene. Doch hier gibt es wenigstens *eine*, die trauert: die inzwischen etwas größer gewordene kleine Elise.

> Armer Fipps, so spricht sie herzig treu.
> Damit stirbt er. Alles ist vorbei.

Selbst den Herausgebern der Kritischen Gesamtausgabe geht Busch in der Grausamkeit einiger Szenen entschieden zu weit, besonders in den Misshandlungen, die er sich für Kater und Hund ausdenkt, ohne dass sie im mindesten dramaturgisch notwendig wären. Anders als in ihrem beschwichtigenden Kommentar zur »Frommen Helene« sprechen sie nun nicht mehr von seiner außerordentlichen »Tierliebe«[581], sondern von einer »durchaus erdachten Tortur«, die wie »eine sadistische Zwangsvorstellung« anmute.[582] Das Verhalten des Affen sei vollkommen »unwahrscheinlich« und eine bewusste »Verfälschung der Affenpsyche«. Die Zeichnungen seien »grobförmig«, »plump« und »im Grunde abstoßend«. Eine »quälerische Prozedur« verselbstständige sich. »In diesem Zug« werde man die »Ursachen für die Abneigungen zu suchen haben, die … Busch neben seiner breiten Anhängerschaft stets auch auf sich gezogen« habe.[583]

Das Befremden der Herausgeber ist verständlich und ehrenwert. Aber sind diese Szenen wirklich so überraschend? Ziehen sie sich nicht wie ein Leitmotiv durch Buschs ganzes Werk? Man muss sich wohl oder übel damit abfinden, dass der lustige Wilhelm Busch eben auch diese Nachtseite hatte, die vielleicht Grundvoraussetzung seines durch und durch »schwarzen« Humors ist und je nach Verfassung stärker oder schwächer hervortritt, in den drei Geschichten um »Tobias Knopp« beispielsweise gar nicht. Vergleicht man die Folterszenen im »Fipps« mit der Kritik, die Paul Lindau an der »Grausamkeit« Wilhelm Buschs geübt hatte, so scheint es nicht abwegig, sie als *Reaktion* darauf zu lesen. Da schwingt sehr viel Trotz mit, sehr viel Provokation, das Bestreben, den Kritiker mit einem lautstarken »Jetzt erst recht« in die Schranken zu weisen. Außerdem muss man bei aller moralischen Abscheu wohl berücksichtigen, dass Busch *selbst* Lindaus Kritik als »quälerische Prozedur«, als Sezierung bei lebendigem Leib aufgefasst hat. Darf man also sagen, dass er verletzte, weil er verletzt *wurde*, dass er *selbst* der misshandelte Hund, der verstümmelte Kater war, vielleicht auch der von allen unverstandene und verratene Fipps, der Fremdling auf dieser Welt, der in seiner Grausamkeit etwas rührend Liebenswertes hat und viel menschlicher ist als die Menschen selbst?

Wilhelm Buschs Beziehung zu Paul Lindau ist also ein psychologisch äußerst diffiziles Kapitel und keinesfalls der »Beweis«, dass er frei von jedem Antisemitismus war, wie neuere Busch-Biographen gerne hervorheben. Man wird eher im Gegenteil annehmen müssen, dass Lindaus scharfsinnige Analyse latente Vorurteile und Abneigungen in ihm bestärkte, vor allem die weitverbreitete Annahme, dass Juden »streberhaft«[584], »falsch« und zu wahrer Freundschaft nicht fähig seien.

Und die oft zitierte Beziehung zu Hermann Levi, dem Münchener Hofkapellmeister und großen Wagner-Dirigenten, dem engen Freund Richards und Cosimas, der sich für Wagners Musikdramen einsetzte wie kein Zweiter? Sie war wohl ganz anders als die zu Lindau. Inniger, ehrlicher, weniger von homophiler Schwärmerei geprägt, eine echte Seelenfreundschaft, die jahrzehntelang anhielt und in vielen Gesprächen und Briefen vertieft wurde. Hermann Levi gehörte zum Kreis um Lenbach, der ihn eindrucksvoll porträtierte und sein »liebes Levelchen« nannte. Lenbach war *frei* von Antisemitismus. Also war Busch es hier auch. Lenbachs Freunde waren auch *seine* Freunde. Hier gab es kein Vorurteil, keine Barriere. Sie kamen sich sehr schnell nah, duzten sich und erzählten sich von ihren Selbstzweifeln und Qualen.

Levi war eine Figur wie aus einem Roman, einer der erfolgreichsten Dirigenten Europas, fast so erfolgreich wie seinerzeit der junge Mendelssohn, ein enger Freund von Clara Schumann und Johannes Brahms, die ihn als Menschen und Musiker hoch verehrten. Und doch war er ständig krank, litt unter Halsentzündungen und Nervenkrisen, war extrem abhängig von Zuneigung, Bewunderung und Erfolg, an die es ihm schwerfiel zu glauben, weil er »nur« Jude war: Sohn eines hessischen Landesrabbiners, dessen Vater noch im Ghetto gelebt hatte. Seine Mutter war gestorben, als er noch klein war. Er war schon als Kind enorm fleißig und ehrgeizig, wollte als Pianist hoch hinaus, denn als

Abb. 90: Hermann Levi

»Interpret von Bach, Mozart und Beethoven musste man doch allen deutschen Künstlern gleichgestellt sein?«.[585] Und doch würde man in ihm immer »den Juden« sehen, ob es nun Wagner war, der ihn dazu drängte, sich taufen zu lassen, sein Lehrer Lachner, der in einem Empfehlungsschreiben bemerkt hatte, Levi habe »keine einzige dieser unangenehmen Eigenschaften, die das Vorurteil ... mit dieser Abstammung verknüpft«[586], oder Clara Schumanns Tochter Eugenie, die in ihren Erinnerungen schrieb:

> »Hermann Levi war der Typus eines edlen Juden; sowohl seinem Äußeren als auch seinen Charakter- und Geistesanlagen nach hätte er nie etwas anderes sein können. Seine Gesichtszüge waren von klassischer Schönheit, von orientalischer Färbung, die Stirne hoch und kühn, das Auge in ungewissen Farben schimmernd, auffallend klug, lebhaft und glänzend. Leider saß der prächtige Kopf auf einem kleinen, äußerst beweglichen Körper.«[587]

Es schmerzte ihn, dass er sich als Komponist nicht durchsetzen konnte, sondern »nur« auf dem Gebiet der »Reproduktion«, das er als zweitklassig ansah. Seine Partituren hatte er eines Tages ebenso verbrannt wie Busch einen großen Teil seiner Bilder.[588] Auch den Frauen traute er nicht recht über den Weg. Bis kurz vor seinem Tod blieb er notorischer Junggeselle. Trotz seiner eisernen Disziplin sah man ihn oft bis tief in die Nacht in Kneipen sitzen. Manchmal mit Busch. Dort konnte er heiß diskutieren. Gern über Schopenhauer. Oder auch über die Frage, die er bis zum Schluss seines Lebens ungelöst ließ, ob er dem Druck Richard Wagners nachgeben und sich taufen lassen sollte. Ob Busch seine innere Not wirklich verstand oder ihn nur als geduldigen Zuhörer brauchte, mag dahingestellt bleiben. Jedenfalls liebte er seine Musik. Er ging gern in seine Konzerte, sogar, wenn er Wagner dirigierte. Was sie verband, waren Trauer und Selbstzweifel, die der eine hinter einem jungenhaft »meckernden« Lachen, der andere hinter seinen Satiren versteckte. Im Dezember 1880 schreibt Busch an Levi:

»Lieber Levi! Der kalte Winterwind bläst den Regen durch die sausenden Bäume. Noch immer geh ich rauchend, den Schopenhauer in der einen, den Darwin in der anderen Tasche, den Strom entlang auf dem mutmaßlichen Wege ans Meer, wo vielleicht das Schiff liegt, welches, wie man sagt, nach den seeligen Inseln segelt. ›Die Heiligen sind schon dort‹, sagt Schopenhauer. Da aber der Wille unteilbar ist, so hätten sie mich notgedrungen mitnehmen müssen, und ich wäre schon ›dort, wo ich nicht bin‹. … Drüben, am anderen Ufer des Stromes, steht der heilige Augustinus. Er nickt mir ernsthaft zu: Hier liegt das Boot des Glaubens; Gnade ist Fährmann; wer dringend ruft, wird herüber geholt. – Aber ich kann nicht rufen; meine Seele ist heiser; ich habe eine philosophische Erkältung. Und Du, lieber Freund? Du inhaliertest, als ich Dich verließ. Hoffentlich hat's geholfen. … Dein Wilhelm Busch.«[589]

Busch wurde immer seltsamer, immer depressiver, selbst, wenn er für ein paar Wochen im Jahr nach München kam, wo er sein schönes Atelier kaum noch benutzte. Was war der Grund? Die Kritik von Lindau? Dass sein Bruder Otto im Juni 1879 qualvoll an Krebs gestorben war, was ihn aber so wenig zu berühren schien, dass er nicht einmal zum Begräbnis nach Frankfurt fuhr, weil er angeblich keine Zeit hatte? »So sind wir nun«, hatte er lapidar an Lorenz Gedon geschrieben, »kriechen heraus, hantieren hier oben eine zeitlang scheinbar selbständig hin und her und legen uns dann ganz still wieder unter die Kruste.«[590]

Nach dem Erscheinen des »Fipps« trat in der Bildergeschichten-Produktion eine längere Pause ein, in der er bei Bassermann seine alten »Bilderpossen« neu herausbrachte[591] und zwei weitere, harmlos-putzige Kinderbücher schrieb, »Stippstörchen für Äuglein und Öhrchen« und »Der Fuchs, die Drachen, zwei lustige Sachen«. Texte und Bilder sind ohne jede Ironie, ohne einen Hauch von Biss oder anarchistischer Botschaft. Er war nun genau der Autor für »brave« Kinder geworden, den die konservativen Pädagogen der Bismarck-Ära sich vorstellten, ein Antipode seines eigenen Frühwerks, ein durch und durch angepasster Märchenerzähler, dessen Bücher man beruhigt auf jeden Weihnachtstisch legen konnte.

Rotkehlchen auf dem Zweige hupft,
Wipp wipp!
Hat sich ein Beerlein abgezupft,
Knipp knipp!
Läßt sich zum klaren Bach hernieder,
Tunkt's Schnäblein ein und hebt es wieder,
Stipp stipp nipp nipp!
Und schwingt sich wieder in den Flieder.

Als Friedrich Theodor Vischer, der bekannte Stuttgarter Literaturwissenschaftler und Philosoph, einen Aufsatz »Über neuere deutsche Karikatur« schrieb, in dem er Busch auf eine Ebene mit dem großen Toepffer stellte, ihn als »Zierde der Fliegenden Blätter« und »wunderbare(n) Meister der unendlichen Geschicktheit im Ungeschickten« bezeichnete[592], nahm Busch das gar nicht mehr wahr, so gleichgültig war ihm jede öffentliche Diskussion seiner Arbeiten. Dabei hatte Vischer äußerst scharfsinnig Lindaus Haupteinwand widerlegt, dass »das Häßliche, wenn es lächerlich sein soll, nicht zerstören« oder schmerzen dürfe:

Abb. 91: Illustration aus »Stippstörchen«

»Wo die mäßige Schuld durch ganz entsetzliche Übel, ja durch das äußerste, einen furchtbaren Tod bestraft wird, da fällt der Akzent auf die *Unmöglichkeit*. Es ist *zu* toll, als daß es denkbar wäre. Es gruselt uns, aber es muß doch purer *Schein* sein, weil es nicht *möglich* ist, und wir lachen.... Die bösen Buben von Korinth werden vom Fasse des Diogenes zu langen flachen Kuchen gewalzt: wir schaudern zusammen und gleichzeitig erschüttert es uns das Zwerchfell, weil wir solche Walzung uns als physisch möglich denken *sollen* und nicht können.... Zappeln, Krümmen, Zucken, Aufkreischen macht sich eben leicht so komisch, daß wir lachen müssen, obwohl wir wissen, daß diese Ausbrüche vom Schmerz kommen. Der Schmerz selbst wird komisch und hört darin auf, als Schmerz zu erscheinen.«[593]

Gerade die grausamsten Stellen bei Busch hätten, so Vischer, etwas von den Qualen und Torturen, die der Mensch im Albtraum erleide, ohne davon in der Realität dauerhaft geschädigt zu werden. Und so bestätige dieser Humorist die psychologische Wahrheit, »daß alle echte Kunst ein tief dem Traum verwandtes Produzieren ist«.[594]

Wie einen einzigen, zur Realität gewordenen Albtraum muss Busch die ersten Monate des Jahres 1881 erlebt haben, in denen die Krise, die sich schon so lange angebahnt hatte, endlich ausbrach. Es war tiefer Winter. Busch hatte sich wieder ganz ins Pfarrwitwenhaus verkrochen, das er nur zu Silvester kurz verließ, um nach Wolfenbüttel zu fahren. In seinen Briefen spricht er jetzt immer wieder von dem »anderen Ufer«, das er leider noch nicht erreicht, von dem Wasser der Gnade, das er noch nicht getrunken habe.[595] Sein Hang zur Einsamkeit werde, wie seine Glatze, immer größer. Er genieße es, »so heimlich drin in dieser weißen, kühlen Wolle versteckt zu sitzen«.[596] – Man könnte diese Briefe als Dokumente des Selbstmitleids lesen, da sie fast nie ein Interesse am Befinden des Adressaten erkennen lassen, sondern sich beinahe ausschließlich um die eigene Person drehen. Aber man kann sie auch ganz anders auffassen: als den verzweifelten Versuch, Hilfe zu finden, als Appell, jemand möge doch kommen und ihn aus seinem Kokon, seinem »Nirwana« befreien. Körperlich ging es ihm in dieser Zeit miserabel. Im März wurden »Schüttelfrost, Appetit- und Schlaflosigkeit«[597]

so vehement, dass er seine jährliche Reise nach München verschieben wollte, zumal dort gerade ein studentisches Maskenfest stattgefunden hatte, auf dem ein Feuer ausgebrochen war, in dem acht junge Künstler bei lebendigem Leib verbrannten. Das hätte auch *ihm* widerfahren können. Damals, als sich der Künstlerverein Jung-München im überheizten Odeon zum Fasching traf und seine Märchenoper »Hansel und Gretel« so schrecklich durchfiel.[598] »Es ist zu grausig«, schreibt er an Bassermann. »Es verdirbt einem förmlich die Erinnerung an ähnliche Feste, die man selber mitgemacht. Mir ist in tiefster Seele übel und weh davon geworden.«[599]

Am 22. März 1881 fuhr er dann doch. Immer noch in äußerst schlechter Verfassung. Er hatte mit Bassermann ein paar Geschäftsdinge zu besprechen. Es gab wieder Uneinigkeiten wegen des Honorars. Auch wollte Bassermann Busch, unterstützt von Lenbach, dazu bewegen, dass er seine Bilderbücher, die farbig erschienen, künftig stärker und freundlicher kolorieren sollte, ein schwieriges Thema, das erfahrungsgemäß immer wieder zu Streit führte. Die Freunde wollten ihn wahrscheinlich nur aufmuntern, als sie ihn zu einer skurrilen Vorführung einluden, die ein gewisser Carl Hansen im Kunstgewerbehaus gab. Hansen, im gleichen Alter wie Busch, war ein bekannter dänischer Hypnotiseur, der damals überall in Europa auftrat. Auch Arthur Schnitzler, Josef Breuer und sein junger Freund Sigmund Freud hatten ihn im Wiener Ringtheater gesehen und dabei ihr Interesse für seine Experimente entdeckt, mit denen er die tiefsten Schichten des Unbewussten berühren konnte. Jedenfalls bei vielen. Bei anderen funktionierte seine Methode nicht. Bei dem damals sechsundzwanzigjährigen Ludwig Ganghofer zum Beispiel, dem er bei einer Vorführung in München eine große Kristallkugel in die Hand drückte und ihm aufgab, sich ganz auf ihren Glanz zu konzentrieren. Er würde dann einschlafen. Aber Ganghofer *schlief* nicht ein. Um Hansen einen Gefallen zu tun, täuschte er den gewünschten Zustand vor. Er aß wie in Trance rohe Kartoffeln, die Hansen ihm als köstliche Äpfel präsentiert hatte, trank Wasser, von dem Hansen sagte, es sei Champagner, torkelte selig-berauscht über die Bühne und ließ sich Nadeln durch Schenkel und Hände stechen, ohne einen Schmerzenslaut von sich zu geben, obwohl es höllisch wehtat.[600] Dann sagte er plötzlich, ohne von Hansen »geweckt« worden zu sein, er habe sich nur einen Spaß machen wollen, doch nun werde es Zeit, dass die Quälerei aufhöre. Hansen war ziemlich perplex. So etwas war ihm wohl noch nicht vorgekommen. Aber er nahm das Ganze mit Humor, führte Ganghofer an die Rampe und sagte zum Publikum: »Das ist ein *sehr* gesunder, lustiger, junger Mann!«

Busch war weder gesund, lustig, noch jung. Er war schon betrunken, als er im Kunstgewerbehaus ankam. Angeblich soll eine Schwester Lenbachs ihn kritisch angeschaut haben[601], was aber pure Einbildung gewesen sein kann.

Und ein Fremder soll ihn dann auch noch gefragt haben: »Sind Sie Wilhelm Busch?« Worauf er geantwortet habe: »Nein, ich bin mein Bruder. Wußten Sie das nicht? Wilhelm Busch ist schon lange tot. Ich male alles unter seinem Namen.«[602] Als Lenbachs Schwester sich auf einen vor ihm stehenden Stuhl setzen wollte, zog er ihn »hinterrücks« unter ihr fort, sodass sie schreiend ins Leere und aufs Gesäß fiel.[603] Lenbach bemühte sich, beide zu beruhigen. Aber kaum hatte Hansen mit seiner Vorführung begonnen, sprang Busch auf und rief grölend ins Publikum, das sei alles Schwindel, Betrug, Scharlatanerie, das könne er ebenso gut machen. Es entstand ein Tumult, der sich dank Lenbachs erneutem Eingreifen wieder legte. Busch blieb für den Rest der Vorführung still. Später gingen sie alle im Keller des Kunstgewerbehauses zum Essen: Lenbach, seine Schwester, Bassermann und Kaulbach mit ihren Frauen, Piloty, Hanfstaengl, Lorenz Gedon und Wilhelm Busch, eine illustre Gesellschaft also. Bei Tisch ging die Diskussion über Hansens hypnotische Künste weiter. In München war nämlich eine wahre Hypnose-Epidemie ausgebrochen. In vielen Familien und Gasthäusern wurde täglich hypnotisiert und suggeriert, so wie man dreißig Jahre früher »Tische gerückt« hatte. Busch brütete wieder dumpf vor sich hin und trank. Plötzlich unterbrach er das angeregte Gespräch, indem er ein großes Stück Käse von Bassermanns Teller riss und es mit Kraft über die Köpfe der Tischgesellschaft an die Wand schleuderte. »Ich denke, das genügt«, schreibt Bassermann, noch nach Jahrzehnten merklich schockiert. Busch verließ nun derart aufgeregt das Lokal, dass keiner seiner Freunde ihn zurückhalten konnte. Fast die ganze Nacht soll er durch München geirrt sein, in seinem Abendanzug und noch halb betrunken. Ohne sein Atelier noch einmal betreten zu haben, bestieg er frühmorgens den ersten Zug Richtung Norden und fuhr nach Hause, um nie mehr wiederzukommen. Es war zwei Tage vor seinem 49. Geburtstag. Er hat diesen Vorfall nie wieder erwähnt und sich bei keinem der Betroffenen jemals dafür entschuldigt.

WILHELMS TRAUM

17

Nach diesem Eklat dachte keiner von den Münchener Freunden daran, ihm Vorwürfe zu machen, nicht einmal Lenbach, dessen Schwester er doch so unglaublich desavouiert hatte. Sie machten sich Sorgen. Denn sie hatten es offenbar mit einem Kranken zu tun. Im Juni 1881 schlug Lenbach ihm vor, mit ihm nach London zu reisen. Aber Busch lehnte ab. Was sollte ihm das Reisen bringen? Er habe doch schon alles gesehen. Außerdem würde Lenbach ihm London sicher so genau beschreiben, dass er sich eine Fahrt dorthin sparen könne.[604]

Diese Antwort machte die Freunde erst recht besorgt. Lorenz Gedon raffte sich auf und durchbrach das Gesetz, dass man

Abb. 92: Busch und Levi unter einem Regenschirm

Busch niemals zu Hause besuchen dürfe. An einem schönen Julitag stand er vor seiner Tür, zum großen Erstaunen der Wiedensahler, die so einen barocken Prachtmenschen noch nie gesehen hatten. Kurze Zeit später kam auch Levi. Da ihm das Pfarrwitwenhaus zu bedrückend war, entführte er Busch auf eine kleine Reise nach Wolfenbüttel. Dort entstand im Atelier eines Fotografen das berühmte Bild, das sie einträchtig unter einem Regenschirm zeigt.

Levi hatte um diese Zeit eigentlich andere Sorgen. In Russland tobten nach der Ermordung Zar Alexanders II. blutige Pogrome. Unter den Attentätern sollten junge jüdische Intellektuelle sein. Das schürte den Hass. Juden wurden auf offener Straße totgeschlagen, ihre Geschäfte geplündert, ihre Häuser zerstört. In Provinzstädten brannten die Synagogen. Man verbot ihnen wie in alten Zeiten jeden Landerwerb, aber auch jeden Aufenthalt außerhalb der Städte, sodass ein großer Exodus in die Metropolen des Westens einsetzte, wo die Flüchtlinge auf eine Mauer von Ablehnung stießen. Auch Levi bekam diese neue Welle des Antisemitismus zu spüren. Ende Juni zeigte Richard Wagner Levi einen anonymen Brief, dessen Urheber behauptete, Levi stehe in intimen Beziehungen zu seiner Frau Cosima. Wagner wurde beschworen, sein Werk »rein« zu halten und nicht von einem Juden dirigieren zu lassen. Levi fuhr nach diesem Gespräch verzweifelt nach Hause und bat Wagner dringend, ihn von der Leitung des Parsifal, dessen Uraufführung bevorstand, zu entbinden.[605]

Die Ausflüge mit den Freunden und ein längerer Aufenthalt auf dem Landgut seines Bruders Gustav in Wolfenbüttel schienen Busch wieder etwas aufgemuntert zu haben. Er begann mit ersten Überlegungen zu »Plisch und Plum« und machte Bleistiftzeichnungen von einer jungen Verwandten, der Berlinerin Grete Fehlow, die bei Gustav und dessen Frau Alwine die Haushaltsführung lernte. Sie war ein draller, bäuerlicher Typ von der Sorte, die er früher einmal so geschätzt hatte. Er zeichnete sie gern in gebückter Haltung beim Bodenwischen. Einmal sogar als Halbakt, was die Busch-Forschung sehr erregt hat. Man sah etwas Anstößiges, Aggressives in dieser Darstellung, den Ver-

Abb. 93: Grete Fehlow (Zeichnung von Wilhelm Busch)

such einer Vergewaltigung mit dem Zeichenstift.[606] Aber eigentlich ist es nur eine konventionelle Skizze in Rubens-Manier, auf der die knapp Zwanzigjährige eher wie eine Matrone denn wie ein Sexualobjekt wirkt.

Schon im Herbst kamen wieder die dunklen Gedanken. Mit nicht einmal fünfzig fühlte er sich elend und alt. »Die Jahre *vor* den Vierzigern tragen *uns,* aber die hernach hocken auf in die Kiepe und wir müssen *sie* schleppen«, schreibt er an Kaulbach. »Also laß mich hier nur noch so hinschwelen und schmurgeln.«[607] Einer Bekannten aus alten Zeiten verrät er, dass es ihm anfange, »ungemütlich zu werden in dieser Welt«. Seine alte Gefährtin, die Kreativität, drohe ihn zu verlassen. »Madam rosa Phantasie empfiehlt sich reisefertig durch die Vordertür und herein durch die Hintertür tritt Madam Schwarz. – Ich leide wieder … an Appetit- und Schlaflosigkeit. Wer die letztere kennt, weiß, was für ein böses, verdrießliches, endloses Chaos einen Menschenkopf beunruhigen kann.«[608]

Im Dezember erkannte er, dass er ärztliche Hilfe brauchte.

Aber was hieß das schon? Rauchverbot, wenig Alkohol, Gebrauch von Kurbädern, »Pullen und Pillen«. Der Appetit stellte sich langsam wieder ein. »Nur Schlaf und die Heiterkeit, welche mein Handwerkszeug ist, hab ich noch nicht recht wieder«, schreibt er an eine Freundin.[609]

Bassermann war wohl froh, dass Busch überhaupt wieder etwas produzierte, und verbarg ihm deshalb seine Enttäuschung über »Plisch und Plum«. Einem Verwandten aber gesteht er:

»Die Titelhelden sind zwei nicht wohl erzogene Hunde, welche, im Besitz von zwei ebensolchen Jungen, zu der menschlichen Mitwelt in höchst unangenehme Beziehungen treten, durch die eine Reihe von komischen Situationen herbeigeführt wird. Später zeigen sich die überraschendsten Resultate einer nachträglichen strammen Erziehung an den Hunden und ihren Herren … Unter vier Augen kann ich Dir sagen, daß die Novität nicht besser ist als etwa Fipps, der Affe, nur viel besser gezeichnet und es kommen einige Figuren darin vor, wie der Jude, ein Engländer, eine ätherische Dame, die vortrefflich gelungen sind. Ursprünglich sollte das Ding offenbar ein Kinderbuch werden, es sind aber einige Züge … hinein gekommen, die nur Erwachsene interessieren … können. Ich hoffe auf guten Erfolg, wenn auch bei weitem nicht einen so großen wie früher. Die Leute wurden schon mehrmals enttäuscht.«[610]

Abb. 94: Aus »Plisch und Plum«

Die zentrale Botschaft der Geschichte lautet also: »Erziehung« – egal ob von Mensch oder Tier – ist nur durch Gewalt zu bewerkstelligen. Ein braver Hund oder ein braver Bub wird man nur nach einer Schule der Folter und des Leidens. Etwas schlicht, fand Bassermann wohl. Er hatte nicht unrecht. Es fehlt an der psychologischen Differenzierung, die den »Fipps« auszeichnet. Die Zeichnungen der beiden Hunde und ihrer kindlichen »Herrchen« sind allerdings so umwerfend putzig, dass ein guter Absatz vorauszusehen war.

Problematisch ist die Figur des alten Kaspar Schlich, der bis aufs Haar Buschs erstem Verleger Kaspar Braun gleicht: ein kleiner, gedrungener, ständig rauchender alter Mann, der sich skrupellos seiner beiden Welpen entledigen will.

Kaspar Braun war 1877 mit siebzig Jahren gestorben, konnte sich also über dieses »Porträt« nicht mehr kränken, das eigentlich weit unter Buschs Niveau lag. Braun war ein verdienstvoller Mann, Förderer vieler junger Künstler und geistiger Kopf *des* führenden deutschen Satireblattes, der »Fliegenden Blätter«, denen Busch selber einen Teil seiner Bekanntheit zu verdanken

Abb. 95: Kaspar Schlich wirft die Welpen ins Wasser

Abb. 96: Schmulchen Schievelbeiner

hatte. Busch hat es ihm wohl niemals verziehen, dass er mit »Max und Moritz« bessere Geschäfte gemacht hatte als er selbst. Aber war es nicht *seine* Schuld, *seine* Voreiligkeit, sich auf ein einmaliges Honorar einzulassen, weil er damals gerade dringend Geld gebraucht hatte? Dass Kaspar Braun Wilhelm Busch fallengelassen hatte wie einen jungen Hund, den man unbarmherzig ins Wasser wirft, trifft nicht zu. Busch selbst hatte die Beziehungen abgebrochen, und zwar mit einer Endgültigkeit und Schroffheit, die selbst seinen Neffen rätselhaft war.[611]

Über die Figur des Schmulchen Schievelbeiner, dem die jungen Hunde »unterhalb des Rockelores« die Hosen »kapores« reißen, wie es in grob verballhorntem Jiddisch heißt, wird bis heute viel diskutiert und gestritten. Es ist eines der einprägsamsten, aber auch hässlichsten Porträts eines Ostjuden, das die deutsche Satirelandschaft zu bieten hat. Der Kunsthistoriker Eduard Fuchs verteidigt Busch 1921 mit den Worten, in diesen Bildern sei »der Jude nicht so sehr Ziel des Spottes, als vielmehr das dankbare Mittel, um in wirkungsvoller Weise Witz und Humor zu gestalten, genau wie der Bauer zum speziellen Träger der Verschlagenheit ... gemacht wird. Indem er sich in dieser Weise auf Kosten der Bauern bzw. der Juden lustig macht, handelt es sich in dem einen Fall so wenig wie in dem anderen um einen prinzipiellen Kampf gegen die Bauern und gegen die Juden, sondern hauptsächlich um die Betätigung des absoluten Rechtes des Humors, alle Erscheinungen des Lebens zu seinen Zwecken auszubeuten ... Solchen Judenkarikaturen begegnet man überall und ... wird man sicher auch begegnen, solange der Jude sich nicht gänzlich assimiliert hat.«[612]

Es gibt auch eine ganz andere Art, die Dinge zu sehen. So wie die besten Judenwitze von Juden erfunden wurden, stammen die witzigsten Juden-Karikaturen meistens aus jüdischer Hand, von Mitarbeitern des Kladderadatsch-Herausgebers David Kalisch zum Beispiel. Solche Persiflagen seien meist treffend, aber nicht feindselig oder verletzend, sagt Sigmund Freud in seinem berühmten Buch »Der Witz und seine Beziehung zum Unbewußten«: Denn »ein für den tendenziösen Witz besonders günstiger Fall wird hergestellt, wenn die beabsichtigte Kritik ... sich gegen die eigene Person richtet, vorsichtiger ausgedrückt, eine Person, an der die eigene Anteil hat, ... das eigene Volk zum Beispiel. Diese Bedingung der Selbstkritik mag uns erklären, daß gerade auf dem Boden des jüdischen Volkslebens eine Anzahl der trefflichsten Witze erwachsen sind ... Es sind Geschichten, die von Juden geschaffen und gegen jüdische Eigentümlichkeiten gerichtet sind. Die Witze, die von Fremden über Juden gemacht werden, sind zu allermeist brutale Schwänke.«[613]

Was man wohl auch über Buschs Schievelbeiner-Kapitel sagen muss, besonders vor dem Hintergrund der politischen Verhältnisse in Deutschland, wo es Stimmen gab, die offen mit den Massenmorden in Russland sympathisierten und zur Vertreibung und Ausrottung der Juden aufriefen. Selbst wenn es Busch wirklich *nur* darum gegangen sein sollte, billige Vorurteile gegen »die« Juden zu entlarven, hätte er voraussehen müssen, dass er den Beifall von der falschen – nämlich rassistischen – Seite bekommen würde, von Parteigängern eines Stöcker oder Treitschke.

Wie mag es auf Levi gewirkt haben, dass Schmulchen Schievelbeiner nicht nur eine abgrundtief hässliche Karikatur ist, sondern auch noch Jiddisch – und zwar höhnisch imitiertes Jiddisch – spricht und sich genauso »schofel« und geldgierig verhält, wie sich Antisemiten »den« Juden vorstellten? War nicht auch in *ihm* etwas von einem »Ostjuden«? War nicht auch *er* klein und unschön gewachsen? Hatte nicht auch *seine* Sprache Anklänge ans Jiddische, die sich trotz jahrzehntelanger »Assimilation« nie ganz verleugnen ließen?

Nach vielen Kämpfen, Erniedrigungen und Selbstzweifeln dirigierte er im Juli 1882 doch noch die Uraufführung des Parsifal in Bayreuth. Bis zum letzten Moment hatte er gehofft, sein Freund Busch würde kommen. Aber Busch kam nicht und schrieb ihm auch nicht. Levi war tief enttäuscht. Am Silvesterabend 1882 schreibt er an Busch:

> »Lieber Freund, in diesem Augenblicke läuten die Glocken das neue Jahr ein. Ich sende Dir einen innigen Gruß! Wie oft in diesem vergangenen Jahre habe ich sehnsüchtig Deiner gedacht, aber zu einem Briefe konnte ich mich nicht aufraffen, nicht sowohl aus Mangel an Zeit oder aus Faulheit, als weil ich eine Art von – Schüchternheit – Dir gegenüber nie ganz zu überwinden vermag. Ich wollte, ich könnte Dir wieder einmal etwas vorspielen. Soll es denn nie mehr dazu kommen? Wie man es so lange ohne Musik aushalten kann, begreife ich nicht. Lasse uns wieder einmal Dein Antlitz leuchten! Sei von Herzen gegrüßt! Möge ein gütiges Geschick … jeden Schmerz Dir fernhalten, jede Freude Dir zuwenden! Dein getreuer Levi.«[614]

Ein paar Tage später, im Januar 1883, hatte Levi im venezianischen Palazzo der Wagners einen schweren Zusammenbruch. Ein Arzt sprach von einem »Gemütsleiden«. Cosima Wagner fühlte sich schuldig. Hatten sie ihn vielleicht doch zu oft bedrängt und beleidigt, ihm sein Judentum zu oft als Makel vorgehalten? Wagner selbst meinte ärgerlich, am besten würde man mit Juden überhaupt nicht mehr umgehen, da sie entweder eitel oder gemütskrank seien.[615] Am 13. Februar starb Wagner an den Folgen eines Herzanfalls. Levi hatte einen der wichtigsten Menschen in seinem Leben verloren. Busch blieb stumm. Erst im Herbst 1884 würden sie sich wiedersehen.

Er machte sich nun daran, sein Bildergeschichten-Œuvre endgültig abzuschließen, und zwar mit »Balduin Bählamm« und dem »Maler Klecksel«, zwei satirischen »Romanen« über das Leben und Scheitern von Künstlern in der Welt des Kleinbürgertums. Der Inhalt ist unverkennbar autobiographisch. Im »Maler Klecksel« werden Erlebnisse aus der eigenen Studienzeit aufgegriffen, so der als frustrierend empfundene Besuch des Antikensaals in der Düsseldorfer Akademie. »Balduin Bählamm, der verhinderte Dichter« gleicht ein wenig Graf Poccis »Staatshämorrhoidarius«, der auf seinem Bürokraten-Stuhl davon träumt, unsterblich zu werden.[616] Bassermann wird diese Ähnlichkeit wohl bemerkt haben und fand beide Werke nicht besonders originell.

Es kam nun zu einer schweren Krise zwischen ihm und Busch. Vordergründig ging es um Geld. Aber hinter all dem Streiten um Honorare, Auflagen, Inserate usw. stand in Wirklichkeit etwas anderes: die Unfähigkeit zu einer offenen Aussprache. Bassermann war unzufrieden mit seinem Autor geworden. Wilhelm Busch spürte das. Doch anstatt es auf eine kritische Konfrontation ankommen zu lassen, druckte Bassermann alles, was aus Buschs prominenter Feder kam, und machte ihm später wegen schlechter Verkaufszahlen versteckte Vorwürfe. Die Situation spitzte sich derart zu, dass Busch im September 1884 einen Rechtsanwalt einschaltete und sich bis auf weiteres jeden persönlichen Kontakt verbat.

Wilhelm Buschs guter Freund Lorenz Gedon, ein leidenschaftlicher Raucher, war im Dezember 1883 qualvoll an Kieferkrebs gestorben. Er war nur neununddreißig Jahre alt geworden und hinterließ eine verzweifelte Frau und sieben unmündige Kinder. Kaulbach und Lenbach halfen großzügig mit Geld und spendeten für das Begräbnis auf dem städtischen Friedhof in München. Auch Busch hätte eigentlich unter den Spendern sein sollen. Aber er schickte nur ein langes, pathetisches Gedicht, in dem es hieß:

So kernig schienst Du uns, so wetterhart,
Ein köstlich Bild urfrischer Gegenwart;
Ein Baum, an Stamm und Wurzel unbewegt,
Ob auch der Sturm in seinen Wipfel schlägt;
Und schon, da kaum dein goldner Herbst die Welt
Zur Ernte lud, hat Dich der Tod gefällt ...[617]

Er wollte, dass das Gedicht »in einem guten Blatt« abgedruckt würde, was auch geschah. Im Januar 1884 erschien es in den »Münchener Neuesten Nachrichten«. Andere Abdrucke folgten. Wahrscheinlich war es der seltsam deutschtümelnde Ton, der einen Maler und Schriftsteller namens Eduard Daelen darauf brachte, eine Biographie über Wilhelm Busch zu schreiben, die erste ausführliche Würdigung in Buchform.

Eduard Daelen war im Revolutionsjahr 1848 in der Nähe von Dortmund geboren worden. Er war der Sohn eines Oberingenieurs. Man hatte ihn, ähnlich wie Busch, gezwungen, Maschinenbau zu studieren, obwohl sein Herz eigentlich für die Kunst schlug. 1868 war er in die Düsseldorfer Kunstakademie eingetreten. Seine Malweise war streng realistisch. Deshalb hatte er großen Erfolg mit Kaiser- und Bismarckbildnissen, die lokale Honoratioren bei ihm bestellten. Seit 1875 lebte er dauernd in Düsseldorf, wo er rege am gesellschaftlichen Leben teilnahm, besonders an den Aktivitäten des Künstlervereins Malkasten. Er war ein kräftiger Mann mit langem, üppigem Vollbart. Seine Selbstporträts versah er gern mit dem Zusatz »Ihr könnt mich!«. Da er von seiner Malerei nicht leben konnte, verfasste er Kunstkritiken unter den Pseudonymen »Ursus teutonicus« und »Angelo Dämon«. In seiner Wortwahl ging er dabei oft bis an den Rand des Unflätigen, was ihn bei vielen Künstlern äußerst unbeliebt machte. Außerdem schrieb er Bücher wie »Das Hohe Lied vom Bier«, »Schüttle dich, Germania!«, »Skizzen vom Rhein«, »Triumph der Hansa« und hymnische Chroniken des Künstlervereins Malkasten. Schon ein Blick auf die Titel hätte Bassermann und Busch eigentlich genügen müssen, um mit einem Mann wie Daelen gar nicht erst zu verhandeln. Aber Busch fühlte sich nach Jahren der Isolation sehr geschmeichelt. Und Bassermann hoffte wohl, dass dieses Projekt ihn aus seiner De-

Abb. 97: Eduard Daelen und das Titelblatt seiner Busch-Biographie

pression herausreißen und zu einer Wiederaufnahme des Bildergeschichten-Œuvres motivieren würde.

In seinen Briefen an Daelen entwickelt Bassermann ungewöhnlich schnell großes Vertrauen. Man spürt förmlich, wie ihm das Thema »Busch« auf der Seele liegt. Er möchte Daelen am liebsten sein ganzes »Herz ausschütten«. »Ich verlange nicht«, schreibt er am 2. Dezember 1885, »daß Busch ferner jährlich ein neues Ei legen sollte, denn die würden stets fader … Daß er mich nun aber die vierte Auflage der ›Kritik des Herzens‹ unverändert drucken läßt, tut mir leid für ihn und für mich. … Da wäre einesteils manches herauszustreichen oder zu ändern, andernteils aber … sollte ein Dichter und Denker … nach so vielen Jahren manches hinzuzufügen haben, was bei ihm ausreifte. Die größten Schriftsteller haben neue Auflagen revidiert. Er hat, mit zwei oder drei winzigen Ausnahmen, nicht einen Strich geändert. Ist das Selbstzufriedenheit, Bequemlichkeit oder Ekel vorm eigenen Gemächte? Überhaupt ist auffallend, daß Busch nichts seinen jetzigen Anschauungen Entsprechendes herausgibt, und wäre es selbst eine philosophische Abhandlung. Er lügt ja quasi alle seine Verehrer an, denn wie Sie selbst erfahren, ist er im Grunde ein ganz anderer, als er in seinen einseitigen Publikationen erscheint. Hanfstaengl meint, er täte gar nichts, d. h., daß er kein Manuskript, keine Skizzen oder angefangenen Bilder bei ihm gesehen. Sollte Busch nur die Eindrücke seines Lesens, die Resultate seines Denkens und Beobachtens … onanistisch in sich hineinfressen? … Um etwas Neues im alten Genre machen zu können, müßte Busch meiner Ansicht nach im großen Weltgetriebe, nicht in der Einsamkeit wohnen, er müßte … an den Zeitfragen, politischen, gesellschaftlichen, künstlerischen … Strömungen teilnehmen, sonst würde es die alte Geschichte mit Hinpurzeln, Durchgehauenwerden usw.«[618]

Es ist immer wieder betont worden, dass Wilhelm Busch eine heftige Abneigung gegen Biographien gehabt habe, weil er sie grundsätzlich für konstruiert und erlogen hielt und es geschmacklos fand, posthum im Privatleben eines Genies herumzuschnüffeln. Bei genauerem Hinsehen stellt sich das etwas anders dar. Er las Biographien sehr gern, geradezu mit Begeisterung. Wenn sie ein ausreichendes Maß an Fakten und Bildern brachten, interessierten sie ihn mehr als jeder Roman.

Auf Daelens Anfrage reagierte er sehr bereitwillig, fast devot. Er verabredete sofort ein persönliches Treffen »auf neutralem Gebiet« in Hannover. Im Herbst 1885 schreibt er: »Der Stoff, den Sie ausgesucht, scheint mir freilich gar nicht ersprießlich zu sein; aber ein empfindsamer Kopf kann ja einen Kürbis … aushöhlen und erleuchten.«[619] Er freue sich, dass Daelen mit seinen Münchener Freunden in Kontakt treten wolle, um dort Material über ihn zu sammeln, vielleicht auch Zeichnungen, soweit sie noch vorhanden sein sollten. Es sei sicher manches unentdeckte Schmuckstück darunter.

Erst allmählich kamen ihm Zweifel an der Sache. An Kaulbach schreibt er im November 1885, dass er ja eigentlich gar nicht wisse, was der »Mann im Bart« wolle oder könne. Hoffentlich mehr als eine »gewöhnliche biographische Schreiberei«. Etwas anderes wäre eine Theorie des Lachens oder Philosophie des Komischen – eine analytische Abhandlung über den Satiriker Wilhelm Busch. »Warum und wann die Leutchen eigentlich lachen«, war ihm nämlich selber nicht recht klar. Man müsse dazu wohl »in den Keller« des Unbewussten steigen und »von Grund aus« nachsehen. »Man lacht«, bietet er selbst als Erklärung an, »wenn man Andere in Verdrießlichkeiten und kleinen Malheurs bemerkt, wenn man ihre Verstellung, ihre Pfiffigkeit, ihre Einfalt durchschaut; denn da fühlt man sich ... so *wohl* und *gescheit*, daß es ein rechtes *Vergnügen* ist. – Und ferner: Wann und worüber *dürfen* wir lachen? Der plebejische ›alte Adam‹ lacht noch über Krüppel und Blödsinnige; der Teufelhafte über das qualvollste Unglück; uns feiner Aufgestutzte kitzelt es oft schon, wenn wir unsere eigenen Dummheiten in unseren Filzschuhen erwischen. Dem warmen, alles umfassenden Mitgefühl wird nichts lächerlich, dem eisigen hochgestelzten Intellekt ... am Ende nichts ernsthaft erscheinen. – Dergleichen Zeug ... vom tüchtigen Federfuchser ... gelenkig durcheinander gerührt, möchte nicht übel zu lesen sein.«[620]

Der Gedanke, dass es auch für die Satire moralische Grenzen geben, dass sich bestimmte Schmerzen, Schicksale oder Zustände als Objekte des Humoristen verbieten könnten: dieser Gedanke ist neu in seiner persönlichen Philosophie, wahrscheinlich eine Folge seiner Auseinandersetzung mit den Aufsätzen von Lindau und Vischer, die ihn wohl mehr irritiert haben müssen, als er zugeben mochte.[621]

Daelen bleibt, um es kurz zu machen, weit unter dem Niveau seiner Vorgänger zurück. Er schrieb ein billiges Pamphlet, das 1886 im Düsseldorfer Verlag Felix Bagel erschien[622], ein seltsames Sammelsurium von Polemiken, Hymnen, Spekulationen und Beleidigungen, das wesentlich mehr über den Verfasser als über Busch sagt. Daelen stellt Busch in die Reihe der »ersten Geister aller Zeiten«. Er hält ihn für einen »der populärsten Männer ... der ganzen Welt«.[623] Um ihn gegen die Angriffe papsthöriger Katholiken zu verteidigen, sei er selbst in die Rolle des »jungen Kriegers« geschlüpft, »der ein Palladium hochzuhalten« habe, »damit es ... von der ganzen Welt als etwas Hehres verehrt werde«.[624] Die Kindheit des Helden schildert er als glücklich und »echt deutsch«. Seine Mutter sei so gewesen, wie eine deutsche Frau idealerweise sein sollte: das »Muster einer guten Hausfrau und gemütvollen Erzieherin ..., anspruchslos, einfach und im höchsten Grade ordnungsliebend.«[625] Das Kapitel »Antwerpen« überspringt er ganz. In der München-Episode zieht er in erster Linie über Kaspar Braun her, der mit seinem roten Gesicht, seiner »gurkenförmigen Nase« und dem zwischen den Schultern steckenden Kopf »als Prototyp eines Gnomen« habe gelten können.[626] In seinen Adern sei kein Tropfen »satirischen Blutes« geflossen. Er habe nur aus Opportunismus Satiren verlegt und Busch durch seine »ängstliche Philiströsität« gehemmt und behindert. Einen Einfluss Schopenhauers auf Busch verneint Daelen. Schopenhauer sei ein Meister der »Phrasendrescherei«, weiter nichts.[627] Buschs Polemiken gegen Franzosen und Jesuiten sind ganz im Sinne des Autors, denn Busch und Bismarck seien aus demselben Holz geschnitzt, »Urbild(er) des echt deutschen Volksgeistes«, »Verkörperung(en) des mythischen Urahnen Teut«. Beide hätten mit »markigem Sinn und eisernem Tritt die lügnerische Schlangenbrut an der Seine« niedergeschmettert, der eine mit der Waffe, der andere mit dem Zeichenstift in der Hand.[628]

Das ist schon so ziemlich alles, was er über Busch zu sagen hat. Seine »Analysen« einzelner Werke bleiben an der Oberfläche. Über die »Fromme Helene« schreibt er zum Beispiel, sie sei als Angriff auf »die weibliche Verschmitztheit, Neugierde und Eitelkeit sowie die trotz aller Faul- und Borniertheit stets spekulative Raffiniertheit« zu lesen.[629] Über die »Kritik des Herzens« heißt es, dieses »herzige Werkchen« zeige eine »solche Tiefe und Innigkeit des Gemütes, wie sie eben den echten, gottbegnadeten Dichter bekunden«.[630]

Den armen Friedrich Theodor Vischer, der es gewagt hatte, in seinem Aufsatz »Über neuere deutsche Karikatur« nach einer respektvollen Würdigung Wilhelm Buschs ein paar kritische Anmerkungen zum »Heiligen Antonius« zu machen, überhäuft er auf Dutzenden von Seiten mit Tiraden, bezeichnet ihn als

»sonderbaren Heiligen«, »Literaturbonzen« und »Kunstschreiber«, aus dem nur der »Eunuchenneid des vertrockneten Philisters« spreche.[631] Zwar beschließt er das Buch, indem er selbst anmerkt, dass Wilhelm Busch zu abgeschieden von der Welt lebe, um sich künstlerisch weiterentwickeln zu können, stellt ihn dann aber doch auf eine Stufe mit Shakespeare, Goethe und Heine, ein Vergleich, der Busch wesentlich mehr schadete als nützte.

Einer der Ersten, die sich dagegen wehrten, war Johannes Proelß, der Schriftleiter der »Frankfurter Zeitung«. In einer ausführlichen Rezension der »lustigen Streitschrift« von Daelen schrieb er, dass sie von einer »völligen ästhetischen Begriffsverwirrung« zeuge, »diesen in seinem Auftreten so schlichten, anspruchslosen Meister der Karikatur und des humoristischen Verses neben die höchsten Genien der Menschheit … zu stellen«. Der absurden Glorifizierung durch Daelen setzt Proelß eine ausgewogene Würdigung entgegen, die allerdings durchweg im Imperfekt geschrieben ist, so, als handle es sich um einen Nachruf:

> »Er war der Meister, der für alles die schlagendste Formel, den treffenden Ausdruck fand, dem die Karikatur … zur bewußt ausgebildeten Kunst wurde und der in seiner kurzen, knappen, alles Charakteristische … festhaltenden Art den alten Spruch zu Ehren brachte, daß Kürze des Witzes Seele sei … Daß er die althergebrachte Derbheit mit schelmischer Grazie, die groteske Komik mit philosophischem Tiefsinn, die Karikierung des realen Spießbürgerlebens … mit dem freien Spiel einer fruchtbaren Künstlerphantasie zu würzen verstand, darin liegt seine künstlerische Besonderheit.«[632]

Das Erscheinen dieser Rezension führte zu erregter Korrespondenz zwischen Busch, Daelen und Proelß. Busch fühlte sich durch diese Biographie bloßgestellt. Die Verunglimpfung von Kaspar Braun ging selbst ihm zu weit, ein ausführliches Kapitel über die Verhältnisse im Hause Kessler fand er indiskret und geschmacklos. Immerhin lief der Disput darauf hinaus, dass er nun endlich sein jahrelanges Schweigen brach und zwischen

Oktober und Dezember 1886 selber einen autobiographischen Aufsatz schrieb, den er der »Frankfurter Zeitung« zum Druck überließ.[633] Es handelt sich um das bereits mehrfach zitierte »Was mich betrifft«, das von einigen Busch-Forschern als Dokument der Verdrängung, von anderen als wichtiger Schlüsseltext gelesen wird.

An biographischen Neuigkeiten gibt der Text wenig her. Die Eltern werden äußerst lapidar abgehandelt, die Geschwister bis auf Fanny überhaupt nicht. Der Kindheit ist wesentlich mehr Raum gewidmet als den Studienjahren. Mit »Düsseldorf« ist er in nicht einmal zwei Sätzen fertig; in der Antwerpen-Episode gesteht er zum ersten Mal öffentlich ein, von den alten Niederländern so beeindruckt worden zu sein, dass ihm fortan der Mut fehlte, Maler zu werden. Tatsächlich *malte* er gerade in dieser Zeit – 1886 – wieder ziemlich viel: Szenen aus der heimischen Landschaft, Gewitterhimmel mit Windmühlen, Kopfweiden, Findlinge, Kühe in allen Positionen, wobei eine starke Beeinflussung durch den bewusst groben Pinselstrich des jungen Lenbach unverkennbar ist. Aber *nichts* davon war für die Öffentlichkeit bestimmt. Er wurde im Gegenteil eher *noch* nachlässiger in der Wahl seiner Materialien, wählte *noch* kleinere Formate, verzichtete nahezu ganz auf Signierung und Datierung, sodass die Bilder historisch kaum einzuordnen sind. Sie waren rein privater Natur, stellten sich keinem kritischen Blick, maßen sich nicht mit der Kunst seiner Zeit, nicht mit Böcklin, Liebermann, Feuerbach, Hans von Marées oder gar Gauguin, van Gogh, Cézanne oder Pissarro, sondern wurden gleich nach ihrer Entstehung zur Seite geräumt, sofern sie überhaupt überlebten. Unter den Bildern dieser Schaffensperiode sind die eindrucksvollen »Landschaften mit Rotjacke«, auf denen der Mensch nahezu insektenhaft klein innerhalb einer bedrohlichen Natur erscheint, gesichtslos und nur durch die Farbigkeit seiner Kleidung zu erkennen. Wälder, Wiesen und Himmel bestehen aus fast amorphen, vehement hingestrichenen Farbflecken, eine Bildsprache, die sich schon deutlich der Schwelle zur Abstraktion nähert.

Mit dem Thema »Bildergeschichten« ist Busch in seiner Au-

Abb. 98: Kleine Herbstlandschaft (Ölgemälde von Wilhelm Busch)

tobiographie so schnell fertig, dass man denken könnte, sie seien nur eine belanglose Nebenepisode in seinem Schaffen. Selbst seiner Arbeit als Märchensammler räumt er mehr Raum ein, ein seltsames Ungleichgewicht. Nach ein paar Sätzen über seine Abneigung gegen große Gesellschaften ist der biographische Teil schon beendet. Was nun folgt, ist noch einmal doppelt so lang, eine Mischung aus Impressionen, Assoziationen und versprengten Erzählelementen, eine schwer verdauliche Darlegung seiner eigenen Philosophie, die den Herausgeber der »Frankfurter Zeitung« sicher nicht glücklich gemacht hat.

»Wenigstens was mich betrifft, so mag nur einer kommen und mir beweisen, daß die Zeit und dies und das bloß ideal ist, ein angeerbtes Kopfübel, hartnäckig, inkurabel, bis der letzte Schädel ausgebrummt; er soll mich nur aufs Eis führen, seine blanken Schlittschuhe anschnallen, auf der gefrorenen Ebene seine sinnreichen Zahlen und Schnörkel beschreiben; ich will ihn gespannt begleiten, ich will ihm dankbar sein; nur darf es nicht gar so kühl werden, daß mir die Nase friert, sonst drücke ich mich lieber hinter irgendeinen greifbaren Ofen, wär es auch nur ein ganz bescheidener von schlichten Kacheln, bei dem man sich ein bissel wärmen kann.«

In diesem Text hat Busch seine Haupttugend, die der äußersten aphoristischen Kürze, aufgegeben und ist geschwätzig geworden. Das Ganze klingt, als hätte er es bei ein paar Gläsern Wein schnell dahingeschrieben, tief gerührt über das eigene Schicksal und die eigene Weisheit, voll guter Ratschläge an den »wohlsituierten und lebendigen Leser«, der sich manchmal wie im Gottesdienst fühlen muss, so oft ist vom ewigen Leben, dem heiligen Franziskus und dem »unendlichen Nachthimmel voll winkender Sterne« die Rede. Kein Wort über seine quälende Außenseiterstellung in der Kunstszene, die Konflikte mit seinem Vater, seine drückende Not in den Jugendjahren, sein Pech mit den Frauen, seinen Rückzug nach Wiedensahl, den plötzlichen Abbruch seines Bildergeschichten-Œuvres, seine schwierigen Beziehungen zu seinen Verlegern. »Es sind Texte der Abwehr und deshalb zugleich … Indizien der Krise«, sagt der Germanist Florian Vaßen. »Wilhelm Busch weicht jedem Selbstklärungsprozeß aus, ja, er ist weit davon entfernt, diesen überhaupt nur zu erwägen.«[634]

Dabei hätte er doch eigentlich voller neuer Bilder, voller neuer Eindrücke sein müssen, verändert oder befreit durch eine neue Sicht auf die Dinge – denn er war im April 1886 endlich einer Einladung seines Freundes Lenbach gefolgt, der seit vielen Jahren einen Teil des Palazzo Borghese in Rom bewohnte. Diese »Wohnung«, in der einst die Fürstin Paolina Borghese gelebt hatte, bestand aus einer langen Flucht von Sälen, deren Fenster auf einen Park hinausgingen. Sie war ausgestattet mit erlesenen Antiquitäten und Gemälden, darunter Kardinalsmäntel, gotische Bänke und barocke Tische. Für das leibliche Wohl sorgten eine Tiroler Köchin, ein Diener und eine Aufwartefrau, zu denen Lenbach ein fast freundschaftliches Verhältnis hatte. Auch der Hochadel war oft zu Gast, so zum Beispiel die junge Magdalena von Moltke, eine Verwandte des Feldherrn, die schon lange für den berühmten Maler schwärmte. Auch Lenbach schien diesmal ernsthaft verliebt zu sein. Es war von Heirat die Rede. War Busch vielleicht eifersüchtig? Fühlte er sich vereinsamt und vernachlässigt in dem großen, lauten Rom, da Lenbach tagsüber durch seine Porträtsitzungen beansprucht war und am Abend mit elektrischem Licht an seiner Staffelei arbeitete? Ein Kollege, Alexander von Wagner, Professor an der Münchener Akademie, machte sich die Mühe, Busch die Stadt zu zeigen, alle wichtigen Kirchen und Museen, natürlich auch die Peterskirche, wo er Papst Leo XIII. persönlich erlebte. Aber Busch blieb vollkommen unbeeindruckt, beinahe kalt. Michelangelo, Tizian, Raffael, Botticelli: Keiner dieser Namen wird jemals in seinen Briefen auftauchen. Auch keine Erinnerung an die Parkanlagen, die Hügel, Lenbachs Palazzo, die antiken Monumente im Sonnenlicht, die Legionen deutscher Maler entzückt hatten und noch immer entzückten.

Nach einer hektischen Rückfahrt schreibt er am 27. April 1886 fast beleidigend an Lenbach:

> »Nachdem ich in Mailand bei kühlem Regen das wundersame Fischgeripp des Doms mit seinen bleichen, zierlichen Gräten betrachtet…, fuhr ich gegen Abend den Bergen zu. All die Tunnel- und Brückenwirtschaft verschlief ich und trank… in Flüelen bei gutem Humor einen schlechten Kaffee. … Samstag Nachmittags betrat ich wieder die heimatliche Hütte, stolz und entzückt, nach diesem rauhen Rom, über den wonnigen Frühling und das milde Klima meines geliebten Vaterlandes.«[635]

Seiner alten Bekannten Marie Hesse gestand er ehrlich, dass er auf der Hinfahrt am liebsten schon in Florenz wieder umgekehrt wäre und nur Lenbach zuliebe weitergefahren sei. Was er mitgebracht habe, sei die Erinnerung an »eine Unmasse von Bildern« und eine »Last von alten Steinen. Herrlich, aber zuviel!«[636] Später wird er sein Urteil auf den Zweizeiler abkürzen:

> Im Land Italien lebt man froh,
> Hoch hüpft das Herz und hoch der Floh.[637]

Seine drei Neffen waren inzwischen erwachsen geworden und gaben ihm keinen Grund mehr zur Klage. Hermann hatte sein Theologiestudium abgeschlossen und war schon auf der Suche nach einer Pfarrstelle. Otto stand kurz vor dem Abitur und wollte ebenfalls Geistlicher werden. Nur Adolf entzog sich dem väterlichen Vorbild und studierte Mathematik. Alle drei waren, wie Busch oft betonte, »jetzt« fleißig und »brav«, wahrscheinlich, weil sie möglichst bald selbstständig werden wollten, ohne weiter von ihrem knauserigen Onkel abhängig zu sein. Hermann war sogar schon verlobt und wollte bald heiraten. Wilhelm Busch mischte sich heftig in alles ein: die Stellen- und Wohnungssuche, die Ausstattung der Wohnung, seine Gehaltsverhandlungen usw. Er war etwas eifersüchtig auf die junge Frau, Sophie Mühlmeister, und mochte sein Privileg als väterlicher Berater nur ungern aufgeben. Seine Korrespondenz mit den Neffen behandelt keine tiefer gehenden politischen, künstlerischen oder gar religiösen Fragen, sondern nur Alltagsvorgänge im Pfarrwitwenhaus, besonders den Zustand des Gartens, macht aber einen herzlichen und persönlichen Eindruck. Offenbar hatte man sich irgendwie arrangiert und ein von allen akzeptiertes Konzept gefunden, das auch Fanny etwas mehr Freiheiten einräumte. Die *jungen* Neffen waren Busch oft zu laut und zu wild gewesen. Später wurden sie ihm zu guten Freunden. Die brauchte er jetzt, denn Lenbach hatte 1887 seine Magdalena von Moltke geheiratet und stand nicht mehr so unbegrenzt zur Verfügung wie früher.

Im Mai 1888 wurde Wilhelm Buschs Bruder Gustav in Wolfenbüttel sehr krank. Er war 52 Jahre alt, vier Jahre jünger als er selbst. Die Krankheit hatte mit Augenbeschwerden begonnen. Appetitlosigkeit und große Erschöpfung folgten. Dann, am 14. Juli, kam das plötzliche Ende. »Vorgestern isst er noch mit gutem Appetit, geht vergnügt im Garten spazieren und schläft die Nacht darauf tief und fest«, schreibt Busch an seinen Onkel Georg Kleine. »Morgens beim Waschen muß er niesen, faßt plötzlich mit der Hand auf die linke Brustseite, setzt sich aufs Bett, beklagt sich über die zu dumpfe Kammerluft, ... geht auf den Hausflur, ruft laut nach seiner Frau, und als Alwine zu ihm

Abb. 99: Hermann, Adolf und Otto Nöldeke

eilt, sinkt er ihr sofort tot in die Arme.... Für Alwinen, die ja ganz nur in und für Gustav lebte, ist's ein harter Schlag, wohl der härteste, der sie treffen konnte.«[638] Auch er selbst hatte an diesem Schlag lange zu tragen. Der Tod seines Bruders Otto schien ihn kaum berührt zu haben. Aber dieser hier war wie ein Memento mori, das ihm die Endlichkeit seines eigenen Lebens vor Augen hielt. Ende Juli 1888 schreibt er an Lenbach:

> »Neulich ist denn auch mir ein Bruder gestorben; plötzlich, binnen fünf Minuten, am Herzschlag oder dergleichen. Da ich ihn so sehr lieb hatte, bin ich bis auf Weiteres recht kleinlaut. Wie so ein Toter daliegt, vornehm verschlossen, in ehrlicher Ruhe, mit ungeheuchelter Zufriedenheit, ohne Nebenabsichten, ist für den Lebendigen wohl wert des Betrachtens.«[639]

Das Jahr 1889, in dem Gerhart Hauptmanns naturalistisches Drama »Vor Sonnenaufgang« mit großem Skandal in Berlin uraufgeführt wurde, die Pariser Weltausstellung 28 Millionen Besucher anzog, der Eiffelturm als höchstes Bauwerk der Erde entstand, Kollege van Gogh in die Irrenanstalt kam und Edvard Munch seine berühmten »Mädchen am Brückengeländer« malte, verging für Busch in Stille und Passivität. Bassermann konnte das kaum begreifen. Denn vor kurzem war die dritte Auflage eines »Albums« mit einer Auswahl seiner berühmtesten Werke erschienen, die sich phantastisch verkaufte. »Wieviel mehr müßte eine Novität einschlagen!«, schreibt Bassermann an einen Bekannten in London. »Aber er hat sich ganz in die Einsamkeit seines Heimatdorfes zurückgezogen. Dort ›arbeitet‹ er, ... aber was, das sieht und erfährt kein Mensch. ... Auf Fragen gibt er keine Antwort.«[640]

Eigentlich weiß man nur, dass er in diesem Jahr erstmals Strindberg und Ibsen las, dass er in Hattorf, wo Neffe Hermann inzwischen eine Pfarrstelle hatte, angeekelt zusah, wie Schweine geschlachtet wurden. Dass er sich in einem Brief an die Verlobte seines Neffen Otto darüber empörte, man habe in Lüthorst einen Juden namens Sternberg zum Bürgermeister vorgeschlagen. »Es fehlt nur, daß sie sich schließlich noch einem Türken verschreiben. Wie beschämend sowas ist für ein ganzes Nest von Lutheranern, scheinen diese Pisänger nicht zu bemerken.«[641]

Nach einer notdürftigen Versöhnung mit Bassermann erschien im April 1891 die Novelle »Eduards Traum«[642], das geheime Projekt, an dem Busch so lange im Stillen gearbeitet hatte. Otto Bassermann wusste nicht recht, wie er sie ankündigen sollte. Denn eigentlich war es ja gar keine »Novelle«, da ihr die »unerhörte Begebenheit« fehlte, die nach Goethe und Theodor Storm das zentrale Merkmal dieses Genres ist. Ein autobiographisches Bekenntnis war es auch nicht. Der Erzähler ist ein Familienvater namens Eduard, nicht Wilhelm Busch. Und doch wirkt der Text in seinem weitschweifigen, immer wieder zu neuen Erklärungen und Reflexionen ansetzenden Stil wie eine Fortsetzung der Autobiographie »Was mich betrifft«, die 1886 in der »Frankfurter Zeitung« erschienen war.

Viele Busch-Forscher und Literaturwissenschaftler behandeln dieses Werk wie eine Reliquie, deren kritisch-analytische Betrachtung sich von selbst verbietet. Die Herausgeber der Kritischen Gesamtausgabe sagen, es habe in seiner »aphoristisch gesättigten, parabelhaften Erzählweise« keine Entsprechung in der Literatur seiner Zeit.[643] Walter Pape findet Anklänge bei Heine und Jean Paul.[644] Auch E. T. A. Hoffmann, dessen Erzählungen oft den Charakter von »Nachtstücken« und Träumen haben, wäre hier zu nennen. Buschs Neffen sehen in dem Text eine »Perle der

Weltliteratur«, die die Bildergeschichten um ein Vielfaches überleben würde.[645] Für Joseph Kraus ist »Eduards Traum« der »eigentliche Höhepunkt ... des Lebenswerkes« von Wilhelm Busch. Alle Motive aus den Briefen, Gedichten und Bildergeschichten seien in dieser »stilistischen Rarität« noch einmal versammelt und pointiert worden.[646] Nur Hans Joachim Kreutzer gibt zu, dass es schwer sei, diesem Text einen Platz in der Literaturlandschaft seiner Zeit zuzuweisen. Die Werke von Gerhart Hauptmann, Stefan George, Richard Dehmel und Ricarda Huch seien von Wilhelm Busch nicht zur Kenntnis genommen worden und hätten sein »literarisches Weltbild« unberührt gelassen.[647] Zola, den Schöpfer des französischen »psychologischen« Romans, las er nachweislich erst Jahre später. Auch die ersten Schriften von Sigmund Freud und Richard Krafft-Ebing sind wohl kaum bis nach Wiedensahl vorgedrungen, sodass eine »vergleichende« Wertung und Würdigung in der Tat so gut wie unmöglich ist.

Schon eine simple »Inhaltsangabe« erweist sich als schwierig, da der Text keinen eigentlichen Handlungsstrang hat, sondern aus vielen kleinen, ineinandergeschachtelten Episoden besteht, die immer wieder durch Aus- und Abschweifungen unterbrochen werden. Eduard, der fiktive Held, erzählt einem imaginären Publikum einen langen Traum. Er verlässt seine irdische Existenz als Familienvater und verwandelt sich in einen denkenden Punkt, der überall Zugang hat, sogar zum Weltall. Im Verlauf des Traums bereist er verschiedene Sphären: die Welt der Zahlen, das Gebiet der Punkte, die geometrische Horizontalebene, den dreidimensionalen Raum, die Welt der Köpfe, der Hände und schließlich die der gewöhnlichen Menschen. Doch wo er auch hinkommt: überall stößt er auf Gewalt, Dummheit, Gleichgültigkeit, Gemeinheit und Lüge, selbst bei den Sternbildern. Nur bei den Spinnen und Kröten findet er etwas wie »Seele«. Und bei einer Bäuerin, die ihrem kleinen Kind zärtlich den nackten Po tätschelt.[648] Im Land des perfekten Gemeinwesens gibt es zwar weder Klassenunterschiede und Krankheiten noch Diebstahl und Eifersucht, aber auch keine Freude und kein Lachen. An den Bäumen baumeln die Selbstmörder. Oben in den Bergen fassen die greisen Eremiten zusammen:

Das Leben ist ein Esel! Ich prügle ihn durch!
Das Leben ist ein Irrtum! Ich denke ihn weg!
Das Leben ist eine Schuld! Ich sitze sie ab!

Zum Schluss öffnet ein riesiger Teufel seinen Rachen und verschlingt den Träumer. Aber dann steht Elise, seine Frau, an seinem Bett und ruft ihn zum Frühstück.

Die Behauptung, dass dieses Werk einzigartig in der Weltliteratur sei und keinerlei literarische Vorbilder habe, grenzt, gelinde gesagt, an Ignoranz. Seit der antiken Tragödie ist die Literatur voll von Traumerzählungen und Traumbildern. Grandville hatte noch kurz vor seinem Tod ein surreales »Traumbuch« herausgebracht, ein Buch der »Transformationen, Visionen und Inkarnationen«[649], das Wilhelm Busch ebenso bekannt gewesen sein muss wie sein »Familienleben der Tiere«, auf das er in den Insekten- und Kröten-Episoden direkten Bezug nimmt. Friedrich Theodor Vischer, der von Daelen so arg gescholtene Verfasser des Aufsatzes »Über neuere deutsche Karikatur«, schrieb 1880 einen Essay über die Behandlung des Traumes in Literatur und Psychologie.[650]

»Welche Schwingungen, Strickungen, elektrische und magnetische Strömungen mögen ihm zugrunde liegen? Was geschieht überhaupt in diesem Nervenzentrum, wenn ein Bild innerlich gesehen wird? Was wenn zwei oder mehrere zusammenschießen? … Der Traum ist Wirrwarr. Sein herrschendes Element ist die gesetzlose Verknüpfung von Bildern. Es verbindet sich, was nicht zusammengehört.«

Vischer kommt auf Träume der Weltliteratur wie den der Gräfin Terzky in Schillers »Wallenstein« und den des Clarence in Shakespeares »Richard III.« zu sprechen. Er zitiert Lichtenberg, der einmal gesagt hat: »Im Einschlafen und leichtem Fieber ist mir schon oft ein Mann wie eine Einmaleinstafel vorgekommen und die Ewigkeit wie ein Bücherschrank.«

Sollten diese Übereinstimmungen purer Zufall sein? Hatte Busch seine Idee, das Thema »Traum« zu behandeln, vielleicht von Vischer? Seine Vision vom Menschen als Zahl vielleicht von Lichtenberg? Es gibt noch eine weitere verblüffende Parallele: die zu Oskar Panizzas »Mondgeschichte« in den »Dämmerungsstücken«, die 1890 im Leipziger Verlag Friedrich erschienen waren. Hier berichtet der Held, ein verkrachter Medizinstudent, beklemmend eindringlich von einem Besuch auf dem Mond, den er im Delirium oder im Traum über eine lange Leiter erklommen hat:

> »Alles lag in schwindelhafter Ferne; kein Baum, kein Strauch, keine Wolke, nicht einmal ein Nebel, weder Ton noch Geräusch, kein Vogel, kein Sonnenstrahl, nur in weiter Ferne einige scharf blitzende Gestirne auf einer dunkel-violetten Wand... In solcher Stille hätte man drunten auf der Erde eine Schwarzwälder-Uhr ticken gehört; aber auf dem Mond hatten sie keine Schwarzwälder-Uhr. Hier war nur, was zum nackten Leben gehörte.«[651]

Man kann sich der unheimlichen Magie dieser Erzählung nur schwer entziehen, gerade *weil* sie allen Erkenntnissen der modernen Raumfahrt widerspricht und sich nur im Kopf des Verfassers abspielt. Diese Magie fehlt dem Text von Wilhelm Busch. Es fehlt ihm auch die für die Traumarbeit typische »Verdichtung« von Bildern, Personen und Situationen, die dem Erwachten oft so große Rätsel aufgibt und ihn vor die Frage nach Bedeutung und Sinn stellt. Schon durch seine episodenhafte Struktur ist das Ganze sofort als »erdacht« zu erkennen und trotzdem von schwer nachvollziehbarer Logik. Wieso gibt es im Reich der *Zahlenwesen* Schneidergesellen mit gespreizten Scheren, die gemeinsam hinter einer dicken, sprechenden Wurst her sind, wieso eine Metzgersgattin von »257 Pfund Lebendgewicht«, die mit »ihren... schwunghaften Absätzen« so heftig auf zwei Heringe tritt, »daß ihnen ihre zwei armen Seelen aus dem Leib rutschen wie geschmiert«? Hier werden Bildebenen eingeführt und nicht durchgehalten. All die Zahlen, Punkte und geometrischen Gebilde haben am Ende eben doch triviale menschliche Körper und Eigenschaften, wie zum Beispiel die ältere Dame aus dem Reich der Atome, die Eduard mit »rotglühenden« Küssen bedrängt und ihm schwärmerisch zuruft: »Mein süßer Freund! Oh, lass uns ewig zusammenhaften!«

Die Erzählung funktioniert also weder als Traumbericht noch als Artefakt. Eher schon als Wilhelm Buschs ganz persönlicher »Wunsch- oder Tagtraum«, als finale Bündelung seiner Lebens- und Leitmotive, die wie im Schlusssatz einer Symphonie wild durcheinandergemischt werden: Die Verachtung für die Institution der Ehe kommt hier noch einmal zum Ausdruck, die Urangst vor den kastrierenden Schneidergesellen, die Sehnsucht nach mütterlicher Beachtung und Zärtlichkeit, die tiefe Ehrfurcht vor Insekten und Kröten, die anders als Menschen etwas wie »Herz« haben, die geheime Lust an Grausamkeit, Ekel und Schmerz. Vor allem aber die immer wieder vorgetragene Grundüberzeugung, dass das Leben selbst im Himmel oder in einem Land ohne Missgunst nichts als Irrtum und Schuld sei.

Das wäre nun nicht mehr und nicht weniger als der Versuch, sich in einem Genre, dem der Novelle, zu bewähren, das er nicht mit der Virtuosität eines Fontane, Keller oder Storm beherrschte. Wenn da nicht die vielen polemischen Hiebe wären, die er unentwegt nach allem verteilt, was ihn jemals geärgert und gekränkt hat: Rezensenten, Fotografen, zeitgenössische Künstler, Museen, moderne Orchestermusik und das Theater des Naturalismus. Museen sind »Verpflegungsanstalt(en) für bejahrte Gemälde«, Museumsbesucher nur dazu da, alles, was an den Wänden hängt, hymnisch zu loben, »das herbe Elend, wie es leibt und lebt«, »die anziehenden Gestalten der Frauenwelt« und die »anregenden Visionen der Mystik«. In diesen wenig griffigen Aussagen spricht eben *doch* nicht Eduard, sondern Busch, der frustrierte und enttäuschte Maler. Und zerstört damit endgültig die Illusion, dass er einen »Traum« nacherzählt. Die Attacken gegen Frauen und Juden wirken in diesem Text noch aggressiver als in einigen Bildergeschichten und können nicht mit dem Argument »entschuldigt« werden, dass ja alles nur Satire oder Karikatur sei und der Entlarvung von Vorurteilen diene. »Eduards Traum« war Busch bitterernst. Er wollte ihn selbst als ein Stück Literatur verstanden wissen. Darum trifft es den Leser umso härter, wenn er die dicke Metzgersgattin mit ihrem »empörten Busen« als Monstrum beschreibt, das alles zertritt und zerstört, was in seine Reichweite kommt, Heringe, Käse, Butter und

Schnapsflaschen. Zum Schluss wird sie vom Stadtschreiber mit der Wurst »addiert« und mit Tinte »dreimal kreuzweis durchgestrichen«. Einer »freundlichen Bauersfrau« ergeht es noch schlimmer. Beim Versuch, ihre Hühner zu schlachten, hackt sie sich selbst mit einem rostigen Beil in den Finger, der zur »Blutwurst« anschwillt. Ein Arzt amputiert ihr bei vollem Bewusstsein den Arm, den Kopf, den Rumpf, die Beine und »die empfindlichen Hühneraugen«. Erst dann stirbt sie, woraus man wohl schließen muss, dass die Hühneraugen der Sitz ihrer Seele sind. Diese brutale Eliminierung einer weiblichen Existenz wirkt wie von Jack the Ripper inspiriert, der um diese Zeit im Londoner East End Prostituierte zerhackte.

Juden haben in »Eduards Traum« gar keine Seele, sondern denken nur ans »Geschäft« und verbreiten »eine heidnische Dunstwolke mit einem aromatischen Anhauch von Knoblauch und Pomade«. Es gibt sie überall. Sogar unter den Sternbildern. Dort reguliert der krummnasige »Wassermann« die »Waage« zu seinen Gunsten. Mit seinen »Sandalenfüße(n), seiner getreulich überlieferte(n) Nase, die merklich abgenützt wurde vom wehenden Wüstensande, dem die Väter einst vierzig Jahre lang entgegenmarschierten«, ist er das Zeugnis einer »schönen Beständigkeit«. Seiner »Kalle«, das heißt seiner Braut, bleibt er treu. »Schlau ist er, wie nur was, und wo's was zu verdienen gibt, da läßt er nicht(s) aus.… Daß man sich durch dergleichen bürgerliche Tugenden nicht viel beliebter macht als Ratten und Mäuse, ist allerdings selbstverständlich.«

Nach seinem Erscheinen ist dieser Text kaum beachtet worden, da Bassermann ihn nur in sehr kleiner Auflage herausbrachte. Sigmund Freud, ein großer Busch-Liebhaber, der immer einige seiner Alben im Wartezimmer liegen hatte, nahm ihn beispielsweise gar nicht zur Kenntnis, was vielleicht auch besser so war. Er hätte sein Busch-Bild sicher empfindlich getrübt, wenn nicht gar zerstört. »Träume«, hat er einmal gesagt, seien möglicherweise zum großen Teil uneingestandene »Wunschträume«.[652] Im Traum spreche der Mensch ohne »Zensur«, lege sämtliche Schutzhüllen ab, die er am Tag über seine Seele gezogen habe, und entkleide seine Psyche bis auf den Grund.[653]

Würde man den Titel also wirklich ernst nehmen und den Text als »Traum« lesen, so ist er eben keine »Perle der Weltliteratur«, sondern gibt den Blick in seelische Abgründe frei, die aus den Bildergeschichten nur zu erahnen waren.

DER SCHMETTERLING

18

Lenbachs Ehe mit der jungen Magdalena von Moltke geriet schon bald in eine schwere Krise, die vermutlich nicht nur mit dem großen Altersunterschied zu tun hatte. Es missfiel ihr, dass Lenbach immer noch viele Wochen im Jahr verreiste, u.a. zu Reichskanzler Bismarck in Friedrichsruh, um ihn immer wieder aufs Neue zu porträtieren. Dabei entstand ein enges Vertrauensverhältnis. Bismarck wurde für Lenbach wie ein Vater. Als Bismarck im März 1890 durch den jungen Wilhelm II. entlassen wurde, war das für Lenbach ein Schock, der ihn schlagartig altern ließ. »Wie konnte man diesen Mann so laufen lassen, was so ein Lümmel von einem jungen Gesalbten, wenn er von lauter Schmeichlern umgeben ist, doch anrichten kann!«, schreibt er fassungslos an eine Freundin.[654] Lenbach erlitt um diese Zeit einen Schlaganfall, der ihm vorübergehend eine Hand lähmte, für den von seiner Arbeit restlos Besessenen eine Katastrophe. Und nun stellte sich auch noch die junge Künstlergeneration gegen ihn, fast die gesamte Jugend der Münchener Künstlergenossenschaft, darunter Lovis Corinth und Peter Behrens, die ihn für altmeisterlich und borniert hielten. Er hatte zwei Töchter mit Magdalena, Marion und Erika, aber er sah sie kaum. Bei einer Scheidung würde er vielleicht beide verlieren.

Unter diesen Umständen grenzte es schon fast an Selbstaufgabe, dass er sich im August 1891 mit Johanna Kessler traf und versuchte, zwischen ihr und Wilhelm Busch zu vermitteln. Der Versuch gelang. Beide Seiten nahmen den Kontakt wieder auf. Der Zeitpunkt war günstig. Denn Johanna Kessler war vor kurzem Witwe geworden. Um die Mitte des Monats ergreift Busch als Erster die Feder und schreibt:

»Meine liebe Frau Kessler! Von Lenbach hört ich, es hätten ihn neulich zwei Damen aus Frankfurt besucht, beide sehr hübsch und ungemein liebenswürdig. – Das hat mich ermuntert. Und wirklich, schon tausend Jahre sind's her, daß ich nicht mehr geschrieben. Schnell glitscht die Zeit. – Der Sommer ist hin – die Sensen rauschen durch's Korn… Kurzum! Es sollte mich freuen, erhielte ich mal wieder so ein, zwei Zeilen von meinen anmutigen Tanten wie ehedem. Ich würde… auch nicht die gewöhnliche Brille zum Lesen nehmen, sondern den goldenen Zwicker…«[655]

Abb. 100: Johanna Kessler als ältere Frau

Busch erhielt mehr als ein paar Zeilen. Im Oktober 1891 kamen Johanna, Nanda und Letty Kessler zu Besuch nach Wiedensahl, Nanda mit ihren Kindern Hugo und Nelly. Es herrschte große Wiedersehensfreude. Alle waren froh, sich endlich wiederzuhaben. Johanna war wie Busch älter und grauer geworden, aber immer noch eine beeindruckende, schmale, schöne Frau. Letty war ledig geblieben, die knapp dreißigjährige Nanda verheiratet gewesen, aber schon wieder Witwe. Ihr Mann hatte mit windigen Geschäften Bankrott gemacht und sich in Bukarest kurz nach der Geburt des zweiten Kindes erschossen. Nach diesem Skandal hatte Nanda ihren Mädchennamen wieder angenommen und war in dasselbe Gärtner- oder Kutscherhaus auf dem elterlichen Grundstück gezogen, in dem Wilhelm Busch gewohnt hatte. Ihre beiden goldblonden Kinder waren jetzt sechs und sieben Jahre alt und wünschten sich sehnsüchtig einen neuen Vater.

Nanda war eine erotisch anziehende Frau mit zartem Teint und üppigen Brüsten. Sie war sehr allein und fand den »Onkel« jetzt fast noch spannender als früher. Ob sie ein Paar werden könnten? Fast scheint es, als ob sie es sich gewünscht hätte. Auch

Busch ging bereitwillig auf ihre vielen Briefe ein und plauderte mit ihr so vertraut wie früher mit ihrer Mutter. Aber alles blieb streng platonisch, auch in Frankfurt, wo er jetzt wieder öfter auf Wochen zu Besuch war. Nanda, die keinen Beruf hatte, neigte zu starken Stimmungsschwankungen und war häufig krank. Sie versuchte, sich durch Reisen, Gesellschaften, feine Handarbeiten, Aquarellieren und exotische Sportarten wie Reiten und Radfahren abzulenken. Sie wirkte wie eine Zwillingsschwester der »frommen Helene«.

Abb. 101: Hugo und Nelly Kessler

Wilhelm Busch, der nie Vater gewesen war, begann nun plötzlich in die Rolle des Großvaters hineinzuwachsen. Er schickte Hugo und Nelly rührende Zeichnungen und Gedichte. Auch Neffe Hermann hatte inzwischen zwei Kinder, Gertrud und Irmgard. Bei der Taufe von Irmgard stand er freiwillig und ohne zu murren »Gevatter«. »Warm schien die Mittagssonne«, schreibt er begeistert an Nanda. »Aus dem Pfarrhaus, durch den Rosengarten, über den Kirchhof in die Kirche bewegte sich der ›stattliche Festzug‹. Voran die Hebamme mit's Kind; es hatt' ein langs rosa Kleidchen an; silberbestickt; ein ältliches Familienstück. Dann kamen Vater und Mutter. Dann der Herr Gevatter, das blonde Trudchen an der Hand. Trudel ganz in Weiß mit rosa Schärpe. – Als das Irmgardchen 's Wasser gespürt hat auf dem Kopf, hat's ein Gesicht gemacht, so ein verzwicktes, daß der ernste Gevattersmann doch ein wenig hat lächeln müssen.«[656]

Abb. 102: Nanda Kessler im Faschingskostüm

Abb. 103: Baby-Skizze von Wilhelm Busch

Er nahm seine Patenrolle sehr ernst und fuhr so oft wie möglich zu der kleinen Gertrud und dem Baby Irmgard. »Die beiden ganz kleinen Frauenzimmerchen am Harz hab ich neulich auch besucht«, schreibt er an Nanda. »Die Älteste tanzt dem Onkel was vor auf den Zehenspitzen und fragte: ›Kannst du solches auch, Onkel Wilhelm?‹ Und jedesmal, wenn sie sah, daß sich der Onkel eine Zigarette angezündet hatte, blies sie ihm dienstbeflissen das Zündhölzel aus, und er, wie sich's geziemt, hat jedesmal danke! gesagt. Und zuweilen neben ihm, wenn er las, stand das Wägelchen, worin das Kleinste schlief; mit noch leidlich gutem Gewissen, so schien's. Und hört er, daß sie erwachte, dann zog er leise den Vorhang zurück, und da liegt das Köpfchen und quer davor die zwei Händchen, und fest und ernst sehen ihn zwei dunkle Äuglein an; und läßt er ihm dann, auf der Decke entlang, die gespreizten Finger entgegen marschieren, so lacht's und ist sehr dankbar für diese kleine Zerstreuung.«[657]

Einige Ansichten von früher musste er nun doch gründlich revidieren. Waren Kinder nicht kleine Wunder? Waren sie nicht Bilder der Lebenskraft, Freude und Unschuld? War es nicht eine reichlich absurde Idee, dass sie alle »böse« seien? Dass der Säug-

Abb. 104: Wilhelm Busch als älterer Mann

ling mit seinen Bauch- und Zahnschmerzen für die Sünden büßte, die er im früheren Leben begangen habe?[658] Was allen Freunden mit noch so gutem Zureden nicht gelungen war, gelang den Kindern seiner Neffen auf Anhieb: Busch wurde fröhlicher. Er lernte zu lächeln. Der Bart wurde weiß, aber die Züge entspannten sich.

Die 1895 erschienene Erzählung »Der Schmetterling«[659], von ihm selbst als »Seitenstück« zu »Eduards Traum« bezeichnet, ist viel milder und ausgeglichener als dieser Vorläufer, viel märchenhafter und doch stringenter erzählt. Es ist ein trauriges Stück, das doch Hoffnung gibt, die Geschichte von Peter, einem Bauernjungen, der in eine Schneiderlehre geschickt wird, aus der er ausbricht, um Schmetterlinge zu fangen – Schmetterlinge als Symbol von Freiheit und Sehnsucht. Sein Leben ist eine einzige Odyssee. Er wird nirgendwo heimisch, gaunert und schlägt sich irgendwie durch, bei einem Müller, als Assistent eines Räubers oder Gefährte einer verführerischen Hexe, die ihn in einen Pudel mit Nankinghosen verwandelt.

> »Ich war allmählich in meinen Manieren ganz Hund geworden. Ich gähnte ungeniert in Gegenwart meiner Herrin, ich kratzte mich, ich wälzte mich schamlos auf dem Rücken, ich drehte mich stets dreimal herum, ehe ich mich niederlegte zum Schlummern, ich bellte, um mich wichtig zu machen, wenn auch nichts los war, und wo ich einen alten Strumpf oder Schuh fand, nagte ich dran herum. Meine Behandlung, obgleich ich mich der äußersten Demut befliß ..., wurde nicht besser. Ich mußte mich damit begnügen, von weitem zu wedeln und hündisch zu lächeln, ... wenn sie zufällig mal hersah.«

Also doch wieder das prägende Johanna-Kessler-Erlebnis? Die Erinnerung an die gemeinsamen Jahre in Frankfurt, wo er sich manchmal wie ein Günstling oder Haustier vorkam, das nur geliebt wurde, wenn es den Wünschen seiner Herrin gehorchte? Das war lange her. Sie hatten sich wieder versöhnt. Er brauchte ihr Geld, ihre Gnade, ihren Luxus nun nicht mehr, denn er war selber ein reicher Mann, der sich alles leisten konnte. In seiner Steuererklärung von 1897 gab er ein Vermögen von über 300.000 Reichsmark an.[660] Aber vielleicht musste er dieses Thema einmal abschließen, damit die Wunde von damals endlich heilen konnte, vielleicht musste er sich durch Schreiben davon befreien.

Peter, der Erzähler, beginnt sein angenehmes »Hundeleben«

zu hassen und sehnt sich nach seinem stillen, gottverlassenen Dorf: »Was hatte ich gefunden … in dieser verlockenden Welt als Schmerz und Enttäuschung, wie tief, durch meine unsteten Begierden, war ich gesunken! Ein Streuner war ich geworden, ein Faulenzer, ein Gauner beinah, und schließlich ein Pudel, ein kriechender Hund mit dem Pelz voller Flöhe, der verächtliche Sklav einer geldgierigen, ruchlosen Hexe!«

Wieder in Menschengestalt, ergeht es ihm fast wie der »freundlichen Bauersfrau« aus »Eduards Traum«, die so grausam zerstückelt wurde: Ein Arzt amputiert ihm bei vollem Bewusstsein den Fuß, der den »Höllenbrand« hat. »Seid nur getrost, wenn's schief geht, wird die Welt zur Not auch ohne Euch fertig werden«, lauten seine tröstlichen Worte. Aber es geht nicht schief. Er bleibt nur ein Krüppel. »Kopf kahl, Nase rot, Hals krumm, Bart struppig, ein halber Frack, ein halbes Bein; summa summarum ein gräßlicher Mensch. Und das war ich.«

Meinte Wilhelm Busch vielleicht *das*, als er vom »Schmetterling« als von einem »Seitenstück« von »Eduards Traum« sprach? Dass auch in *ihm* ein Stück von der Bauersfrau war? Dass er das Weibliche, Körperliche in sich abtöten wollte? Das Geschlechtliche, das ihm so viel Unglück gebracht hatte? Der Krüppel, der übrig bleibt, ist *geschlechtslos*, ein Wesen ohne Ehrgeiz und Ansprüche, das nur eins will: wieder nach Hause. Vater und Mutter sind inzwischen gestorben. Der ehemalige Knecht, der den Hof übernommen hat, erkennt ihn nicht mehr, gewährt ihm aber ein bescheidenes Auskommen als Hausschneider.

> »Und so leb ich denn allhier als ein stilles, geduldiges, nutzbares Haustier. – Schmetterlinge beacht' ich nicht mehr. – Oben im alten Giebelstübchen hab ich mir eine gemütliche Werkstatt eingerichtet. Noch immer reiten die Hexen da vorbei. Neulich, in der Walpurgisnacht … spähte Lucinde durchs Fenster herein … sie war noch grade so hübsch wie ehedem. Gelassen sah ich sie an, flötete, nahm eine Prise und machte Haptschih!«

In Deutschland nahm man den »Schmetterling« kaum zur Kenntnis, weil er so wenig zum Gesamtwerk von Wilhelm Busch zu passen schien. Wer den Humoristen noch aus seinen guten alten Zeiten kannte, dachte nun wohl endgültig, er sei tot, so lange war schon keine Bildergeschichte von ihm mehr erschienen. Anders im Ausland. Da ging seine Saat prächtig auf, wenn auch nicht unbedingt unter seinem Namen. Die englischen »Comic Cuts« brachten 1896 die Geschichte von »Tootle and Bootle«, eine Max-und-Moritz-Version mit vielen wörtlichen Anleihen, eigentlich eine Art Raubdruck, gegen die Bassermann als Verleger nicht viel machen konnte, da es ein internationales Urheberrecht noch nicht gab. Auch in Frankreich und Italien hatten Busch-Figuren auf dubiose Weise Karriere gemacht, vor allem die niedlichen Hündchen Plisch und Plum, die 1887 in einer Weihnachtsausgabe der »Corriere della Sera« erschienen.[661] Manchmal gelang es Bassermann, Schadenersatz zu erhalten. Oft genug nicht. Eine echte Neuschöpfung nach dem Vorbild von »Max und Moritz« waren die »Katzenjammer Kids« des gebürtigen Holsteiners Rudolph Dirks, der 1884 mit seinen Eltern nach Chicago ausgewandert war und schon als Junge angefangen hatte, Comics zu zeichnen. 1877 geboren, gehörte er noch zu der Generation, die Wilhelm Busch in- und auswendig kannte. Und die ihn natürlich verstand. Denn seine Muttersprache war Deutsch. Sein Verleger, William Randolph Hearst, Herausgeber des berühmten »New York Journal«, regte ihn an, ein Geschwisterpaar zu erfinden, das dem Grundmuster von »Max und Moritz« folgte, ohne Plagiat zu sein. So entstanden die Zwillingsbrüder Fritz und Hans Katzenjammer, die ein herrliches, verballhorntes Emigranten-Englisch sprechen, sich gegen alle erdenklichen Autoritäten auflehnen und den Erwachsenen böse Streiche spielen, vielleicht ohne den rabenschwarzen Humor eines Wilhelm Busch, aber so komisch, dass sie bald nicht nur von Emigranten geliebt wurden. Seit Dezember 1897 erschienen sie jeden Samstag in einer Beilage des »New York Journal«, 1903 sogar als Bühnenfiguren. Dirks' große Neuerung lag neben der Transformation in ein amerikanisches Milieu darin, dass er auf gereimte Texte verzichtete und stattdessen Sprechblasen mit direkter Rede einführte. Die Serie wurde später durch seinen Sohn fortgesetzt und hatte bis 1968 ungebrochenen Erfolg – dank Wilhelm Busch, der sich dieser Leistung

Abb. 105: Rudolph Dirks: The Katzenjammer Kids

wahrscheinlich gar nicht bewusst war, da er keine Verbindungen nach Amerika hatte.

Vielleicht hätte es ihn auch nicht interessiert. Denn er spürte jetzt immer deutlicher, dass er alt wurde. Schon lange trug er beim Schreiben und Malen eine Brille, was er sehr hinderlich fand. Neuerdings begann ihm auch die Hand leicht zu zittern. Er gab das Malen in Öl endgültig auf und zeichnete nur noch kleine Bilder für die Kessler-Kinder und die engste Familie. Einer jungen Verwandten gegenüber bezeichnete er seine eigenen Bilder als »G'schmier«, das er »nicht empfehlen« könne.[662] Um den ständigen Auseinandersetzungen mit Bassermann und dem Finanzamt zu entgehen, trat er dem Verlag alle Rechte gegen eine Abfindung von 50.000 Reichsmark ab, zahlbar in Raten bis 1899. Das war eine Art Testament, eine Verzichtserklärung, der endgültige Abschluss seines künstlerischen Œuvres. Er war für heutige Begriffe noch nicht alt. Er war vierundsechzig.

In seinem Freundeskreis hatten sich die Verhältnisse dramatisch geändert. Levi, noch immer von Nervenkrisen geplagt, hatte mit siebenundfünfzig seine Frühpensionierung erwirkt und dirigierte nunmehr weder in München noch in Bayreuth. Die Leidenschaft für die Musik und für Wagner hatte ihn nicht verlassen. Aber er war der ewigen Diskussion um sein Judentum endlich müde geworden. »Ich bin Jude«, schrieb er 1894 an Cosima, »und da es in Wahnfried und um Wahnfried zum Dogma geworden ist, daß ein Jude so und so aussieht, so und so denkt und handelt, und daß vor allem eine selbstlose Hingabe für einen Juden unmöglich ist, so beurteilt man alles, was ich tue und sage, von diesem Gesichtspunkte aus.«[663] Er hatte sich nun endlich entschlossen zu heiraten, Mary Fiedler, die Witwe eines kürzlich verstorbenen Freundes, deren Vater Direktor der Berliner Gemäldegalerie war. Sie reisten viel, gaben große Gesellschaften und bauten sich eine Villa in Garmisch-Partenkirchen, obwohl sie ahnten, dass er nicht mehr lange leben würde. Ihr neuer Nachbar war ausgerechnet der fanatische Antisemit Heinrich Adolf Stoecker.

Lenbach hatte sich von Magdalena von Moltke scheiden lassen oder vielmehr sie sich von ihm. Er wollte bald wieder heiraten, Charlotte von Hornstein, eine gebildete, kunstinteressierte Aristokratin, die seinen ungewöhnlichen Lebensstil akzeptierte und ihm sogar im Fotolabor fachkundig zur Hand ging. Denn um schneller und rationeller arbeiten zu können, hatte er es sich angewöhnt, seine Porträts nach der Vorlage von Fotos zu malen, wofür Busch eine leise Verachtung empfand.

Viele Zeitungen zerrissen sich das Maul über den »Skandal« Lenbach, auch die »Frankfurter«, die im Hause Kessler gelesen wurde. Johanna bat Busch erregt um seine Meinung dazu, doch er antwortete gleichmütig:

> »Ich bin hoffentlich zu alt, um anderen in ihr Sach viel drein zu denken. Jeder hat sein Garn zu entwirren und sein Knäulchen zu wickeln wie's kommt und wie er mal ist!«[664]

Kaulbach folgte dem Vorbild Lenbachs und ließ sich ebenfalls scheiden, um eine junge dänische Geigerin zu heiraten, mit der er drei Kinder bekam. So war Buschs Biedermeierwelt gründlich durcheinandergeraten. Von seinem sicheren Hafen in Wiedensahl aus beobachtete er es mit Staunen und leiser Wehmut. Er hatte nun wieder eine neue Briefpartnerin, Grete Meyer aus Münster, die Schwester von Otto Nöldekes junger Frau Else. Grete war eine intelligente, selbstbewusste junge Frau, schon ganz neuzeitlich »emanzipiert«. Sie wollte bald nach

Köln gehen, um dort Klavier zu studieren. Es gefiel ihr, dem weisen »Onkel« Fragen zu stellen, über Kunst, Märchen, Kirchenarchitektur, Heiligenverehrung und die Entstehung des Volksglaubens, gern auch über die Seelenwanderung oder »Metempsychose«, sein altes Lieblingsthema aus den Zeiten des Briefwechsels mit Marie Anderson, das er allerdings jetzt längst nicht mehr so bitterernst nahm wie früher.

»Mancher erschrickt vor Spinnen«, schreibt er ihr im Oktober 1897. »Vielleicht ist er früher eine Fliege gewesen und hat mit Spinnen peinliche Erfahrungen gemacht. Vielleicht war er selber eine Spinne und wurde mal vom Stubenmädel ... platt getreten – pitsch! – daß der Saft nur so wegspritzte. So was prägt sich dauernd ein in die ›Tiefe des Gemüts‹ – das kannste dir wohl denken.«[665]

Wilhelm Buschs Schwester Fanny fühlte sich inzwischen nicht mehr rüstig genug für den großen Haushalt und hätte lieber bei ihren Söhnen und Enkeln gelebt als in Wiedensahl. Wahrscheinlich wagte sie nicht, das Thema offen anzusprechen, da sie Angst hatte, Busch würde darauf ähnlich ablehnend reagieren wie früher. Aber es kam ganz anders. Der Gedanke, die Wiedensahler Einsiedelei zu verlassen und im Kreis seiner großen Familie zu leben, gefiel ihm so gut, dass er sofort ja sagte, als Neffe Otto im Sommer 1898 vorschlug, sie möchten doch zu ihm und seiner Frau Else nach Mechtshausen bei Göttingen ziehen, wo sie ein großes Pfarrhaus mit herrlichem Garten bewohnten.[666] Eigentlich war der Umzug erst für das kommende Jahr geplant. Aber die Geschwister verließen Wiedensahl schon im November. Johanna Kessler war wohl ein wenig enttäuscht. Vielleicht hatte sie doch noch gehofft, dass er eines Tages wieder nach Frankfurt zöge, vielleicht als Ehemann ihrer Tochter Nanda. Aber für Busch war die Sache klar. Er gehörte zu Fanny. »Wo meine Schwester bleibt, da bleib ich auch.«[667] Das war für ihn fast schon etwas wie eine Liebeserklärung.

Der Abschied von Wiedensahl fiel ihm nicht schwer. Es kam ihm jetzt düster und deprimierend dort vor. Was hatte ihn eigentlich so sehr an diesen Ort gefesselt, dass er einst München und Frankfurt dafür aufgegeben hatte? »Den Kohlrabi und den

Abb. 106: Busch vor dem Pfarrhaus in Mechtshausen

braunen Kohl haben die Raupen skelettiert«, schreibt er an Grete Meyer, »ordentlich gespensterhaft. … Kein Vöglein flötet mehr. Kurzum, es sieht herbstlich aus.«[668]

Beim Umzug in den letzten Oktobertagen des Jahres 1898 verzog er sich zu seinem Neffen Hermann nach Hattorf und ließ Fanny und ihren jüngsten Sohn Adolf alles allein machen. Es war eine riesige Arbeit. Tausende Bücher und Bilder mussten eingepackt werden. Vieles wurde im Garten verbrannt. Die alten Möbel wurden selbstverständlich mitgenommen. Auch die Rosenstöcke, auf die Busch so stolz war. Es waren exotische Sorten darunter, die er persönlich in einer Gärtnerei in Stadthagen bestellt hatte. Fanny, inzwischen vierundsechzig, gab ihr Bestes. Aber beim Ausgraben der Rosen zog sie sich eine Verletzung zu und erreichte Mechtshausen mit einer schweren Blutvergiftung. Es war eine schlimme Zeit. Alle Drüsen unter der rechten Achsel mussten entfernt werden. Es war, als hätten sich die Amputationsphantasien aus »Eduards Traum« plötzlich erfüllt. Nur am falschen Objekt, seiner eigenen Schwester. Die Operationen zogen sich monatelang hin. Lange sah es so aus, als würde sie sterben. »Die Ärzte haben sie schrecklich verwundet«, schreibt er an Johanna Kessler. »Bei alten Leuten heilt das nur langsam. Der innere Baumeister, der den Körper bildet, hat eben später nicht mehr so viel Lust oder Kraft zu den nötigen Reparaturen wie in der Jugendzeit.«[669]

So lastete ein Schatten über diesen ersten Monaten im neuen Zuhause, das für Busch zunächst ein exotischer Ort war, denn Mechtshausen lag in den Bergen, im Vorland des Harzes, den man vom großen Obst- und Gemüsegarten aus deutlich sehen konnte. Zuerst wagte er sich noch über das Grundstück in den Wald und die Felder hinaus, die gleich hinter dem Gartenzaun anfingen. Manchmal wohl auch auf die Dorfstraße, die sich in vielen Windungen um die kleine Kirche schlang und von prächtigen Fachwerkgehöften gesäumt war. Aber dann blieb er doch lieber im Haus oder bei seinen Rosen. Denn an Berge war er nicht mehr gewöhnt. Das Gehen auf steilem Gelände machte ihm Herzklopfen. Vielleicht hätte er sich das Rauchen abgewöhnen sollen. Doch dazu war es nun endgültig zu spät. Manchmal rief er einen Tagelöhner an den Zaun, um mit ihm zu plaudern. Der Dialekt klang hier anders als in Wiedensahl. Er musste sich viele Ausdrücke erklären lassen. Zum Dank gab er dem alten Mann eine Zigarre. Ob die Mechtshäusener wussten, wer er war? Wahrscheinlich nicht. Unter den vierhundert Einwohnern des kleinen Dorfes waren wohl keine Wilhelm-Busch-Leser. Für die Bauern war er eben der »Opa« – der »Opa« von Martin, Ruth und der kleinen Anneliese, die im November 1900 geboren wurde und unter seinen Augen heranwuchs.

Er schien etwas grimmig zu sein, ein komischer Kauz in erlesener dunkler Kleidung und breitkrempigem Hut, die so gar nicht in die dörfliche Umgebung passten. Manchmal sah man ihn heftig mit den Kindern schimpfen, die eigentlich gar nicht besonders frech waren, nur normal lebhaft. Aber er mochte es nicht, wenn sie auf die Blumenbeete traten oder im Garten Nachlaufen oder Verstecken spielten. Ein ganz anderer war er

Abb. 107: Busch mit den Kindern Martin, Ruth und Anneliese Nöldeke

eben doch nicht geworden. Er war immer noch ein bisschen der alte Griesgram.

Otto und seine Frau mussten viel Geduld mit ihm haben. Manchmal waren sie kurz davor zu verzweifeln. »Aber von Jahr zu Jahr wurde es schöner und behaglicher«, schreibt Otto Nöldeke rückblickend. »Die Kinder … wurden immer mehr seine Freude und brachten ihm viel Liebe und kindliches Zutrauen entgegen. … Wenn er morgens beim Kaffeetische saß und sie ihm Guten Morgen sagten, ging es wie ein Sonnenschein über sein Gesicht.«[670]

Die Jahrhundertwende weigerte er sich zur Kenntnis zu nehmen. Sie schien ihm nichts als ein alter »Volksaberglaube« zu sein.[671] An Erich Bachmann schrieb er, die ganze Rechnung sei

Abb. 108: Busch lesend

falsch. Das letzte Jahr des alten Jahrhunderts sei noch nicht vollständig »ausbezahlt«. – »Aber im Grunde ist's einerlei, denn die Zeit geht in einem fort, ob die Leute so oder anders zählen.«[672]

Für Johanna Kessler begann das neue Jahrhundert mit einer Katastrophe. Im Januar starb ihr ältester Sohn Philipp, der um diese Zeit zwischen vierzig und fünfzig gewesen sein muss. In den Briefen Buschs an sie ist von ihm nie die Rede gewesen. Er war wohl das »schwarze Schaf«, über das man nicht sprach. In den letzten Jahren hatte er in Manchester gelebt und in einer Filiale der väterlichen Firma gearbeitet. Vielleicht war er drogensüchtig. Buschs kühler Kondolenzbrief lässt jedenfalls darauf schließen. »Ich hatte schon geglaubt, weil ich lange nichts gehört hatte, es sei alles gut. Und nun haben Sie das Schmerzliche doch erleben müssen.«[673] Auch gegenüber Nanda, der Schwester des Toten, übergeht er das Ganze, als sei nichts gewesen. Vielleicht machte das Thema ihm Angst. Hatte er doch selbst seine Erfahrungen mit Rauschdrogen und sogar ein ganzes Buch über den Rausch geschrieben, die »Haarbeutel«.[674] Auch Nanda mit ihrer verzweifelt-exzessiven Lebensweise schien gefährdet zu sein. Sie hielt sich viel in Paris und an der Côte d'Azur auf, war fasziniert von der französischen Literatur, den französischen Intellektuellen, die alle Sorten von Rauschgift verherrlichten und konsumierten. Das morbide Kurtisanen-Milieu der »Kameliendame« zog sie unwiderstehlich an. Sie empfahl Busch das Buch von Alexandre Dumas zur Lektüre und stritt sich mit ihm darüber. Er ekelte sich vor dieser Mischung aus »Patschuliparfüm (und) dem Hauch einer kranken Lunge«[675], obwohl er das Buch großartig geschrieben fand. Sie aber wollte wohl genau das: krank und boheme sein. Wie viele Frauen ihrer Gesellschaftsklasse neigte sie dazu, ihre Langeweile mit Rauschdrogen zu betäuben. Busch war entsetzt, als er dieses Bekenntnis hörte. »Ein guter Champagner, wenn's grad passt, und wär's ein Gläschen zuviel; sogar ein scharfer Schnaps oder zwei auf der Bauernkirmes – à la bonheur! – aber nur kein Morphium nicht!«[676]

Am 15. April 1902 wurde Wilhelm Busch siebzig Jahre alt. Er trug jetzt auf Reisen ein Papier in der Tasche, auf dem stand: »Mein Name ist Wilhelm Busch. Wenn mir ein Unfall zustoßen sollte, bitte ich zu telegrafieren an Herrn Pastor Nöldeke in Mechtshausen … am Harz.«[677] Zwei Jahre vorher war Nietzsche gestorben, um dieselbe Zeit Sigmund Freuds »Traumdeutung« erschienen, der Gründungstext einer neuen Wissenschaft vom Unbewussten und von der Seele. 1901 errang Thomas Mann einen sensationellen Erfolg mit den »Buddenbrooks«. Picasso zeigte auf seiner ersten Ausstellung in Paris sein »Mädchen mit Taube«. 1902 erschienen Rilkes »Buch der Bilder«, Lenins »Was tun?« und George Bernard Shaws »Katechismus des Umstürzlers«, der verdächtig wie von Busch inspiriert wirkte:

> Wer fähig ist, schafft. Wer unfähig ist, lehrt.
> Keiner, der seine eigene Sprache vollkommen beherrscht, wird jemals eine fremde beherrschen.
> Die Ehe bleibt deshalb so beliebt, weil sie das Maximum an Versuchung mit dem Maximum an Gelegenheit verbindet.
> Die Tugend besteht nicht im Verzicht auf das Laster, sondern darin, daß man es nicht begehrt.
> Anständigkeit ist die Verschwörung der Unanständigkeit mit dem Schweigen.

Wilhelm Busch gibt nirgendwo zu erkennen, dass er diese Neuerscheinungen wahrgenommen hat. Sigmund Freuds »Traumdeutung« hat er aber möglicherweise gelesen, denn was er in Briefen an Grete Meyer über den Traum schreibt, klingt plötzlich viel differenzierter und authentischer als alles, was sein fiktiver Held Eduard in seinem Traumbericht von sich gibt: »Während der Mensch träumt, geht sein inneres Ich aus ihm heraus und treibt sich selbständig herum. Er hat einen Geist, eine *Seele.* … Ein aparter Traum kehrt häufig wieder. Er träumt genau sein Bett, seine Kammer. Ein Ding, ein Tier, ein Menschenbild tritt ein und drückt ihn, daß er nicht schnaufen kann. … Diese quälenden Besucher hat er Alp, Mahr, Druckerle usw. genannt.«[678]

Am Tag des Geburtstags blieb er Mechtshausen fern und floh zu seinem Neffen Hermann nach Hattorf, um den über tausend Glückwunschbriefen aus aller Welt zu entgehen. Der ganze Rummel war ihm nur peinlich. Aber ein Telegramm von Kaiser Wilhelm II., in dem er dem »Dichter und Zeichner«, dessen »köstliche Schöpfungen voll echten Humors unvergänglich im deutschen Volke leben werden«[679], seinen Dank aussprach, schmeichelte ihm dann wohl doch. Auch die 70 Flaschen Pfälzer Wein, die ihm Bassermann schickte. Und die stattliche Summe von 20.000 Reichsmark, die ihm die Nachfolger von Kaspar

Braun zukommen ließen, weil sie immer noch so blendend mit »Max und Moritz« verdienten und das Gefühl hatten, ihn entschädigen zu müssen. Allerdings behielt er das Geld nicht für sich selbst, sondern spendete es an zwei Krankenhäuser nach Hannover.

Auch seine alte Brieffreundin Marie Anderson, inzwischen neunundfünfzig Jahre alt und eine prominente feministische Autorin, meldete sich und schrieb auf Niederländisch:

> »O, alter Freund, ist es meine Schuld, daß ich Sie verloren habe? Ich weiß es nicht, ich weiß es wirklich nicht! Aber sicher ist, daß ich all die Jahre Sehnsucht nach Ihnen gehabt habe ... Wollen Sie mir keinen Abendgruß senden, bevor wir uns beide zur Ruhe begeben?«[680]

Ihr alter Gefährte Multatuli war vor über zwanzig Jahren gestorben. Eine neue Beziehung war sie nicht eingegangen. Sie hatte sich ganz auf ihren Sohn Friedrich oder Fritz konzentriert, der von Beruf Musiker geworden war. Vor ein paar Jahren hatte er geheiratet. »Einen Drachen«, wie Marie Anderson schreibt. »Diese Ehe ist das größte Leid meines Lebens.« Früher war sie eine aktive, selbstbewusste junge Frau gewesen. Aber nun wirkte sie reichlich überspannt, wenn nicht wahnsinnig. Nachdem sie Multatuli und ihren Sohn verloren hatte, lebte sie eigentlich nur noch für eine Sache: für den Tierschutz. Dafür war sie entschlossen, bis aufs Blut zu kämpfen. Und dabei sollte der weltberühmte Busch ihr helfen.

> »Lieber Busch, wäre es nicht möglich, daß Sie ... ein scharfes, schneidendes Wort gegen die Vivisektion schrieben? ... Mit Ihrer Kraft, Ihrem Willen, Ihrem Einfluß könnten ... Sie ... mit einem einzigen Spruch, gereimt oder nicht, mehr für die Millionen gemarterter universaler Sklaven tun als ein anderer mit vielen Worten. ... Die darum bittet, ist selbst ein Wesen, das so unendlich gelitten hat, empfindlich in allen Punkten ... Ich lebe nun ... ganz allein. Allerdings mit einigen Tauben, einem schottischen Schäferhund, ... sieben kleinen griechischen Schildkröten, die ich gerettet habe, und einem weißen ... Meerschweinchen aus dem Zoologischen Garten in Frankfurt. ... Weil nun ... noch keine Mücken sind am Rhein ..., so

gehen wir – der Hund, das Meerschweinchen und ich – da häufig hin und … dösen. … Und dann denke ich zuweilen auch an Sie, Freund von früher.«[681]

Auch Buschs alter Freund Franz von Lenbach hatte artig zum 70. Geburtstag gratuliert, obwohl er um diese Zeit schon sehr krank war. Die vielen Anfeindungen in München hatten ihm psychisch stark zugesetzt. Sein Amt als Präsident der Münchener Künstlergenossenschaft hatte er niedergelegt und sich mit seiner Frau Charlotte und den Töchtern Marion und Gabriele in ein Landhaus am Starnberger See zurückgezogen. Busch hat ihn dort nie besucht. Vielleicht stand er innerlich doch auf der Seite der ersten Frau, die er schon seit so vielen Jahren kannte. Die Korrespondenz hatte sich seit der Scheidung merklich ausgedünnt. Seit 1899 hatten sie nichts mehr voneinander gehört. Als Lenbach am 6. Mai 1904 starb, ohne lange gelitten zu haben, war Busch schockiert, aber auch erleichtert. »Das ist besser, als wenn er nach seinem Schlaganfall noch lange hätte liegen müssen, … ohne wieder arbeiten zu können«, sagte er zu seinen Neffen. »Ich habe selten einen Menschen gesehen, der so aufs Arbeiten und Verdienen aus war.«[682]

Eigentlich klingt dieser »Nachruf« recht kühl, wenn man bedenkt, wie unendlich viel Lenbach für ihn getan hatte. Aber man darf es ihm vielleicht nicht verübeln. Er war wohl selbst schon seit längerer Zeit auf der Abreise. Und auf dieser Reise war für »Trauer« kein Platz mehr. Eines seiner letzten Gedichte mit dem Titel »Auf Wiedersehn« kann man als Requiem auf sich selbst und seine alten Freunde lesen, darunter auch Hermann Levi, der im Mai 1900 mit einundsechzig Jahren gestorben war:

Ich schnürte meinen Ranzen
Und kam zu einer Stadt
Allwo es mir im Ganzen
Recht gut gefallen hat.

Nur eines macht beklommen,
So freundlich sonst der Ort:
Wer heute angekommen
Geht morgen wieder fort.

Bekränzt mit Trauerweiden
Vorüber zieht der Fluß,
Den jeder beim Verscheiden
Zuletzt passieren muß.

Wohl dem, der ohne Grauen,
In Liebe treu bewährt,
Zu jenen dunklen Auen
Getrost hinüberfährt.

Zwei Blinde, müd vom Wandern
Sah ich am Ufer stehn;
Der eine sprach zum andern:
Leb wohl, auf Wiedersehn![683]

Im September 1905 geschah ein furchtbares Unglück, das Wilhelm Buschs schlimmste Vorahnungen weit übertraf. Nanda Kesslers neunzehnjähriger Sohn Hugo ertrank mit seinem englischen Vetter Will während einer stürmischen Bootsfahrt auf dem Main. Hugo war kein wandermüder Blinder, der am Ufer des Hades stand. Er hatte gerade ein Studium in Heidelberg angefangen, war gut aussehend und voller Lebensfreude. Diesmal war Busch tief betroffen. Denn er hatte Hugo wie einen Enkel geliebt. »Morgens nun, wenn ich erwache, meine ich immer, es sei nur ein Traum«, schreibt er an Johanna Kessler, »bis mir die traurige Wirklichkeit dann doch zum Bewußtsein kommt.«[684]

Busch gab sich monatelang alle erdenkliche Mühe, die Mutter zu trösten, da er spürte, dass sie nun jede Lust am Leben verloren hatte. »Man weiß, daß Ertrinkende sehr lebhaft an das Teuerste denken, was sie verlassen. Der Hudi hat sicher vor allen an seine Mutter gedacht.«[685] – »Du darfst ja überzeugt sein, daß Hudi sich wohl befindet, er, der dahingeschieden, ohne sich belastet zu haben mit dem Unrecht und den drückenden Wirrnissen, die ein längeres Leben kaum jemals vermeidet.«[686]

Aber Nanda konnte und wollte sich nicht mehr beruhigen. Sie überlebte ihren Sohn nur um dreieinhalb Jahre und starb im Januar 1909, wahrscheinlich durch Selbstmord.

Es gab Momente, in denen Busch sich wünschte, selber so jung gestorben zu sein wie Hugo Kessler. Denn so freundlich und fürsorglich Neffe Otto und seine Frau Else auch zu ihm waren – die Jahre nach 1900 schleppten sich nur noch so dahin. Außer den Kindern, die ihn abgöttisch liebten, interessierte ihn eigentlich gar nichts mehr. Weder die Vorlesungen von Edmund Husserl noch die Auftritte von Frank Wedekind im nahen Göttingen noch sein 75. Geburtstag im April 1907. Als sein Jugendfreund Erich Bachmann im August starb, fand er kaum noch die Kraft, dessen Sohn ein paar tröstende Worte zu schreiben. Zur Beerdigung könne er leider nicht kommen. Denn er sei ein »steinalter Junge, der nicht mehr bewegungsfreudig ist« und das Reisen lieber den Schwalben überlasse.[687]

Am 7. Januar 1908 wollte Busch seine übliche vierteljährliche Reise nach Hannover machen, um dort Bankgeschäfte zu erledigen. Aber er hatte Herzschmerzen und fühlte sich zu schwach. Er blieb zu Hause und las. In einem etymologischen Wörterbuch, wie sich Neffe Otto erinnert. Beim Zubettgehen wollte er sich nicht helfen lassen. »Seine Uhr zog er noch selber auf, und alles mußte in bester Ordnung an den bestimmten Platz gehängt und gelegt werden.« In der Nacht vom 8. auf den 9. Januar schlief er sehr unruhig. Nur Kampfer und Morphiumtropfen brachten ihn für einige Stunden zur Ruhe. Am Morgen des 9. Januar wollte Otto Nöldeke einen Arzt rufen. Es gab seit kurzem ein Telefon im Haus, das Wilhelm Busch aber zu benutzen immer abgelehnt hatte. Noch bevor der Arzt kam, sagte Else Nöldeke zu ihrem Mann, »sie höre vom Onkel nichts mehr, er wäre so still. Sie hätte ihm das Kissen zurechtgerückt und seine kalte Hand in ihre genommen und gefragt: ›Liegst du auch gut?‹ – ›Ja, danke, ganz gut!‹ hätte er geantwortet, ihr die Hand gedrückt, ihr freundlich zugenickt und sich zur Seite gewandt. In dem Augenblick«, erzählt Otto Nöldeke weiter, »kam ich zurück, und der Onkel entschlief ohne jede Bewegung und ohne jeden Kampf; friedlich, und als ein Bild verklärter Ruhe lag er auf seinem Sterbebett.... Eine Leichenrede, hatte er mir gesagt, sollte ich ihm nicht halten. So sprach ich im Hause... nur ein... Gebet des Dankes für alles das, was der Entschlafene vielen Tausenden mit den reichen Gaben seines Geistes gegeben hatte ... Unter den Klängen des Liedes von Ernst Moritz Arndt: ›Geht nun hin und grabt mein Grab, denn ich bin des Wanderns müde‹, das die Schulkinder sangen, wurde der Sarg eingesenkt... Es war herrliches Winterwetter mit gelindem Frost, mit Schnee und Sonnenschein, wie der Onkel es immer so gern gehabt hatte.«[688]

Abb. 109: Letzte Aufnahme 1907

LITERATURVERZEICHNIS

Anderson 1981	Marie Anderson: Uit Multatuli's Leven, Utrecht 1981
Anlauf 1939	Karl Anlauf: Der Philosoph von Wiedensahl – der völkische Seher Wilhelm Busch, Berlin 1939
Asaria 1979	Zvi Asaria: Die Juden in Niedersachsen – von den ältesten Zeiten bis zur Gegenwart, Leer 1979
Bachmeier 1988	Doris Bachmeier: Lorenz Gedon, 1844–1883, Leben und Werk, München 1988
Bassermann 1978	Otto Fr. Bassermann: Mitteilungen über Persönliches von Wilhelm Busch und mein Verhältnis zu ihm, in: Wilhelm-Busch-Jahrbuch 1978
BBKL 1990	Biographisch-Bibliographisches Kirchenlexikon, Bd. I, Hamm 1990
Beer 1982	Ulrich Beer: Gottlos und beneidenswert. Wilhelm Busch und seine Psychologie, München 1982
Bethmann/ Dongowski 2000	Anke Bethmann und Gerhard Dongowski: Der steinige Weg zur Freiheit. Revolutionäre Volksbewegungen 1848/49 im Königreich Hannover, Bielefeld 2000
Bettelheim 1984	Bruno Bettelheim: Kinder brauchen Märchen, Frankfurt/M. 1984
Bildergeschichten I–III	Wilhelm Busch: Bildergeschichten. Historisch-kritische Gesamtausgabe Bd. I–III, hrsg. von Herwig Guratzsch und Hans-Joachim Neyer, Hannover 2002
Bluntschli 1870	Johann Caspar Bluntschli: Das moderne Völkerrecht im französisch-deutschen Kriege von 1870, Heidelberg 1870
Bohne 1958	Friedrich Bohne: Wilhelm Busch – Leben, Werk, Schicksal, Zürich/Stuttgart 1958
Braun 1883	Karl Braun: Die Vagabunden-Frage, Berlin 1883
Briefe I	Wilhelm Busch: Sämtliche Briefe Bd. I, hrsg. von Friedrich Bohne, Hannover 1968
Briefe II	Wilhelm Busch: Sämtliche Briefe Bd. II, hrsg. von Friedrich Bohne, Hannover 1969
Büttner 1981	Eva Büttner: Zur humoristischen Graphik der Düsseldorfer Malerschule, Erlangen 1981
Busch/Maler 1982	Wilhelm Busch 1832–1908 – als Maler in seiner Zeit. Niedersächsische Landesausstellung zur 150jährigen Wiederkehr des Geburtstages von Wilhelm Busch, Hannover 1982
Busch, Otto, 1877/1	Otto Busch: Arthur Schopenhauer. Beitrag zur Dogmatik der Religionslosen, Heidelberg 1877

Busch, Otto, 1877/2 — Otto Busch: Naturgeschichte der Kunst, Heidelberg 1877

Busch/Zeichner 1982 — Wilhelm Busch 1832–1908 – als Zeichner nach der Natur. Niedersächsische Landesausstellung zur 150jährigen Wiederkehr des Geburtstages von Wilhelm Busch, Hannover 1982

Cornioley 1929 — Hans Cornioley: Sexualsymbolik in der Frommen Helene. In: Die psychoanalytische Bewegung 1 (1929), Heft 2

Daelen 1886 — Eduard Daelen: Über Wilhelm Busch und seine Bedeutung. Eine lustige Streitschrift, Düsseldorf 1886

Doderer II 1977 — Klaus Doderer (Hrsg.): Lexikon der Kinder- und Jugendliteratur, Bd. II, Weinheim/Basel 1977

Dorner 1932 — Alexander Dorner: Wilhelm Busch. Der Maler und Zeichner, in: Satire = Mitteilungen der Wilhelm-Busch-Gesellschaft 2002 (Reprint eines Aufsatzes von 1932)

Ebhardt 1845 — Christian Hermann Ebhardt: Gesetze, Verordnungen und Ausschreibungen für den Bezirk des königlichen Consistorii zu Hannover, welche in Kirchen- und Schulsachen ergangen sind, Hannover 1845 ff.

Eckert 1870 — Georg Maria Eckert: Ansichten von Straßburg nach der Bombardierung von 1870, Heidelberg 1870

Eismann-Lichte 1981 — Anneliese Eismann-Lichte: Paul Lindau. Publizist und Romancier der Gründerjahre, München 1981

Eyssen/Storch 1983 — Niedersächsisches Lesebuch, hrsg. von Jürgen Eyssen und Dietmar Storch, Hildesheim 1983

Fontane 1873 — Theodor Fontane: Der Krieg gegen Frankreich 1870–1871, Bd. I, Berlin 1873

Fontane 1981 — Theodor Fontane: Briefe, Bd. I, hrsg. von Gotthard Erler, München 1981

Freud 1900 — Sigmund Freud: Die Traumdeutung, in: Gesammelte Werke, Bd. 2/3

Freud 1905 — Sigmund Freud: Der Witz und seine Beziehung zum Unbewußten, in: Gesammelte Werke, Bd. 6

Freud 1914 — Sigmund Freud: Zur Einführung in den Narzißmus, in: Gesammelte Werke, Bd. 10

Freudenthal 1891 — Friedrich Freudenthal: Sonderlinge und Vagabunden. Bilder und Erzählungen aus der nordhannoverschen Heide, Oldenburg 1891

Fuchs 1921 — Eduard Fuchs: Die Juden in der Karikatur. Ein Beitrag zur Kulturgeschichte, München 1921

Fuchs 1998 — Hans-Jürgen Fuchs: Marie Andersons Wiesbadener Jahre, 1872–1886, in: Mitteilungen der Internationalen Multatuli-Gesellschaft 6, 1998

Gall 1989 — Lothar Gall: Bürgertum in Deutschland, Berlin 1989

Gebhardt 1984 — Heinz Gebhardt: Franz Hanfstaengl – von der Lithographie zur Photographie, München 1984

Gmelin 1980 — Hans Georg Gmelin: Wilhelm Busch als Maler, Berlin 1980

Grandville/Sello 1996 — Gottfried Sello (Hrsg.): Grandville, das gesamte Werk, Berlin 1996

Günther 1988 — Jörg-Michael Günther: Der Fall Max und Moritz. Juristisches Gutachten über die Umtriebe zweier jugendlicher Straftäter zur Warnung für Eltern und Pädagogen, Frankfurt/M. 1988

Günther 2002 — Herbert Günther: Der Versteckspieler. Die Lebensgeschichte des Wilhelm Busch, Weinheim 2002

Haas 1995 — Frithjof Haas: Zwischen Brahms und Wagner – der Dirigent Hermann Levi, Zürich 1995

Hahn 1898 — Albert Hahn: Geschichte des im Stiftsbezirke Lokkum gelegenen Fleckens Wiedensahl, Hannover 1898

Hasler 1979 — August Bernhard Hasler: Wie der Papst unfehlbar wurde. Macht und Ohnmacht eines Dogmas, München/Zürich 1979

Heine 1844 — Heinrich Heine: Deutschland, ein Wintermärchen, Hamburg 1844

Heinrich-Jost 1982 — Ingrid Heinrich-Jost (Hrsg.): Kladderadatsch. Die Geschichte eines Berliner Witzblattes von 1848 bis ins Dritte Reich, Köln 1982

Herlt 2002 — Monika Herlt: Such things in foreign parts are seen. In: Satire = Mitteilungen der Wilhelm-Busch-Gesellschaft 2002

Höfele 1967 — Heinrich Höfele (Hrsg.): Geist und Gesellschaft der Bismarckzeit, Göttingen 1967

Hofmann 2004 — Werner Hofmann: Daumier und Deutschland, München/Berlin 2004

Huber 1986 — Ernst Rudolf Huber (Hrsg.): Dokumente zur deutschen Verfassungsgeschichte, Bd. 2, Stuttgart 1986

Hüsgen 1907 — Eduard Hüsgen: Ludwig Winthorst, Köln 1907

Hundt 1967 — Martin Hundt: Louis Kugelmann, in: Beiträge zur Geschichte der deutschen Arbeiterbewegung 1967

Kleine 1864 — Georg Kleine: Die Biene und ihre Zucht, Nienburg 1864

Kraus 1970 — Joseph Kraus: Wilhelm Busch, Reinbek 1970

Krause 1991 — Thomas Krause: Die Strafrechtspflege im Kurfürstentum und Königreich Hannover, Aalen 1991

Kreutzer 1982 — Hans-Joachim Kreutzer: Wilhelm Busch – der Schriftsteller als Halbbruder des Künstlers, in: Wilhelm-Busch-Jahrbuch 1982

Kunzle 1987 — David Kunzle: Busch im Ausland. Plagiate, Raubdrucke und Kopien in ausländischen Zeitschriften und Buchausgaben von 1868 bis 1896, in: Wilhelm-Busch-Jahrbuch 1987

Leibfried 2005 — Erwin Leibfried: Multatuli – Leben und Schreiben zwischen Amsterdam, Java und Wiesbaden, Wiesbaden 2005

Lenbach 1904 — Franz von Lenbach: Gespräche und Erinnerungen, mitgeteilt von W. Wyl, Stuttgart/Leipzig 1904

Lindau 1878 — Paul Lindau: Wilhelm Busch. In: Nord und Süd, Bd. 4, 1878

Lindau 1917 — Paul Lindau: Nur Erinnerungen, Stuttgart/Berlin 1917

Lissagaray 1931 — Prosper H. Lissagaray: Der Pariser Kommune-Aufstand, Berlin 1931

Mahlert 1994 — Ulrich Mahlert: »Gliedermann« und »Gott«. Der »Virtuos« von Wilhelm Busch. In: Wilhelm-Busch-Jahrbuch 1994

Mann 1989 — Golo Mann: Der lachende Pessimist, in: Wir alle sind, was wir gelesen. Aufsätze und Reden zur Literatur, Frankfurt/M. 1989

Martinius 1990 — Joest Martinius: Max und Moritz und andere Kinderdarstellungen in der Karikatur. Eine kinderpsychiatrische Darstellung, in: Wilhelm-Busch-Jahrbuch 1990

Marx 1843 — Karl Marx: Zur Judenfrage (1843), in: Karl Marx, Friedrich Engels: Werke, Bd. I, Berlin 1976

Marx 1983 — Karl Marx: Das Kapital, Bd. III, Berlin 1983

Marx 1995 — Albert Marx: Geschichte der Juden in Niedersachsen, Hannover 1995

Meinhardt 1991 — Günther Meinhardt: Chronik der Gemeinden Ebergötzen und Holzerode, Göttingen 1991

Mihr 1983 — Ulrich Mihr: Wilhelm Busch – der Protestant, der trotzdem lacht. Philosophischer Protestantismus als Grundlage des literarischen Werks, Tübingen 1983

Mijndert 2003 — Bertram Mijndert: Das Königreich Hannover. Kleine Geschichte eines vergangenen deutschen Staates, Hannover 2003

Neuhann 1990 — Christiane Neuhann: »... und sie treiben unnütze Lebensart«. Bettler und Vagabunden auf dem platten Land, Münster 1990

Nöldeke 1909 — Hermann, Adolf und Otto Nöldeke: Wilhelm Busch, München 1909

Nöldeke 1943 — Wilhelm Busch: Sämtliche Werke, hrsg. von Otto Nöldeke, München 1943

Opitz 1988 — Eckart Opitz: Zur Befreiungsbewegung in Schleswig-Holstein, Hamburg 1988

Panizza 1890 — Oskar Panizza: Eine Mondgeschichte, in: Dämmerungsstücke, Leipzig 1890

Panizza 1992 — Oskar Panizza: Die Wallfahrt nach Andechs, ein oberbairisches Sittenbild, in: Texte zu Religion, Sexus und Wahn, hrsg. von Michael Braun, Hamburg/Zürich 1992

Pape 1977 — Walter Pape: Wilhelm Busch, Stuttgart 1977

Pape 1990	Walter Pape: Eins von den äußerst gefährlichen Giften. Die Kinderliteratur des 19. Jahrhunderts und Wilhelm Buschs »Max und Moritz«, in: Wilhelm-Busch-Jahrbuch 1990
Pietzcker 1998	Frank Pietzcker: Wilhelm Busch – Schuld und Strafe in Werk und Leben, Eschborn 1998
Pleister 1999	Wolfgang Pleister: E.T.A. Hoffmanns Affe Milo und Fipps der Affe – ein literaturhistorischer Vergleich, in: Wilhelm-Busch-Jahrbuch 1999
Pocci 1974	Marianne Bernhard (Hrsg.): Franz Graf von Pocci. Die gesamte Druckgraphik. Mit einem Vorwort von Eugen Roth, München 1974
Plessen 1996	Marie-Louise von Plessen (Hrsg.): Marianne und Germania 1789–1889 – Frankreich und Deutschland, zwei Welten, eine Revue, Berlin 1996
Rasch 1977	Marie Rasch: Als der jüngste Bruder heiratete – eine Erinnerung an Wilhelm Busch, in: Wilhelm-Busch-Jahrbuch 1977
Rohmeyer 1978	Berthold Rohmeyer: Geschichte von Lüthorst und Portenhagen, Hildesheim 1978
Rosendorfer 1989	Herbert Rosendorfer: Don Ottavio erinnert sich, München 1989
Sackmann 2001	Eckart Sackmann: Der Verlag Braun und Schneider – die Wiege des Comic, in: Satire = Mitteilungen der Wilhelm-Busch-Gesellschaft 2001
Schildt 1986	Gerhard Schildt: Tagelöhner, Gesellen, Arbeiter. Sozialgeschichte der vorindustriellen und industriellen Arbeit in Braunschweig 1830–1880. Stuttgart 1986.
Schumann 1995	Eugenie Schumann: Claras Kinder, Köln 1995
Sitt 1997	Martina Sitt (Hrsg.): Andreas und Oswald Achenbach, Köln 1997
Soiné 1990	Kurt Soiné: Johann Peter Hasenclever, ein Maler im Vormärz, Neustadt/Aich 1990
Stoecker 1890	Heinrich Adolf Stoecker: Christlich-sozial. Reden und Aufsätze, Berlin 1890
Strecker 1975	Helmut Strecker: Wiedensahl früher und heute, hrsg. anläßlich der 700-Jahr-Feier der St.-Nikolai-Kirche, Stolzenau 1975
Thieme 1910	Allgemeines Lexikon der bildenden Künstler von der Antike bis zur Gegenwart, hrsg. von Ulrich Thieme, Bd. IV, Leipzig 1910
Tschechne/Babovic 2005	Martin Tschechne und Toma Babovic: Auf den Spuren von Wilhelm Busch, Hamburg 2005
Ueding 1977	Gert Ueding: Wilhelm Busch – das 19. Jahrhundert en miniature, Frankfurt/M. 1977

Ueding 1982	Gert Ueding: Lustbrevier und Schreckenskabinett, in: Frankfurter Allgemeine Zeitung vom 10.4.1982
Vaßen 1982	Florian Vaßen: Er zeigt die Weste, nicht das Herz. Wilhelm Buschs autobiographische Portraits, in: Wilhelm-Busch-Jahrbuch 1982
Vischer 1880, 1	Friedrich Theodor Vischer: Satyrische Zeichnung. Mit einem Zusatz über neuere deutsche Karikatur, in: Altes und Neues, Bd. I, Stuttgart 1880
Vischer 1880, 2	Friedrich Theodor Vischer: Der Traum. Eine Studie zu der Schrift: Die Traumphantasie von Dr. Johann Volkelt, in: Altes und Neues, Bd. I, Stuttgart 1880
Weissweiler 1998	Eva Weissweiler: Clara Schumann – eine Biographie, München 1998
Werner 1990	Johannes Werner: Du Müller, du Mahler, du Mörder, du Dieb! Berufsbilder in der deutschen Literatur, München 1990
Wetzcke 1926	Paul Wetzcke (Hrsg.): Deutscher Liberalismus im Zeitalter Bismarcks. Eine politische Briefsammlung, Bd. 2, Bonn/Leipzig 1926
Wheen 2001	Francis Wheen: Karl Marx, München 2001
Wichmann 1973	Siegfried Wichmann: Franz von Lenbach und seine Zeit, Köln 1973
Wiechert 1966	Karl Wiechert: Das Loccumer Rezept-Buch. Buschs Eltern in neuer Sicht, in: Wilhelm-Busch-Jahrbuch 1966
Wiechert 1967	Karl Wiechert: Noch einmal – Buschs Eltern in neuer Sicht, in: Wilhelm-Busch-Jahrbuch 1967
Willems 1998	Gottfried Willems: Abschied vom Wahren – Schönen – Guten. Wilhelm Busch und die Anfänge der ästhetischen Moderne, Heidelberg 1998
Zuckermann 1909	M. Zuckermann: Die Vorarbeiten der Hannoverschen Regierung zur Emanzipation der Juden, Hannover 1909

ANMERKUNGEN

1 Zur Geschichte Wiedensahls vgl. Helmut Strecker: Wiedensahl früher und heute, hrsg. anläßlich der 700-Jahr-Feier der St.-Nikolai-Kirche, Stolzenau 1975 (Strecker 1975); und Albert Hahn: Geschichte des im Stiftsbezirke Lokkum gelegenen Fleckens Wiedensahl, Hannover 1898 (Hahn 1898)

2 Zit. nach: Niedersächsisches Lesebuch, hrsg. von Jürgen Eyssen und Dietmar Storch, Hildesheim 1983, S. 283 f. (Eyssen/Storch 1983)

3 Zu Corvinus vgl. Wilhelm Bautz in: Biographisch-Bibliographisches Kirchenlexikon, Bd. I, Spalten 1135–1137, Hamm 1990 (BBKL 1990)

4 Strecker 1975, S. 118 f.

5 Wilhelm Busch: Sämtliche Werke, Bd. VIII, hrsg. von Otto Nöldeke, München 1943, S. 17 ff. (Nöldeke VIII, 1943)

6 Vgl. Bertram Mijndert: Das Königreich Hannover. Kleine Geschichte eines vergangenen deutschen Staates, Hannover 2003, S. 45 ff. (Mijndert 2003)

7 Zit. nach Karl Wiechert: Das Loccumer Rezept-Buch. Buschs Eltern in neuer Sicht, in: Wilhelm-Busch-Jahrbuch 1966, S. 38 (Wiechert 1966)

8 Wiechert 1966, S. 40

9 Wilhelm Busch an Henriette Eller, Brief vom 10.4.1882, in: Wilhelm Busch, Sämtliche Briefe Bd. I, S. 227, hrsg. von Friedrich Bohne, Hannover 1968 (Briefe I)

10 Strecker 1975, S. 222

11 Otto Nöldeke: Chronik – Wilhelm Buschs Leben, in: Nöldeke VIII, S. 214

12 Wilhelm Busch: Kritik des Herzens, in: Wilhelm Busch, Sämtliche Werke, Bd. VI, hrsg. von Otto Nöldeke, München 1943, S. 254 (Nöldeke VI)

13 Wilhelm Busch: Was mich betrifft, in: Wilhelm Busch, Sämtliche Werke, Bd. I, hrsg. von Otto Nöldeke, München 1943, S. 17 (Nöldeke I)

14 Wilhelm Busch an Johanna Kessler, Brief vom 15.1.1876, in: Briefe I, S. 161 f.

15 Wilhelm Busch: Eduards Traum, in: Nöldeke VI, S. 113

16 Wilhelm Busch: Der Schmetterling, in: Nöldeke VI, S. 147 ff.

17 Zu »Harmschlüters Hinnerk«, einer authentischen Figur aus Wiedensahl, s. Gesprächsnotiz in Nöldeke VII, S. 429

18 Die Figur von »Harmschlüters Hinnerk« taucht in der Erzählung »Meiers Hinnerk« wieder auf. Vgl. dazu Nöldeke VII, S. 417 ff.

19 Gesprächsnotiz in Nöldeke VII, S. 429

20 Wilhelm Busch an Grete Meyer, Brief vom 24.1.1900, in: Wilhelm Busch, Sämtliche Briefe Bd. II, S. 157 (Briefe II)

21 Fanny Kleine in einer Gesprächsnotiz von 1939, in: Wilhelm Busch, Die Bildergeschichten. Historisch-kritische Gesamtausgabe Bd. III, hrsg. von Her-

wig Guratzsch und Hans-Joachim Neyer, Hannover 2002, S. 861 (Bildergeschichten III)

22 Version von 1894, in: Nöldeke VI, S. 204

23 Strecker 1975, S. 97. Der Bericht stützt sich auf originale Hexenprozessakten in Kloster Loccum.

24 Ebda., S. 96

25 Ebda., S. 74

26 Ebda., S. 216

27 Hahn 1898, S. 80

28 Vgl. Ulrich Mihr: Wilhelm Busch – der Protestant, der trotzdem lacht. Philosophischer Protestantismus als Grundlage des literarischen Werks, Tübingen 1983, S. 82 (Mihr 1983)

29 Nöldeke VII, S. 335

30 Bildergeschichten II, S. 488 f.

31 Vgl. die Bilder »Umtrunk im Schlachthaus«, in: Hans Georg Gmelin: Wilhelm Busch als Maler, Berlin 1980 (Gmelin 1980), Abb. 885, und »Schweinskopf«, in: Wilhelm Busch 1832–1908 – als Maler in seiner Zeit. Niedersächsische Landesausstellung zur 150jährigen Wiederkehr des Geburtstages von Wilhelm Busch, Hannover 1982 (Busch/Maler 1982), Abb. 280

32 Wilhelm Busch an Franz von Lenbach, Brief vom 23.3.1889, in: Briefe I, S. 313

33 Wilhelm Busch: Bis auf weiters, in: Schein und Sein, Nachgelassene Gedichte, in: Nöldeke VI, S. 373

34 Wilhelm Busch an Marie Anderson, Brief vom 14.11.1875, in: Briefe I, S. 157

35 Wilhelm Busch an Marie Anderson, Brief vom 6.11.1875, in: Briefe I, S. 156

36 Ebda.

37 Nöldeke I, S. 17

38 Vgl. S. 25

39 Nöldeke VII, S. 429

40 Nöldeke I, S. 18

41 Günther Meinhardt: Chronik der Gemeinden Ebergötzen und Holzerode, Göttingen 1991, S. 94 (Meinhardt 1991)

42 Meinhardt 1991, S. 96

43 Nöldeke I, S. 18

44 Ebda., S. 19

45 Zit. nach Georg Kleine: Die Biene und ihre Zucht, Nienburg 1864, S. 17 ff. (Kleine 1864)

46 Nöldeke I, S. 18

47 Ebda.

48 Wilhelm Busch an Nanda und Letty Kessler, Brief vom 24.12.1873, in: Briefe I, S. 116

49 Porträts abgedruckt bei Nöldeke VIII, S. 221, und vielen anderen

50 Theodor Beauché in einer Schrift von 1831, zit. nach: Zvi Asaria, Die Juden in Niedersachsen – von den ältesten Zeiten bis zur Gegenwart, Leer 1979, S. 60 (Asaria 1979)

51 Zit. nach Albert Marx: Geschichte der Juden in Niedersachsen, Hannover 1995, S. 95 (Marx 1995)

52 Zit. nach M. Zuckermann: Die Vorarbeiten der Hannoverschen Regierung zur Emanzipation der Juden, Hannover 1909, S. 79 (Zuckermann 1909)
53 Zur Situation der Juden in Ebergötzen vgl. Meinhardt 1991, S. 97 ff.
54 Vgl. S. 216 f.
55 Wilhelm Busch an seine Eltern, Weihnachten 1841, in: Briefe I, S. 1 ff.
56 Hermann, August und Otto Nöldeke: Wilhelm Busch, München 1909, S. 8 (Nöldeke 1909)
57 Nöldeke VII, S. 429
58 Vgl. S. 27
59 Nöldeke I, S. 17
60 Meinhardt 1991, S. 94
61 Nöldeke I, S. 18
62 Heinrich Heine: Deutschland, ein Wintermärchen, Hamburg 1844, Caput XIX (Heine 1844)
63 Vgl. Nöldeke VIII, S. 218
64 Vgl. Artikel »Freidenker«, in: Lexikon der Sekten, Sondergruppen und Weltanschauungen, hrsg. von Hans Gasper u. a., Freiburg/Basel/Wien 1990, S. 306 f.
65 Mihr 1983. Dass Busch in »elementar protestantischen Kategorien« verwurzelt gewesen sei (S. 11) und von der protestantischen Lehre der Erbsünde nicht habe lassen können, ist die zentrale These dieses Buches.
66 Wilhelm Busch an Marie Anderson, Brief vom 29.5.1875, in: Briefe I, S. 144
67 Wilhelm Busch an Marie Anderson, Brief vom 28.1.1876, in: Briefe I, S. 163
68 Nöldeke VIII, S. 220
69 Christian Hermann Ebhardt: Gesetze, Verordnungen und Ausschreibungen für den Bezirk des königlichen Consistorii zu Hannover, welche in Kirchen- und Schulsachen ergangen sind, Hannover 1845 ff. (Ebhardt 1845)
70 S. dazu Buschs 1849 entstandene Zeichnung »Wilhelm Busch und Onkel Ebhardt«, die wohl in Wiedensahl anzusiedeln ist. In: Friedrich Bohne: Wilhelm Busch – Leben, Werk, Schicksal, Zürich/Stuttgart 1958, S. 26 (Bohne 1958)
71 Einer seiner Korrespondenzpartner war der liberale Politiker und Jurist Carl Joseph Anton Mittermaier, der 1848/49 seinen Heimatort Baden-Baden in der Frankfurter Nationalversammlung vertrat.
72 In der Bildergeschichte »Ein galantes Abenteuer«, in: Bildergeschichten I, S. 448. Der Reisende bleibt dort staunend vor dem bewusst völlig verzeichneten Reiterdenkmal Ernst Augusts stehen.
73 Nöldeke VIII, S. 229
74 Ebda., S. 225
75 Bohne 1958, S. 29
76 Vgl. Zeichnung von Carl Bornemann aus dem Jahr 1850, Nöldeke VIII, S. 227
77 Zit. nach Anke Bethmann und Gerhard Dongowski: Der steinige Weg zur Freiheit. Revolutionäre Volksbewegungen 1848/49 im Königreich Hannover, Bielefeld 2000, S. 39 (Bethmann/Dongowski 2000)
78 Bethmann/Dongowski 2000, S. 69 ff.

79 Ebda., S. 241 ff.
80 Nöldeke VII, S. 423
81 Zur Entstehung des »Kladderadatsch« s. Ingrid Heinrich-Jost (Hrsg.): Kladderadatsch. Die Geschichte eines Berliner Witzblattes von 1848 bis ins Dritte Reich, Köln 1982 (Heinrich-Jost 1982)
82 7. Mai 1848
83 Kladderadatsch vom 28.1.1849
84 Kladderadatsch vom 14.5.1848
85 Karl Marx: Zur Judenfrage (1843), in: Karl Marx, Friedrich Engels: Werke, Bd. I, Berlin 1976, S. 372 (Marx 1843)
86 Unterricht im Bau technischer Modelle
87 Wilhelm Busch an Henriette Busch, Brief vom 30.9.1848, in: Briefe I, S. 2
88 Zit. nach Wiechert 1966, S. 38
89 Vgl. Busch/Maler 1982, S. 107
90 Zit. nach Kurt Soiné: Johann Peter Hasenclever, ein Maler im Vormärz, Neustadt/Aisch 1990, S. 24 f. (Soiné 1990)
91 Bohne 1958, S. 32
92 Ernst Borch an Otto Nöldeke, Brief vom 2.10.1908, zit. nach: Busch/Maler 1982, S. 205
93 Busch/Maler 1982, S. 107
94 Vgl. Martina Sitt (Hrsg.): Andreas und Oswald Achenbach, Köln 1997, S. 14 (Sitt 1997)
95 Soiné 1990, S. 30
96 Zit. nach Soiné 1990, S. 125
97 Soiné 1990, S. 38
98 Oswald Achenbach erhielt erst 1863, nach der Schadow-Ära, eine Professur in Düsseldorf.
99 Zu den Düsseldorfer Monatheften s. Eva Büttner: Zur humoristischen Graphik der Düsseldorfer Malerschule, Erlangen 1981, S. 46 ff. (Büttner 1981)
100 Zit. nach Sitt 1997, S. 158
101 Düsseldorfer Journal- und Kreisblatt vom 25.3.1849
102 Nöldeke I, S. 19
103 Wilhelm Busch an seine Eltern, Brief vom 1.9.1852, in: Briefe I, S. 4 f.
104 Ebda.
105 Ebda., S. 4
106 Ebda.
107 Ebda.
108 Busch/Maler 1982, S. 112 f.
109 Bohne 1958, S. 37
110 Nöldeke VII, S. 329
111 Bohne 1958, S. 38
112 Busch/Zeichner 1982, S. 62
113 Gmelin 1980, Kat. Nr. 12
114 Ebda., Kat. Nr. 13
115 Busch/Zeichner 1982, S. 64
116 Ebda., S. 65

117 Wilhelm Busch an seine Eltern, Brief vom 1.9.1852, in: Briefe I, S. 4
118 Ebda.
119 Gmelin 1980, Abb. 4 (Selbstbildnis im Antwerpener Skizzenbuch)
120 Nöldeke 1909, S. 20
121 Ebda., S. 182
122 Gmelin 1980, Kat. Nr. 109, 116, 118, 119, 120
123 Ebda., S. 37
124 Wilhelm Busch an Marie Anderson, Brief vom 6.11.1875, in: Briefe I, S. 156
125 Nöldeke VI, S. 207 f.
126 Karl Anlauf: Der Philosoph von Wiedensahl – der völkische Seher Wilhelm Busch, Berlin 1939 (Anlauf 1939)
127 Ebda., S. 151
128 Nöldeke VIII, S. 154
129 Hauptvertreter dieser These ist Gert Ueding mit seinem Buch »Wilhelm Busch – das 19. Jahrhundert en miniature«, Frankfurt/M. 1977 (Ueding 1977), das eng der Freud'schen Psychoanalyse verpflichtet ist, ohne die ländlichen Verhältnisse der Jahrhundertmitte zu berücksichtigen. In vielen späteren Arbeiten baut er sie weiter aus, z. B. in »Lustbrevier und Schreckenskabinett«, FAZ vom 10.4.1982 (Ueding 1982), worin es heißt: »So drückt sich Buschs ein Leben lang währende Sehnsucht nach einer mütterlichen Mutter aus, die ihn umfängt, auf den Arm nimmt, tröstet und vor der Härte des Vaters schützt, ... Enttäuschung und Wunschbild zugleich, Allegorie eines schwerwiegenden Defizits, für manche spätere Kompensation verantwortlich: für die Nikotinsucht, ... für die Schlägephantasien und Angstgefühle, für das fehlende Selbstbewußtsein und den Einschränkungszwang, für die ... sexuell unbefriedigende Hinwendung zu Ersatzmüttern ..., für das Anklammerungsverhalten an die heimatliche Landschaft.« Viele andere Autoren übernehmen diesen Standpunkt, so z. B. Frank Pietzcker in seinem Buch »Wilhelm Busch – Schuld und Strafe in Werk und Leben«, Eschborn 1998 (Pietzcker 1998). Laut Pietzcker (S. 33) hat mangelnde Mutterliebe, ein Defizit, das man »nun unterstellen« dürfe, bei Wilhelm Busch zu einer narzisstischen Deformation seiner Persönlichkeit und sogar zu »schizoiden« Störungen (S. 35) geführt.
130 Nöldeke I, S. 20
131 Bohne 1958, S. 52
132 Nöldeke I, S. 20
133 Arthur Schopenhauer: Sämtliche Werke, hrsg. von Wolfgang Frhr. von Löhneysen, Bd. V, Stuttgart/Frankfurt 1968, S. 721 f.
134 Vgl. S. 33
135 Bericht von Fanny Kleine am 22.12.1929, zit. nach: Bildergeschichten II, S. 873
136 Wilhelm Busch an Henriette Ebhardt, Brief vom 12.3.1854, in: Briefe I, S. 6
137 Nöldeke 1909, S. 125
138 Karl Marx an Friedrich Engels, Brief vom 13.9.1854, in: Karl Marx und Friedrich Engels, Werke, hrsg. auf Grund der 2. Ausgabe der Socinenija, Berlin 1957 ff., Bd. 28, S. 391

139 Wilhelm Raabe: Die Chronik der Sperlingsgasse, zit. nach: Braunschweiger Ausgabe Bd. I, hrsg. von Karl Hoppe und Max Carstenn, Göttingen 1980, S. 11
140 Paul Heyse: Jugenderinnerungen, in: Gesammelte Werke, Dritte Reihe, Bd. 1, Stuttgart/Berlin 1900, S. 197
141 Nöldeke VII, S. 433 f.
142 Heyse 1900, S. 172 f.
143 Nöldeke I, S. 42 und 69
144 Ebda., S. 49
145 Ebda., S. 59
146 Ebda., S. 64 f.
147 Otto Fr. Bassermann: Mitteilungen über Persönliches von Wilhelm Busch und mein Verhältnis zu ihm, in: Wilhelm-Busch-Jahrbuch 1978, S. 11 f. (Bassermann 1978)
148 Vgl. Männerakt bei Gmelin 1980, S. 42
149 Nöldeke 1909, S. 49
150 Das Buch war 1854 in Braunschweig erschienen.
151 Zit. nach Gmelin 1980, S. 35 f.
152 Hans Ries in: Busch/Zeichner 1982, S. 92 f.
153 Nöldeke VII, 374 f. (»Das tote Gretchen«)
154 Vgl. Busch/Zeichner 1982, S. 89, Abb. 38 A und 38 B
155 Reproduktionen dieser und anderer Motive in: Franz Graf von Pocci, Die gesamte Druckgraphik, hrsg. von Marianne Bernhard mit einem Vorwort von Eugen Roth, München 1974 (Pocci 1974)
156 Zu Brauns Biographie s. Allgemeines Lexikon der bildenden Künstler von der Antike bis zur Gegenwart, hrsg. von Ulrich Thieme, Bd. IV, Leipzig 1910, S. 548 (Thieme 1910)
157 Zum Leben und Werk Grandvilles vgl. Gottfried Sello (Hrsg.): Grandville, das gesamte Werk, Berlin 1996 (Grandville/Sello 1996)
158 Eckart Sackmann: Der Verlag Braun und Schneider – die Wiege des Comic, in: Satire = Mitteilungen der Wilhelm-Busch-Gesellschaft 2001, S. 15 (Sackmann 2001)
159 Bildergeschichten I, S. 5 ff.
160 Nöldeke I, S. 49
161 Ueding 1983, 492 f.
162 Wolfgang Teichmann: Wilhelm Buschs »Papiertheater«, in: Bildende Kunst, Berlin 1982, Heft 4, S. 189 ff.
163 Kleine 1864, S. 82
164 Paul Lindau: Nur Erinnerungen, Stuttgart/Berlin 1917, S. 120 (Lindau 1917)
165 Nöldeke VI, S. 208
166 Vgl. Wilhelm Busch an Adolf Busch, Brief vom 2.12.1878, zit. nach Karl Wiechert: Noch einmal – Buschs Eltern in neuer Sicht, in: Wilhelm-Busch-Jahrbuch 1967, S. 53 (Wiechert 1967)
167 Nöldeke I, S. 83
168 Ebda., S. 52
169 Oskar Panizza: Die Wallfahrt nach Andechs, ein oberbairisches Sittenbild,

in: Texte zu Religion, Sexus und Wahn, hrsg. von Michael Braun, Hamburg/ Zürich 1992, S. 245 ff. (Panizza 1992)

170 Vgl. S. 168
171 Panizza 1992, S. 248
172 Bildergeschichten I, S. 662 ff.
173 Zur Biographie von Kremplsetzer vgl. Herbert Rosendorfer: Don Ottavio erinnert sich, München 1989 (Rosendorfer 1989)
174 Nöldeke I, S. 120: Der Kompositeur am Morgen
175 Nöldeke I, S. 104 ff.
176 Ebda., S. 125 ff.
177 Ebda., S. 141 ff.
178 Schreibweise »Hansel« im Original
179 Bohne 1958, S. 60
180 Rosendorfer 1989, S. 159
181 Wilhelm Busch an Otto Bassermann, Brief vom 26.5.1861, in: Briefe I, S. 21 f.
182 Wilhelm Busch an Otto Bassermann, Brief vom 3.2.1862, in: Briefe I, S. 22
183 Wilhelm Busch an Otto Bassermann, Brief vom 8.2.1862, in: Briefe I, S. 23
184 Wilhelm Busch an Otto Bassermann, Brief vom 16.4.1862, in: Briefe I, S. 24
185 Vgl. Wilhelm Busch an Otto Bassermann, Brief vom 3.7.1860, in: Briefe I, S. 19
186 Vgl. Bildergeschichten II, S. 1546
187 Rosendorfer 1989, S. 159 f.
188 Wilhelm Busch an Otto Bassermann, Brief vom 30.11.1863, in: Briefe I, S. 27
189 Wilhelm Busch an Otto Bassermann, Brief vom 12.12.1863, in: Briefe I, S. 28 f.
190 Zur Geschichte der Familie Bassermann s. Lothar Gall: Bürgertum in Deutschland, Berlin 1989, S. 234 ff. (Gall 1989)
191 Bassermann 1978, S. 8
192 Gall 1989, S. 252
193 Bassermann 1978, S. 8
194 Ebda.
195 Ebda.
196 Wilhelm Busch an Otto Bassermann, Brief vom 3.7.1860, in: Briefe I, S. 19
197 »Erschreckliche Geschichte von der weiblichen Räuberhöhle, so sich zugetragen hat zu Ungarn«, in: Bildergeschichten I, S. 751 ff.
198 »Schreckliche Folge eines Bleistiftes«, in: Bildergeschichten I, S. 56 ff.
199 »Trauriges Resultat einer vernachlässigten Erziehung«, in: Bildergeschichten I, S. 61 ff.
200 Alexander Dorner: Wilhelm Busch. Der Maler und Zeichner, in: Satire = Mitteilungen der Wilhelm-Busch-Gesellschaft 2002, S. 24 (Dorner 1932; Reprint eines Aufsatzes von 1932)
201 Michael Braun im »Büchermarkt«, Deutschlandfunk, 15.4.2007
202 Vgl. S. 94
203 Bassermann 1978, S. 12
204 Wilhelm Busch an Otto Bassermann, Brief vom 11.8.1864, in: Briefe I, S. 30
205 Bohne 1958, S. 71

206 Wilhelm Busch an Otto Bassermann, Brief vom 20.11.1860, in: Briefe I, S. 20
207 »Der Frosch und die beiden Enten«, in: Bildergeschichten I, S. 114 ff.
208 Das gilt sogar für seinen langjährigen Freund und Verleger Otto Bassermann, bei dem die meisten seiner Werke erschienen.
209 Bildergeschichten I, S. 310 ff.
210 Vgl. S. 105
211 Bruno Bettelheim: Kinder brauchen Märchen, Frankfurt/M. 1984, S. 190 (Bettelheim, 1984)
212 Der Brief Heinrich Richters ist nicht erhalten, sondern nur aus Buschs Reaktion zu erschließen.
213 Wilhelm Busch an Heinrich Richter, Briefentwurf vom 6.10.1863, in: Briefe I, S. 26 f.
214 Zu Buschs Beeinflussung durch Moritz von Schwind s. Busch/Zeichner 1982, S. 99 ff. und 233 f.
215 Bildergeschichten I, S. 294 ff.
216 Ebda. I, S. 258 ff.
217 Ebda. I, S. 280 ff.
218 Bohne 1958, S. 66
219 Wilhelm Busch an Kaspar Braun, Brief vom 5.2.1865, in: Briefe I, S. 32
220 »Die kleinen Honigdiebe« / »Diogenes und die bösen Buben von Korinth«
221 »Der Bauer und sein Schwein« / »Der Bauer und das Kalb«
222 »Trauriges Resultat einer verfehlten Erziehung« / »Die Ballade von den sieben Schneidern«
223 »Der Bauer und der Windmüller«
224 »Die gestörte und wiedergefundene Nachtruhe oder der Floh«
225 »Hänsel und Gretel«
226 Übersicht über die Sekundärliteratur in: Bildergeschichten I, S. 1279 ff.; s. auch Lexikon der Kinder- und Jugendliteratur, hrsg. von Klaus Doderer, Bd. II, Weinheim/Basel 1977, S. 450 ff. (Doderer II 1977)
227 Joest Martinius: Max und Moritz und andere Kinderdarstellungen in der Karikatur. Eine kinderpsychiatrische Darstellung, in: Wilhelm-Busch-Jahrbuch 1990, S. 20 ff. (Martinius 1990)
228 Jörg-Michael Günther: Der Fall Max und Moritz. Juristisches Gutachten über die Umtriebe zweier jugendlicher Straftäter zur Warnung für Eltern und Pädagogen, Frankfurt/M. 1988 (Günther 1988)
229 Strecker 1975, S. 30
230 Bildergeschichten I, S. 229 ff.
231 Gerhard Schildt: Tagelöhner, Gesellen, Arbeiter. Sozialgeschichte der vorindustriellen und industriellen Arbeiter in Braunschweig 1830–1880, Stuttgart 1986, S. 76 ff. (Schildt 1986)
232 Christiane Neuhann: »... und sie treiben unnütze Lebensart«. Bettler und Vagabunden auf dem platten Land, Münster 1990, S. 63 (Neuhann 1990)
233 Schildt 1986, S. 50
234 Ebda., S. 81 f.
235 Thomas Krause: Die Strafrechtspflege im Kurfürstentum und Königreich Hannover, Aalen 1991, S. 41 ff. (Krause 1991)

236 Karl Braun: Die Vagabunden-Frage, Berlin 1883, S. 13 (Braun 1883)
237 Strecker 1975, S. 54
238 Wiechert 1966, S. 42
239 Hahn 1898, S. 121
240 Wilhelm Busch an Otto Bassermann, Brief vom 30.11.1863, in: Briefe I, S. 27
241 Gmelin 1980, Farbtafel 7
242 Wilhelm Busch an Otto Bassermann, Brief vom 19.11.1864, in: Briefe I, S. 31 f.
243 Briefe I, S. 36 ff.
244 Zit. nach Walter Pape: Eins von den äußerst gefährlichen Giften. Die Kinderliteratur des 19. Jahrhunderts und Wilhelm Buschs »Max und Moritz«, in: Wilhelm-Busch-Jahrbuch 1990, S. 8 (Pape 1990)
245 Wilhelm Busch an Kaspar Braun, Brief vom 26.2.1865, in: Briefe I, S. 32 f.
246 Vgl. S. 121
247 Doderer II, S. 450
248 Hans-Joachim Kreutzer: Wilhelm Busch – der Schriftsteller als Halbbruder des Künstlers, in: Wilhelm-Busch-Jahrbuch 1982, S. 40 (Kreutzer 1982)
249 Neuhann 1990, S. 44
250 Wilhelm Busch an Lotte Bartels, Brief vom 22.3.1901, zit. nach: Bildergeschichten I, S. 1291
251 Strecker 1975, S. 97
252 Vgl. S. 73 ff.
253 Friedrich Freudenthal: Sonderlinge und Vagabunden. Bilder und Erzählungen aus der nordhannoverschen Heide, Oldenburg 1891, S. 140 (Freudenthal 1891)
254 Vgl. Bildergeschichten I, S. 1297
255 Vgl. S. 113
256 Vgl. dazu Johannes Werner: Du Müller, du Mahler, du Mörder, du Dieb! Berufsbilder in der deutschen Literatur, München 1990, S. 42 (Werner 1990)
257 Vgl. die Schneidergestalten in »Eduards Traum« (Nöldeke VI, S. 17) oder in der »Ballade von den sieben Schneidern« (Bildergeschichten I, S. 129 f.)
258 Vgl. S. 43
259 Vorwort zu Friedrich Fröbel: Mutter- und Kose-Lieder. Dichtung und Bilder zur edlen Pflege des Kindheitslebens, Wien/Leipzig 1882, zit. nach Pape 1990, S. 6
260 Julius Duboc: Die moderne Jugendliteratur (1877), in: Heinrich Höfele (Hrsg.): Geist und Gesellschaft der Bismarckzeit, Göttingen 1967, S. 192 f. (Höfele 1967)
261 Zur Befreiungsbewegung in Schleswig-Holstein vgl. Eckart Opitz: Schleswig-Holstein, Hamburg 1988 (Opitz 1988)
262 Wilhelm Busch an Otto Bassermann, Brief vom 12.12.1863, in: Briefe I, S. 29
263 Wilhelm Busch an Kaspar Braun, Brief vom 1.2.1867, in: Briefe I, S. 44
264 Wilhelm Busch an Otto Bassermann, Brief vom 20.10.1866, in: Briefe I, S. 43
265 Bildergeschichten I, S. 244 ff.
266 Ebda., S. 206
267 Wilhelm Busch an Otto Bassermann, Brief vom 19.11.1864, in: Briefe I, S. 31

268 Wilhelm Busch an Kaspar Braun, Brief vom 6.5.1865, in: Briefe I, S. 34
269 Wilhelm Busch an Otto Bassermann, Brief vom 23.8.1865, in: Briefe I, S. 40
270 Bildergeschichten III, S. 504
271 Bassermann 1978, S. 11
272 Vgl. Eva Weissweiler: Clara Schumann – eine Biographie, München 1998, S. 44 (Weissweiler 1998)
273 Bildergeschichten I, S. 426 ff.
274 Dorner 1932, S. 26
275 Ulrich Mahlert: »Gliedermann« und »Gott«. Der »Virtuos« von Wilhelm Busch, in: Wilhelm-Busch-Jahrbuch 1994, S. 10 ff. (Mahlert 1994)
276 Vgl. dazu Dorothea Eimert: Der Einfluß des Futurismus auf die deutsche Malerei, Köln 1974, S. 141
277 Vgl. Grandville: Das gesamte Werk, eingeleitet von Gottfried Sello, Bd. II, München 1969, S. 1180 (»Jubelhymnus für 200 Posaunen«), S. 1183 (»Mehreren Dilettanten wurden die Ohren zerfleischt«) u. a.
278 Wilhelm Busch an Otto Bassermann, Brief vom 20.10.1866, in: Briefe I, S. 45
279 Ueding 1982
280 Busch/Zeichner 1982, S. 129
281 Zur Korrespondenz Wilhelm Buschs mit Johanne Busch s. z. B. Briefe vom 2.1.1868 (Briefe I, S. 45), 9.3.1870 (Briefe I, S. 55), 13.12.1870 (Briefe I, S. 60) u.a.m.
282 Nöldeke III, S. 174 f.
283 Ebda.
284 Bildergeschichten I, S. 556 ff.
285 Briefe vom 19.8.1868 (Briefe I, S. 49) und 3.11.1868 (Briefe I, S. 50)
286 Wiechert 1966, S. 42
287 Ebda.
288 Bildergeschichten I, S. 494 ff.
289 Das »Museum für Kommunikation« in Berlin zeigte 2003/2004 unter dem Titel »Abgestempelt« eine beeindruckende Sammlung antisemitischer Postkarten, auf denen u. a. Raben-Motive zu sehen waren.
290 Zit. nach Martin Hundt: Louis Kugelmann, in: Beiträge zur Geschichte der deutschen Arbeiterbewegung, 1967, S. 298 (Hundt 1967)
291 Vgl. Wilhelm Busch an Adolf Busch, undatierter Brief (November 1868), in: Briefe I, S. 51
292 Wilhelm Busch an Adolf Busch, Brief vom 2.12.1868, in: Briefe I, S. 51
293 Friedrich August von Kaulbach an Otto Nöldeke, Brief vom 16.11.1908, zit. nach: Bildergeschichten II, S. 1552
294 Wilhelm Busch an Johanna Kessler, Brief vom 18.5.1868, in: Briefe I, S. 46
295 Wilhelm Busch an Nanda und Letty Kessler, Brief vom 28.6.1871, in: Briefe I, S. 65
296 Wilhelm Busch an Otto Bassermann, Brief vom 16.2.1869, in: Briefe I, S. 52
297 Wilhelm Busch an Kaspar Braun, Brief vom 10.2.1869, in: Briefe I, S. 51
298 Wilhelm Busch an Johanne Busch, Brief vom 19.11.1871, in: Briefe I, S. 70 ff.
299 Wilhelm Busch an Otto Bassermann, Brief vom 16.2.1869, in: Briefe I, S. 52
300 Ebda.

301 Bohne 1958, S. 156
302 Ebda., S. 156 f.
303 Vgl. S. 66
304 Gmelin 1980, S. 35
305 Nöldeke 1909, S. 78
306 Wilhelm Busch an Grete Meyer, Brief vom 8.10.1896, in: Briefe II, S. 79
307 Nöldeke VII, S. 18
308 Nöldeke VI, S. 122
309 Ebda., S. 273
310 Deutsches Commersbuch, Lahr 1858
311 Bildergeschichten II, S. 925
312 Akten des Haupt- und Staatsarchivs Freiburg, A 18/1, Nr. 11
313 Wilhelm Busch an Moritz Schauenburg, Brief vom 12.8.1870, in: Briefe I, S. 56
314 Nöldeke VIII, S. 260
315 Dass Busch dieses Buch bei einem Trödler in München erworben haben soll, wie in Bildergeschichten II, S. 902, angenommen, ist durch nichts zu belegen.
316 Wilhelm Busch an Moritz Schauenburg, Brief vom 12.8.1870, in: Briefe I, S. 56 f.
317 Mihr 1983, S. 163
318 August Bernhard Hasler: Wie der Papst unfehlbar wurde. Macht und Ohnmacht eines Dogmas, München/Zürich 1979, S. 52 (Hasler 1979)
319 Bildergeschichten II, S. 925 f.
320 Zit. nach Bildergeschichten II, S. 926 f.
321 Otto Busch: Arthur Schopenhauer. Beitrag zu einer Dogmatik der Religionslosen, Heidelberg 1877 (Busch, Otto, 1877/1)
322 Heidelberg 1877
323 Otto Busch: Naturgeschichte der Kunst, Heidelberg 1877, S. 150 f. (Busch, Otto, 1877/2)
324 Vgl. z. B. Bildergeschichten II, S. 1082: In der Geschichte von »Monsieur Jacques« lege Busch »unzensiert … ein sadistisches Potential offen«, das sonst durch die unrealistische Komik seiner Bildergeschichten gemildert werde.
325 Bildergeschichten II, S. 925
326 Wilhelm Busch an Johanne Busch, Brief vom 14.4.1871, in: Briefe I, S. 63
327 Wilhelm Busch an Moritz Schauenburg, Brief vom 12.8.1870, in: Briefe I, S. 56
328 Wilhelm Busch an Adolf Busch, Brief vom 20.1.1871, in: Briefe I, S. 62
329 Wilhelm Busch an Adolf Busch, undatierter Brief von 1870 (Mitte September), in: Briefe I, S. 59
330 Theodor Fontane: Der Krieg gegen Frankreich 1870–1871, Bd. I, Berlin 1873, S. 3 (Fontane 1873)
331 Theodor Fontane an Emilie Fontane, Brief vom 5.8.1870, in: Ehebriefwechsel, hrsg. von Gotthard Erler, Berlin 1998, S. 509
332 Prosper H. Lissagaray: Geschichte der Kommune von 1871, zit. nach der deutschen Ausgabe »Der Pariser Kommune-Aufstand«, Berlin 1931, S. 81 (Lissagaray 1931)

333 Friedrich Engels an Karl Marx, Brief vom 31.7.1870, zit. nach: Francis Wheen: Karl Marx, München 2001, S. 383 (Wheen 2001)
334 Heinrich-Jost 1982, S. 135 ff.
335 Johann Caspar Bluntschli: Das moderne Völkerrecht im französisch-deutschen Kriege von 1870, Heidelberg 1870 (Bluntschli 1870)
336 Georg Maria Eckert: Ansichten von Straßburg nach der Bombardierung von 1870, Heidelberg 1870 (Eckert 1870)
337 Bildergeschichten II, S. 178 ff.
338 Ebda., S. 1082
339 Vgl. S. 134
340 Bildergeschichten II, S. 170 ff.
341 Vgl. dazu Werner Hofmann: Daumier und Deutschland, München/Berlin 2004 (Hofmann 2004)
342 Zu diesen und anderen Bildern vgl.: Marianne und Germania 1789–1889 – Frankreich und Deutschland, zwei Welten, eine Revue, hrsg. von Marie-Louise von Plessen, Berlin 1996, S. 413 ff. (Plessen 1996)
343 Plessen 1996, S. 419
344 Ebda., S. 426
345 Weissweiler 1998, S. 360
346 Wilhelm Busch an Carl Müller, Brief vom 19.2.1871, in: Briefe I, S. 62
347 Wilhelm Busch an Moritz Schauenburg, Brief vom 6.6.1871, in: Briefe I, S. 64
348 Nöldeke 1909, S. 155
349 Ebda., S. 1389
350 Ebda.
351 Ebda., S. 1391
352 Ebda.
353 Bassermann 1978, S. 13
354 Ebda.
355 Von Kuno Fischer, Heidelberg 1865 ff.
356 1865 von demselben Autor geschrieben
357 Von Kuno Fischer, Heidelberg 1871
358 Bassermann 1978, S. 14
359 Hans Cornioley: Sexualsymbolik in der Frommen Helene. In: Die psychoanalytische Bewegung 1 (1929), Heft 2, S. 154 ff. (Cornioley 1929)
360 Oskar Maria Graf an Thomas Mann, Brief vom 29.6.1845, zit. nach: Bildergeschichten II, S. 1138
361 Bildergeschichten II, S. 228
362 Golo Mann: Der lachende Pessimist, in: Wir alle sind, was wir gelesen. Aufsätze und Reden zur Literatur, Frankfurt/M. 1989 (Mann 1989)
363 Wilhelm Busch an Nanda Kessler, Brief vom 16.11.1907, in: Briefe II, S. 272
364 Vgl. S. 93
365 Bildergeschichten II, S. 283
366 Vgl. S. 177
367 Bildergeschichten I, S. 80 ff.
368 Ebda. I, S. 494
369 Ebda. I, S. 235 ff.

370 Bildergeschichten II, S. 209 ff.
371 Bildergeschichten III, S. 76
372 Bildergeschichten II, S. 288
373 Vgl. S. 97 f.
374 Walter Pape: Wilhelm Busch, Stuttgart 1977, S. 57 (Pape 1977)
375 Pietzcker 1998, S. 62
376 Ulrich Beer: Gottlos und beneidenswert. Wilhelm Busch und seine Psychologie, München 1982, S. 53 (Beer 1982)
377 Mihr 1983, S. 68
378 Gottfried Keller: Der Grüne Heinrich, 2. Fassung, hrsg. von Peter Villwock (= Gesamtausgabe Bd. 3), Frankfurt/M. 1996, S. 635
379 Monika Herlt: Such things in foreign parts are seen, in: Satire = Mitteilungen der Wilhelm-Busch-Gesellschaft 2002, S. 40 (Herlt 2002)
380 Bassermann 1978, S. 16
381 Wilhelm Busch an Otto Bassermann, Brief vom 10.12.1872, in: Briefe I, S. 93
382 Briefe II, S. 321
383 Bildergeschichten II, S. 348 ff.
384 Nöldeke VI, S. 209
385 Original-Untertitel von Kortum
386 Vgl. S. 58, 60
387 Allgemeines Preußisches Landrecht, § 50 ff.
388 Martin Tschechne und Toma Babovic: Auf den Spuren von Wilhelm Busch, Hamburg 2005, S. 9 (Tschechne/Babovic 2005)
389 Nöldeke VII, S. 376
390 Bildergeschichten II, S. 385
391 Vgl. S. 142 f.
392 Vgl. Bildergeschichten II, S. 949 und 1340.
393 Ebda.
394 Wilhelm Busch an Johanna, Nanda und Letty Kessler, in: Briefe II, S. 84 ff.
395 Wilhelm Busch an Johanna Kessler, Brief vom 12.12.1872, in: Briefe II, S. 94
396 Wilhelm Busch an Otto Bassermann, Brief vom 18.12.1872, in: Briefe I, S. 96
397 Anhänger des Unfehlbarkeitsdogmas
398 Otto Bassermann an Wilhelm Busch, Brief vom 13.6.1872, zit. nach: Bildergeschichten II, S. 1348
399 Wilhelm Busch an Otto Bassermann, Brief vom 16.6.1872, in: Briefe I, S. 77
400 Pape 1977, S. 60
401 Mann 1989, S. 206
402 Joseph Kraus: Wilhelm Busch, Reinbek 1970, S. 69 (Kraus 1970)
403 Ernst Rudolf Huber (Hrsg.): Dokumente zur deutschen Verfassungsgeschichte. Bd. 2, Stuttgart 1986, S. 461 (Huber 1986)
404 Karl Biedermann an Eduard Lasker, Brief vom 12.6.1872, zit. nach: Paul Wetzcke (Hrsg.): Deutscher Liberalismus im Zeitalter Bismarcks. Eine politische Briefsammlung, Bd. 2, Bonn/Leipzig 1926, S. 53 (Wetzcke 1926)
405 August Bebel: Rede zum Gesetzesentwurf über die Aufenthaltsbeschränkung der Jesuiten, in: Stenographische Berichte über die Verhandlungen des Deutschen Reichstages, Bd. II, Berlin 1872, S. 1079 f.

406 Zit. nach Bildergeschichten II, S. 1334
407 Otto Bassermann an Wilhelm Busch, Brief vom 17.12.1872, zit. nach: Bildergeschichten II, S. 1334
408 Vgl. Bildergeschichten II, S. 1336
409 Ebda., S. 463 ff.
410 Otto Bassermann an Wilhelm Busch, Brief vom 24.2.1873, zit. nach: Bildergeschichten II, S. 1405
411 Otto Bassermann an Wilhelm Busch, Brief vom 8.3.1873, zit. nach: Bildergeschichten II, S. 1406
412 Gmelin 1980, Abb. 34
413 Ebda., Kat. Nr. 195 ff.
414 Ebda., S. 86
415 Ebda., S. 88
416 Ebda.
417 Lindau 1917, S. 116
418 Bildergeschichten II, S. 531 ff.
419 Vgl. ebda., S. 1460 ff.
420 Ebda.
421 Karl Marx: Das Kapital, Bd. III, Berlin 1983, S. 103 ff. (Marx 1983)
422 Wilhelm Busch an Friedrich Warnecke, Brief vom 9.1.1873, in: Briefe I, S. 98
423 Wilhelm Busch an Johanna Kessler, Brief vom 10.1.1873, in: Briefe I, S. 98
424 Wilhelm Busch an Nanda und Letty Kessler, Brief vom 24.12.1873, in: Briefe I, S. 116
425 Bassermann 1978, S. 10
426 Wilhelm Busch an Johanna Kessler, Brief vom 4.5.1973, in: Briefe I, S. 109 f.
427 Siegfried Wichmann: Franz von Lenbach und seine Zeit, Köln 1973, S. 24 (Wichmann 1973). An dieser Stelle heißt es, Lenbach habe regen Anteil an der Entstehung von »Max und Moritz« genommen, was aber nicht nachzuweisen ist.
428 Busch/Maler 1982, S. 167
429 Ebda.
430 Zit. nach Wichmann 1973, S. 64
431 Franz von Lenbach: Gespräche und Erinnerungen, mitgeteilt von W. Wyl, Stuttgart/Leipzig 1904, S. 24 (Lenbach 1904)
432 Lenbach 1904, S. 27
433 Nöldeke VIII, S. 272 ff.
434 Lenbach 1904, S. 25 f.
435 Eduard Hüsgen: Ludwig Winthorst, Köln 1907, S. 222 f. (Hüsgen 1907)
436 Wichmann 1973, S. 62
437 Wilhelm Busch an Johanna Kessler, Brief vom 21.5.1873, in: Briefe I, S. 110
438 Wilhelm Busch an Friedrich Warnecke, Brief vom 15.6.1873, in: Briefe I, S. 111
439 Nöldeke VI, S. 231 ff.
440 Pape 1977, S. 70 ff.
441 Zit. nach Gottfried Willems: Abschied vom Wahren – Schönen – Guten. Wil-

helm Busch und die Anfänge der ästhetischen Moderne, Heidelberg 1998, S. 221 (Willems 1998)

442 Gustav Spieß: Die preußische Expedition nach Ostasien während der Jahre 1860–1862 – Reiseskizzen aus Japan, China, Siam und der indischen Inselwelt, Berlin/Leipzig 1864

443 Zit. nach Kraus 1970, S. 117f.

444 Kraus 1970, S. 118

445 Bericht von Isidore Kaulbach, zit. nach: Bildergeschichten III, S. 1097

446 Kraus 1970, S. 118

447 Nöldeke VIII, S. 249

448 Wilhelm Busch an Otto Bassermann, Brief vom Mai 1874, in: Briefe I, S. 123

449 Wilhelm Busch an Erich Bachmann, Brief vom 6.7.1875, in: Briefe I, S. 148

450 Gmelin 1980, Kat. Nr. 42 (Der fröhliche Zecher, 1873), Kat. Nr. 49 (Fröhlicher Zecher mit Sektglas), Kat. Nr. 50 (Der Trinker), Kat. Nr. 65 (Der lustige Zecher)

451 Wilhelm Busch an Nanda und Letty Kessler, Brief vom 9.3.1874, in: Briefe I, S. 120

452 Wilhelm Busch an Johanna Kessler, Brief vom 9.11.1873, in: Briefe I, S. 114f.

453 Vgl. Wilhelm Busch an Marie Anderson, Brief vom 26.1.1875, in: Briefe I, S. 129

454 Mihr 1983, S. 185

455 Ebda., S. 188

456 Ebda., S. 191

457 Ueding 1982

458 Pape 1977, S. 45

459 Kraus 1970, S. 58

460 Heidelberg 1877

461 Halle 1877

462 Halle 1869

463 Da sie viele Jahre in Wiesbaden verbrachte, hat die Hessische Landesbibliothek Wiesbaden große Nachlassteile gesammelt. Etliche Titel von ihr befinden sich auch im Archiv der Multatuli-Gesellschaft (Ingelheim) sowie im »Haus der Niederlande« in Münster.

464 Vgl. dazu Rudolf Quanter: Wider das dritte Geschlecht: Ein Wort zur Aufklärung über die konträre Sexualempfindung und die Abschaffung des § 175 des Reichsstrafgesetzbuches nach Frau Marie Anderson, Berlin 1904

465 Vgl. Wilhelm Busch an Marie Anderson, Brief vom 18.9.1875, in: Briefe I, S. 155

466 Vgl. Wilhelm Busch an Marie Anderson, Brief vom 12.3.1875, in: Briefe I, S. 134

467 Ebda.

468 Vgl. Erwin Leibfried: Multatuli – Leben und Schreiben zwischen Amsterdam, Java und Wiesbaden, Wiesbaden 2005, S. 20ff. (Leibfried 2005)

469 Marie Anderson: Uit Multatuli's Leven, Utrecht 1981, S. XVff. (Anderson 1981). Für die Übersetzung aus dem Niederländischen danke ich meinem Mann, Klaus Kammerichs.

470 Z.B.: Agnes, Novelle, 1885; Clebitius' Nachtegaal, Arnheim 1882; Cyriacus de Kloostergek, Novelle, Arnheim 1882; De ruiter met het rosse paad, Novelle, 's Gravenhage 1884; Een christen uit Holland en andere novellen, Arnheim 1884; und viele andere. Große Nachlassteile in der Hessischen Landesbibliothek Wiesbaden
471 Amsterdam 1889. – Ein Exemplar dieses Buches befindet sich in der Hessischen Landesbibliothek Wiesbaden.
472 Vgl. Hans-Jürgen Fuchs: Marie Andersons Wiesbadener Jahre, 1872–1886, in: Mitteilungen der Internationalen Multatuli-Gesellschaft 6, 1998 S. 146ff. (Fuchs 1998)
473 Vgl. Wilhelm Busch an Marie Anderson, Brief vom 25.7.1875, in: Briefe I, S. 151
474 Zit. nach Leibfried 2005, S. 73 f.
475 Bohne 1958, S. 141
476 Wilhelm Busch an Marie Anderson, Brief vom 2.4.1875, in: Briefe I, S. 137
477 Wilhelm Busch an Marie Anderson, Brief vom 28.2.1875, in: Briefe I, S. 133
478 Wilhelm Busch an Marie Anderson, Brief vom 7.11.1874, in: Briefe I, S. 157
479 Wilhelm Busch an Marie Anderson, Brief vom 24.3.1875, in: Briefe I, S. 136
480 Wilhelm Busch an Marie Anderson, Brief vom 12.9.1875, in: Briefe I, S. 154
481 Wilhelm Busch an Marie Anderson, Brief vom 24.9.1875, in: Briefe I, S. 155
482 Nöldeke VI, S. 247
483 Wilhelm Busch an Marie Anderson, Brief vom 12.9.1875, in: Briefe I, S. 154
484 Wilhelm Busch an Marie Anderson, Brief vom 25.7.1875, in: Briefe I, S. 150
485 Wilhelm Busch an Marie Anderson, Brief vom 3.4.1875, in: Briefe I, S. 138
486 Sigmund Freud: Zur Einführung in den Narzißmus (1914), in: GW 10, S. 137ff. (Freud 1914)
487 Wilhelm Busch an Marie Anderson, Brief vom 3.8.1875, in: Briefe I, S. 152
488 Vgl. S. 83
489 Vgl. S. 159f.
490 Wilhelm Busch an Marie Anderson, Brief vom 11.2.1875, in: Briefe I, S. 130
491 Wilhelm Busch an Marie Anderson, Brief vom 23.5.1875, in: Briefe I, S. 143
492 Wilhelm Busch an Marie Anderson, Brief vom 12.9.1875, in: Briefe I, S. 154
493 Wilhelm Busch an Marie Anderson, Brief vom 30.6.1875, in: Briefe I, S. 148
494 Wilhelm Busch an Marie Anderson, Brief vom 6.11.1875, in: Briefe I, S. 156. Ausführliches Zitat aus diesem Brief auch auf S. 27 dieses Buches.
495 Wilhelm Busch an Marie Anderson, Brief vom 11.6.1875, in: Briefe I, S. 145
496 Wilhelm Busch an Marie Anderson, Brief vom 30.6.1875, in: Briefe I, S. 148
497 Wilhelm Busch an Marie Anderson, Brief vom 6.11.1875, in: Briefe I, S. 157
498 Wilhelm Busch an Marie Anderson, Brief vom 30.3.1875, in: Briefe I, S. 137
499 Ebda.
500 Wilhelm Busch an Marie Anderson, Brief vom 29.5.1875, in: Briefe I, S. 144
501 Wilhelm Busch an Marie Anderson, Brief vom 21.2.1875, in: Briefe I, S. 133
502 Wilhelm Busch an Marie Anderson, Brief vom 18.6.1875, in: Briefe I, S. 145
503 Wilhelm Busch an Marie Anderson, Brief vom 3.8.1875, in: Briefe I, S. 151 f.
504 Wilhelm Busch an Marie Anderson, Brief vom 19.5.1875, in: Briefe I, S. 142
505 Wilhelm Busch an Marie Anderson, Brief vom 11.4.1875, in: Briefe I, S. 139

506 Wilhelm Busch an Marie Anderson, Brief vom 11.5.1875, in: Briefe I, S. 142
507 Ferdinand Stuttmann: Busch als Maler, in: Nöldeke VII, S. 17
508 Anderson 1981, S. 82
509 Bericht von Marie Anderson, in: Briefe II, S. 314
510 Er erklärte seine heisere Stimme damit, dass er bei offenem Fenster geschlafen habe.
511 Anderson 1981, S. 82
512 Bassermann 1978, S. 12
513 Zit. nach Bildergeschichten II, S. 1566
514 Mann 1989, S. 209
515 Vgl. Bildergeschichten II, S. 1628
516 Bohne 1958, S. 149
517 Otto Bassermann an Wilhelm Busch, Brief vom 3.7.1875, zit. nach: Bildergeschichten II, S. 1635
518 Wilhelm Busch an Erich Bachmann, Brief vom 14.1.1876, in: Briefe I, S. 161
519 Vgl. S. 223 ff.
520 Wilhelm Busch an Johanna Kessler, Brief vom 21.10.1876, in: Briefe I, S. 172
521 Wilhelm Busch an Marie Anderson, Brief vom 20.10.1876, in: Briefe I, S. 172
522 Wilhelm Busch an Franz von Lenbach, Brief vom 19.10.1876, in: Briefe I, S. 172
523 Nöldeke VIII, S. 284
524 Wilhelm Busch an Johanna Kessler, Brief vom 8.2.1877, in: Briefe I, S. 176
525 Gmelin 1980, S. 115
526 Wilhelm Busch an Johanna Kessler, Brief vom 8.2.1877, in: Briefe I, S. 176
527 Kraus 1970, S. 94 ff.
528 Ebda., S. 96
529 Vgl. Wilhelm Busch an Johanna Kessler, Brief vom 15.9.1875, in: Briefe I, S. 154
530 Zu Lorenz Gedon siehe: Doris Bachmeier: Lorenz Gedon, 1844–1883, Leben und Werk, München 1988 (Bachmeier 1988)
531 Wilhelm Busch an Johanna Kessler, Brief vom 19.12.1877, in: Briefe I, S. 183
532 Vgl. S. 170
533 Zit. nach Nöldeke VIII, S. 254
534 Wilhelm Busch an Franz von Lenbach, Brief vom 21.4.1878, in: Briefe I, S. 185
535 Heinrich Adolf Stoecker: Christlich-sozial. Reden und Aufsätze, Berlin 1890, S. 368 (Stöcker 1890)
536 Vgl. Bildergeschichten III, S. 828 f.
537 Ebda., S. 812
538 Zit. nach Bildergeschichten III, S. 814
539 Wilhelm Busch an Franz von Lenbach, Brief vom 16.8.1878, in: Briefe I, S. 187
540 Nöldeke 1909, S. 69
541 Wilhelm Busch an Franz von Lenbach, Brief vom 16.8.1878, in: Briefe I, S. 187
542 Wilhelm Busch an Marie Hesse, Brief vom 7.10.1878, in: Briefe I, S. 189

543 Marie Rasch: Als der jüngste Bruder heiratete – eine Erinnerung an Wilhelm Busch, in: Wilhelm-Busch-Jahrbuch 1977, S. 35 ff. (Rasch 1977)
544 Nöldeke 1909, S. 137
545 Ebda., S. 74
546 Ebda., S. 72
547 Ebda.
548 Vgl. Bildergeschichten II, S. 1394
549 Vgl. Bildergeschichten III, S. 936
550 Ebda., S. 158
551 Ebda., S. 156
552 Ebda., S. 74
553 Wilhelm Busch an Marie Hesse, Brief vom 16.8.1879, in: Briefe I, S. 196
554 Paul Lindau: Wilhelm Busch. In: Nord und Süd, Bd. 4, 1878, S. 262 (Lindau 1878)
555 Lindau 1917, S. 117
556 Ebda., S. 118
557 Ebda., S. 117
558 Ebda., S. 265
559 Bekannt wurde später seine Affäre mit der Schauspielerin Elsa von Schabelsky, die er durch Boykott ihrer Aufführungen in Misskredit brachte, nachdem sie die Beziehung zu ihm beendet hatte. Er schrieb ihr Drohbriefe, die sie dem Sozialisten Franz Mehring, Redakteur der »Volkszeitung«, übermittelte. Daraus entstand der berühmte »Fall« oder »Skandal« Lindau, der von rechtsnationalen Publizisten begierig aufgegriffen wurde.
560 Vgl. S. 216
561 Vgl. Gmelin 1980, Kat. Nr. 181, 183, 185, 186, 187, 188, 189, 200, 201, 202, 203, 204, 207, 208, 209, 210, 211, 212, 213, 215, 217, 232, 232, 237, 267, 268, 269
562 Zu Lindaus Leben und Werk s. Anneliese Eismann-Lichte: Paul Lindau, Publizist und Romancier der Gründerjahre, München 1981 (Eismann-Lichte 1981)
563 C. F. Frohme (Ps.: Junius): Paul Lindau und das literarische Judentum, Leipzig 1879
564 Nöldeke VII, S. 447
565 Busch, Otto 1877/1, S. 172
566 Wilhelm Busch an Hermann Nöldeke, Brief vom 13.8.1879, in: Briefe I, S. 196
567 Vgl. S. 93
568 Vgl. S. 193 f.
569 Lindau 1917, S. 120 f.
570 Lindau 1878, S. 257 ff.
571 Wilhelm Busch an Friedrich August von Kaulbach, Brief vom 15.1.1881, in: Briefe I, S. 216
572 In: Die Gegenwart, Bd. 18, Nr. 48, 1880, S. 348 f.
573 Wilhelm Busch an Paul Lindau, undatierter Brief (Februar 1878), in: Briefe I, S. 184

574 Vgl. Wolfgang Pleister: E. T. A. Hoffmanns Affe Milo und Fipps der Affe – ein literaturhistorischer Vergleich, in: Wilhelm-Busch-Jahrbuch 1999, S. 45 ff. (Pleister 1999)
575 August Schrader: Jocco, Lebenslauf eines Affen, Leipzig 1852
576 Bildergeschichten I, S. 235 ff.
577 Friedrich Nietzsche: Also sprach Zarathustra, in: Kritische Gesamtausgabe, sechste Abteilung, Bd. 1, hrsg. von Giorgio Colli und Mazzino Montinari, Berlin 1968, S. 8
578 Zit. nach Bildergeschichten III, S. 898
579 Joseph Arthur Gobineau: Versuch über die Ungleichheit von Menschenrassen, zit. nach: Chronik des 19. Jahrhunderts, hrsg. von Imanuel Geiss, Dortmund 1993, S. 438
580 Vgl. S. 151
581 Vgl. S. 193
582 Bildergeschichten III, S. 136
583 Ebda., S. 922 f.
584 Nöldeke VII, S. 447
585 Frithjof Haas: Zwischen Brahms und Wagner – der Dirigent Hermann Levi, Zürich 1995, S. 17 (Haas 1995)
586 Haas 1995, S. 22
587 Eugenie Schumann: Claras Kinder, Köln 1995, S. 140 ff. (Schumann 1995)
588 Haas 1995, S. 23
589 Wilhelm Busch an Hermann Levi, Brief vom 13.12.1880, in: Briefe I, S. 214 f.
590 Wilhelm Busch an Lorenz Gedon, Brief vom 21.6.1879, in: Briefe I, S. 194 f.
591 Vgl. S. 120 f.
592 Friedrich Theodor Vischer: Satyrische Zeichnung. Mit einem Zusatz über neuere deutsche Karikatur, in: Altes und Neues, Bd. I, Stuttgart 1880 (Vischer 1880, 1)
593 Vischer 1880, 1, S. 120 ff.
594 Ebda., S. 125
595 Wilhelm Busch an Friedrich August von Kaulbach, Brief vom 15.1.1881, in: Briefe I, S. 216
596 Wilhelm Busch an Marie Hesse, Brief vom 21.1.1881, in: Briefe I, S. 216
597 Wilhelm Busch an Otto Bassermann, Brief vom 17.3.1881, in: Briefe I, S. 218
598 Vgl. S. 106
599 Wilhelm Busch an Otto Bassermann, Brief vom 26.2.1881, in: Briefe I, S. 217
600 Ludwig Ganghofer: Lebenslauf eines Optimisten (1. Kapitel), Stuttgart 1974, S. 120
601 Herbert Günther: Der Versteckspieler. Die Lebensgeschichte des Wilhelm Busch, Weinheim 2002, S. 243 (Günther 2002)
602 Ebda. Günther gibt für diese Episode leider keinerlei Quellen an.
603 Bassermann 1978, S. 11
604 Wilhelm Busch an Franz von Lenbach, Brief vom 29.6.1881, in: Briefe I, S. 219
605 Haas 1995, S. 251 f.
606 Busch/Zeichner 1982, S. 130 ff.

607 Wilhelm Busch an Friedrich August von Kaulbach, Brief vom 29.10.1881, in: Briefe I, S. 224 f.
608 Wilhelm Busch an Marie Hesse, Brief vom 5.11.1881, in: Briefe I, S. 225
609 Vgl. Wilhelm Busch an Friedrich August von Kaulbach, Brief vom 25.12.1881, in: Briefe I, S. 227; und Wilhelm Busch an Marie Hesse, Brief vom 17.1.1882, ebda.
610 Otto Bassermann an Paul Neff, Brief vom 20.5.1882, zit. nach: Bildergeschichten III, S. 1096
611 Vgl. S. 183
612 Eduard Fuchs: Die Juden in der Karikatur. Ein Beitrag zur Kulturgeschichte, München 1921, S.237 f. (Fuchs 1921)
613 Sigmund Freud: Der Witz und seine Beziehung zum Unbewußten, in: GW 6, S. 123 (Freud 1905)
614 Hermann Levi an Wilhelm Busch, Brief vom 31.12.1982, in: Briefe I, nach S. 232
615 Haas 1995, S. 265
616 Vgl. S. 88
617 Zit. nach: Briefe I, S. 244 f.
618 Otto Bassermann an Eduard Daelen, Brief vom 2.12.1885, in: Bildergeschichten III, S. 1097 ff.
619 Wilhelm Busch an Eduard Daelen, Brief vom 21.9.1885, in: Briefe I, S. 262
620 Wilhelm Busch an Friedrich August von Kaulbach, Brief vom 1.11.1885, in: Briefe I, S. 263 f.
621 Vgl. S. 276 f.
622 Eduard Daelen: Über Wilhelm Busch und seine Bedeutung. Eine lustige Streitschrift, Düsseldorf 1886 (Daelen 1886)
623 Daelen 1886, S. 5 ff.
624 Ebda., S. 17
625 Ebda., S. 20
626 Ebda., S. 38
627 Ebda., S. 65
628 Ebda., S. 67
629 Ebda., S. 70
630 Ebda., S. 79
631 Ebda., S. 80
632 Frankfurter Zeitung vom 7.9.1886
633 Teil I in: Frankfurter Zeitung vom 10.10.1886, Teil II ebda., 2.12.1886
634 Florian Vaßen: Er zeigt die Weste, nicht das Herz. Wilhelm Buschs autobiographische Portraits. In: Wilhelm-Busch-Jahrbuch 1982, S. 63 ff. (Vaßen 1982)
635 Wilhelm Busch an Franz von Lenbach, Brief vom 27.4.1886, in: Briefe I, S. 267
636 Wilhelm Busch an Marie Hesse, Brief vom 27.6.1886, in: Briefe I, S. 268
637 Nöldeke VI, S. 226
638 Wilhelm Busch an Georg Kleine, Brief vom 15.5.1888, in: Briefe I, S. 300 f.
639 Wilhelm Busch an Franz von Lenbach, Brief vom 28.7.1877, in: Briefe II, S. 287

640 Otto Bassermann an einen Herrn Siegle, Brief vom 15.11.1889, zit. nach: Bildergeschichten III, S. 1225
641 Wilhelm Busch an Else Meyer, Brief vom 25.4.1889, in: Briefe I, S. 312
642 Nöldeke VI, S. 99 ff.
643 Bildergeschichten I, S. XIV
644 Pape 1977, S. 76
645 Nöldeke 1909, S. 113
646 Kraus 1970, S. 130 f.
647 Kreutzer 1982, S. 39
648 Vgl. S. 18
649 Vgl. S. 89
650 Friedrich Theodor Vischer: Der Traum. Eine Studie zu der Schrift: Die Traumphantasie von Dr. Johann Volkelt, in: Altes und Neues, Stuttgart, Bd. I, 1880, S. 184 ff. (Vischer 1880, 2)
651 Oskar Panizza: Eine Mondgeschichte, in: Dämmerungsstücke, Leipzig 1890, S. 24 (Panizza 1890)
652 Sigmund Freud: Die Traumdeutung, in: GW 2/3, S. 128 (Freud 1900)
653 Sigmund Freud: Metapsychologische Erklärung zur Traumlehre, in: GW 10, S. 412 f.
654 Franz von Lenbach an Josephine von Wertheimstein, Brief vom 2.11.1890, zit. nach Wichmann 1973, S. 92
655 Wilhelm Busch an Johanna Kessler, undatierter Brief (August 1891), in: Briefe I, S. 335
656 Wilhelm Busch an Nanda Kessler, Brief vom 18.9.1892, in: Briefe I, S. 366
657 Wilhelm Busch an Nanda Kessler, Brief vom 20.4.1893, in: Briefe II, S. 8 f.
658 Vgl. S. 245
659 Nöldeke VI, S. 147 ff.
660 Nöldeke VIII, S. 343
661 David Kunzle: Busch im Ausland. Plagiate, Raubdrucke und Kopien in ausländischen Zeitschriften und Buchausgaben von 1868 bis 1896, in: Wilhelm-Busch-Jahrbuch 1987, S. 48 (Kunzle 1987)
662 Vgl. S. 164
663 Hermann Levi an Cosima Wagner, Brief vom 22.5.1894, zit. nach Haas 1995, S. 348
664 Wilhelm Busch an Johanna Kessler, Brief vom 15.6.1896, in: Briefe II, S. 73
665 Wilhelm Busch an Grete Meyer, Brief vom 31.10.1897, in: Briefe II, S. 113
666 Otto Nöldeke an Wilhelm Busch, Brief vom 29.6.1898, in: Briefe II, S. 316
667 Wilhelm Busch an Johanna Kessler, Brief vom 30.8.1898, in: Briefe II, S. 134
668 Wilhelm Busch an Grete Meyer, Brief vom 22.9.1898, in: Briefe II, S. 135
669 Wilhelm Busch an Johanna Kessler, Brief vom 1.2.1899, in: Briefe II, S. 140
670 Nöldeke 1909, S. 188
671 Wilhelm Busch an Nanda Kessler, Brief vom 24.12.1899, in: Briefe II, S. 154
672 Wilhelm Busch an Erich Bachmann, Brief vom 2.1.1900, in: Briefe II, S. 154
673 Wilhelm Busch an Johanna Kessler, Brief vom 23.1.1900, in: Briefe II, S. 157
674 Vgl. S. 265 f.
675 Wilhelm Busch an Nanda Kessler, Brief vom 13.11.1894, in: Briefe II, S. 44

676 Ebda.
677 Nöldeke VIII, S. 383
678 Wilhelm Busch an Grete Meyer, Brief vom 21.2.1900, in: Briefe II, S. 158
679 Kaiser Wilhelm II. an Wilhelm Busch, Telegramm vom 15.4.1902, in: Briefe II, S. 318
680 Marie Anderson an Wilhelm Busch, Brief vom 8.6.1902, zit. nach Mihr 1983, S. 186
681 Ebda., S. 186 ff.
682 Nöldeke VII, S. 432
683 Nöldeke VI, S. 346
684 Wilhelm Busch an Johanna Kessler, Brief vom 17.9.1905, in: Briefe II, S. 238
685 Wilhelm Busch an Nanda Kessler, Brief vom 22.9.1905, in: Briefe II, S. 240
686 Wilhelm Busch an Nanda Kessler, Brief vom 23.12.1905, in: Briefe II, S. 244
687 Wilhelm Busch an Erich Bachmann jun., Brief vom 22.11.1907, in: Briefe II, S. 272
688 Nöldeke VIII, S. 383 f.

BILDNACHWEIS

Abb. 1: Hans Breuer, Hamburg
Abb. 82: Ernst Hanfstaengl
Abb. 106: Hans Breuer, Hamburg
Abb. 107: Rudolf Dührkoop
Abb. 109: F. Kester, Berlin

Wir danken dem Wilhelm-Busch-Museum
für die freundliche Zusammenarbeit

PERSONENREGISTER

Eva Weissweiler
Die Freuds

Biographie einer Familie
Mit zahlreichen Fotos
Gebunden

Schon vor der Ehe verspricht Sigmund Freud seiner künftigen Frau Martha Bernays, es den »Biographen nicht leicht (zu) machen«. Tritt jemand mit dem Ansinnen, eine Biographie über ihn zu schreiben, an ihn heran, erklärt er, sein Leben sei nur in Bezug auf die Psychoanalyse interessant. Diese Abneigung wurde von fast allen Chronisten seines Lebens übernommen. Sie schildern den Entstehungsprozess seiner Lehren, äußern sich über seine Reisen, seine Krankheiten, seine Beziehungen zu Kollegen, klammern aber den »Familienroman« fast vollständig aus. Eva Weissweiler unternimmt es, dieses Defizit aufzuarbeiten, und hat dafür eine Fülle von unveröffentlichten Quellen – Briefe von Martha Freud und ihren Kindern, aber auch solche von Freud selbst – ausgewertet. Herausgekommen ist die spannende und tragische Familiengeschichte des Begründers der Psychoanalyse.

»Ein tolles Buch: Sorgfältig recherchiert, brillant geschrieben. Das Buch ist ein wunderbares Zeitgemälde.«
DeutschlandRadio Kultur